Reisen in Irland

Der Osten

Der Süden

Der Westen

Nordirland

Tips & Adressen

Verzeichnis der Karten und Pläne

Insel am Rande Europas

Irland – Regenbogenland

Es regnet. Es strömt so gnadenlos aus dem Grau des Himmels, daß man verzweifeln möchte. Noah mit seiner Arche konnte wenigstens sicher sein, daß die Sintflut endgültig vorbei war, als er nach nicht endenwollenden himmlischen Wassermassen einen Regenbogen erblickte. Er wußte nichts von Irland.

»Letztes Jahr fiel der Sommer auf einen Montag«, sagt ein Freund im Pub, dem einzigen Ort, wo man der Feuchtigkeit draußen mit viel Flüssigkeit innen Paroli bieten kann. Das erzählt er immer, überall und jedem, als wäre es ein Trost. Welcher Montag das war, darüber gibt es unterschiedliche Ansichten. »Das muß im Mai gewesen sein, als Joe sturztrunken die Kurve dort oben in Glasnevin nicht gekriegt hat, Du weißt schon, kurz vor der Tankstelle. Da muß man nämlich höllisch aufpassen. Also mir ist mal passiert, daß ....« »Unsinn, August war's. Ich erinnere mich genau. Ich wollte am Wochenende eigentlich in die Berge. Kennst Du die Wicklows? Also wenn Du von Sally Gap aus Richtung Süden, an der Straße, wo damals die Engländer ....«

Der Regen prasselt immer noch aufs Pflaster. Grund genug, noch eine Runde zu bestellen. »Jedenfalls war es vor 5000 Jahren in Irland noch sehr viel feuchter. Da gab's noch nicht mal Montage. Das muß man sich mal vorstellen.« Das fällt schwer, tröstet nun aber tatsächlich und ungemein.

Irland, das Land des Regens – immer feucht und voller Moore, satte Wiesen, die ihr legendäres Grün bei diesem Klima erst so richtig entfalten können, Armut und Torffeuer und überall Schafe. Was bleibt da anderes übrig, als es sich im Pub gemütlich zu machen, zu musizieren und mit alkoholischen Getränken ein inneres Feuer zu entfachen? Man fragt sich ernsthaft, warum so viele Völker, die Engländer ganz besonders, diese Insel so begehrenswert fanden, daß zumindest letztere noch immer ein Zipfelchen davon behalten wollen. Na ja, sie behielten ja auch ein paar Ecken in sonnigeren Gegenden.

Und dann reißen plötzlich die Wolken auf, die Sonne läßt ihre Strahlen über das Land tanzen, und am Himmel erscheint ein leuchtender Regenbogen. Pudelnasse Schafe schütteln sich, kommen hervor aus Gebüsch und Mulden und zupfen stoisch weiter an ihren Kräutern. Das dumpfe Grau der Kloster- und Burgruinen leuchtet auf einmal silbern auf. Türen und Fenster öffnen sich und die Menschen strahlen. *»Isn't it a lovely day?«* – Ist das nicht ein wunderbarer Tag?

Ist das nicht eine wunderbare Geschichte? Wie geschaffen für eine Butter- oder Whiskeyreklame, bei der die Iren alle rothaarig, tweedgewandet, stets etwas angesäuselt und immer redselig sind, das Land nur aus Landschaft besteht, die Zivilisation erst auf dem Kontinent beginnt und die hart erkämpfte Freiheit grenzenlos ist: unser Bilderbuch-Irland, vollgepackt mit Klischees von Ursprünglichkeit und unverfälschter Lebensfreude, bewohnt von pfiffigen Käuzen, die viel reden und nichts tun, oder wilden Gesellen, die notfalls immer noch Bomben für die Freiheit basteln.

Irland ist eine Insel, die so fernab vom mitteleuropäischen Geschehen zu sein scheint, daß Mythen, seien sie kelti-

schen Ursprungs oder von Reisenden hinzufantasiert, einfach nicht klein zu kriegen sind – auch wenn Irland zu den europäischen Ländern gehört, die sich in den vergangenen Jahrzehnten am stärksten gewandelt haben, ein Land, das allen Segnungen und Plagen der Moderne Tor und Tür geöffnet hat und dennoch Traditionen bewahren konnte, die mehr bedeuten als nur Folklore. Und außerdem lieben die Iren ihre Klischees.

Irland ist ein Reiseland für Individualisten, die Überraschungen nicht scheuen, die Wind und Wetter trotzen und überdies das reiche Kulturleben zu schätzen wissen. Und wenn tatsächlich mal wieder die Wolken auf die Erde fallen und alles in graue Trübnis zu versinken droht? Dann sind da noch immer die Pubs, in denen die grauesten Stunden fröhlich zu ertragen sind – auch wenn die Sonne tagelang nicht herauskommen mag und kein Regenbogen bessere Zeiten verspricht.

Es ist schon spät, und der Barmann im Pub leiert die Aufforderung zur *last order* herunter, der letzten Bestellung vor der Sperrstunde. Noch schnell eine Runde, vielleicht hat der Regen ja aufgehört, bis man ausgetrunken hat. »Und wenn Du noch ein paar Klischees erfindest – Ihr Autoren seid ja darin ganz prima –, dann schreib sie ruhig auf. Irgendwie stimmen sie immer.«

Landeskunde im Schnelldurchgang

Fläche: 70282 km² (Republik Irland)
14 139 km² (Nordirland)
Lage: zwischen 51°30' und 55°30' nördlicher Breite
sowie 5°30' und 10°30' westlicher Länge
Einwohner: 3,626 Mio. (Republik Irland), 1,663 Mio. (Nordirland)
Hauptstadt: Dublin (Republik Irland); Belfast (Nordirland)
Amtssprachen: Irisch (Gälisch) und Englisch
Währung: Euro (€) in der Republik Irland,
Englisches Pfund (£) in Nordirland
Zeit: MEZ bzw. MESZ minus eine Stunde

Provinzen und Counties
Irland besteht aus vier Provinzen, die wiederum in insgesamt 32 Counties (Grafschaften) aufgeteilt sind. Im Osten: *Leinster* mit den Counties Dublin, Wicklow, Wexford, Kilkenny, Carlow, Kildare, Laois, Offaly, Westmeath, Longford, Meath, Louth. Im Süden: *Munster* mit den Counties Cork, Kerry, Limerick, Clare, Tipperary, Waterford. Im Westen: *Connacht* mit den Counties Galway, Mayo, Sligo, Leitrim, Roscommon. Im Norden: *Ulster* mit den Counties Donegal, Cavan, Monaghan, die zur Republik Irland gehören, während die sechs Counties Antrim, Armagh, Derry, Down, Fermanagh und Tyrone als Nordirland Teil Großbritanniens sind.

Politik
Irland war bis 1921 eine Kolonie Großbritanniens. Nach dem Unabhängigkeitsvertrag verblieben sechs Counties in der Provinz Ulster bei Großbritannien. Die übrigen 26 Counties gehörten noch zum Commonwealth, bis sie sich 1948 durch den *Republic of Ireland Act* als Republik Irland mit einer parlamentarischen Demokratie konstituierten. 1955 trat die Republik den Vereinten Nationen bei, seit 1973 ist sie Mitglied der Europäischen Union.

Hauptstadt ist Dublin. Die Nationalflagge besteht aus den drei Farben Grün, Weiß und Orange, das Nationalsymbol und Wappen ist die Harfe. Nationalfeiertag ist der St. Patrick's Day am 17. März. Der offizielle Staatsname lautet Éire oder auf Englisch Ireland.

Das irische Nationalparlament *(Oireachtas)* setzt sich aus dem Präsidenten *(an tUachtarán)* und zwei Häusern zusammen, dem Repräsentantenhaus *(Dáil)* und dem Senat *(Seanad)*. Staatsoberhaupt ist die Präsidentin, Regierungschef ist der Premierminister, der *Taoiseach* (Häuptling).

Im 1997 gewählten Dáil sind folgende Parteien vertreten: Stärkste Fraktion ist die konservativ-republikanisch orientierte Partei *Fianna Fáil* (Soldaten des Schicksals), die von Éamon de Valera 1926 gegründet wurde. Zweitgrößte Partei ist die konservative *Fine Gael* (1933 gegründet), die christdemokratisch ausgerichtet ist. Die *Labour Party* (1912 gegründet), drittgrößte Fraktion, verfolgt sozialdemokratische Ideale, während die *Progressive Democrats* (1985 gegründet) in etwa vergleichbar mit der deutschen FDP sind. Marginal vertreten sind die *Green Party*, die Grünen (1981 gegründet), und die republikanische *Sinn Féin*, die in der Republik Irland nur eine untergeordnete Rolle spielt.

Nordirland wird seit der Teilung der Insel als Teil Großbritanniens von Westminster aus regiert. Seit dem Jahr 2000 gibt es wieder eine autonome Regierung. Die nordirischen Parteien sind weitgehend konfessionell definiert. Größte katholisch-nationalistische und zweitgrößte nordirische Partei ist die SDLP (Social Democratic and Labour Party), die einen gemäßigten republikanischen Kurs fährt. Die strikt republikanisch-sozialistische *Sinn Féin* (›Wir selbst‹) wird als politischer Arm der IRA bezeichnet. Auf der protestantisch-unionistischen Seite dominiert die UUP (Ulster Unionist Party), die auch die stärkste Partei Nordirlands ist. Sie gibt sich vorsichtig gemäßigt. Die DUP (Democratic Unionist Party) ist eine Rechtsabspaltung der UUP und wurde vom presbyterianischen Sektenführer Ian Paisley gegründet. Die Alliance Party repräsentiert die protestantischen Mittelschichten und versucht sich vom sektiererischen Loyalismus zu distanzieren. Die UDP (Ulster Democratic Party) entstand als politischer Arm der UDA, einer loyalistischen Terrorgruppe. Auch die PUP (Progressive Unionist Party) entwickelte sich aus loyalistischen Paramilitärs (s. auch S. 32ff.).

Religion

Religionsfreiheit ist in der Republik Irland verfassungsmäßig garantiert. Gleichwohl hat die katholische Kirche noch immer enormen Einfluß auf Politik und Gesetzgebung und spielt eine wesentliche Rolle im Erziehungs- und Gesundheitswesen. 92 % der Bevölkerung gehören zur Römisch-katholischen Kirche. 3 % sind Protestanten, davon gehören die meisten zur Church of Ireland und nur eine Minderheit zu Presbyterianern und Methodisten. Zur jüdischen Gemeinde gehören 0,04 % der Bevölkerung.

In Nordirland sind 50 % der Bevölkerung Protestanten, davon etwa die Hälfte Presbyterianer, 7 % fühlen sich zu keiner Religion zugehörig oder machen keine Angaben. 43 % sind Katholiken. Die Prozentzahlen verschieben sich seit geraumer Zeit mehr und mehr zugunsten der Katholiken. Inoffizielle Schätzungen gehen davon aus, daß sich das Verhältnis in einigen Jahren zugunsten der Katholiken verändern wird.

Klima und Reisezeit

Das Wetter ist eines der beliebtesten Gesprächsthemen in Irland. Täglich, manchmal stündlich kann es sich ändern. Sommerlicher Regen hält in der Regel nicht lange an. Der stete Wind vom Atlantik vertreibt die Wolken sehr rasch, und so kann es an einem einzigen Tag sowohl heftige Regengüsse als auch strahlenden Sonnenschein geben. Mit Regentagen ist jedoch immer zu rechnen.

Das Klima ist insgesamt gemäßigt und dank des Golfstroms relativ mild. Lange Frostperioden sind äußerst selten. Statistisch betrachtet sind der Januar und Februar die kältesten Monate mit Durchschnittstemperaturen zwischen 4 °C und 7 °C. Die wärmsten sind Juli und August mit durchschnittlich 14 °C bis 16 °C (Höchstwerte um 25 °C). Die Nächte sind stets sehr kühl, deswegen liegen die Durchschnittstemperaturen relativ niedrig. Auf die Statistik kann man sich jedoch nicht verlassen. Kühle und verregnete Sommer gibt es ebenso wie milde und sonnige Übergangszeiten.

Die Reisesaison beginnt in Irland um Ostern und reicht bis in den September hinein. Außerhalb dieser Zeit sind die meisten Sehenswürdigkeiten geschlossen. Die Hauptsaison ist Juli/August.

Landschaft und Menschen

Natur und Umwelt

Die grandiose Landschaft ist neben den herzlichen Menschen und den Zeugnissen einer jahrtausendealten Kultur Irlands größtes Kapital. Die sanften Täler in den Bergen, die schroffen Kliffs an den Küsten, die Weite der Torfmoore, die klaren Flüsse und Seen und vor allem die Stille und Einsamkeit schlagen jeden in ihren Bann. Und dann die Farben: sattgrüne Wiesen, durchzogen vom Grau des Gesteins und abgegrenzt vom Schwarz der Klippen am Atlantik. Im Frühjahr leuchten die Wiesen wie von Gold übergossen im leuchtenden Gelb des Stechginsters, der süß nach Kokosnuß duftet. Im Sommer überziehen die Fuchsienhecken die Landschaft mit ihrem intensiven Rot. Braun bis schwarz schimmern die Moore. Der Himmel ist von einem strahlenden Blau, das sich ebenso wie die rasch dahinjagenden, wattigen Wolken in den Seen widerspiegelt – ein Land von einer urtümlichen und oftmals atemberaubenden Schönheit.

Daß Irland noch über eine weitgehend intakte Natur verfügt, liegt vor allem daran, daß die Industrialisierung erst relativ spät vorangetrieben wurde. Die Insel war seit jeher fast ausschließlich Agrarland. Erst in den 1960er Jahren bemühte sich die Regierung verstärkt um Industrieansiedlung und um Niederlassungen großer internationaler Firmen, die vor allem mit den äußerst laschen oder de facto gar nicht vorhandenen Umweltauflagen ins Land gelockt wurden. Das Vorgehen war zunächst verständlich, schließlich wollte sich Irland in ein hochentwickeltes Land verwandeln, das in jeder Beziehung mit den Industrieländern Schritt halten konnte. Als armes Bauernland mit niedrigem Lebensstandard konnte es jungen, gut ausgebildeten Leuten weder Arbeitsplatz noch Lebensqualität bieten, weshalb gerade dieser Bevölkerungsschicht oft keine Alternative blieb als auszuwandern.

Gleichzeitig wurde die Landwirtschaft intensiviert. Millionen Schafe, die auch auf sauren und kargen Böden noch ihr Futter finden und in kaum einer Region fehlen, überweiden allmählich das Grasland. Auch Milchwirtschaft und Viehzucht wurden mit Blick auf den europäischen Markt verstärkt. Bislang jedoch noch nicht soweit, daß die Kühe wie in England mit Tiermehl gefüttert werden müssen, was 1996 zum großen BSE-Skandal geführt hat. Irisches Rindfleisch dürfte nach Art der Haltung und nach entsprechenden Untersuchungen in dieser Beziehung unbedenklich sein.

Die Städte wucherten zudem immer weiter ins Land, Ansiedlungsprojekte führten zur Zersiedelung intakter Naturlandschaften, und der Autoverkehr nahm massiv zu. Ein eigenes Auto, unabdingbar in einem Land mit schwach ausgebautem öffentlichen Personenverkehr und manchmal beträchtlichen Entfernungen zwischen Gehöften und Städten, wurde zum Symbol des neuen Wohlstands und einer erleichterten Beweglichkeit. Staus in den Städten und auf Hauptverkehrsstraßen gehören nun ebenso zum Alltag wie zahlreiche Verkehrsunfälle.

Die Erkenntnis, daß eine saubere Umwelt ein bedeutender Wirtschaftsfaktor ist, und zwar nicht nur im Tourismus, sondern auch in der Landwirtschaft und im Fischereiwesen, hat nur langsam die Gesetzgebung durchdrungen. Vor allem Landwirte und im Tourismus tätige Menschen setzen sich aber zunehmend gegen die Umweltverschmutzung zur Wehr. Die Bauern sind besorgt, daß der gute Ruf ihrer Erzeugnisse und damit deren Absatz in der EU zu leiden hat, und die Touristiker fürchten zu Recht, daß Industrieanlagen, zerstörte Landschaften oder verseuchte Flüsse kaum verlockend für Besucher sind. Seit 1994 ist nun die *Environmental Protection Agency*, eine Art von Umweltschutzbehörde, nicht nur für die verbale Warnung vor Umweltsünden zuständig, sondern auch verantwortlich für Genehmigungen von solchen Projekten, die per se oder potentiell umweltschädlich sind.

Die steten Südwestwinde vom Atlantik und der hohe Niederschlag sorgen trotz der vorhandenen Belastungen für eine beständige natürliche Klärung von Luft und Gewässer, ein Umstand, auf den sich die Regierung lange Zeit verließ. Die Strände, Flüsse und Seen Irlands gehören dennoch oder deswegen laut EU-Kategorisierung zu den saubersten Europas – mit Ausnahmen, die offiziell kaum erwähnt werden: Die Irische See zwischen Großbritannien und Irland mag zwar saubere Strände vorweisen, doch die Wiederaufbereitungsanlage für Atommüll im englischen Sellafield hat das Meer radioaktiv belastet.

Saurer Regen, der in Mitteleuropa die Wälder sterben läßt, ist in Irland unbekannt. Wälder gibt es ohnehin kaum. Seit dem 16. Jh., als die Engländer Irland gänzlich in Besitz nahmen, wurden die Wälder systematisch abgeholzt, teils um Nutzholz zu gewinnen, vor allem aber um Weideflächen für die lukrative Viehzucht zu schaffen. Durch die besondere geologische Beschaffenheit der Insel wurden so neben den smaragdenen Wiesen auch weite Ödflächen geschaffen.

Irland ist quasi wie eine Schüssel geformt, mit einer Tiefebene im Zentral-

Die hübschen Papageitaucher besiedeln auch Irlands Küsten

land, die sich kaum über den Meeresspiegel erhebt, und Bergketten zur Küste hin. Die Insel wurde erst vor etwa 10 000 Jahren vom europäischen Festland abgetrennt, als das Schmelzwasser der letzten Eiszeit den Meeresspiegel ansteigen ließ. Zwei europäische Gebirgszüge treffen in Irland aufeinander: Im Norden und Westen der Kaledonische Bergrükken, der sich von Skandinavien über Schottland bis zu den schroffen Felsformationen von Donegal und Mayo erstreckt, und im Südosten der Armorikanische Bergrücken, der von Mitteleuropa über die Bretagne bis zu den Sandsteinmassiven von West Cork und Kerry reicht. Die Gletscher, die die Insel bedeckten, hinterließen die tief eingeschnittenen Täler, wie sie besonders eindrucksvoll in den Glens of Antrim oder in den Wicklow Mountains zu sehen sind. Auch die Hügel im zentralen Tiefland sind Überreste dieser Gletscher. Der Kalksteinuntergrund der Tiefebene, die einst von dichten Eichenwäldern bedeckt war, erschwerte den Wasserabfluß des außerordentlich starken Niederschlags. Dadurch wurde die Entstehung der Moore begünstigt, die heute noch 17 % der Inselfläche bedecken.

Torf wird seit Jahrtausenden als Brennstoff verwendet, wenn auch oft nur noch der Romantik wegen. Für Torfkraftwerke wird er industriell abgebaut, mit der Folge, daß Moorlandschaften zu Ödland werden und die empfindlichen Feuchtbiotope aus dem Gleichgewicht geraten. Der systematischen Zerstörung dieser Naturlandschaft soll zwar Einhalt geboten werden. Aber über das Wie herrscht große Ratlosigkeit, denn es gilt, wirtschaftliche Interessen eines Landes, das sich teure Erdölimporte kaum leisten kann, gegen die Erhaltung von einzigartigen Ökotopen, die tourismuswirtschaftlich ebenso bedeutend sind, abzuwägen.

Als am Ende der letzten Eiszeit Irland zur Insel wurde, konnten Fauna und Flora, die sich anderenorts das eisbefreite Land wieder eroberten, nur unter erschwerten Bedingungen bis nach Irland vordringen. Manche Art schaffte es gar nicht, zum Beispiel Schlangen. Eine Legende erklärt das Fehlen von Schlangen sehr viel hübscher: Der heilige Patrick soll die Kriechtiere aus Irland vertrieben habenl. Das einzige Reptil, das sich durchgesetzt hat, ist die gewöhnliche Eidechse. Die einheimischen oder europäischen Tierarten finden in Irland dafür weitgehend gute Lebensbedingungen vor. Die neugierigen Kegelrobben beispielsweise tummeln sich in Massen an der Küste oder sonnen sich träge auf Felsen. Wenn die Wale sich auf Wanderschaft begeben, kann man sie an der Westküste beobachten. Ganze

Vogelkolonien, deren schönste Spezies Papageitaucher, Eisvögel und Tölpel sind, nisten auf den kleinen vorgelagerten Inseln und färben die Felsen weiß mit ihrem Kot. Rotwild, das in manchen Regionen, vor allem in Nordirland, von Sportjägern gern geschossen wird, steht in der Republik unter Artenschutz. Es ist mittlerweile nur noch in den Bergen oder den ausgewiesenen Naturreservaten, wie im Glenveagh National Park in Donegal oder im National Park in Killarney, zu finden.

Ebenso wie die Tier- ist die Pflanzenwelt in Irland weniger vielfältig als auf dem Kontinent. Viele der Pflanzen, die heute in Irland scheinbar wild gedeihen, sind späteren Importen hauptsächlich der Engländer zu verdanken, die mit Vorliebe ihre einheimische Vegetation mitbrachten oder exotische Gärten anlegten. Wo das Klima entsprechend günstig ist, breiten sich diese Pflanzen auch auf natürliche Weise aus. Im Südwesten Irlands, wo der Golfstrom ein außergewöhnlich mildes Klima schafft, gedeihen sogar Palmen, Baumfarne, Magnolien und vor allem die überall wuchernden Fuchsien. Im karstigen Kalksteingebiet des Burren im County Clare hat überraschenderweise eine arktisch-alpine Flora ihren Lebensraum gefunden, mit einigen einzigartigen Spezies wie dem Irischen Enzian.

Viele Tier- und Pflanzenarten sind wie überall in der Welt mittlerweile vom Aussterben bedroht und stehen deshalb unter Naturschutz. In Irland jedoch besteht eine große Chance, das ökologische Gleichgewicht weitgehender als in den flurbereinigten Industrieländern zu erhalten. Voraussetzung ist dabei jedoch nicht nur ein behutsamer Tourismus, der zu einem der Hauptwirtschaftszweige Irlands anwachsen kann, sondern auch ein behutsamer Tourist.

Traveller: Reisende ohne Romantik

Gerne mieten sich Touristen einen jener buntbemalten tonnenförmigen Pferdewagen, um damit ganz ursprünglich durchs Land zu reisen, wie die Traveller, das fahrende Volk Irlands. Die sind der eigenen Legende nach Nachkommen keltischer Stammeshäuptlinge und Barden, die vor Jahrhunderten von den englischen Eroberern zur ewigen Wanderschaft gezwungen wurden. Für die Wagenvermieter ist das ein glänzendes Geschäft, aber selbst die Touristen merken recht schnell, daß ein Leben auf der Straße nur begrenzt Romantik verspricht. Die Traveller selbst leben inzwischen längst in modernen, wenn auch keineswegs komfortablen Wohnwagen. Meistens campieren sie am Straßenrand unter katastrophalen hygienischen Bedingungen, manchmal über Jahre, bis die zuständige Gemeinde sie wieder vertreibt.

Ob die schätzungsweise 4300 Travellerfamilien, rund 11 000 Menschen, in Irland tatsächlich Nachfahren keltischer Grundbesitzer sind, ist bis heute ungeklärt. Tatsache ist, daß sie erstmals 1175 urkundlich erwähnt wurden, zu einer Zeit, als die Anglonormannen Irland in Besitz nahmen. Über die Jahrhunderte gab es eine Art freundliche Duldung zwischen Travellers und seßhaften Iren, versorgten die Reisenden doch die weit auseinanderliegenden Gehöfte mit allen Waren, die auf einem Bauernhof nicht selbst hergestellt werden konnten. Sie fungierten als Nachrichtenbörse und als Geschichtenerzähler, verdingten sich als Erntehelfer und Handwerker. Sie entwickelten eine eigene Kultur, Gebräuche und sogar eine Sprache, das *Shelta* oder auch *Gammon*, eine Mischung aus Gälisch, Englisch und Romani.

»Im Grunde ein gutes Herz« – Über *den* Iren

Zwei Arten von Iren kann ich nicht ausstehen. Die eine Sorte versucht sich immer so zu benehmen, wie sich ihrer Meinung nach die Engländer benehmen. Die andere versucht sich immer so zu benehmen, wie sich ihrer Meinung nach die Iren benehmen. Letztere können mich zur Verzweiflung bringen«, schreibt der Schriftsteller Sean O'Faolain in einer seiner satirischen Kurzgeschichten. Das gängige Klischee vom Iren, dem kauzigen, pfiffigen Paddy, der zwischen Schwermut und Lebenslust einen vergeblichen Tanz aufführt, erfreut sich immer noch großer Beliebtheit. Paddy, das ist im britischen Raum ein Schimpfwort, das sämtliche abwertenden kolonialen Vorstellungen über die Iren zusammenfaßt. Die Iren sind demnach trotz ihrer rauhen Lebensbedingungen ein fröhliches Völkchen voller Geschichten und Lieder, immer zu einem Scherz bereit, der schnell in tiefste Melancholie umschlagen kann. Sie sitzen am liebsten nach einem langen arbeitslosen Tag im Pub, trinken Guinness oder Whiskey und erzählen von ihren Heldentaten – gegen Cromwell und für die Freiheit, oder wie sie neulich, 1916, das Hauptpostamt in Dublin besetzt hatten.

Stets wird dem Klischee heftig widersprochen, von engagierten Irlandreisenden ebenso wie von den Iren selbst, auch wenn von letzteren manchmal der folkloristische *professional Paddy* gern gepflegt wird, sei es auf der Bühne oder zu vorgerückter Stunde in einem ländlichen Pub, wenn nach reichlich alkoholischen Getränken einem besonders pfiffigen Kauz der Schalk im Nacken sitzt und er sich mit den Touristen ein Späßchen erlaubt.

Die Besonderheiten jedoch, die den gesamten Charme Irlands ausmachen, haben die Modernisierung einer westlichen Gesellschaft gottlob überlebt: die Herzlichkeit, das freundliche Interesse, das nicht nur oberflächliche Höflichkeit ist, und das Bemühen, die besten Seiten der jeweiligen Heimatregion und von sich selbst zu zeigen. Dazu gehört auch die Neugier und die Lust an jedwedem Plausch, sei es an der Tank-

Ihre Arbeiten verloren jedoch an Bedeutung, als in der zweiten Hälfte des 20. Jh. die Landbevölkerung die Waren und Dienstleistungen der Traveller nicht mehr benötigte. Die Traveller zog es seither vom Land in die Peripherie größerer Städte, wo sie oft in slumartigen Siedlungen ein Dasein in Arbeitslosigkeit und Elend fristen.

Von den 4300 Familien leben derzeit noch etwa 2000 am Straßenrand. Etwa 250 verfügen immerhin über einen festen Standplatz, oft jedoch ohne sanitäre Einrichtungen. Unrat sammelt sich

stelle, auf dem Dorfpostamt oder im Supermarkt. Kaum eine Situation wird ausgelassen, um Fremde nach dem Woher und Wohin zu fragen, meist mit der obligatorischen Wetterbemerkung eingeleitet: »Ist es nicht ein schöner/scheußlicher/vielversprechender Tag?« Und: »Gefällt Ihnen Irland?« Ausweichen kann man einem Gespräch nur, wenn man sich wortkarg und somit unhöflich gibt, denn was immer man antwortet und für wie schlagfertig man sich auch immer hält, Iren nehmen jede Antwort als Herausforderung für einen langen Disput.

Ein Gespräch bedeutet dabei keineswegs endlose Selbstreflexion, sondern durchaus lebendigen Dialog. Das Woher und Wohin richtet sich keineswegs auf metaphysische Fragen, sondern auf den konkreten Weg des Gegenübers und ist ein willkommener Anlaß, um wortreich zu erläutern, was man zu den einzelnen Orten, historischen Daten oder Menschen alles zu erzählen weiß. Und weiß man etwas nicht, dann werden die Lücken mit um so fantasievolleren Geschichten ausgefüllt. Sigmund Freud soll behauptet haben, daß die Iren das einzige Volk der Welt seien, das überhaupt nicht für die Psychoanalyse geeignet ist: Sie seien allzu bereit, Träume zu erfinden, und sie fänden das Ausspinnen von Lügengeschichten allemal interessanter als die Wahrheit.

rund um diese provisorischen Behausungen, die Kinder wirken ungepflegt und betteln mitunter recht hartnäckig bevorzugt in touristischen Regionen. Nur wenige verfügen über eine ausreichende Schul- oder Berufsbildung. Die Geburten- und Sterberate liegt mehr als doppelt so hoch wie bei den seßhaften Travellers.

Seit 1965 versucht die Regierung sie zur Seßhaftigkeit zu bewegen, was jedoch nicht zwangsläufig zur Integration führt. Schließlich wurde ein Programm verabschiedet, durch das bis zum Jahr

2000 für alle Travellerfamilien menschenwürdige und sichere Unterkünfte und Standplätze geschaffen werden sollen. Eine Utopie, wie sich herausstellte. Denn nicht nur wünschen die wenigsten Traveller ihren Lebensstil zu ändern, auch protestieren seßhafte Iren gegen die ungeliebte Nachbarschaft.

Die irische Journalistengewerkschaft erließ im Jahr 1996 neue Richtlinien zur *political correctness* im Umgang mit den Travellers, den Reisenden, wie sie sich selbst nennen. So darf man sie offiziell nicht mehr als *tinker* (Kesselflicker), *knacker* (Abdecker), *itinerants* (fahrendes Volk) oder *trader* (Hausierer) bezeichnen. Vor Diskriminierung und Ausgrenzung schützt sie diese Sprachakrobatik jedoch nicht.

Des Papstes letzte Hoffnung: Die Kirche in Irland

»Ach Gott, die ganze verdammte Landschaft der Metaphysik hat sich im Lauf meines Lebens verändert, mein Freund. Was soll ein armer Kerl denn überhaupt noch glauben? Warum kommen Protestanten nicht mehr in die Hölle? Und was erzählt der Papst da, daß es im Himmel keinen Sex gibt? Und dann hat die Kirche auch noch Alkohol am Steuer in den Katechismus aufgenommen. Wollen die Irland denn ganz verlieren?« (Mary Breasted: ›Das Wunder von Dublin‹)

Irland, so heißt es, sei das Juwel in der Krone des Vatikans. In keinem anderen katholischen Land folgt der Klerus derart rigide dem Diktat eines ultrakonservativen Kirchenoberhaupts, dessen fortschrittlichste Tat 1992 die Rehabilitierung Galileo Galileis war. Angesichts seiner vielen Reisen rund um die Welt war auch dem ›Eiligen Vater‹ nicht verborgen geblieben, daß die Erde tatsächlich rund ist.

Katholizismus ist in der irischen Gesellschaft nicht nur eine Angelegenheit des persönlichen Glaubens, sondern ein Symbol für das Irischsein schlechthin. Katholik sein hieß in der Vergangenheit mehr oder weniger, seine irische Identität gegen die protestantischen Engländer zu behaupten, was den Glauben tiefer festigte als jeder missionarische Eifer.

Priester gehören so auch zu den unangefochtenen Autoritätsfiguren im Gemeinwesen und in der Gesellschaft, wobei ihr Einfluß weit über seelsorgerische Belange hinausgeht. Die Macht ihres Wortes nutzen viele katholische Kirchenmänner im positiven Sinne vor allem auf sozialem Gebiet, initiieren Arbeitsbeschaffungsmaßnahmen und soziale Projekte, und sie engagieren sich, zumindest unter sozialen und Friedensaspekten, vor allem in Nordirland in der Politik. Darüber hinaus hat die Kirche nach wie vor einen entscheidenden Einfluß auf das Schul- und Gesundheitswesen. Die meisten Schulen werden noch immer von der Kirche geführt, auch wenn mittlerweile sogenannte Laienlehrer die Mehrzahl bilden und viele Eltern vor allem in städtischen Gebieten ihre Kinder lieber auf eine nicht- oder überkonfessionelle Schule schicken.

Der organisatorische Aufbau der katholischen Kirche hat sich seit dem 12. Jh. nicht wesentlich verändert. Irland ist unabhängig von seinen heutigen politischen Grenzen in vier kirchliche Provinzen aufgeteilt: Armagh, Dublin, Cashel und Tuam. Primas, und meist Kardinal, ist der Erzbischof von Armagh. Jede Provinz hat verschiedene Diözesen, insgesamt 27 mit rund 1300 Gemeinden, in denen 4000 Priester tätig sind. 20 000

Männer und Frauen gehören den verschiedenen Orden an, und etwa 4500 sind als Missionare in der ganzen Welt tätig – rund 30 000 Menschen im Dienste Gottes.

Vor allem in Sachen Moral gibt sich der irische Klerus jedoch unbeugsam. Sex ist eines der zentralen Themen der katholischen Kirche, ein Sujet, dessen Behandlung insbesondere in Irland merkwürdige Blüten treibt. Obwohl die Kirche ihre in der Verfassung verankerte ›Sonderstellung‹ 1972 durch ein Referendum verlor, reicht ihr Einfluß so weit daß erst seit 1993 Kondome überall erhältlich sind und Homosexualität nicht mehr strafbar ist. Und erst durch eine Volksabstimmung 1995 wurde mit knapper Mehrheit die Aufhebung des gesetzlichen Scheidungsverbots entschieden. Zähneknirschend droht der Klerus angesichts solchen »Sittenverfalls« weiterhin mit Hölle und Verdammnis und wettert um so heftiger gegen moralische Gefahren wie Geburtenkontrolle, konfessionelle Mischehen, Homosexualität und vor allem gegen Abtreibung, die in Irland zwar nach wie vor strikt verboten ist, seit einiger Zeit aber immerhin im benachbarten England durchgeführt werden darf. Radikale Abtreibungsgegner, vor allem Nonnen, pflegten zuvor Häfen zu blockieren, falls die Vermutung bestand, daß Frauen nach England übersetzen wollten.

Die moralische Autorität der Kirche erfuhr in den letzten Jahren jedoch eine herbe Schlappe. Der ehemalige Bischof von Galway, Éamonn Casey, zeugte in den 1970er Jahren als Bischof von Kerry einen Sohn. Die junge Mutter gebar ihr Kind diskret in Amerika, der Bischof zahlte Unterhalt, teilweise aus der Gemeindekasse, und schwieg – bis 1992 der Fehltritt ans Licht kam, als die Frau ihre Memoiren veröffentlichte. Sein Fall

war nicht der erste Skandal, auch nicht der schwerwiegendste, aber der Anfang einer Reihe von erschütternden Enthüllungen über sexuellen Mißbrauch kleiner Jungen und Mädchen durch Priester oder in konfessionellen Schulen, alkoholkranke Bischöfe und unbotmäßige Beziehungen, die das Vertrauen in die moralische Unfehlbarkeit des Klerus bei den gläubigen Katholiken nachhaltig erschütterten.

Ob die katholische Kirche jemals wieder ihre alte Machtposition in Irland zurückerlangen kann, bleibt angesichts einer zunehmenden Säkularisierung der irischen Gesellschaft fraglich. Die Skandale haben den Ansehensverfall gewiß beschleunigt. Schwerer wiegt jedoch, daß der Klerus mit seinem moralischen Anspruch gerade die jungen Leute nicht mehr erreichen kann. Immerhin denkt die irische Regierung bereits darüber nach, den Begriff ›Gott‹ aus der Verfassung zu streichen und durch ›Volk‹ zu ersetzen.

Geschichte und Gegenwart

»Für Irland sterben« – Der lange Weg zur Unabhängigkeit

Sein oder Nichtsein, das ist hier die Frage: Ob's edler im Gemüt, die Pfeil' und Schleudern des wütenden Geschicks erdulden oder sich waffnend gegen eine See von Plagen, im Widerstand zu enden. (Shakespeare [Engländer]: Hamlet [Däne]; um 1600)

Die Geschichte Irlands, und vielmehr noch die irische Geschichtsschreibung, ist ein Paradebeispiel für die Tatsache, daß Historie niemals objektiv im reinsten Sinne beschrieben werden kann. Zahlen und Fakten mögen noch auf Kontinuität im Zeitgeschehen hinweisen, doch deren Interpretation bleibt der jeweiligen Perspektive überlassen. Die historische Sichtweise der Iren ist »niemals nüchtern und sachlich, sondern patriotisch, nationalistisch und vor allem emotional«, wie der Schriftsteller Sean O'Faolain in seinem Werk ›The Irish‹ durchaus nüchtern feststellte. Zeitliche Abfolge spielt ohnehin keine Rolle; alles, was jemals geschehen ist, wirkt bis in die Gegenwart hinein.

Von Irland gingen in der gesamten Geschichte niemals kriegerische Eroberungen anderer Völker und Länder aus. Dafür war die Insel ein häufiges Ziel fremder Invasoren. Die Uneinigkeit der Iren, das Fehlen eines nationalen Zusammenhalts, war wohl auch der Grund, warum feindlichen Invasionen kaum ein erfolgreicher Widerstand entgegengebracht werden konnte. Todesmutig stürzten sich zwar immer wieder einige Stammeshäuptlinge, oder später politische Gruppierungen, vor allem gegen die überlegenen englischen Eroberer in den Kampf. Aber »für Irland sterben« schien oftmals bei einer absehbaren Niederlage ehrenvoller zu sein, als den mühsamen Weg der Einigung des eigenen Volkes zu beschreiten. Es dauerte Jahrhunderte, bis sich schließlich eine nationale irische Identität herausbildete, die erst im 20. Jh. zur Bildung der irischen Republik führte.

Vorgeschichte

Als die ersten Kelten aus Mitteleuropa nach Irland kamen, fanden sie keineswegs ein menschenleeres Land vor. Schon etwa 7000 v. Chr. hatten sich auf der rauhen Insel die ersten mesolithischen Siedler niedergelassen, die aus dem Norden Englands eingewandert waren. Weitere Besiedlungswellen folgten. Die sichtbarsten Hinterlassenschaften jener unbekannten Völker sind die Dolmen, Stein- und Ganggräber, die über die ganze Insel verteilt sind.

Die Kelten, das Volk, mit dem sich die gesamte irische Nation identifiziert, trafen etwa im 6. Jh. v. Chr. in Irland ein. Sie gehören zur indoeuropäischen Sprachgruppe, stammen vermutlich ursprünglich aus dem Schwarzmeergebiet und breiteten sich von dort über Süddeutschland und Frankreich immer weiter nach Westen aus. Während sie im heutigen deutschsprachigen Raum zunächst von den nachfolgenden Germanen und in Frankreich von den Römern vollständig verdrängt wurden, blieben Reste ihrer Kultur in Wales, Schottland und vor allem in Irland erhalten. Die Römer legten offenbar keinen Wert auf die Eroberung Irlands, oder sie ist ihnen schlichtweg nicht geglückt. Ausgrabungen brachten zwar durchaus römische Fundstücke zutage, die aber genauso gut als Handelsware auf die Insel gekommen sein können.

Das Herrschaftsgebilde der Kelten war ausgesprochen dezentral. Etwa 150 Kleinkönige herrschten über ihre Minireiche, die *tuatha*. Jeweils einige *tuatha* unterstanden mächtigeren Königen. Städte gab es nicht, bestenfalls bäuerliche Siedlungen in den *crannógs*, künstlichen Inseln in Seen, die zum Schutz vor Überfällen gebaut wurden. Den sozialen Zusammenhalt gewährleistete das brehonische Recht, das die jeweilige Gruppierung – von der Großfamilie bis zum Minikönigreich – in strikt getrennte Klassen teilte und das Zusammenleben regelte. Die Druiden, die Priesterkaste der Kelten, genossen uneingeschränkte Achtung, ebenso wie die Barden, die Sänger und Dichter der Könige.

Das Frühchristentum

Traditionell wird die Christianisierung Irlands, obgleich es schon in der Zeit vor ihm Christen gab, mit dem heiligen Patrick verbunden, der im 5. Jh. durch Irland zog und taktisch geschickt die keltischen Kultstätten in christliche umwidmete. Von enormer Bedeutung erwiesen sich vor allem die zahllosen Klostergründungen durch Patricks Mitstreiter und Nachfolger, die sich zu wirtschaftlichen, religiösen und kulturellen Zentren entwickelten, wie zum Beispiel Glendalough oder Clonmacnoise.

Irische Mönche auf Missionsreisen sorgten schließlich für die Christianisierung ganz Europas und gründeten nach irischem Vorbild Klöster, die in den jeweiligen Orten noch heute von religionshistorischer Bedeutung sind: St. Fursey im französischen Péronne, St. Kilian in Würzburg, St. Vergil in Salzburg oder St. Columbanus im italienischen Bobbio. Anders als auf dem Kontinent mit seinen Völkerwanderungen und Machtkämpfen konnten sich Kunst und Kultur auf der Insel unbehelligt entwikkeln. Die ersten Handschriften entstanden, wie das ›Book of Kells‹, das zu den schönsten Manuskripten der Welt gehören dürfte. Die Zeit zwischen dem 6. und 9. Jh. wird deshalb als das ›Goldene Zeitalter‹ Irlands bezeichnet.

Der Einfall der Wikinger

Etwa um 800 begannen die kriegerischen Überfälle der Wikinger, deren Hauptziel zunächst die reichen Klosteranlagen waren, von denen sie dank der recht überschwenglichen Erzählfreude der Mönche gehört hatten. Mit ihren wendigen Schiffen fuhren die Wikinger übers Meer und die Flüsse aufwärts, wo sich die reichsten Klöster befanden. Die Klöster wurden jedoch nicht nur von den Wikingern geplündert, sondern auch von nicht minder gierigen keltischen Stammeshäuptlingen. Den Räubern folgten Händler aus Nordeuropa, die alsbald die ersten Städte Irlands gründeten, wie Dublin, Cork oder Wexford, und ein blühendes Gemeinwesen sowie einen weitgreifenden Handel aufbauten. Einzig die Ulster-Könige der Uí Néills erwiesen sich für die Wikinger als unbesiegbar.

Erst im 11. Jahrhundert, als sich in der Provinz Munster eine neue Dynastie profilierte, wurde den Wikingern ein entscheidender Widerstand entgegengesetzt. Brian Boru, der in einigen Schlachten die ›Nordmänner‹ geschlagen hatte und daraufhin zum Hochkönig gewählt worden war, fügte ihnen mit seinem Heer in der Schlacht von Clontarf bei

Dublin im Jahr 1014 eine vernichtende Niederlage zu. Der betagte König ließ dabei sein Leben.

Die anglonormannische Eroberung

Das 12. Jh. bildete den entscheidenden und bis heute nachhaltigsten historischen Wendepunkt. Der bislang einzige englische Papst der Kirchengeschichte, Adrian IV., setzte im 12. Jh. nicht nur die Oberhoheit Roms durch, sondern verlieh seinem Landesherrn, dem englischen König Heinrich II., eigenmächtig die Lehenshoheit über Irland. Der Machtanspruch der Kirche in Rom war durch die zunächst erfolgreichen Kreuzzüge des Mittelalters gewachsen. Folglich sollte auch das weitgehend unabhängige Christentum in Irland der Hierarchie Roms unterworfen werden. Die Reform beinhaltete nicht nur die hierarchische Aufteilung in Bistümer, was bei den dezentralen Klostersiedlungen nicht üblich war, sondern auch die Gründung neuer Klöster nach dem Vorbild der kontinentalen Mönchsorden.

Als weitaus folgenreicher erwies sich der Machtkampf um das Amt des Hochkönigs. Als der König von Leinster und Anwärter auf den Königssitz in Tara, Diarmait Mac Murchada, die Frau eines Konkurrenten entführte, vom Ehemann bedrängt wurde und nichts besseres zu tun hatte, als die Engländer bzw. Anglonormannen um Hilfe zu bitten, begann das eigentliche irische Drama. Ein normannisch-walisischer Vasall von Heinrich II., Richard de Clare, genannt Strongbow, folgte dem Ruf Murchadas, schlug die Gegner nieder und heiratete wie versprochen dessen Tochter Eva – was ihm die Thronfolge in Leinster garantierte. In seinem Kielwasser kamen weitere Normannen aus England, um schließlich 80 % der Insel zu unterwerfen. Nur Ulster erwies sich bis auf die Ostküste erneut als uneinnehmbar.

Heinrich II. von England reiste schließlich nach Irland, um sich sein päpstliches Lehen nicht von seinen Vasallen aus der Hand nehmen zu lassen und sich der Ergebenheit seiner normannischen Ritter zu versichern. England setzte damit im Jahr 1171 erstmals seinen Anspruch auf die Nachbarinsel durch. Im Laufe des 13. Jh. wurde in Irland daraufhin das englische Verwaltungs-, Rechts- und Parlamentssystem eingeführt und das Land nach englischem Vorbild in Grafschaften eingeteilt, Counties, die bis heute bestehen.

Die Nachkommen der aus Frankreich stammenden Normannen sprachen zunächst hauptsächlich französisch, bauten wehrhafte Festungen und etablierten sich rasch als Führungsschicht, anfänglich im Namen des englischen Königs, aber mehr und mehr mit eigenständiger nationaler Identität. Sie heirateten in die irischen Dynastien ein und nahmen mit Begeisterung irische Sitten und Gebräuche an.

Der englische Tudorkönig Heinrich VIII. erklärte sich 1541 schließlich auch zum König von Irland. Er betrieb eine intensive Kolonialpolitik in seinem neuen Herrschaftsbereich, indem er die Besiedlung Irlands durch Engländer forcierte. Da er sich aus persönlichen Gründen – der Papst verweigerte seine Scheidung von Katharina von Aragón – 1534 von der katholischen Kirche losgesagt und die protestantische *Church of England* begründet hatte, waren die neuen Siedler, die die einheimischen Iren und auch die normannisch-irische Führungsschicht gewaltsam verdrängten, allesamt königstreue Protestanten. Für die katholischen Iren und auch für weite Teile der anglonormannischen Provinzherrscher bedeutete der Protestantismus seither Fremdherrschaft und blutige Diskriminierung durch die Engländer. Die Besiedlungspolitik, *plantation,* wurde später unter Heinrichs Tochter Elisabeth I. und ihren Nachfolgern noch weitaus vehementer umgesetzt. Als die gälischen Iren aus Ulster 1641 gegen die englische Kolonialpolitik rebellierten, fanden sie schnell Mitstreiter aus den katholischen Reihen der Anglonormannen oder Angloiren, wie sie heute genannt werden. Aber der letzte Aufstand eines keltischen Irland wurde vom Machtkampf in England durchkreuzt.

Cromwell und die endgültige Unterwerfung

Oliver Cromwell, Sohn eines puritanischen Predigers, machte sich im englischen Bürgerkrieg (1642–1649) zwischen Parlament und König Karl I. einen Namen, indem er auf seiten des Parlaments das Heer des Königs besiegte und nach Hinrichtung des Monarchen 1653 als *Lord Protector* die oberste Staatsgewalt über England erhielt. Unter Cromwells Herrschaft wurde England zum mächtigsten Staat Europas, mit einer parlamentarischen Ordnung, die weitgehend bis heute gilt.

Cromwells weitreichende Pläne waren darauf konzentriert, die koloniale Macht Englands zu festigen und jeden Widerstand mit militärischer Gewalt niederzuschlagen. Durch einen gewaltigen Feldzug in Irland in den Jahren 1651 und 1652, in dessen Verlauf Cromwell gnadenlos alle Iren, die sich ihm in den Weg stellten, und selbst solche, die um Gnade flehten, niedermetzeln ließ, zwang er das Land endgültig in die Knie. Für ihn waren die Iren nichts als »blutrünstige Barbaren«, deren Tod im Namen Gottes gerechtfertigt sei. Seine Soldaten folgten ihm willig, wurde ihnen doch das Land versprochen, das sie von Iren ›säuberten‹. Vor Cromwell lebten ca. 1,5 Mio. Iren auf der Insel, zehn Jahre später nur noch 600 000. Rund 100 000 wurden als Sklaven in die karibischen Kolonien Englands verkauft, der Rest floh in den rauhen Westen oder wurde bestialisch umgebracht. Vor Cromwell waren noch 90 % des Landes in irischem Besitz, nach ihm nur noch 15 %, und über hundert Jahre später, im Jahr 1770, nur 5 %.

Englands politische Wirren bestimmten auch weiterhin das Schicksal Irlands. Erneut wurde ein König zum Zankapfel im protestantisch dominierten Parlament. Legitimer Nachfolger des 1685 gestorbenen Karl II. aus dem Hause Stuart war sein katholischer Bruder Jakob II. Dessen Tochter Maria war mit dem holländischen Erbstatthalter Wilhelm III. von Oranien verheiratet. Wilhelm war protestantisch und wußte natürlich um den protestantisch-katholischen Machtkampf in England. Jakob II. widersetzte sich dem parlamentarisch gestützten Machtanspruch seines Schwiegersohnes und kämpfte auf irischem Boden um seinen Thron, da er sich dort der katholischen Unterstützung gewiß sein konnte. Trotz lokaler Erfolge unterlag Jakob II. schließlich am 1. Juli 1690 den protestantischen Truppen Wilhelms von Oranien am River Boyne, eine Schlacht, die die Protestanten Nordirlands bis heute (wegen der Einführung des Gregorianischen Kalenders im Jahr 1752 allerdings erst am 12. Juli) als Sieg über die Katholiken feiern.

Ascendancy und Widerstand

Im 18. Jh. etablierte sich die Oberhoheit Englands. Die immer noch »renitenten

Katholiken«, de facto die alteingesessenen Iren, wurden wegen der immer wieder aufflammenden Auflehnungsversuche als Gefahr empfunden. Die Ausübung der römisch-katholischen Religion wurde deswegen bereits 1691 verboten, eine Maßnahme, die als *penal laws* im irischen Selbstverständnis zu einem der dunkelsten Kapitel der Geschichte wurde. Nicht nur das Praktizieren der Religion wurde unter Strafe gestellt, sondern auch das Sprechen der irischen (gälischen) Sprache und jegliches Festhalten an irischen Traditionen. Priester zelebrierten unter diesem zumeist tödlichen Verbot geheime Messen auf dem Feld und unterrichteten Kinder in sogenannten Heckenschulen an geheimen Plätzen im Lesen und Schreiben – und in katholischer Religion.

Der Amerikanische Unabhängigkeitskrieg beeinflußte das Streben Irlands nach Selbstbestimmung, wobei der Widerstand gegen die englische Oberhoheit in diesem Fall von der herrschenden Klasse der Angloiren ausging. 1782 wurde aufgrund des Drucks dem irischen Parlament, das gleichwohl noch immer der englischen Monarchie untertan war, ein gewisses Selbstbestimmungsrecht zugestanden.

Die Französische Revolution mit ihrem Anspruch auf Gleichheit, Brüderlichkeit und Freiheit hatte hingegen auf Irland eine Auswirkung von größerer Tragweite. Die *United Irishmen,* eine Vereinigung von vorwiegend protestantischen Nationalisten unter der Führung des Angloiren Wolfe Tone, versuchten 1798 mit Hilfe französischer Revolutionstruppen Englands Kolonialmacht in Irland zu brechen. Aber die Revolutionäre taten sich letztlich mehr durch ihren Wagemut denn durch ihr strategisches Geschick hervor. Der Aufstand scheiterte, Wolfe Tone wurde gefangengenommen und beging Selbstmord. Das irische Parlament beschloß kurz darauf, im Jahr 1801, die bisherige Eigenständigkeit aufzugeben und Irland ganz und gar der englischen Regierungsgewalt zu unterstellen. Der Vorgang wiederholte sich später in der Geschichte, als das bis 1972 weitgehend eigenständige Parlament Nordirlands von der britischen Regierung aufgelöst wurde, um der Eskalation des nationalistisch-katholischen Widerstands Herr zu werden. Seither untersteht Nordirland dem englischen Parlament direkt.

Die Bildung einer Nation

Die *penal laws* gegen die Katholiken wurden durch die politische Bewegung der *Catholic Association* unter Führung des irischen Rechtsanwalts Daniel O'Connell im Jahr 1829 schließlich abgeschafft. Zwar gab es nun wieder Religionsfreiheit, aber noch lange keine Selbstbestimmung und schon gar keine politische Eigenständigkeit, obwohl auch dank des von O'Connell errungenen politischen Erfolgs irisch-katholischen Bürgern, allerdings nur solchen mit Vermögen und Besitz, das passive Wahlrecht zugestanden wurde. O'Connell forderte auch die Wiedereinsetzung eines eigenständigen irischen Parlaments, eine Kampagne, die Hunderttausende von Menschen mobilisierte, aber im Sande verlief, als O'Connell 1843 starb.

Die napoleonischen Kriege auf dem Kontinent hatten einen tragischen Einfluß auf Irland, wenn auch nicht in Form von Kampfhandlungen. Während der Kontinentalsperre übernahm Irland die Versorgung Englands: Der englische Bedarf an Getreide, Vieh und Rohstoffen für die Leinenindustrie zwang die Bauern zur Erhöhung der Produktion für den

Export. Für die eigene Versorgung wurden nur Kartoffeln angebaut. Die Kartoffelseuche, die das Land von 1845 bis 1850 heimsuchte, führte neben der fehlenden Hilfe von Seiten Englands zu der Großen Hungersnot, die im Lauf der Jahrzehnte die Bevölkerung derart dezimierte, daß sich Irland bis heute nicht davon erholt hat.

Die Erlangung der Unabhängigkeit

Im Jahr 1879 wurde unter Michael Davitt die *National Land League* gegründet, die für irische Pächter das Eigentumsrecht auf ihr bebautes Land wie überhaupt bürgerliche Rechte forderte. Präsident der Liga wurde Charles Stewart Parnell, der die Massenorganisation für seine Kampagne des *Home Rule,* der Wiedereinführung der politischen Autonomie, nutzte und 1885 ins Parlament gewählt wurde. Zwar fand er zunächst den britischen Premierminister Gladstone auf seiner Seite, doch das Parlament selbst lehnte die Gesetzesvorlage mehrmals ab, bis das Anliegen mit Parnells Tod im Jahr 1891 vorläufig ein Ende fand.

Der irische Nationalismus fand jedoch in einer Zeit weltweiter Reformbestrebungen auf anderer Ebene einen reichen Nährboden. Die ›Gälische Renaissance‹, das Besinnen auf die nationalen und mithin keltischen Wurzeln, verbreitete sich zunächst auf kulturellem Gebiet. Die 1884 gegründete *Gaelic Athletic Association* setzte sich für die traditionellen keltischen Sportarten ein. In Nordirland ist die GAA noch heute eine nationalistisch-republikanische Institution. Die *Gaelic League* engagiert sich seit 1893 für Sprache und Kultur Irlands. Schriftsteller und andere Kulturschaffende entdeckten die gälischen Traditionen und machten sie durch ihre Werke publik. Als erste Partei für die Sache Irlands wurde 1905 die *Sinn Féin* (›Wir selbst‹) gegründet, die heute nur noch in Nordirland eine Rolle spielt.

Die *Home Rule*-Bewegung fand in Irland, mit Ausnahme des protestantischen Nordostens von Ulster, einen immer stärkeren Rückhalt. Dort war der vehementeste Gegner Sir Edward Carson, der als militanter Loyalist schließlich die *Ulster Volunteers* ins Leben rief, die mit Waffengewalt gegen die Unabhängigkeitsbestrebungen der Iren vorgingen und ihre Nachfolge in der heutigen paramilitärischen *Ulster Volunteer Force* fanden. Als Reaktion darauf entstanden die *Irish Volunteers* unter Patrick Pearse, die schließlich zusammen mit der Dubliner *Irish Citizen Army* unter James Connolly die Keimzelle der *Irish Republican Army,* der IRA, bildeten.

Im Jahr 1916 schlossen sich letztere Gruppierungen zusammen und verkündeten in einer heldenhaften, aber völlig desorganisierten Aktion am Ostermontag die Irische Republik, eine Rebellion, die als Osteraufstand zwar das Ende der englischen Herrschaft einläutete, aber zunächst kläglich scheiterte. Die meisten Teilnehmer wurden zum Tode verurteilt – insgesamt wurden weitaus mehr Iren hingerichtet, als überhaupt am Aufstand teilnahmen. Die Internierungslager wurden erstmals eingeführt.

England zeigte wegen seiner Involvierung in den Ersten Weltkrieg nur schwaches Interesse am irischen Geschehen. Für die Iren bedeutete das die Gunst der Stunde – und die Geburt der Zuneigung den Deutschen gegenüber: Wer gegen England kämpft, kann nur für Irland sein – der Feind meines Feindes ist mein Freund.

Unter Führung der *Sinn Féin* konstituierte sich das erste unabhängige irische

Parlament, illegal zunächst, aber mit dem Ergebnis, daß von 1919 bis 1921 ein entschlossener Freiheitskampf geführt wurde, während dem die IRA unter Michael Collins ihre Guerillataktik entwickelte und der letztlich zu einem Kompromiß führte: 1921 wurde der angloirische Vertrag unterzeichnet, der zwar für 26 der insgesamt 32 Counties die relative Unabhängigkeit Irlands als *Irish Free State* garantierte, aber dadurch auch die Teilung Irlands besiegelte: Sechs Counties der Provinz Ulster, von Republikanern konsequent nicht als Nordirland, sondern als die *Six Counties* bezeichnet, verblieben im Vereinigten Königreich von Großbritannien und erhielten ihr eigenes Parlament in Belfast.

Der Verzicht auf diese sechs Counties führte in der Folge zum Bürgerkrieg zwischen Vertragsbefürwortern, die froh um die weitgehende Unabhängigkeit waren, und den Vertragsgegnern, die ganz Irland frei sehen wollten. Bis 1923 bekämpften sich die Iren gegenseitig – genaugenommen bis heute, denn in Nordirland setzt sich der Kampf um die Befreiung von der englischen Vorherrschaft bis in die Gegenwart fort.

Unter Éamon de Valera wurde im Jahr 1937 eine neue Verfassung verabschiedet, die Irland zum souveränen, unabhängigen und demokratischen Staat erklärte. Doch erst 1948 wurde die Republik Irland endgültig deklariert, und damit die letzte Bindung an Großbritannien gelöst. Nur Nordirland blieb eine britische Kolonie, bis 1998 das Belfaster Abkommen diesen Status relativierte und 2000 eine autonome Regierung gebildet wurde. In der Republik wurde im Rahmen des Abkommens die angestrebte Wiedervereinigung aus der Verfassung gestrichen, aber nicht aus den Augen verloren: »Wiedervereinigung schon, aber nicht so bald.«

Michael Collins im gleichnamigen Film, dargestellt von Liam Neeson

Zeittafel

um 7000 v. Chr.	Spuren erster Besiedlung in Irland.
um 600 v. Chr.	Die Kelten dringen von Mitteleuropa bis nach Irland vor und bleiben von römischen Einflüssen weitgehend unbehelligt.
5. Jh. n. Chr.	Irland wird durch den heiligen Patrick christianisiert.
6. bis 9. Jh.	Das ›Goldene Zeitalter‹ Irlands, mit einer Blüte der Klostersiedlungen, in denen die ersten Schriften entstehen. Die irischen Mönche gehen auf Missionsreise nach Europa.
8. bis 11. Jh.	Die Wikinger dringen nach Irland ein, zerstören viele der reichen Klostersiedlungen, gründen aber auch die ersten Städte.
1014	In der Schlacht von Clontarf besiegt der Hochkönig Brian Boru die Wikinger und kann ihren Einfluß für immer unterbinden.
1152	Die irische Kirche wird grundlegend reformiert: Bistümer nach römischem Vorbild werden festgelegt und eine straffe Hierarchie eingeführt, mit dem Erzbischof von Armagh als Oberhaupt.
ca. 1155	Der englische Papst Adrian verleiht König Heinrich II. von England die Oberhoheit über Irland.
1167	Nach einem Hilfsgesuch des Königs von Leinster betreten erstmals Normannen aus Wales unter der Führung von Richard de Clare, genannt Strongbow, irischen Boden und erobern in der Folgezeit mehr als drei Viertel der Insel.
1171	König Heinrich II. läßt sich als oberstem Lehnsherr huldigen. Bis 1922 wird ein Statthalter des Königs in Dublin residieren.
1366	Durch die ›Statuten von Kilkenny‹ soll die Gälisierung der Normannen verhindert werden. Irische Sprache und Traditionen werden verboten.
1534	König Heinrich VIII. sagt sich von der katholischen Kirche los und säkularisiert und zerstört Hunderte von irischen Klöstern.
1541	Heinrich erklärt sich zum König von Irland.
1595	Die drei mächtigsten Clanchefs von Ulster – O'Neill, O'Donnell und Maguire – erheben sich gegen die englische Herrschaft von Elisabeth I., der Tochter Heinrichs. Die spanische Armada kommt ihnen zur Hilfe, der Aufstand scheitert dennoch.
1607	Nachdem sich sämtliche Führer Irlands Jakob I. von England unterwerfen mußten und die gälische Gesellschaftsstruktur ausgelöscht wurde, fliehen die Aufständischen aus Ulster (›Flucht der Grafen‹) auf den Kontinent. Ihr Land wird an protestantische Siedler, zumeist presbyterianische Schotten, verteilt.
1649	Der puritanische Feldherr des englischen Parlaments, Oliver Cromwell, geht in einem beispiellosen Zerstörungsfeldzug gegen die katholischen Iren vor.

1690 Der Kampf um den englischen Thron wird zwischen dem katholischen Jakob II. und dessen protestantischem Schwiegersohn Wilhelm von Oranien auf irischem Boden ausgetragen. In der Schlacht am Fluß Boyne wird Jakob besiegt, ein Ereignis, das in Nordirland bis in die heutige Zeit von dem nach dem protestantischen Oranier benannten *Orange Order* (s. Abb.) am 12. Juli jeden Jahres mit einem Umzug gefeiert wird.

1691 Die *penal laws,* drastische Strafgesetze, entrechten die Katholiken endgültig. Englische Protestanten eignen sich das Land an, während die Iren als rechtlose Pächter in Armut und Elend getrieben werden. Die politische Macht liegt nun in den Händen der protestantischen *Ascendancy.*

1782 Irland erhält ein weitgehend eigenständiges Parlament, zu dem Katholiken jedoch nicht zugelassen sind.

1791 In Ulster wird die nationalistische Revolutionsbewegung der *United Irishmen* gegründet, zu deren Führungsfiguren der Angloire Wolfe Tone gehört. Der Aufstand von 1798, den französische Truppen unterstützen, scheitert jedoch.

1801 Durch Bestechung und Intrigen wird das irische Parlament auf Drängen Englands aufgelöst *(Act of Union).* Irische Abgeordnete werden direkt ins englische Parlament in Westminster gewählt.

1823 Erstmals gelingt in Irland eine Massenbewegung mit der *Catholic Association* von Daniel O'Connell, der sich für die katholische Emanzipation einsetzt.

1829 Die antikatholischen *penal laws* werden aufgehoben.

1845–50 Die Große Hungersnot, hervorgerufen durch eine Kartoffelseuche und zur Katastrophe geworden durch die koloniale Ignoranz Englands, stürzt das Land ins Elend. Eine Million Menschen stirbt, eine weitere Million wandert aus. Ein zweiter Aufstand der *Young Irelanders* mit dem Protestanten Thomas Davis an der Spitze, der sich Wolfe Tone verpflichtet fühlt, scheitert im Jahr 1848.

1858 Die *Irish Republican Brotherhood,* bekannt als die Fenier, gründet sich als Geheimgesellschaft, die die Unabhängigkeit Irlands anstrebt. 1867 schlägt ein bewaffneter Aufstand fehl.

1874 Die *Home Rule*-Bewegung, die sich für ein eigenes irisches, aber London unterstelltes Parlament einsetzt, kann die Hälfte der irischen Sitze gewinnen. Charles Stewart Parnell profiliert sich zum führenden Kopf der Bewegung, stürzt aber über seine Liebesbeziehung zu der Frau eines Parteifreundes, Kitty O'Shea, und stirbt 1891.

1916 Osteraufstand und Proklamation der Republik Irland. Der Aufstand wird mit aller Härte niedergeschlagen.

1919–21 1919 tagt erstmals das illegale irische Parlament. England versucht nochmals, seine Kolonie mit aller Gewalt niederzudrükken. Der Unabhängigkeitskrieg endet mit der Teilung der Insel. Sechs Counties der Provinz Ulster verbleiben im englischen Königreich.

1921–23 Ein blutiger Bürgerkrieg entbrennt um die Teilung. Zu den Teilungsgegnern gehört Éamon de Valera, der 1932 mit seiner 1926 gegründeten Partei *Fianna Fáil* (›Soldaten des Schicksals‹) zum Ministerpräsidenten gewählt wird.

1939–45 Die Republik bleibt während des Zweiten Weltkriegs neutral. Nordirland leidet unter deutschen Bombardierungen.

1948 Irland erklärt sich zur unabhängigen Republik Éire mit einer neuen Verfassung.

1968 In Nordirland formiert sich die Bürgerrechtsbewegung, die für die katholische Minderheit demokratische Rechte einfordert.

1969 Die Schlacht in der Bogside von Derry dient der nordirischen Regierung als Anlaß, das britische Militär ins Land zu rufen.

1972 Blutiger Sonntag: Am 30. Januar töten britische Soldaten 14 Menschen. Der Krieg eskaliert.Das nordirische Parlament wird aufgelöst, Nordirland unter britische Verwaltung gestellt.

1973 Irland tritt ebenso wie Großbritannien mit Nordirland der EG bei.

1985 Die britische und die irische Regierung schließen ein Abkommen, in dem Frieden und die Zusicherung tatsächlicher Gleichstellung der Katholiken in Nordirland vereinbart werden.

1994 Die IRA erklärt einseitig und bedingungslos den Waffenstillstand, dem sich sechs Wochen später die protestantischen Paramilitärs anschließen. Friedensverhandlungen zwischen allen Parteien werden vereinbart.

1998 Großbritannien und die Republik Irland setzen in den Friedensgesprächen ein Abkommen durch, das den Frieden in Nordirland gewährleisten und dem Land ein relativ eigenständiges Parlament zugestehen soll.

2000 In Nordirland wird nach fast 30 Jahren wieder eine autonome Regierung gebildet.

2002 Irlands Wirtschaftswunder erfährt erstmals einen empfindlichen Rückschlag.

Der Norden und die *Troubles*

Seit dem 30jährigen Krieg ist die Auseinandersetzung zwischen Protestanten und Katholiken ausgestanden – sollte man zumindest meinen. Genaugenommen hat selbst damals kein Religionskrieg stattgefunden, sondern ein Machtkampf um die Vorherrschaft in Europa, der sich keineswegs um den ›wahren Glauben‹ drehte, sondern um wirtschaftliche Interessen.

Um Macht und Geld geht es auch in Nordirland. Die Religionszugehörigkeit hat dabei historische Gründe und empfindlich spürbare soziale Auswirkungen. Grob gesprochen sind die Katholiken die irische Urbevölkerung und die Protestanten die Nachfahren der britischen Kolonialisten. Aber so eindeutig lassen sich die Bürgerkriegsparteien in Nordirland nicht definieren. Es kommt in diesem Teil Ulsters darauf an, ob man zur irischen Teilung und der Zugehörigkeit Nordirlands zum Vereinigten Königreich steht (Unionisten), allein dem britischen Königshaus, nicht aber dem Parlament ergeben ist (Loyalisten), ob man der irischen Wiedervereinigung das Wort spricht (Nationalisten) oder ob man über den Nationalismus hinaus für eine radikale interkonfessionelle Sozialpolitik und die Trennung von Kirche und Staat eintritt (Republikaner). Oft vermischen sich die einzelnen Zuordnungen, doch Unionisten und Loyalisten sind rein protestantisch, ebenso wie Republikaner und Nationalisten – mit seltenen Ausnahmen – rein katholisch sind.

Nordirland ist (noch) mehrheitlich von Protestanten bevölkert. Für das Ziel, diese Mehrheit auch in vorwiegend katholischen Regionen zu gewährleisten, griff bis in jüngste Zeit ein perfides politisches System, das *gerrymandering:* Um bei den Kommunalwahlen die protestantische Mehrheit zu sichern, wurden Wahlkreise so manipuliert, daß die Protestanten auf jeden Fall die Mehrheit hatten. Wahlberechtigt waren nur die Haus- oder Vermögensbesitzer, womit Erwachsene, die arbeitslos waren, zur Miete wohnten oder noch bei ihren Eltern von der Wahl ausgeschlossen wurden. Katholiken, die in den 1960er Jahren nur ein Viertel der Bevölkerung stellten, hatten aufgrund der diskriminierenden Wohnungs- und Arbeitsplatzvergabe geringere Chancen auf Erlangung von Besitz und Wohlstand und damit auch politischer Macht.

Im Jahr 1968 formierte sich in Nordirland wie in der übrigen Welt eine Emanzipationsbewegung, die allerdings anders als in den übrigen westlichen Ländern keine Entrümpelung der Vor- und Nachkriegszeit zum Ziel hatte, sondern die Beendigung mittelalterlicher Zustände. Mit gewaltfreien Protestmärschen forderte dieses Bewegung gleiches Wahlrecht für alle, gleiche Wohn- und Arbeitsmöglichkeiten für Katholiken (die Wohnungsverwaltung und die Arbeitsplatzvergabe lag in den Händen der Protestanten) sowie die Abschaffung des *Special Power Act,* einer Art Notstandsgesetz, das u. a. die willkürliche Verhaftung ›verdächtiger‹ Personen und deren Internierung ohne Haftbefehl beinhaltete.

Der Beginn der *Troubles,* der Unruhen, wie der nun folgende Bürgerkrieg in Irland genannt wurde, ist nicht ursächlich der IRA zuzuordnen, die seit dem Unabhängigkeitskrieg Irlands ohnehin keine wesentliche Rolle mehr spielte, sondern der Reaktion der militanten Protestanten und des britischen Militärs auf die Forderungen nach demokratischen Rechten, die im übrigen Europa längst selbstverständlich waren.

Das Wandgemälde am alten, mittlerweile abgerissenen Sinn Féin-Büro in Belfast zeigt das IRA-Mitglied Bobby Sands. Er starb 1981 nach einem Hungerstreik.

Am 12. August 1969 drangen Protestanten anläßlich des 280. Jahrestags des Endes der Belagerung von Derry in das katholische Viertel Bogside ein. Die Katholiken riegelten ihr Wohngebiet ab und proklamierten die Bogside zu ›Free Derry‹, zur *non go area,* einem zwei Tage lang von den Republikanern kontrollierten und für Polizei, Militär und militante Protestanten unzugänglichen Gebiet. Am 14. August 1969 setzte die britische Regierung in Derry Militär ein, »um die Polizei bei der Wahrung der öffentlichen Ordnung zu unterstützen« – der eigentliche Beginn eines Krieges, der seit dem Einsatz britischer Soldaten in Derry eine vehemente Verschärfung erfuhr.

Am 30. Januar 1972 feuerte die britische Armee auf eine Demonstration in Derry und tötete 14 Menschen. Ein Augenzeuge, der italienische Fotoreporter Fulvio Grimaldini, beschrieb das folgendermaßen: »Ich war in vielen Ländern, habe viele Bürgerkriege, Revolutionen und Kriege gesehen. Aber nie zuvor habe ich einen derart kaltblütig organisierten, disziplinierten, geplanten Mord gesehen. Ich sah einen jungen Mann, der verwundet war und eine Wand entlangkroch. Er schrie: Nicht schießen! Nicht schießen! Ein Fallschirmjäger ging auf ihn zu und erschoß ihn aus einem Meter Entfernung. Ich sah einen Jungen, etwa 15 Jahre alt, der an einer Mauer stand und versuchte, seine Freundin zu schützen. Mit der Hand schwenkte er ein weißes Taschentuch, die andere hielt er erhoben. Sie versuchten, den Platz zu verlassen. Ein Fallschirmjäger lief auf sie zu und schoß ihm in den Bauch und dem Mädchen in den Arm.« 30 000 Menschen demonstrierten daraufhin in Dublin gegen diese Brutalität und brannten die britische Botschaft nieder.

Nach den Ereignissen in Derry wurden 20 000 britische Soldaten nach

Nordirland kommandiert, im März 1972 wurde das nordirische Parlament aufgelöst. Ein Nordirlandminister in London übernahm die Exekutivgewalt. Erst zu diesem Zeitpunkt bildete sich die neue, die *Provisional Irish Republican Army,* die IRA, um die katholische Bevölkerung vor den protestantischen Übergriffen zu schützen und um schließlich die nicht immer unumstrittene Polizeigewalt in den Vierteln zu übernehmen, in die sich die protestantische Polizei nicht mehr hineinwagte. Die Auseinandersetzungen griffen auf andere Regionen über, vor allem auf das durch soziale Konflikte explosive Belfast. Britisches Militär errichtete in allen ›kritischen‹, respektive katholischen Stadtvierteln und Regionen Nordirlands militärisch befestigte Forts, die weitgehend noch in Funktion sind.

Die weitere Eskalation wurde vor allem durch die unnachgiebige Haltung der Regierung Thatcher bewirkt: Lange schon bemühten sich Initiativen und Gefangene in den Internierungslagern wie Long Kesh bei Belfast um die Wiederanerkennung des politischen Status' der Internierten und Gefangenen. Bobby Sands, ein Mitglied der IRA, begann als *commanding officer* der Gefangenen am 1. März 1981 einen Hungerstreik. Die fünf Forderungen der Gefangenen waren, keine Gefängniskleidung tragen und keine Gefängnisarbeit leisten zu müssen, die Wiederherstellung der Vereinigungsfreiheit und des Begnadigungsrechts sowie ein Brief und ein Lebensmittelpaket pro Woche. Während des Hungerstreiks wurde Bobby Sands ins britische Unterhaus gewählt. Er starb nach 66 Tagen als britisches Parlamentsmitglied der Regierung Thatcher, die keinerlei Zugeständnisse zuließ.

Die angloirischen Beziehungen erreichten daraufhin einen Tiefpunkt, und die IRA, ebenso wie ihr politischer Arm *Sinn Féin,* wurde mit Aufnahmegesuchen überschwemmt. Bei den britischen Unterhauswahlen im Juni 1983 erhielt die *Sinn Féin* 13,5 % der Stimmen, bezogen auf den Anteil der in Nordirland lebenden Katholiken waren das 43 % gegenüber 57 % der nationalistisch-gemäßigten SDLP.

Auf der Grundlage dieser Wahlerfolge konnte *Sinn Féin*-Chef Gerry Adams das Primat des IRA-Militärs brechen und eine politische Lösung anstreben. Über eine Reihe von Abkommen wurde in den folgenden Jahren versucht, auch das Verhältnis zwischen Irland und Großbritannien wieder zu ›normalisieren‹. Die Bemühungen gipfelten im Angloirischen Abkommen von 1985, das sich für Frieden und Stabilität im Norden, für Kooperation zwischen den Bevölkerungsgruppen und die gemeinsame Bekämpfung des Terrorismus aussprach. Die Haltung der irischen Regierung dabei war zwiespältig: Zwar verpflichtete die Verfassung sie zur Wiederherstellung der Einheit, im Vordergrund der Politik stand jedoch nunmehr – vor allem bei der Bevölkerung – der Wunsch nach Normalität. Die britische Regierung hatte nach dem Entstehen der Bürgerrechtsbewegung den Katholiken immerhin einige Zugeständnisse gemacht. Das ungerechte Wahlrecht wurde abgeschafft, wie auch, zumindest per Gesetz, die Wohnraum- und Arbeitsplatzvergabe demokratisiert.

Alle Reformbestrebungen, selbst kleinste Annäherungen, versuchten die militanten Protestanten bisher zu verhindern – aus irrationaler Angst vor der »Vereinnahmung durch den Papismus«. Zu den Wortführern und zum Scharfmacher unter den Protestanten hat sich insbesondere der Prediger und Parteivorsitzende der rechtsextremen *Democratic Unionist Party,* Ian Paisley, entwickelt, der mit demagogischer Hetze und mehr oder weniger offenem Aufruf zur Gewalt keine Einsicht in die Notwendigkeit einer Entspannung zwischen den Konfliktparteien zeigt. Das Belfaster Abkommen von 1998 und die mühevollen Anstrengungen, die Konflikte zumindest auf politischer Ebene zu lösen und Nordirland eine weitgehend eigenständige Regierung zu verleihen, lassen zusammen mit der wirtschaftlichen Blüte Hoffnung entstehen. Auf der alltäglichen Ebene jedoch wird es wohl noch eine Weile dauern, bis wirklicher Frieden in diesem Teil Irlands einkehrt.

Der »keltische Tiger« – Irlands Wirtschaftswunder

Es ist noch gar nicht so lange her, daß Irland neben Portugal zu den ärmsten Ländern Europas gezählt wurde. Doch während Portugal trotz gleicher EU-Unterstützung noch immer in diese Kategorie fällt, hatte Irland zu einem gewaltigen ökonomischen Sprung angesetzt, der die Wirtschaftsfachleute in Erstaunen versetzte. Die Republik Irland mit ihren 3,6 Mio. Einwohnern wies seit Anfang der 1990er Jahre die höchste Steigerungsrate des Bruttoinlandsproduktes aller westlichen Industrieländer auf. Das Wirtschaftswachstum betrug in diesem Zeitraum durchschnittlich 7 % (2001 bei 2,4 %), während der europäische Durchschnitt 2001 bei minus 1,1 % lag. Irland steht mittlerweile an elfter Stelle der wirtschaftsstärksten Industrieländer der Welt. Der durchschnittliche Lebensstandard steigt beständig, zugleich aber auch der Abstand zwischen Arm und Reich. Die Rezession hat nun aber auch Irland erfaßt: Der Tiger schnarcht.

Der wirtschaftliche Aufschwung Irlands war um so bemerkenswerter, wenn man die historische Ausgangsposition betrachtet. Irland war stets ein Agrarland, vor allem, da die englischen Kolonialisten Irland als landwirtschaftlichen Zulieferer betrachteten und entsprechend förderten. Industrie wurde hauptsächlich in der Region um Belfast angesiedelt, so daß nach der Unabhängigkeit der Süden von der einzigen prosperierenden Wirtschaftsregion der Insel abgeschnitten war.

Die Republik hat ihre Chance zur wirtschaftlichen Entwicklung erst sehr spät ergreifen können: Präsident Éamon de Valera legte während seiner Amtszeiten 1932–1948 und 1951–1954 größten Wert darauf, Irland als Agrarland zu konsolidieren, ein idealistischer Ansatz, der das Land ins ökonomische Abseits brachte. Die Auswanderungsrate blieb hoch, da es kaum Beschäftigungs- oder gar Aufstiegsmöglichkeiten für hochausgebildete Arbeitskräfte gab. Es waren, anders als in früheren Zeiten, oftmals nicht die Ärmsten, sondern die Qualifiziertesten, die das Land verließen.

Ende der 1950er Jahre trat mit dem Regierungsantritt des Ministerpräsidenten Seán Lemass erstmals eine Wende in der wirtschaftlichen Entwicklung ein. Die ›Lemass-Ära‹ schrieb sich die ökonomische Expansion auf die Fahnen, motivierte ausländische Investoren und faßte den europäischen Markt ins Auge. Bis dahin machte der Export nach England 75 % aus, heute sind es lediglich 22 %. Der große Sprung gelang jedoch erst Ende der 1980er Jahre, als ein neues Wirtschaftsprogramm verabschiedet wurde, zu dem ein Sozialpakt zwischen Arbeitgebern, Gewerkschaften, Landwirtschaft und Politik gehörte, und investitionsfreundliche Gesetzesänderungen vorgenommen wurden.

Die Firma – Der Guinness-Konzern

Das Zeug ist schwarz, bitter, hat eine dünne, aber exakt abgemessene Schaumkrone von ebenso akkurat cremiger Konsistenz und wird gemeinhin mit Irland gleichgesetzt: Das Bier namens Guinness ist mit Abstand das berühmteste Produkt der grünen Insel – und vor allem das erfolgreichste. Fast überall auf der Welt ist es zu haben, in 52 Ländern wird Guinness lizenziert gebraut, in 152 ausgeliefert. Weltweit werden jährlich zehn Millionen *Pints* (0,56 Liter) produziert.

Vielleicht hatte jener Arthur Guinness, der im Jahr 1759 eine heruntergekommene Brauerei in St. James Gate in Dublin pachtete, einen Riecher dafür, daß sein Bier nicht nur auf zeitlich und lokal begrenztes Interesse stoßen würde: Den Pachtvertrag schloß er für 9000 Jahre ab, zu einem Zins von 45 Pfund pro Jahr. Sein Erfolgsrezept war wohl in erster Linie darin begründet, daß er zunächst eine Art ›Marktforschung‹ betrieb. Welches Bier, so mag er sich gefragt haben, findet bei hart arbeitenden Männern – für Bier die beste Kundschaft – den größten Zuspruch? Er fand

heraus, daß ein dunkles Ale aus London bei den Lastenträgern, den *porters,* von Covent Garden so reißenden Absatz fand, daß das Gebräu nach ihnen benannt wurde: Porter. Das Rezept wurde im Lauf der Jahre verfeinert, blieb sich aber in seinen Bestandteilen treu: gemälzte Gerste, geröstete Gerste, die dem Bier die dunkle Farbe verleiht, Hopfen, Hefe und Wasser.

Die Guinness-Nachfolger wurden nicht nur als Lords of Ardilaun oder Earls of Iveagh geadelt, sondern machten mit ihrer Firma ein so glänzendes

Nach Großbritannien und Frankreich kann Irland mittlerweile auf die dritthöchste Rate ausländischer Investitionen in Europa verweisen – mit Schwerpunkt im Hightech- und Dienstleistungsbereich –, was vor allem der heimischen Steuerpolitik zu verdanken ist: Die Unternehmensgewinne werden in Irland nur zu 10 % versteuert, im übrigen Europa und in den USA sind es über 30 %. Dieser Vorteil wird in der EU allerdings aus Wettbewerbsgründen heftig kritisiert. Aber auch die Infrastruktur wurde verbessert, um die Grundlage für Indu-

Geschäft, daß sie immer weiter expandieren konnten. Der derzeitige Vorstandsvorsitzende der Aktiengesellschaft, Benjamin Guinness, 3. Earl of Iveagh, herrscht mittlerweile über einen Konzern, dessen Betätigungsfeld weit über das Bierbrauen hinausreicht und der seinen Firmenhauptsitz nach London verlegt hat.

Es gibt mittlerweile kaum einen Genußbereich, in dem Guinness nicht seine Hand im Spiel hat, so auch in dem französischen Luxuswarenkonzern LVMH *(Louis Vuitton Moet Hennessy).* Unter der Bezeichnung *Guinness Brewing Worldwide* produziert die Firma außer dem Urgebräu Guinness auch die Biersorten Kilkenny, Smithwick's, Harp, Carlsberg, Fürstenberg und das amerikanische Budweiser. Das Standbein, mit dem Guinness den meisten Umsatz auf dem Getränkesektor macht, ist die *United Distillers Group,* die Spirituosen wie Johnnie Walker, Old Dimple, Gordon's Gin und Asbach Uralt zu ihren Marken zählt. Damit die Getränke auch stilgerecht unter die Leute kommen, promotet Guinness in der ganzen Welt die standardisierte Einrichtung von irischen Pubs mit irischem Personal und Musikgruppen, die das entsprechend animierende Ambiente liefern. Allein auf dem europäischen Kontinent werden bereits über 500 solcher Pubs betrieben, davon mehr als 200 in Deutschland, wo es neben Irland die trinkfreudigsten Guinnesskonsumenten gibt. Seit 1988 hat Guinness seinen Bierumsatz in Deutschland von 45 000 auf 150 000 Hektoliter steigern können. Bis zum Jahr 2002 soll der Absatz auf eine Million Hektoliter gesteigert werden.

Zum Konzern gehören des weiteren die *Guinness Enterprises,* die neben einigen Hotels auch eine beachtliche Flotte von Kabinenkreuzern auf dem Shannon unterhalten. Berühmtestes Produkt ist das Guinness-Buch der Rekorde, das nach der Bibel die weltweit höchsten Auflagen erzielt. Auch als Sponsor macht sich Guinness nicht nur einen guten Namen, sondern sorgt dadurch für einen stetig fließenden Absatz. Über 100 Festivals in Irland werden von Guinness gefördert, darunter das Wexford Opernfest, die Rose of Tralee, das Belfast Festival – auch das Kulturfest der *Sinn Féin* in West-Belfast – und das Austernfest in Galway.

Die Einnahmen, die durch das Guinness-Museum auf dem Brauereigelände in Dublin – einschließlich Andenkenladen mit einem riesigen Sortiment an Guinness-Devotionalien und einem Pub – in die Konzernkasse fließen, dürften angesichts eines weltweiten Gesamtumsatzes von jährlich etwa 6 Mrd. Euro lediglich in die Kategorie ›Peanuts‹ fallen. Aber welcher Konzern bringt es schon fertig, sich für seine Werbung von den Kunden auch noch bezahlen zu lassen?

strieansiedlungen schaffen zu können. Irland verfügt über eines der modernsten Telekommunikationsnetze Europas. Straßen und Schienenwege wurden ausgebaut, ein Programm, das allerdings noch einige Zeit bis zur Vollendung braucht.

Man entdeckt an Straßenprojekten, Neubauten für Wohnungen oder Bürogebäuden sowie vielen touristischen Einrichtungen wie Freilichtmuseen oft das EU-Schild mit der blauen Flagge. Ganz besonders im Tourismus wurde kräftig investiert. Mit Erfolg: Rund

6 Mio. Touristen besuchen jährlich die Insel, wobei nach US-Amerikanern und Briten die Deutschen an dritter Stelle stehen. Milliarden an Geldern wurden bisher in den Tourismus investiert. Doch die Steigerungsrate stagniert. Bis jetzt sind bereits über 80 % aller Beschäftigten im Dienstleistungsgewerbe tätig, während es in der Industrie unter 10 % sind. Die Zahl der Beschäftigten in der Landwirtschaft sank seit Ende der 1940er Jahre, als noch fast die Hälfte im Agrarbereich arbeitete, auf mittlerweile 8 %.

Die wirtschaftliche Entwicklung Nordirlands ist eng mit der Kolonialpolitik Großbritanniens verknüpft. Als Kerngebiet der protestantischen Besiedlung wurde insbesondere der Nordosten weitaus stärker gefördert als die übrigen Regionen. Belfast entwickelte sich mit der Leinenindustrie schon im frühen 19. Jh. zu einer der führenden Industriemetropolen. Die Werft von Harland & Wolff, die Mitte des 19. Jh. gegründet wurde, gehört bis heute zu den größten Europas, auch wenn sie mittlerweile kränkelt.

Nach dem Zweiten Weltkrieg, als die Wirtschaft im Norden noch einmal kurz boomte, brach die ökonomische Infrastruktur dramatisch ein. In der Leinenindustrie halbierte sich innerhalb von 20 Jahren bis 1967 die Zahl der Arbeitsplätze – moderne Fasern bildeten am Markt eine zu starke Konkurrenz für die aufwendig hergestellten Leinenstoffe. Die Werften mußten wegen der überalterten Struktur und der internationalen Konkurrenz gewaltig abspecken, und die Flugzeugindustrie, die sich vor allem auf Zulieferungsfertigung u. a. für die Firma Fokker spezialisiert hatte, sieht mittlerweile ebenfalls schwierigen Zeiten entgegen. Der Bürgerkrieg schließlich brachte die wirtschaftliche Entwicklung, die auf ausländische Investitionen angewiesen ist, fast endgültig zum Erliegen.

Der EG-Beitritt und zusätzlich kräftige Finanzspritzen aus Großbritannien, wodurch Nordirlands Bindung an das Königreich gestärkt werden sollte, hatten seit den 1980er Jahren wieder einen gewissen Aufschwung zur Folge. So erhielten ausländische Investoren die Zusage, daß bürgerkriegsbedingte Schäden von der Regierung voll kompensiert würden. Hinzu kamen umfängliche Wiederaufbauprogramme für heruntergekommene Stadtviertel, um die sozialen Spannungen zu entschärfen. Die Arbeitslosigkeit in Angriff zu nehmen, gehört jedoch zu den schwierigsten Unterfangen. In Großbritannien ist die Arbeitslosenrate etwas niedriger als in Nordirland, wobei sie dort unter den Katholiken nach wie vor höher ist.

Einer der wichtigsten Faktoren zur Entwicklung Nordirlands war der 1985 im Angloirischen Abkommen gegründete ›Internationale Fonds für Irland‹. Die Mitgliedsstaaten USA, EU, Kanada, Australien und Neuseeland wollen den ökonomischen und sozialen Fortschritt fördern, unter besonderer Berücksichtigung der Aussöhnung zwischen Nationalisten und Unionisten. Die meisten *Cross-Community*-Projekte und zahlreiche, vor allem touristische Strukturmaßnahmen in den bislang vernachlässigten Regionen des Nordens wurden mit Geldern dieses Fonds finanziert.

Daß der schwelende Bürgerkrieg dennoch jahrelang ein Hemmnis darstellte, zeigt sich an den Zahlen seit dem ersten Waffenstillstand 1995: Die industrielle Exportproduktion war in diesem Jahr um 21 % höher als im Vorjahr, die Touristenzahlen stiegen um 68 %, was vor allem jenen zugute kam, die sich eine neue Existenz im Dienstleistungsbereich Tourismus aufbauten.

Irischer Kulturquerschnitt

Als man sich in den mitteleuropäischen Wäldern noch mit Völkerwanderungen und Römern herumschlug, weder für Christentum noch für Kunst Zeit und Sinn hatte, herrschte in Irland ein Bildungsniveau, das sich unbehelligt von solchen Widrigkeiten frei entwickeln konnte. Irische Kultur wurde schließlich von den frühchristlichen Mönchen der Insel auf den Kontinent exportiert, womit sie letztlich einen erheblichen Beitrag zur europäischen Zivilisation leisteten. Heutzutage sind es keine Mönche mehr, aber immer noch irische Kulturschaffende, die einen nicht zu unterschätzenden Einfluß auf die westliche Kultur ausüben.

Erstaunlicherweise ist das kleine und bevölkerungsarme Land ein Füllhorn an kultureller Vitalität, wobei Literatur und Drama zu den originärsten und originellsten ›Produkten‹ Irlands gehören. Aber auch die Bildende Kunst erfährt dank neuer Marktmöglichkeiten und der Kaufkraft im neuen Irland einen erstaunlichen Aufschwung.

Das kreative Potential Irlands wurde von offizieller Seite nie besonders gefördert. Kreativität kam ja von alleine, war und ist ein Bestandteil der Identität und der Tradition. Erst 1969 beschloß die Regierung eine indirekte Kulturförderungsmaßnahme, die seither auch zahllose Künstler aus dem Ausland dazu bewogen hat, ihre Zelte in Irland aufzuschlagen: Jegliches Einkommen aus künstlerischer Arbeit ist nämlich steuerfrei, für jeden, der in Irland lebt, ob Ire oder Ausländer – ein Paradies für alle, die bereits mit ihrer Kunst Geld verdienen, und eine Herausforderung für diejenigen, die erst zu den Privilegierten gehören wollen.

Cottages und Klöster – Irische Baustilkunde

»Mein Haus« bedeutet den Iren weitaus mehr als nur der deutsche Traum vom Eigenheim. Der Besitz eines eigenen Hauses, so klein es auch sein mag, gehört zur essentiellen Lebensbedingung. Der Kauf des ersten Hauses wird staatlich subventioniert, und will man umziehen, dann wird das alte Haus so einfach verkauft wie bei uns eine Wohnung gekündigt wird. Hochhaussiedlungen haben deswegen kaum eine Chance, zur gepflegten Wohnanlage zu werden. Die einzigen Wohnhochhäuser, die nunmehr abgerissen und durch kleinere Häuser ersetzt wurden, befanden sich im Dubliner Stadtteil Ballymun, einer berüchtigte Slumgegend. In Belfast gibt es ebenfalls nur wenige Hochhäuser, vornehmlich in republikanischen Ghettos. Doch auch sie gelten eher als Unterkunft für mehrheitlich sozial Deprivierte.

Die Neigung zum eigenen Heim mag ein Erbe der keltischen Siedlungsstruktur sein. Es gab damals kaum stadt- oder dorfähnliche Siedlungen, außer in den alten Königsstätten wie Tara, den Klöstern und den bäuerlichen **Crannógs,** künstliche kreisrunde Inseln mit zwei bis drei Schilf- und Lehmhütten, die von einem Palisadenzaun umgeben waren und den Bewohnern Schutz vor Überfällen feindlicher Nachbarn oder vor wilden Tieren boten. Die Wikinger gründeten die ersten stadtähnlichen Handelsniederlassungen, vornehmlich an der Küste und an Flußmündungen, wie Dublin oder Wexford. Die befestigten mittelalterlichen Städte, wie Tralee oder Kilkenny, wurden von den Normannen ab dem 12. Jh. errichtet, und im 17. Jh. schließlich entstanden die *Plantation Cities,* die die englischen Siedler planmäßig errichteten, wie am Beispiel Westport noch sehr deutlich nachzuvollziehen ist.

Kennzeichnend für die eigenständig irische Bauweise sind die vor- und frühchristlichen Monumente, deren Ruinen im ganzen Land verstreut sind. Deren Stilelemente haben in den 1980er Jahren wieder Eingang in die moderne Architektur gefunden. So weist zum Beispiel das moderne Theater in Tralee Zitate der Ringforts und Rundtürme auf, beide aus unterschiedlichen Epochen, aber auch archetypisch für Irlands historische Monumente.

Die **Ringforts,** von denen man rund 30 000 in Irland zählt, stammen teilweise aus vorkeltischer Zeit (ab 500 v. Chr.). Es handelt sich um ringförmig angelegte Befestigungsanlagen mit konzentrischen steinernen Mauern oder Erdwällen, deren Bedeutung bis heute nicht ganz geklärt ist. Man vermutet, daß sie Schutzbefestigungen der Urbevölkerung gegen die eindringenden Kelten darstellten, von diesen übernommen wurden und in späterer Zeit als Königsburgen dienten.

In den frühchristlichen **Klostersiedlungen** fanden nach den überhand nehmenden Überfällen stabile Steinbauten Eingang in die sakralen Konstruktionen. Als erstes wurden die Kirchen, die damals noch winzigen Hütten glichen, aus Stein errichtet. Die frugalen Unterkünfte der Mönche, die nach ihrer konischen Form benannten **Bienenkorbhütten** *(beehive huts),* sind ein Musterbeispiel für eine ausgeklügelte Bautechnologie, die schon bei den Ringforts Anwendung fand: Die Feldsteine wurden so aufeinandergeschichtet, daß der Regen nicht durch die Ritzen dringen konnte und sich die Konstruktion ohne Hilfsmittel selbst trug. Diese Behausungen der Mönche, von denen die schönsten auf Skellig Michael und auf der Dingle-Halbinsel erhalten sind, wurden jedoch erst ab dem 12. Jh. entwickelt. Zuvor bauten die Mönche ihre Unterkünfte hauptsächlich aus Lehm und Holz. Auch die ersten Bethäuser bzw. **Oratorien** wurden aus Steinen aufgeschichtet, nur wenig größer als die Hütten und statt auf rundem auf rechteckigem Grundriß. Das am besten erhaltene Bethaus, eine Frühform der Kirche, ist das Gallarus Oratory auf der Dingle-Halbinsel.

Ebenfalls zum Schutz vor Überfällen vornehmlich der Wikinger bauten die frühchristlichen Mönche etwa ab dem 10. Jh. in ihren Siedlungen die charakteristischen schlanken **Rundtürme** mit dem konischen Dach. Sie dienten als Ausguck, Schatzkammer und Zuflucht und waren unter damaligen Umständen ziemlich uneinnehmbar: Aus massivem Stein gebaut, befanden sich die Eingänge mehrere Meter über dem Boden und waren nur über eine Leiter zu erreichen. Der letzte Rundturm wurde im 19. Jh. als Grabmal auf dem Heldenfriedhof von Glasnevin in Dublin errichtet.

Zu den prachtvollsten Hinterlassenschaften frühchristlicher Baukunst gehören die **Hochkreuze,** die wie in Monasterboice über sechs Meter hoch sein können. Die steinernen Kreuze wurden mit üppigem ornamentalen oder Figurenschmuck versehen, der meist Szenen aus der Bibel darstellt. Diese Kreuze wurden nicht nur in den Klostersiedlungen errichtet, sondern auch auf den Marktplätzen der mittelalterlichen Städte. Noch heute wird das charakteristische Kreuz als Grabmal verwendet.

Die Mönchsorden, die ab dem 12. Jh. vom Kontinent nach Irland kamen, bereiteten den lockeren Klostersiedlungen ebenso ein Ende wie der traditionellen mörtellosen Bauweise. Vor allem die Zisterzienser, der erste der Mönchsorden, revolutionierten die sakrale Architektur: Die neuen **Abteien** und Klöster waren architektonisch geschlossene Anlagen und lediglich auf die Rituale der Mönche bezogen, mit Kreuzgang, Abteikirche, Funktions- und Schlafräumen. Erstmals auch wurde die gotische Ornamentik an den massiven Gebäuden eingeführt. Der reiche Steinmetzschmuck ist heute noch an den Ruinen von Mellifont Abbey nördlich von Drogheda und Jerpoint Abbey im County Kilkenny zu bewundern.

An allen strategisch günstigen Orten Irlands sind die Ruinen der **Normannenburgen** zu finden, gewaltige Festungsanlagen, die meist im 12. und 13. Jh. von den anglonormannischen Eroberern errichtet wurden. Nach ihrem Vorbild entstanden ab dem 15. Jh. auch die **Turmhäuser.** Die dicken Mauern boten nicht nur Schutz vor dem rauhen Klima, sondern auch vor feindlichen Angriffen.

Eines der Hochkreuze von Monasterboice

Während die irische Landbevölkerung über die Jahrhunderte in den kleinen **Cottages** lebte – schlicht gebaute Bauernhäuser mit Stroh- oder Schieferdach, wie sie in ihren verschiedenen landschaftstypischen Ausprägungen in den Freilichtmuseen etwa im Bunratty Folk Park zu sehen sind –, entstanden im 18. Jh. unter der englischen Herrschaft aufwendige Landhäuser und Repräsentationsbauten. Dublin vor allem wurde als englische Metropole auf irischem Boden ab dem 18. Jh. prachtvoll ausgebaut. Der **Klassizismus,** in Irland *Georgian style* nach der Regentschaft der hannoveranisch-englischen Könige Georg II. bis IV. genannt, brachte in Dublin repräsentative urbane Villen hervor: mit nüchterner Backsteinfassade und großzügigem Innenausbau voller überbordender Stukkaturarbeiten, die als architektonisches Erbe erst seit den 1980er Jahren wieder gepflegt und restauriert werden. Die **Landsitze** der *Ascendancy,* der englischen Aristokratie, entstanden in dieser Zeit nach dem Vorbild der in England vorherrschenden Mode des palladianischen Stils, einer Mischung aus Renaissance und Spätbarock, mit einer Beimischung aus dem (georgianischen) Frühklassizismus.

Belfast, die zweitgrößte und -wichtigste Stadt der kolonialen Insel, wurde erst im 19. Jh. unter der Ägide von Queen Victoria ausgebaut. So gibt es zwar dort auch einige wenige georgianische Repräsentativbauten, doch vorherrschend ist der viktorianische Baustil, ebenfalls backsteinern und bei den Wohnhäusern von den charakteristischen, wintergartenähnlichen Vorbauten geprägt.

In die Zeit des 19. Jh. fällt auch der Bau der meisten katholischen **Kirchen** Irlands. Die traditionellen Sakralbauten, die in ihrer wuchtigen Bauweise meist noch aus dem Mittelalter stammen, wurden nach der Reformation in protestantische Gotteshäuser umgewidmet. Erst im 19. Jh. entstanden wieder neue Kirchen für die Katholiken. Entsprechend dem Zeitgeist wurden sie mit neogotischen oder neobarocken Anklängen errichtet, was sich im letzteren Fall unter anderem in der üppigen Innenausstattung und im ersteren in den schlanken hohen Türmen manifestiert.

Land der Poeten – Literatur

»Wenn die Engländer Wörter wie Geizhälse horten«, schrieb der irische Schriftsteller und Poet Brendan Behan, »so verschleudern die Iren sie wie die Matrosen«. **Brendan Behan** (1923–1964), ein begabter, wortgewaltiger Autor, der aus seinen Slum-, IRA-, Gefängniserfahrungen und seiner sprachlichen Potenz schöpfte, gehört auf dem Kontinent nicht gerade zu den berühmtesten, aber dennoch zu den typischsten Vertretern der irischen Literatur des 20. Jh. Er schrieb kongenial aus seinem Herzen und soff sich schließlich zu Tode. Alles geben und alles in Frage stellen, das mag vielleicht ein Grundton der irischen Literatur sein, hat aber letztlich eine lange Tradition.

Irische Wortgewalt und Sprachkunst gehören zu jenen Klischees, die sich tatsächlich bestätigen. Aus kaum einem anderen Land kommt soviel großartige, manchmal skurrile und immer sprachgewandte Literatur, die sich keineswegs ausschließlich an die Kritiker wendet, sondern der Fantasie des Autors verpflichtet und vor allem dem Leser zugeneigt ist. Vier Nobelpreisträger für Literatur kann Irland vorweisen: 1923 **William Butler Yeats,** 1925 **George Bernard Shaw,** 1969 **Samuel Beckett** und 1995 **Seamus Heaney** – der amerikanische Nobelpreisträger **Eugene O'Neill** (1936) ist darüber hinaus wenigstens irischer Abstammung. Vielleicht ist das nicht viel verglichen mit anderen Ländern, wie den USA (elf Preisträger) oder auch Deutschland (sieben Preisträger, darunter Heinrich Böll, der ja in Irland als Halbire gilt) und Großbritannien (ebenfalls sieben Preisträger), aber in Relation zur Bevölkerungszahl ist das ein mehr als beachtliches Ergebnis. Und alle diese literarischen Heroen gehören zum nationalen Kulturgut, werden nicht nur in Kritikerkreisen hochgeschätzt, sondern können bis heute auf hohe Auflagen verweisen.

Die Iren sind zweifellos sprachbegabte und -begeisterte Menschen. Witz, Spitzfindigkeit, Humor und Pointiertheit gehören zu einer langen Tradition, die sich oftmals bis in die Alltagssprache bewahrt hat, eine Kunst, die sich aus einer Gesellschaft entwickelt hat, die in bürgerlichen Betrachtungen und Analysen, wie beispielsweise im deutschen Bildungsroman im Stile Thomas Manns, nie verwurzelt war und gottlob auch keine Neigung dazu hat. Kennzeichen der irischen Literatur ist im Grunde eine Komik, ohne die die Verzweiflung, die in den Geschichten und in der Geschichte der Insel steckt, kaum erträglich scheint. **Dermot Bolger** und mehr noch **Roddy Doyle,** der mit seiner Nord-Dubliner Trilogie ›The Commitments‹, ›The Snapper‹ und ›The Van‹ Bestseller schrieb – alle drei Bücher wurden auch erfolgreich verfilmt – dürften in der zeitgenössischen Literatur Irlands die populärsten Autoren sein. Doyle zum Beispiel ver-

An bhfuil Gaeilge agat? – Sprichst du Irisch?

Nehmen wir einmal folgenden Satz aus einem Lehrbuch: *»Beidh sí anseo ag deich chun a cúig.* – Sie wird zehn vor fünf da sein«. Das liest sich schon mal gar nicht, spricht sich sowieso ganz anders und ist als Aussage ohnehin völliger Unsinn. Irinnen – und Iren noch viel weniger – sind nie um zehn vor fünf da, auch wenn sie es beim Augenlicht des Papstes schwören. Aber da diese Sprache ohnehin nur eine Minderheit versteht, kann man in ihr letztlich alles sagen.

Irisch ist das letzte lebendige Relikt eines ursprünglich keltischen Dialekts, wobei die Lebendigkeit im heutigen Irland mehr propagiert, denn tatsächlich praktiziert wird. Diese Sprache, im frühen 19. Jh. noch von 90 % der Iren gesprochen, bis sie von den Engländern verboten wurde, hört sich mit ihren Kehl- und Zischlauten und den singenden Vokalen wie eine Mischung aus Deutsch, Polnisch und Arabisch an. Sie wird heute nur noch von einem Bruchteil der Bevölkerung aktiv beherrscht, obwohl Irisch – bis in die 1960er Jahre als Gälisch bezeichnet – seit 1937 verfassungsmäßig zur ersten Amtsprache vor Englisch und zum Pflichtfach in der Schule erklärt wurde. 1996 beantragte Irland sogar, daß Irisch als europäische Verkehrssprache in der EU zugelassen wird. Die Erfolgschancen sind gering. Zwar wird behauptet, daß rund 60 000 Iren ihre Muttersprache noch beherrschen, doch im alltäglichen Gebrauch dürften es nur noch weniger als die Hälfte sein – mit abnehmender Tendenz. Abgesehen davon gibt es de facto so viele irische Dialekte, daß erst per Standardgrammatik im Jahr 1953 versucht wurde, die Sprache national zu vereinheitlichen. Irischsprachige ›Reservate‹ gibt es nur noch im Westen und vereinzelt im Süden der Insel, sogenannte Gaeltacht-Gebiete, in denen der überwiegende Teil der Bevölkerung noch irisch spricht und die deswegen unter dem besonderen Schutz des Ministeriums für Gaeltacht und Kultur stehen. In der Regel sprechen die Menschen dort aber zumindest mit Touristen ebenso englisch wie im übrigen Land. Der Radiosender *Radío na Gaeltachta* kann zwar mittlerweile via Satellit europaweit empfangen werden, aber seine Popularität kann sich fast nur noch auf folkloristisches Interesse berufen – oder auf die Hurlingergebnisse.

Das Bemühen um die sprachliche Identität Irlands findet in der Republik kaum noch offene Ohren. Die Schüler bevorzugen Sprachkurse in Französisch, Deutsch oder Spanisch, was ihnen auf dem internationalen Arbeitsmarkt weitaus mehr Chancen verspricht. Dennoch: Wer keinen Abschluß in Irisch vorweisen kann, hat kaum Chancen für eine Hochschulzulassung und schon gar keine für ein höheres Amt. Die Kids hassen den Unterricht in Irisch, hat er doch keinen realen Bezug zu ihrem sozialen Kontext. Weder die aktuellen Popgruppen noch die beliebten Fernsehserien bedienen sich dieser Sprache. Irisch ist für sie ebenso altmodisch und im Alltag unbrauchbar wie Latein oder Altgriechisch.

In Intellektuellenkreisen wurde es in jüngster Zeit jedoch populär, sich der irischen Sprache etwa in der Dichtkunst zu bedienen und auch die alten Schreibweisen der Namen mit den vielen Buchstaben und Akzenten wieder aufzugreifen. Beliebt sind bei gebildeten Iren auch wieder jene Redewendungen, die man stets in einer fremden Sprache als erstes lernt, nämlich Flüche und Liebesbeteuerungen. Wunderschön klingt zum Beispiel *»go raibh na seacht míle mbuinní ort!«* – was soviel heißt wie »Mögest du siebentausend Durchfallsstürme erleiden!« Für ihre Fantasie beim Fluchen sind die Iren berühmt.

Komplizierter wird es bei den Liebesbeteuerungen. Das vieldeutige, weil für differenzierte Gefühlslagen stets gleich benutzte ›Ich liebe dich‹ hat im Irischen so viele Abstufungen und Interpretationsbreiten wie die deutsche Juristensprache – nur weitaus blumiger. Das beginnt mit *is mauth liom thú*, was ein schlichtes ›ich mag dich‹ bedeutet, und steigert sich zu *tá mo chrói istigh ag pléacadh duit*, was soviel wie ›mein Herz explodiert für dich‹ heißt. Es gibt noch weitaus mehr sprachliche Steigerungen für diese Leidenschaft – aber die sind leider nicht jugendfrei.

weigert sich ebenso wie James Joyce herkömmlichen Sprachgewohnheiten und entfernt sich dennoch von der Ikone der angloirischen Literatur, indem er das einfache Volk in einem zeitgenössischen Dublin scheinbar unreflektiert zu Wort kommen läßt – auch wenn vornehmlich deutsche Kritiker bemängeln, daß so viele Niederlagen, wie sie Doyles Protagonisten erdulden, niemand mit soviel Humor ertragen könne.

Die blumige und manchmal beschönigende Bewältigung von Niederlagen und Katastrophen mit einem tragikomischen und aus der Sicht der letztlich unterlegenen Helden dennoch ruhmreichen Happy End findet in Irland ihre Wurzeln in der keltisch-gälischen Kultur. Liebesdramen und Heldenepen bestimmten die irische Mythologie, mündlich übertragen und im Lauf des Erzählens mit immer mehr Facetten und Abschweifungen versehen – eine Kultur, die mangels schriftlich überlieferter Historie fast vergessen ist.

Erst die frühchristlichen Mönche brachten die Schriftkultur nach Irland und zeichneten die alten Geschichten mit neuen Interpretationen auf, verweigerten sich aber keineswegs, bis zur römisch-katholischen Reformierung im 12. Jh., der gälischen Tradition der oralen Überlieferung. »Das gepflegte Wort galt in Irland als das höchste Gut«, schrieb der Historiker und Kenner des mittelalterlichen Irlands Michael Richter über die keltisch-frühchristliche Literatur. Die Sagenwelt Irlands dürfte neben der römisch-griechischen zu den fundamentalsten Quellen der europäischen Literaturgeschichte gehören. Die gesamte Artussage, die England gern für sich in Anspruch nimmt und die in Deutschland als Kulturgut gehandelt wird, fußt im Grunde auf irischen Mythen, die weitaus älter sind als die Niederschriften außerhalb Irlands. Die Geschichte von Tristan und Isolde beispielsweise hat ihre Quellen in der irischen Erzählung von ›Grainne und Diarmiad‹ oder auch in anderen Liebesmythen, die allesamt in irischen Märchen wiederzufinden sind. Somit wundert es nicht, daß der erste europaweite Bestseller ebenfalls aus Irland stammte. ›Navigatio Brendani‹ hieß das, freilich lateinisch verfaßte, Werk, das Mönche ein paar Jahrhunderte nach der spektakulären Reise des mutmaßlichen Amerikaentdeckers Brendan im 6. Jh. auf dem ganzen Kontinent verbreiteten und das bis heute fasziniert.

Die irischsprachige Kultur fand in ihrer Hochform im 17. Jh. ihr Ende. Als (katholische) Iren kaum mehr eine Chance hatten, sich Schulbildung anzueignen und sich somit schriftlich auszudrücken, begann der Siegeszug der angloirischen Literatur, die sich hauptsächlich an ein britisches Publikum wandte. Einer der Vorläufer dieser Autoren war zweifellos **Jonathan Swift** (1667–1745), dessen ›Gullivers Reisen‹ keineswegs ein Kinderbuch ist, sondern eine herbe Kritik an den herrschenden, also englischen, Verhältnissen in Irland. Weitaus populärer in nationalistischen Kreisen war jedoch eine seiner kleinen satirischen Geschichten, wie die über den Vorschlag, das irische Problem dadurch zu lösen, indem man irische Babys den Engländern als Sonntagsbraten serviert. Das Makabre, wenn auch auf sehr viel profanere Weise, propagierte der protestantische Beamte **Bram Stoker** (1847–1912), der eine Schwäche für Tod und Auferstehung hatte, obwohl dies zu den katholischen Mythen gehört. Nachdem er ein erstes Werk über eine weibliche Untote geschrieben hatte, erlangte er mit seinem archetypischen ›Dracula‹ einen Platz in der Horrorgeschichte der Literatur, von der Hollywood noch heute zehrt.

Das Gegenteil, nämlich die Hinwendung zum Hier und Jetzt, zum Hedonismus und zur bürgerlichen Libertinage, manifestierte sich in der Person des **Oscar Wilde** (1854–1900), der in seinen Aperçus zwar noch irische Wortgewandtheit erkennen läßt, aber aufgrund seiner großbürgerlichen Herkunft und seiner homosexuellen Neigungen – und damit einhergehend auch der Ablehnung der katholischen Moral – sich nach London absetzte, wo die Moral allerdings auch nicht liberaler war.

Mit dem Ende des 19. Jh. entstand aus dem vorwiegend protestantisch-großbürgerlichen Lager eine gälische Renaissance mit der Galionsfigur **William Butler Yeats** (1854–1939), der sich in seinen Gedichten und Theaterstücken der keltischen Mystik verschrieben hatte, die den ruralen Traditionen des alten Irland zu neuem Ruhm verhalf. Auch **John Millington Synge** (1871–1909) begab sich in seinem schriftstellerischen Schaffen auf die Suche nach irischen Wurzeln. Zu seinen berühmtesten Werken gehört das Buch ›Die Aran-Inseln‹, in dem er das einfache und harte Leben der Menschen auf diesen kargen Inseln idealisierte.

Den Höhepunkt literarischen Schaffens aus Irland markieren jedoch die Werke des **James Joyce** (1882–1941). Sein ›Ulysses‹ gehört zu den Romanen, die Literaturhistoriker wegen der innovativen und eigentlich schwer verständlichen Sprache rühmen und die die Literatur Europas im 20. Jh. nachhaltig beeinflußt haben, gleichzeitig aber zu den Werken zählen, die man sich stets vornimmt zu lesen, falls man einmal allein auf einer einsamen Insel landet.

Zu den Großen der klassischen populären Literatur aus Irland, die an gälische Erzählweise mit jeweils zeitgenössischen Themen anknüpfen, gehören zweifellos Autoren wie **Frank O'Connor** (1903–1966), **Seán O'Faoláin**

(1900–1991) oder **Liam O'Flaherty** (1896–1984). Alle zeichnet aus, daß sie Meister der kurzen Form, nicht aber der epischen Breite sind. Die Kurzgeschichte und das Gedicht sind irische Spezialitäten, die von Literaturhistorikern gern als Fortsetzung der oralen Tradition des gälischen Irland interpretiert werden, der irischen *seanchaí,* der Geschichtenerzähler, die von Hof zu Hof zogen, um die dramaturgisch verzwickten, aber für einen Abend zusammengefaßten Neuigkeiten weiterzutragen. Die selbstironische Erklärung, daß das katholische Beichtritual dabei eine Rolle spielte, ist so unwahrscheinlich nicht: Welcher Priester ist schon bereit, jedes Wochenende einen Fortsetzungsroman in epischer, nicht endenwollender analytischer Breite à la Dostojewski anzuhören? Ein pfiffiger Ire weiß, daß er jedes Wochenende bei der Beichte eine kurze und pointierte Sünde zu gestehen hat – und das nächste Wochenende eine andere ebenso spannende, sonst ist der Priester gelangweilt und verhängt allzu lästige Bußen. Keltische Tradition und katholische Erfordernisse gehen eine fruchtbare Verbindung ein: durch Sprache zur leichtesten Erlösung aus der Verdammnis.

Robert McLiam Wilson

Das allerdings bewirkt auch, daß Zukunftsorientierung in der irischen Literatur kaum eine Rolle spielt. In den Arbeiten des 20. Jh. dominiert die Vergangenheitsbewältigung, aber diese manchmal so großartig, daß man über all dem Jammer Tränen lachen könnte, wie bei **Flann O'Brian** (1911–1966), der mit seinen absurd-komischen Geschichten über den Alltag der irischen Landbevölkerung dem ganzen vollbärtigen Nationalismus des »Irischseins« einen grotesken Spiegel vorhält.

Den aktuellen politischen Konflikten in Nordirland wird in der Literatur bislang wenig Aufmerksamkeit gewidmet. Zu den bekanntesten, ins Deutsche übersetzten Autoren Nordirlands gehört **Brian Moore (1921–1999)**. Er wanderte nach Amerika aus und machte zunächst mit sehr eindringlichen Porträts von Frauen, die der nordirischen Bigotterie ausgeliefert sind, von sich reden. In einem seiner Romane, ›Lies of Silence‹, thematisierte er erstmals den Bürgerkrieg, ebenso persönlich und fesselnd, aber weitaus politischer als in seinen früheren Werken. Einer der jüngeren Stars am nordirischen Literaturhimmel ist **Robert McLiam Wilson,** der in seinem Roman ›Eureka Street‹ beschreibt, wie vor dem Hintergrund der sektiererischen Auseinandersetzungen in Belfast fast ganz normale Leute ihr Dasein zu bewältigen versuchen.

Irische Autoren haben oft genug behauptet, daß sie erst aus der Ferne, im Exil, ihre Herkunft und Geschichte literarisch bearbeiten könnten. Eines der großartigsten Beispiele der jüngeren Literatur ist die Autobiographie des irischstämmigen Amerikaners **Frank McCourt,** ›Die Asche meiner Mutter‹, eine furiose Pointensammlung in Romanform, die zwar ein längst vergangenes Irland schildert, sich aber keine analytische Abrechnung mit der Vergangenheit erlaubt. Hier kommt wieder dieser spezielle Humor zum Vorschein, der die Qualität der irischen Literatur ausmacht und der im Grunde nichts übel nimmt, noch nicht einmal das, »was uns die Engländer 800 Jahre lang angetan haben«.

Von *Sean Nós* bis Sinéad O'Connor – Musik

Um irische und irisch beeinflußte Musik kommt man nicht herum, sei es in Irland selbst – in den Pubs oder auf einem der über 50 *fleadh cheoil*, Musikfestivals, die im Sommer im ganzen Land stattfinden – oder in der globalen Popmusik. Dabei wäre auch diese schönste aller Traditionen eines musikbegeisterten Volkes beinahe in Vergessenheit geraten, als Radio und Fernsehen die alten Vergnügungen des häuslichen Musizierens und Tanzens verdrängten. Erst in den 1950er Jahren gab es eine Wiederbelebung irischer traditioneller Musik, die spätestens durch die 1962 gegründete Gruppe *Chieftains* ihren Siegeszug über die Grenzen Irlands hinaus antrat. Zu den Größen der aktuellen Folkmusik, von der sich einstmals auch Bob Dylan oder Joan Baez inspirieren ließen, gehören heute Christie Moore und Mary und Frances Black.

Irische Folkmusik ist keineswegs identisch mit den Ohrwürmern der *Dubliners*, die ›Seven drunken Nights‹ oder den ›Wild Rover‹ zum Inbegriff der fröhlich-sauflustigen Mitsinglieder machten, auch wenn die Melodien auf traditionelle Weisen zurückgehen und sich vor allem außerhalb Irlands größter Popularität erfreuen. *Jigs* und *Reels*, melodiösrhythmische Tanzmusik ohne Gesang, oder Mazurkas und Polkas, kontinentale Einflüsse aus dem 17. Jh., nach denen man *Céili* oder *Set Dance* tanzt, gehören zu den heute noch typischsten traditionellen Musikrichtungen, deren klassische Instrumentierung aus der *Fiddle* (Geige), der *Tin Whistle* (Flöte) und der *Bodhrán* (Handtrommel) besteht. Gitarre, Banjo, Concertina oder Akkordeon kommen je nach Gusto hinzu. Der irische Dudelsack, die *Uillean Pipe*, wird vorwiegend als Soloinstrument gespielt. Die irische Harfe, sehr viel kleiner als die üblichen konzertanten Harfen, ist zwar das Symbol Irlands, Konzerte mit diesem zarten Instrument sind jedoch im Alltag selten zu hören.

In den irischen Pubs, die fast ausnahmslos mindestens einmal in der Woche und keineswegs nur für Touristen Musikgruppen oder Solisten aufspielen lassen, hört man neben den populären Hits der irischen Folklore vorwiegend die temperamentvollen Jigs und traditionellen Weisen, die ganz bewußt als Begleitmusik dargeboten werden. Die Künstler spielen in einer Lautstärke, bei der sich die Gäste noch unterhalten können. Ganz still wird es jedoch dann, wenn die echte Traditionsmusik des gälischen Irland ertönt: *Sean Nós,* ein schwermütiger Sologesang ohne Instrumentenbegleitung, meist gesungen von einer klaren Frauenstimme, die von Liebe, Tod und Heldentum erzählt.

Diese klaren und manchmal klagenden Frauenstimmen finden ihren Widerhall auch in der Popmusik. Sinéad O'Connor, die ›Jeanne d'Arc des Rock‹,

wie sie manche wegen ihrer moralischen Attitüde bezeichnen, hat zwar nicht mit irischen Weisen, aber mit eben dieser klaren Ausdruckskraft ihren weltweiten Erfolg errungen. Als irischer Exporterfolg gilt auch die Rockgruppe *U 2*, ebenso wie die Teeniegruppe *Boyzone*, sowie Bob Geldof oder Rory Gallagher aus Cork, der 1995 an den Folgen einer Lebertransplantation verstorben ist. Eine Legende der irischen Popkultur ist seit den 1960er Jahren Van Morrison aus Belfast. Ebenfalls aus dieser Stadt stammt Brian Kennedy, der zunächst als Musiker mit Van Morrison spielte und schließlich zu einer eigenen Karriere startete.

Sogenannte E-Musik erreichte in Irland nie die Popularität wie in Kontinentaleuropa. Zwar hat Georg Friedrich Händel seinen ›Messias‹ 1742 in Dublin komponiert und uraufgeführt, doch für ihn, ebenso wie für andere Musiker seiner Zeit, war Irland nur ein potentieller Kreis reicher Gönner, die seinerzeit in den angloirischen Adelskreisen zu finden waren. Eine eigenständige Konzert- oder Opernkultur existiert nicht, wenn auch z. B. in Belfast oder Wexford seit einigen Jahren beachtliche Gastspiele gegeben oder Opernfestivals veranstaltet werden. Interpreten gab es jedoch einige von Weltrang, wie John McCormack (1884–1945), der ›irische Caruso‹, oder heute der Flötist James Galway, der seine musikalische Laufbahn als Pfeifer bei dem *Orange Order* in Belfast und 1969 seine Weltkarriere als erster Flötist der Berliner Philharmoniker begann.

Musik ist ein unvermeidlicher Bestandteil des irischen Lebens und neben der Literatur eines der größten kreativen Potentiale. Manchmal jedoch geht es selbst den Iren auf die Nerven, wenn sie im internationalen Vergleich mal wieder an der Spitze stehen – vor allem dann, wenn beim Internationalen Schlagerwettbewerb der Eurovision erneut ein Ire oder eine Irin den ersten Preis einheimsen, was keinem Land so oft widerfahren ist wie Irland. Der erste Preis bedeutet nämlich, daß das Siegerland den nächsten Wettbewerb ausrichten muß. Und das kommt teuer und wird auf Dauer ziemlich langweilig.

Grüne Kulissen und graue Wirklichkeit – Film

Man sieht es immer wieder gern, dieses Postkartenirland: Archaisches Land (grün und urtümlich), archaische Menschen (tragisch oder whiskeyfröhlich) und archaische Probleme (Land und Liebe) – Irland im Film, made in Hollywood. Streifen wie ›Ryans Tochter‹ (1970) von David Lean oder ›Der Sieger‹ (1952) von John Ford stellten Irland stets aus der romantischen Sicht derjenigen dar, die nicht mit den Realitäten der Insel konfrontiert waren. Daß solche Filme großartige und meist auch kommerziell erfolgreiche Epen wurden, mag vielleicht gerade an diesem Umstand liegen, vor allem aber an der Strategie Hollywoods, stets eine hübsche Mischung aus Action und Romantik in die Filme zu packen. Als Kulisse für Filme, die in keinem Zusammenhang mit Irland stehen, waren die großartigen Locations ebenfalls stets beliebt. Abgesehen davon waren die Produktionen in Irland für amerikanische Verhältnisse stets außerordentlich preiswert und sind es dank der Steuervergünstigungen wieder. ›Braveheart‹ (1994) von Mel Gibson beispielsweise, eine martialische Geschichte des schottischen Widerstands, wurde in Irland gedreht, ebenso wie John Hustons ›Moby Dick‹ (1956).

Filme zu drehen ist eine kostspielige Angelegenheit. So verwundert es kaum, daß über lange Zeit eine eigenständige Filmkultur nur peripheres Interesse bei den Kulturverantwortlichen Irlands hervorrief. Erst 1981 wurde das *Irish Film Board* gegründet, das mit Staatsgeldern dem irischen Film auf die Sprünge helfen sollte. Nur sechs Jahre später gab man die Institution wieder auf – die Verluste waren zu hoch. 1992 wurde in Dublin dann das *Irish Film Centre* ins Leben gerufen, das wohl das Interesse am irischen Film weckte, mit Produktionen jedoch nichts zu tun hatte. Ein Jahr später wurde unter der neuen Koalitionsregierung ein neues *Film Board* gegründet, das diesmal mit finanziellen Mitteln ausgestattet wurde, die einheimische Produktionen erfolgreich fördern sollten.

Irische Regisseure waren lange darauf angewiesen, ausländische Produzenten für ihre Projekte zu finden, Filme, die sich als außerordentlich erfolgreich erwiesen. ›Mein linker Fuß‹ (1989) von Jim Sheridan, die Geschichte des schwerstbehinderten Christie Brown, errang wegen der darstellerischen Leistung von Daniel Day-Lewis sogar einen Oscar. Jim Sheridan ist einer der begabten Regisseure, der stimmige Geschichten in eindrückliche Bilder umzusetzen weiß. ›Das Feld‹ (1990) erzählt in ruhigen Bildern vom Kampf eines Mannes um sein Land, ein wenig irischtümelnd zwar, aber mit internationalem Erfolg. In dem Streifen ›Im Namen des Vaters‹ (1993), in dem wieder Daniel Day-Lewis (»immerhin hat er irische Wurzeln«) die Hauptrolle spielte, griff Sheridan den Nordirland-Konflikt auf eine Weise auf, die ihm von einigen Seiten viel Kritik einbrachte. Man warf ihm vor, den nordirischen Republikanern allzu viel Sympathie entgegengebracht zu haben, während die Briten den schlechteren Part spielten.

Nordirland im Film konzentriert sich häufig auf den Bürgerkrieg und seine Auswirkungen. Die Bürgerkriegsepen sind jedoch weit entfernt von politischer

Szene aus dem Film ›The Commitments‹

Belehrung, im Gegenteil. Die Schicksale von Menschen werden oftmals herzzerreißend, eindrucksvoll und letztlich parteiisch dargestellt. Nach der Vorführung des Films über den Hungerstreik von Bobby Sands und seinen Mitgefangenen, ›Some Mother's Son‹ (1996) des selbst einmal wegen angeblichen Terrorismus inhaftierten Regisseurs Terry George, war das Premierenkino in Belfast von Papiertaschentüchern übersät. Thaddeus O'Sullivans ›Nothing Personal‹ (1996) thematisiert den Haß und die Unmöglichkeit einer Freundschaft zwischen Katholiken und Protestanten in Belfast. Der Regisseur Neil Jordan, der sich zunächst als Buchautor einen Namen machte, nahm sich des nordirischen Themas in einer Art Kammerspiel an, mit Effekten, die klaustrophobisch den Irrsinn der sektiererischen Aktionen deutlich machen: ›The Crying Game‹ (1993) erzählt die Geschichte eines IRA-Mannes, der eine Geisel, einen schwarzen britischen Soldaten, erschießen soll und an seiner Aufgabe verzweifelt.

Neil Jordan wird zu den vielsprechendsten Talenten des irischen Films gezählt. Sein von Hollywood (»bitte mehr Sex«) finanziertes Werk ›Michael Collins‹ (1996), ein biographisches Werk über die historische Lichtgestalt der IRA, errang 1996 den Goldenen Löwen der Biennale in Venedig. Er drehte jedoch auch vielbeachtete Filme, die mit Irland nichts zu tun haben, wie ›Mona Lisa‹ (1986), der in der düsteren Szenerie von Callgirls und Zuhältern spielt.

Zu den Highlights irischen Filmschaffens mit durch und durch irischen Themen gehören die Verfilmungen der Bücher von Roddy Doyle. So versuchen in ›The Commitments‹ (1990) von Alan Parker arbeitslose Jugendliche, eine Band zu gründen, in ›The Snapper‹ (1993) von Stephen Frears wird die älteste Tochter unverheiratet schwanger, und in ›Fisch and Chips‹ (1996), ebenfalls von Stephen Frears, versucht sich der arbeitslose Vater zusammen mit einem gleichfalls arbeitslosen Freund als Imbißbudenunternehmer. Die Trilogie über die Malaisen einer Arbeiterfamilie aus dem Norden Dublins sind so liebevoll bis ins kleinste Detail beobachtet und die Dialoge so voll tragischem Witz, daß man süchtig nach dieser Familie wird, der nie ein kitschiges, dafür aber herzensechtes Happy End vergönnt ist.

Rauhe Sportwelt

Am dritten Sonntag im September vermittelt Irland den Eindruck, ein menschenleeres Land zu sein. Kein Laut ist in Städten oder Dörfern zu hören, kein Mensch zu sehen. Sonntag, also alle Welt in der Kirche? Weit gefehlt. An diesem besonderen Sonntag findet das nationale Ereignis schlechthin statt, letztlich noch geheiligter als der 17. März, der St. Patrick's Day, und wichtiger als die sonntägliche Messe – nämlich das mit Spannung erwartete Endspiel des gälischen Fußballs im Croke Stadion in Dublin, das bis zu 70 000 Zuschauer faßt und bei solchen Endspielen schon Monate zuvor ausverkauft ist.

Im Jahr 1995 befand sich Dublin nach dem Sieg der eigenen Mannschaft im Delirium. Die O'Connell Bridge war verstopft von begeisterten Fans, die jeden mit großzügiger Geste an ihrem Sieg teilhaben ließen. Sogar Autos mit englischem Nummernschild wurden wohlwollend beklopft und durchgelassen. Vor dem Hauptpostamt war die Menge schließlich außer Rand und Band, als hätte sie den Osteraufstand von 1916 nun endlich zum glücklichen Ende gebracht. Die Endspielgegner aus Nordirland, die Mannschaft des Countys Tyrone, schmollte. Immerhin, so hieß es aus deren Reihen, habe Dublin nur zwölf Jahre auf einen erneuten Sieg (der letzte 1983 gegen Galway) warten müssen. Die Männer aus Tyrone jedoch hätten über 100 Jahre auf ihren ersten Sieg überhaupt gehofft.

Gälischer Fußball ist eine irische Nationalangelegenheit, ein Testosteron-absorbierendes Macho-Spiel, eine Essenz politischer Selbstbehauptung und nationaler Unabhängigkeit. Kein Präsident, nicht einmal eine Präsidentin, und schon gar kein katholischer Kleriker mit auch nur einem kleinen Riecher für Public Relations darf es sich leisten, sich ein Spiel entgehen zu lassen. Es geht schließlich um Irland.

Mit dem europäischen Fußball hat diese irische Spielart des Fußballs nur wenig gemein. Jeweils 15 Männer (einer davon im Tor) treten nach der grundsätzlichen Regel gegeneinander an, daß der Ball rund ist und außer mit den Füßen auch mit den Händen ins gegnerische Tor befördert werden darf. Das sieht meistens böse aus, ist aber nichts gegen den gälisch-irischen Nationalsport **Hurling**, der ähnlichen Regeln folgt, nur daß hölzerne Schläger zur Ballbeförderung benutzt werden. Hurling gilt als schnellste Sportart der Welt, ein Spiel, das außerhalb Irlands nahezu unbekannt ist, aber aufgrund vorchristlicher Ursprünge wie der jüngere **Gaelic Football** zur nationalen Identität gehört. Auch Frauen frönen dem Hurling, wenn auch in sanfterer Form, dem **Camogie**, aber keineswegs so publikumswirksam wie die Männervereine.

Es geht beim Wettkampf wie auch immer also um Irland. Die *Gaelic Athletic Association* (GAA) mit Hauptsitz in Dublin war bei ihrer Gründung Ende des 19. Jh. zunächst eine politische Organisation, die vorrangig irisches Selbstverständnis in Form traditionellen Kulturguts fördern wollte, wozu vor allem der Sport gehörte. ›Protestantische‹ Sportarten, wie Crocket, Hockey oder sogar Fußball, waren lange Zeit verpönt.

Sport in Irland hat weitaus tiefere Wurzeln als die eines nationalen Selbstverständnisses. Es geht um den Wettkampf schlechthin. Abgesehen von Wettbewerben wie dem Titel des saubersten Dorfs, dem die ›Irish Times‹ alljährlich ganze Sonderseiten widmet und mit dem sich die Sieger viele Jahre lang schmücken, erfreuen sich auch so exotische Meisterschaften wie das Pflügen großer Beliebtheit. Zum Wettkampf der Bauern kommen dann schon mal bis zu 50 000 Zuschauer, deren Hauptinteresse jedoch weniger der eigentlichen Disziplin, sondern dem **Wetten** gilt. Die sportliche Begeisterung nämlich, die sich in den Pubs durch Sportübertragungen im ständig laufenden Fernseher manifestiert, hat nur sekundär mit aktiver Begeisterung zu tun, sondern mit der ideologiefreien Wettleidenschaft, die alle Iren und auch Irinnen befällt. **Windhundrennen** gehören zu den beliebtesten ›Wett‹-Kampfplätzen, wo jeder schon wenig Geld auf seinen Favoriten setzen kann. Einem der siegreichsten Hunde bei diesem Rennen wurde sogar – von glücklichen Gewinnern vermutlich – ein Denkmal gesetzt.

Gaelic Football zählt zu den beliebtesten Sportarten auf der Insel

Bei den großen **Pferderennen** hingegen geht es etwas formeller zu, obgleich auch dort die Buchmacher ein kräftiges Geschäft machen. Pferde jedoch sind eine so ur-irische Angelegenheit, daß keine britische oder gar internationale Regel jemals die wilden Rennen an den Stränden zügeln konnte, die sich vor allem in den ländlichen Gebieten des Westens einer großen Beliebtheit erfreuen. Bei solchen Rennen wird unter Umständen Haus und Hof verwettet.

Europäischer Fußball, **Soccer**, konnte auf der Insel nie so recht Fuß fassen. Eine ernstzunehmende Nationalmannschaft gibt es nicht. Nationale und somit politische Bedeutung kann dieser Sport jedoch selbst in Irland erlangen, das seine Spieler aus purer Not auch schon mal in England einkauft – sofern sie wenigstens eine irische Großmutter nachweisen können. Als sich die irische Mannschaft zur Fußballweltmeisterschaft 1990 qualifizieren konnte, wurde das als nationaler Erfolg gefeiert. Zur bescheidenen, aber beachtlichen Begeisterung für den europäischen Fußball trug dann die Tatsache bei, daß sie in dieser Weltmeisterschaft im Viertelfinale gegen die englische antrat. Das Spiel ging unentschieden aus, für die Iren jedoch siegreich, da sie es den Engländern mal wieder gezeigt hatten. Jedenfalls waren sie, wenn schon nicht Sieger, so doch wenigstens nicht die Unterlegenen.

Richtig Reisen *Tip*

Golf für alle

Golf ist in Irland Volkssport, der sich fern jeglicher geldverschlingender Vornehmheit bewegt – eine Clubmitgliedschaft ist nicht notwendig. In der Republik gibt es an die 250 Golfplätze, in Nordirland um die 80 – mit steigender Tendenz –, auf denen sich keineswegs edel gewandete Topgolfer tummeln, sondern Freizeitsportler, die sich nach Feierabend etwas Entspannung gönnen und die Gelegenheit zum kommunikativen Austausch nutzen. Die Golfplätze sind manchmal derart idyllisch gelegen, daß man auch mit wenig Neigung zu sportlicher Betätigung animiert wird, den kleinen Ball vor traumhafter Kulisse über das Grün zu schmettern. Zu den schönsten Golfplätzen gehören nach Kennermeinung der Kurs in Killarney in der Republik und der Royal County Down in Nordirland, die beide allerdings auch zu den teuersten gezählt werden.

Auf den weniger legendären Plätzen kann man schon für relativ geringe Gebühr sein Glück versuchen, spektakuläre Aussichten immer garantiert. Für Anfänger eignen sich auch die als *Pitch and Putt* bezeichneten Plätze, eine Art Golf auf beschränktem Platz, die oft in den städtischen Parks oder auf Bauernhöfen mit Zimmervermietung zu finden sind. An Sonn- und Feiertagen wird es jedoch schwierig, einen Platz zu ergattern. Halb Irland scheint sich dann auf dem Golfplatz zu vergnügen.

Reisen in Irland

J. O'CON
JOHN'S LANE DISTILLERY
POWER'S P WHISK
PURE POT STILL
ESTABD A.D.1791
WINES &

Der Osten

Dublin: Die freundliche Metropole

■ (S. 300ff.) »Achtung«, sagt ein freundlicher Dubliner, »zücken Sie nie Ihr Portemonnaie auf offener Straße.« Nun gibt auch eine weitere Passantin dem als Tourist Enttarnten gute Ratschläge: »Die Handtasche im Gedränge gut festhalten, die Beifahrertür vom Auto während des Fahrens immer verschließen und niemals allein in den Phoenix Park gehen.« Die Sorge um das Wohlergehen der Gäste und um das Ansehen der Stadt mag zwar übertrieben erscheinen, denn Dublin ist nicht gefährlicher als jede andere Großstadt, kommt aber aus tiefstem Herzen.

Dublin *(Baile Átha Cliath)* ist eine vibrierende Metropole, voller Aufbruch und Hoffnung, ein kulturelles und wirtschaftlich blühendes Zentrum, das sich zu einer der Finanzhochburgen Europas entwickelt hat. Das Joyce'sche Dublin, das der Dichter in so deprimierenden Farben geschildert hatte, wird man dabei immer seltener finden, auch wenn die sozialen Gegensätze und die kleinen Häßlichkeiten im Stadtbild noch lange nicht ausgeräumt sind.

Daß die städtebaulichen Schönheiten Dublins südlich der Liffey liegen, ist kein Zufall. Seit jeher zog es die begüterten Einwohner in die Regionen südlich des Flusses, nach Ballsbridge, Donnybrook oder Sandymount, den postalischen Bezirk Dublin 4 – mittlerweile ein Spitzname für jene Erfolgreichen aus Wirtschaft, Politik und Kultur, die sich im südlichen Epizentrum zwischen Liffey und St. Stephen's Green bewegen. Dort

Auf der Moore Street

findet man auch die Reste von Dublins vielbesungener *fair city*, den schöneren Seiten der Stadt.

Die klassischen Arbeiterviertel hingegen konzentrieren sich auf den Norden, wo die Verschönerungsmaßnahmen noch nicht so recht erfolgreich sind. Ballymun im äußersten Norden der Stadt, ein heruntergekommenes Hochhausviertel aus den 1960er Jahren, wird demnächst abgerissen.

Dublin ist eine englisch geprägte Stadt, von Wikingern im 9. Jh. unter dem Namen *Dubh Linn* oder *Dyfflin* (schwarzer Tümpel) gegründet, im 12. Jh. von den Anglonormannen erobert und seitdem Zentrum der kolonialen Herrschaft. Im 18. Jh. wurde Dublin neben London zur zweitwichtigsten Metropole des britischen Königreichs. Die 1757 gegründete *Wide Street Commission*, die erste amtliche Stadtplanungsbehörde Europas, begann mit dem großzügigen Ausbau der Stadt. Der *Georgian Style*, eine britische Variante des Klassizismus, prägte die reichen Bürgerhäuser und Repräsentationsbauten. Als sich jedoch das irische Parlament durch den *Act of Union* selbst auflöste, zogen mit den Parlamentariern auch Kapital und Kultur nach London. Dublin verkam zur Provinz, blieb aber stets Brennpunkt irischer Selbstbehauptung und kulturellen Schaffens.

Heute ist die irische Metropole, in der rund eine Million Menschen leben – fast ein Drittel der gesamten Bevölkerung der Republik –, trotz mancher Unansehnlichkeiten wieder eine kleine Schönheit mit den weitgehend restaurierten historischen Gebäuden, dem reichhaltigen kulturellen Angebot, den Pubs und vor allem den vielen netten Dublinern und Dublinerinnen, die einen Aufenthalt in der Stadt auch an trüben Regentagen freundlich gestalten.

Stadtrundgang

Die **O'Connell Street**, Rückgrat und Kommerzmeile der City, ist die mit Abstand breiteste Straße Dublins, wenn auch nicht unbedingt die schönste. Kaufhäuser und Billigläden säumen den Boulevard, auf dessen Mittelstreifen sich die Denkmäler für die Helden der irischen Geschichte tummeln – allerdings auch viel Schäbigkeit überhand genommen hat. Der geliebt-gehaßte Anna-Livia-Brunnen, in dem sich mehr Abfall als Wasser sammelte, wurde mittlerweile abgetragen. Pläne für eine Verschönerung sollen die »Hauptstraße Irlands« allmählich zum Prachtboulevard mutieren lassen.

Den nördlichen Abschluß der O'Connell Street bildet der Parnell Square mit dem hoch aufragenden Denkmal für Charles Stewart Parnell, der neben Daniel O'Connell zu den Helden im irischen Pantheon gehört. Als Parnell 1875 als Abgeordneter in das Unterhaus gewählt wurde, setzte er sich für das Selbstbestimmungsrecht der Iren ein. Man nahm ihm im katholischen Irland jedoch übel, daß er in unsterblicher Liebe zu Kathy O'Shea entbrannte, der Frau eines Parteifreundes, mit der er auch bis zu seinem Tod zusammenlebte und wegen der er schließlich zurücktreten mußte. Nach über einem Jahrhundert ist ihm dieser Fehltritt jedoch verziehen.

Um diesen Platz gruppieren sich die Tempel der irischen Kultur. Dort befindet sich das **Gate Theatre** 1 (1786 erbaut), das neben europäischen Klassikern auch junge irische Autoren auf die Bretter bringt. In dem kleinen Theater begannen Filmstars wie Orson Welles und James Mason ihre Schauspielerkarriere. Im **Writer's Museum** 2 sind die Giganten der Sprache und des Denkens, von Jonathan Swift bis Brendan Behan,

Western Way
Mountjoy St.
St. Mary's Place
Dominick St.
Dorset St.
Granby Row
Granby Lane
Parnell Sq.
Garden of Remembrance
Great Georges St.
Rutland Place
Hill St.
Parnell St.
Cathal Brugha St.
Constitution Hill
Henrietta Lane
Henrietta St.
Henrietta Pl.
Bolton St.
Dominick Place
King's Inns St.
Coleraine St.
Loftus Lane
Moore St.
O'Connell St.
King St.
Ryder's Row
Chapel Lane
Sampson's Lane
Earl St.
Bow St.
Green St.
Beresford St.
Wolfe Tone St.
Henry St.
Church St.
Little Britain St.
Capel St.
Mary St.
Liffey St.
Prince's St.
Mary's Lane
Abbey St.
May Lane
Greek St.
Arran St.
St. Michan's St.
Jervis St.
Lotts
Mary's Abbey
Strand St.
Bachelor's Walk
Chancery St.
Liffey
Aston Quay
Westmoreland St.
Chancery Pl.
Charles St.
Ormond Sq.
Ormond Quay
Crampton Quay
Bedford Row
Aston Place
Fleet St.
Father Mathew Bridge
Inns Quay
Grattan Bridge
Wellington Quay
Temple Bar
Crown Alley
Anglesa St.
O'Donovan Rossa Bridge
Essex Quay
Essex St.
Eustace St.
Temple Lane
Cecilia St.
Fownes St.
Cope St.
Merchant's Quay
Wood Quay
Bridge St.
Winetavern St.
Fishamble St.
Exchange St.
Crane Lane
Sycamore St.
Dame St.
College Green
Cook St.
Dame Lane
Trinity St.
St. Andrew St.
Suffolk St.
School-house Lane
Michael's Close
Lord Edward St.
Dame Court
Corn Market
High St.
St. Michael's Hill
Christchurch Pl.
Castle St.
Exchequer St.
Wicklow St.
Lamb Alley
Werburgh St.
Great George's St.
Drury St.
Castle Market
Ship St. Little
Ship St. Great
Fade St.
William St.
Clarendon St.
Grafton St.
Ross Rd.
John Dillon St.
Bride Rd.
Nicholas St.
Francis St.
Chancery Lane
Stephen St.
Chatham St.
Anne
Bull Alley St.
Golden Lane
Whitefriar St.
Aungier St.
St. Patrick's Park
King St.
N
0
200 m
Bride St.
Whitefriar Pl.
Mercer St.
The Coombe
Patrick St.
Peter St.
York St.
St. Step Green
1
2
3
4
5
7
9
14
15
16
17
18
19
i

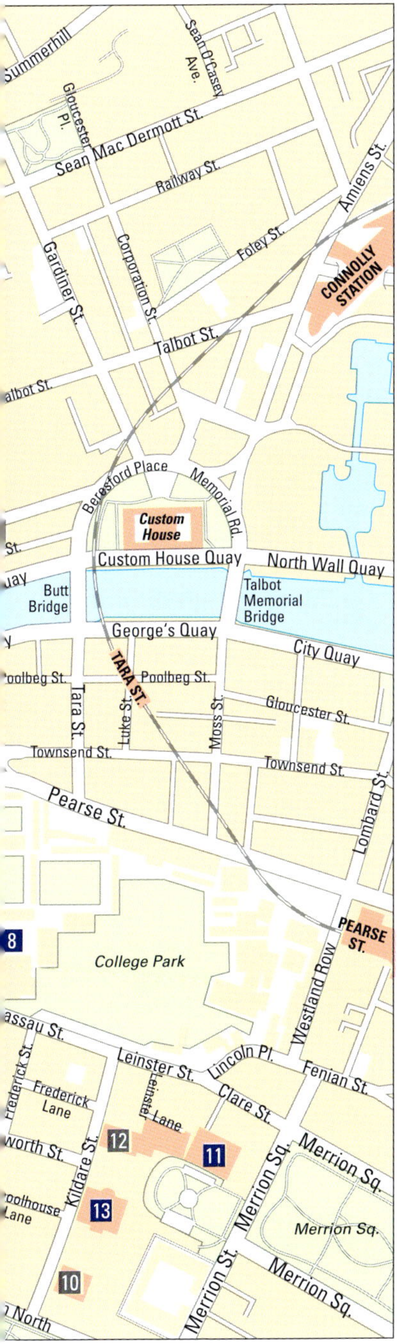

durch Memorabilia, Manuskripte und seltene Ausgaben einträchtig versammelt.

In der nebenan gelegenen **Municipal Art Gallery** 3 im Charlemont House gibt es eine eindrucksvolle Sammlung von Impressionisten zu besichtigen, mit der es jedoch eine besondere Bewandtnis hat: Der damalige Eigner der Sammlung, Sir Hugh Lane, vermachte 1905 seine Gemälde testamentarisch der Stadt. Sir Hugh verbrachte die Kostbarkeiten zunächst nach London. 1915 kam er beim Untergang der ›Lusitania‹ ums Leben, Irland wurde unabhängig – und der Rechtsstreit um den Besitz der Sammlung begann. Dublin war zur Zeit der Testamentsaufsetzung noch eine englische Provinzstadt. Hat der Lord nun einer englischen Stadt oder der irischen Hauptstadt sein Erbe vermacht? 50 Jahre dauerte der Streit, heute wird die Sammlung abwechselnd in der Londoner Tate Gallery und in Dublin gezeigt. Da sie jedoch seit Einrichtung des Museums aufgestockt wurde, braucht man auf den Kunstgenuß keineswegs zu verzichten, wenn die Lane-Sammlung gerade mal wieder im Exil in London weilt.

Ein Postamt als nationales Heiligtum hat gewiß nicht jedes Land vorzuweisen, auch wenn das **General Post Office** 4 in seinem klassizistischen Baustil besonders schön ist (1818 erbaut). Aber es war Schauplatz eines einschneidenden Er-

Dublin *1 Gate Theatre 2 Writer's Museum 3 Municipal Art Gallery 4 General Post Office 5 Four Courts 6 Abbey Theatre 7 O'Connell Bridge 8 Trinity College 9 Bank of Ireland 10 Leinster House 11 National Gallery 12 National Library 13 National Museum 14 Ha'penny Bridge (Liffey Bridge) 15 Temple Bar-Viertel 16 Dublin Castle 17 St. Patrick's Cathedral 18 Christ Church Cathedral 19 St. Michans Church*

eignisses: Am Ostermontag 1916 besetzten 100 Männer der *Irish Volunteers* unter Padraig Pearse und der *Citizen Army* unter James Connolly das GPO. Eine Woche lang hielten die Aufständischen stand, bis Regierungstruppen das Postamt unter Beschuß nahmen und die Rebellen aus dem brennenden Gebäude über die Moore Street flüchten mußten. Mit dem Osteraufstand begann der Kampf um die Unabhängigkeit. Das GPO wurde danach liebevoll restauriert und 1929 wiedereröffnet.

Auch ein zweites klassizistisches Bauwerk wurde während des Bürgerkriegs 1922 stark beschädigt, die **Four Courts** 5 am Nordufer der Liffey, in dem sich während der Kämpfe die Rebellen verschanzten, bis Regierungstruppen schweres Feuer eröffneten. Erst in den 1930er Jahren wurde es wieder instandgesetzt und dient seither als Oberster Gerichtshof.

Das **Abbey Theatre** 6 in der Abbey Street gehört wie das GPO zu den irischen Nationalheiligtümern. Es wurde 1904 auf Initiative von William Butler Yeats, Lady Augusta Gregory und J. M. Synge als ›Irish National Theatre‹ gegründet. Dort fanden die Uraufführungen von Stücken statt, die heute zu den Klassikern der Bühnenkunst gehören, Werke von Synge, Yeats, Shaw oder O'Casey. Das Haus selbst fiel 1951 einem Brand zum Opfer. Der 1966 fertiggestellte Neubau entspricht dem nüchternen Stil dieser Zeit.

Die **Moore Street**, in die sich die Revolutionäre von 1916 zu flüchten versuchten, verläuft hinter dem GPO parallel zur O'Connell Street. Sie vermittelt einen Hauch jenes Dublin, das so gern als ›typisch irisch‹ bezeichnet wird, eine Alltäglichkeit aus Wettbüros, Lebensmittelläden und Second Hand Shops. Das Besondere an der Moore Street sind jedoch die Markthändler mit ihren Gemüse- und Obstkarren sowie die Zigarettenverkäufer, die ihre unverzollte Ware schwarz anbieten. Mit bewundernswerter Lautstärke und einem unsäglichen Dialekt, *very oirish*, preisen sie lauthals ihre Waren an – und sind beim Verkaufsgespräch stets auf einen kleinen Schwatz aus.

Die belebte **O'Connell Bridge** 7 über die Liffey führt in das noblere georgianische Dublin. Im Jahr 1745 ließ sich der Earl of Kildare ein prachtvolles Palais zwischen St. Stephen's Green und Trinity College bauen. Als seine Adelskollegen fragten, warum er ausgerechnet südlich der Liffey seine Residenz errichten ließ, soll er arrogant geantwortet haben: »Wo immer ich hinziehe, die anderen werden folgen.«

Das **Trinity College** 8, an dem Berühmtheiten wie Jonathan Swift, Oscar Wilde, Bram Stoker, Samuel Beckett und Chris de Burgh studierten, wurde 1592 auf Anweisung Königin Elisabeths I. gegründet, die ihren protestantischen Untertanen in Irland eine konfessionell korrekte Ausbildung ermöglichen wollte. Bis 1793 durften am Trinity keine Katholiken studieren, und selbst danach belegte die katholische Kirche die protestantische Universität mit einem Bann, der erst 1970 aufgehoben wurde. Heute hat das Trinity erstmals sogar einen katholischen Präsidenten. Den Katholiken wurde 1854 eine eigene Universität unter kirchlicher Aufsicht beschert, die Catholic University of Ireland, heute das University College Dublin, das sich ebenfalls längst von kirchlicher Bevormundung befreit hat.

Die Gebäude des Trinity College stammen hauptsächlich aus dem 18. Jh.

Der Long Room in der Old Library des Trinity College

Abendstimmung am River Liffey

Einer der ältesten Bauten auf dem weiträumigen Universitätsgelände ist die Old Library (1712–1732), die nach dem Vorbild des Trinity College in Cambridge entworfen wurde. Mittelpunkt der alten Bibliothek ist der Long Room, mit 64 Metern der längste Bibliotheksraum Europas, in dessen arkadenartigen Nischen bibliophile Kostbarkeiten aufgereiht sind, Bücher, von denen einige noch aus dem 16. Jh. stammen. Den größten Schatz der Trinity Bibliothek bildet das legendäre Book of Kells, eine reich bebilderte Handschrift, die etwa um 800 entstanden ist. Das Evangeliar, dessen bunt leuchtende und verschlungene Motive auf allerlei Andenken wiederzufinden sind, besteht aus 340 Seiten. Jeden Tag wird eine Seite umgeblättert.

Gegenüber dem Trinity College wurde zwischen 1729 und 1739 das irische Parlamentsgebäude im repräsentativen palladianischen Stil errichtet. Als sich das Parlament im Jahr 1800 selbst auflöste, erwarb die **Bank of Ireland** 9 das Bauwerk und nutzt es seit 1808 als Hauptsitz. Die Räumlichkeiten wurden zwar den modernen Ansprüchen einer Bank angepaßt, doch kann man noch immer das alte Oberhaus besichtigen, das mit seinen Wandtäfelungen und Tapisserien im Original erhalten geblieben ist.

Die feinste Adresse Dublins blieb das einstige Palais des Earl of Kildare und späteren Duke of Leinster – das **Leinster House** 10 ist seit 1925 Sitz des irischen Parlaments, des *An tOireachtas na hÉireann*. Und in dem Karree zwischen Kildare Street und Merrion Square gruppieren sich die irischen Kulturtempel wie die **National Gallery** 11, 1864 mit 105 Gemälden eröffnet und heute mit über 11 000 Exponaten von Vertretern aller größeren europäischen Schulen einschließlich einer stattlichen Sammlung von Werken irischer Künstler ausgestattet, die **National Library** 12 und das **National Museum** 13. Zu den Schätzen des kleinen, aber feinen National Museum gehören neben dem üppigen Gold aus teilweise vorkeltischer Vergangenheit auch der Silberkelch von Ardagh und die Tara-Fibel, die in ihrer kunstvollen Verarbeitung aus Gold, Silber und Edelsteinen jeden Be-

trachter in Erstaunen versetzen. Weitere Kostbarkeiten befinden sich in den Collins Barracks, einer Nebenstelle des Museums.

Am 1762 angelegten **Merrion Square** entdeckt man jene georgianischen Wohnhäuser mit den berühmten, leuchtfarbenen *Dublin Doors*. Der Grund für den Ruhm dieser Häuser erschließt sich nicht auf den ersten Blick. Durch ihre schmucklosen Backsteinfassaden, die identischen Fenster, deren untere Reihen jeweils mit einem winzigen Balkon geschmückt sind, und die Rundbögen über den Türen gleichen sie sich wie ein Ei dem anderen. Was die protestantische *Ascendancy* jedoch für gottesfürchtige Schlichtheit hielt, verwandelte irische Farbenlust, vielleicht auch Trotz gegen die mangelnde Individualität, in eine Farborgie: In Zitronengelb, Feuerwehrrot, grellem Lila, frischem Apfelgrün und blendendem Blau wetteifern die Türen um Aufmerksamkeit. Zu den berühmtesten Bewohnern des Merrion Square gehörten W. B. Yeats (Nr. 82), Daniel O'Connell (Nr. 58), Sheridan Le Fanu (Nr. 70) und Oscar

Gefängnis der Patrioten – Kilmainham Gaol

Über dem Portal des Kilmainham-Gefängnisses sind fünf Allegorien angebracht, die jeweils ein schweres Verbrechen symbolisieren. Eines davon ist der Patriotismus, ein Vergehen, für das in Irland während der englischen Herrschaft Tausende ins Gefängnis und zu Tode gebracht wurden.

Das Gefängnis, in dem von 1796 bis zu seiner endgültigen Schließung 1924 hauptsächlich politische Gefangene inhaftiert waren, ist heute ein Museum. Die Liste der Inhaftierten liest sich wie das Who's who des Widerstands: Die Anführer der Rebellion von 1798, die *United Irishmen*, die Aufständischen von 1848, die *Young Irelanders* um Smith O'Brian, die *Fenians* von 1866 und die *Invincibles* von 1883, die im Phoenix-Park zwei englische Regierungsvertreter umgebracht hatten. Der Politiker Charles Stewart Parnell verbrachte dort im Jahr 1881 einige Monate, wenn auch in einer relativ komfortablen Zelle mit Kamin und Fenster. Die führenden Köpfe des Osteraufstands von 1916 wurden auf dem Gefängnishof hingerichtet.

Der älteste Teil des düsteren Gefängnisbaus, in dem auch die Osterrebellen wie Padraig Pearse, James Plunkett und die Gräfin Markiewicz eingesperrt waren, ist trotz der mittlerweile eingebauten Fensterscheiben noch immer

feucht und eisig kalt. Als das Zuchthaus gebaut wurde, ließ man die schmalen und vergitterten Fensterschlitze absichtlich ohne Scheiben. Der kalte Wind, der sommers wie winters durch die Gänge und in die Zellen zog, sollte die Seelen der Sünder reinigen. Erst Ende des 19. Jh. wurde eine Gasheizung eingebaut, die jedoch kaum Linderung brachte: In jeder Zelle durfte ein winziges, blaues Flämmchen glimmen, für zwei Stunden pro Tag. Für manchen Gefangenen war dieses Flämmchen einzige Licht- und Wärmequelle, »die einzige Gefährtin«, wie einer später schrieb.

Die Zellen waren nur für eine Person konzipiert. Zwei Gefangene durften nicht zusammengelegt werden, man fürchtete konspirative Aktionen. Mitte des 19. Jh. jedoch, zur Zeit der Großen Hungersnot, als unzählige Menschen hilfesuchend ins wohlhabende Dublin strömten, waren die Gefängnisse und auch das Kilmainham derart überfüllt, daß diese Vorschrift kaum einzuhalten war. Bis zu fünf oder sechs Menschen wurden in die Zellen gesteckt. Die meisten waren wegen Diebstahls eingesperrt, wobei es schon genügte, daß jemand vor lauter Hunger ein Stückchen Brot stahl.

Nachdem der letzte Gefangene, Éamon de Valera, der spätere Präsident der Republik Irland, 1923 entlassen worden war, wurde das Gefängnis dem Verfall preisgegeben. Erst 1960 begann eine Initiative junger Leute mit der Restaurierung des historischen Gemäuers und eröffnete es bald darauf als nationale Gedenkstätte und Museum. Die Rufe von ›Gefangenen‹ hallten seither nur noch einmal durch die kalten Hallen, als der Haupttrakt mit der Eisentreppe als Schauplatz für die Gefängnisszenen des Films ›Im Namen des Vaters‹ diente.

Wilde, der seine Kindheit in Nr. 1 verbrachte.

Was die O'Connell Street für die Nordseite ist, ist die **Grafton Street** für die Südseite, allerdings weitaus eleganter und teurer. Richtig lebendig wird die Straße erst gegen Mittag, wenn die *buskers*, die Straßenmusikanten, ihre Instrumente auspacken und die Flaneure mit ihrer Musik erfreuen. Schließlich begann dort auch Chris de Burgh vor einem McDonalds seine Karriere, und Bob Geldof, damals noch Mitglied der irischen Punkgruppe *Boomtown Rats*, pflegte sich im Bewley's Café blicken zu lassen. Dieses Café ist das Herz der Grafton Street, ein prachtvolles Exemplar eines altmodischen Kaffeehauses. In der über 150 Jahre alten Institution bekommt man die köstlichsten Törtchen und Leckereien und als Dreingabe einen wunderbaren Blick auf das Treiben in der Grafton Street.

Sir Arthur Guinness Lord Ardilaun, Sproß der berühmtesten irischen Bierdynastie, schenkte 1880 **St. Stephen's Green** der Öffentlichkeit. Die älteste Grünanlage der Stadt zeigt noch heute mit ihren Teichen und der Bepflanzung das Gestaltungskonzept des Stifters. Zahlreiche Denkmäler wurden später hinzugefügt. Sie bilden ein Sammelsurium all dessen, was Irland heilig ist, wie eine Statue des Freiheitskämpfers Theobald Wolfe Tone, eine Gedenkstätte für die Große Hungersnot und natürlich Büsten und Skulpturen von James Joyce oder W. B. Yeats. Einzig die Figurengruppe ›The Three Fates‹, die drei Schicksalsgöttinnen, stellt eine Ausnahme dar: Sie ist ein Geschenk Deutschlands an Irland zum Dank für die Flüchtlingshilfe nach dem Zweiten Weltkrieg. Zur Beliebtheit dieser Gegend dürfte das Shelbourne Hotel an der Nordseite von St. Stephen's Green bei-

Richtig Reisen *Tip*

Bier, Pubs und Gedichte – *Literary Pub Crawl*

Hand aufs Herz: Wer hat wirklich James Joyce, Samuel Beckett oder Patrick Kavanagh gelesen? Wer ist schon ein Literaturprofi, der ›Finnegans Wake‹ von Anfang bis Ende durchgearbeitet hat oder aus Becketts Dramen zitieren kann? Noch nicht einmal die Dubliner können von sich behaupten, daß sie alle Werke ihrer Klassiker gelesen haben. Dafür kennen sie um so besser die Pubs, in denen die Dichter ihre Inspirationen empfangen oder ihre Leber ruiniert haben – in manchen Fällen beides. Und so findet man nirgends in der Welt eine solche gleichwohl bildungsbeflissene wie vergnügliche Kombination wie beim *Literary Pub Crawl*, einer sachkundig geführten Tour durch die Pubs der Dubliner Dichter und Denker, inklusive Rezitationen, dramatischen Darstellungen und vor allem reichlich Getränken. Danach mag man vielleicht nicht unbedingt in der Lage sein, ein Gedicht von Brendan Behan zu rezitieren, aber man kann sich immerhin vorstellen, warum dieser und andere Poeten die Kneipen so schätzten.

Von Mai bis August finden diese Touren durch Dublins Pubs statt, unter sachkundiger Leitung von Schauspielern, die das literarische Schaffen der trinkfreudigen Dichter ihrer Heimatstadt überzeugend in Szene setzen, während man selbst gemütlich ein Pint nach dem anderen schlürfen kann – natürlich unter literaturkritischem Aspekt.

Harry Rowohlt, der begnadetste Übersetzer irischer Literatur und intimer Kenner der Inspiration durch geistige Getränke, nannte diese Tour nicht umsonst »literarische Kneipenbekriechung«. Ernsthafte Literaturenthusiasten, die den Spuren der irischen Geistesgrößen authentisch folgen wollen, können nach einer solchen Führung wirklich nur noch kriechen.

getragen haben, eine traditionsreiche und üppigst historisierende Nobelherberge aus dem Jahr 1867. In der Bar des Shelbourne Hotel trank nicht nur die kritische *Ascendancy* der Jahrhundertwende ihren Whiskey, sondern auch die Speerspitze des irischen Widerstands von 1916.

Das Flüßchen Poddle, das seit langem unter Beton und teilweise unter der Dame Street fließt, mündet am Wellington Quay in die Liffey, wo sich auch die Liffey Bridge, besser bekannt unter dem Namen **Ha'penny Bridge** 14, über das dunkle Wasser des Flusses spannt. Den Spitznamen erhielt sie wegen des Wegezolls von einem halben Penny, den man bis 1919 entrichten mußte. Zwischen der breiten Dame Street und der Liffey erstreckt sich der Bezirk **Temple Bar** 15 der seinen Namen von der zentralen Straße erhielt, die durch das ehemalige Handwerkerviertel führt. Seit sich in den 1980er Jahren die alternative Szene ein Refugium in dem vom Abriß bedrohten Areal geschaffen hat, haben sich im Gewirr der engen Gassen kleine Läden, Galerien, Pubs, Restaurants und jede Menge soziale und kulturelle Initiativen angesiedelt. Die Szenekultur wurde jedoch längst vertrieben. Temple Bar wurde zum lärmenden Schicki-Viertel, in dem die teuren Restaurants aus dem Boden sprießen und sich die Touristen auf die Füße treten. Als Kneipenviertel war Temple Bar auch schon in früheren Zeiten überaus beliebt: In der Palace Bar in der Fleet Street tranken Autoren wie Flann O'Brian oder Patrick Kavanagh das eine oder andere Gläschen, holten sich dort ihre geistige Inspiration und manchmal auch Aufträge von Chefredakteuren.

Mittelpunkt des Viertels ist das Irish Film Centre in der Eustace Street, das nicht nur das irische Filmschaffen dokumentiert, sondern in dem auch ein angenehmes und stets überfülltes Restaurant, ein Café, eine Videothek mit den Klassikern des irischen Films und ein gut sortierter Buchladen zum Thema Film das Publikum anziehen.

Das **Dublin Castle** 16, dessen Name sich wegen der massiven Außenmauern passender mit Kastell denn mit Schloß übersetzen läßt, bildet das Zentrum des historischen Dublin. Die Wikinger errichteten dort im Jahr 841 ein Fort, und die Anglonormannen erweiterten es später zum Schloß. Während der englischen Herrschaft diente der Gebäudekomplex nicht nur als Residenz der *Lord Deputies*, der Vertreter des Königs von England, sondern auch als Hauptquartier der Polizei und als Staatsgefängnis. Obgleich es als uneinnehmbar galt, wurden kurz vor dem Staatsbesuch des englischen Königs Eduard VII. im Jahr 1907 die Kronjuwelen aus dem Bedford Tower gestohlen. Der Verbleib der Juwelen und die Identität der Diebe blieben bis heute eines der Mysterien der angloirischen Geschichte. Allerdings eines, das wenig Empörung auslöst, waren die Kleinodien doch ohnehin offizieller Besitz der *englischen* Krone.

Die beiden größten und prachtvollsten Kirchen Dublins, Christ Church Cathedral und St. Patrick's Cathedral, gehören zwar zur Church of Ireland, aber ihre kostbare Ausstattung und gewaltiger Umfang ist weit entfernt von protestantischer Schlichtheit. Die **St. Patrick's Cathedral** 17 soll auf dem ältesten christlichen Grund Irlands stehen. Nachgewiesen ist zumindest, daß 1190 an dieser Stelle eine Kirche erbaut wurde, die im 13. Jh. erweitert und 1864 gründlich restauriert wurde – mit finanzieller Unterstützung der Familie Guinness.

Jonathan Swift war von 1713 bis 1745 Dekan der St. Patrick's Cathedral. Sein durch eine Messingplatte im Kirchenschiff bedecktes Grab ist ein regelrechter Wallfahrtsort geworden. Neben ihm hat auch seine Angebetete Stella, die eigentlich Esther Johnson hieß, ihre letzte Ruhestätte gefunden. Swift verhalf ihr durch sein eigens für sie geschriebenes Tagebuch zu literarischer Unsterblichkeit. Doch so ausschließlich waren Swifts Gefühle für Stella nicht. Noch während seiner ganz und gar unkörperlichen Liebe zur schmachtenden Stella begann er eine Beziehung zu einer anderen Esther, von Swift ebenfalls mit einem neuen Namen versehen: Vanessa. Zehn Jahre lang, bis zum Tod Vanessas, lebten die beiden Frauen, ohne je voneinander zu erfahren, in unmittelbarer Nähe zu dem Kirchenmann, der beide in dem Glauben ließ, die einzige zu sein.

Christ Church Cathedral 18 wurde um 1038 im Auftrag des Wikingerkönigs Sitric Silkenbeard (Seidenbart) erbaut und zwischen 1173 und 1220 auf Befehl des anglonormannischen Eroberers, des Earl of Pembroke (Strongbow), durch eine steinerne Kirche ersetzt. In ihrer heutigen Form wurde sie 1871 bis 1878 vollendet. Das Grab Strongbows steht in der Christ Church, wie das Grab Swifts in St. Patrick's, im Mittelpunkt des Interesses. Wo sich die Gebeine des Normannen tatsächlich befinden, bleibt im Dunkel der Geschichte verborgen. Als 1562 das Dach der Kirche einstürzte, wurde auch das Grab zerstört. Die Gebeine blieben daraufhin unauffindbar. Da es aber unter Dubliner Kaufleuten Usus war, an Strongbows Grab Verträge zu besiegeln, legte man nach dem Wiederaufbau der Kathedrale einfach einen Ersatzritter in die Gruft. Andernfalls wäre vermutlich das Dubliner Geschäftsleben zum Erliegen gekommen. Allein die Krypta blieb aus der Zeit Strongbows noch nahezu unverändert erhalten. In die finstere und stimmungsvoll beleuchtete Tiefe mit den Grabmälern und Särgen wagen sich meist nur relativ unerschrockene Besucher zur Besichtung hinab.

Der Ausgang zur Fishamble Street führt auf das Gelände der ersten Wikingersiedlung. Leider wurde das Areal gnadenlos mit einem unansehnlichen Betonklotz überbaut. Ebenso wurde auch fast der gesamte Straßenzug niedergerissen, in der sich die Musick Hall befand. Ein Jahr nach der Eröffnung brachte Georg Friedrich Händel dort am 13. April 1742 seinen ›Messias‹ zur Uraufführung – zugunsten von Gefängnisinsaßen. Nur eine Plakette erinnert an das Ereignis. Das Manual der Orgel, auf der Händel seinen ›Messias‹ komponiert hatte, befindet sich in der kleinen **St. Michans Church** 19 am Nordufer der Liffey. Ist der Hausmeister der Kirche gut gelaunt, darf jeder Besucher ein paar Takte auf dem Manual klimpern.

Die Ostküste

Die Bucht von Dublin

Mit der DART-Bahn, DART steht für *Dublin Area Rapid Transit*, schlicht S-Bahn, ist man ab der Connolly Station, dem Hauptbahnhof Dublins, schnell und bequem raus aus dem Großstadtgetriebe. In den noblen Vororten an der Küste mit ihren großzügigen Villen residierte im 19. Jh. die *Ascendancy*, die englische Oberschicht. Auch heute können es sich nur die betuchteren Dubliner leisten, hier zu wohnen.

Die eleganten Badeorte entlang der Südstrecke der S-Bahn zwischen Dalkey und Bray sind längst mit der Stadt Dublin zusammengewachsen. **Dun Laoghaire 1**, dessen Name die Buchstabenfreude des Gälischen am besten repräsentiert – man spricht es ›Don Lierie‹ aus, das Fort des Leary – gehört zu den einstmals vornehmen Vierteln. Der Ort hieß bis 1920 Kingstown, weil dort im 19. Jh. ein englischer König an Land ging, was den Wohnwert ungemein erhöhte. Dun Laoghaire oder vielmehr der Ortsteil Sandycove ist jedoch weniger wegen dieses Umstands berühmt, sondern weil er in die Literaturgeschichte einging. James Joyce verbrachte dort ein paar Tage und verarbeitete die Erlebnisse in seinem Jahrhundertwerk.

Der erste Satz im ›Ulysses‹ lautet: »Gravitätisch kam der dicke Buck Mulligan vom Austritt am obern Ende der Treppe ...«. Das reale Vorbild des dicken Buck war Oliver St. John Gogarty, ein junger versnobter Medizinstudent, der sich 1904 den Martello-Tower in Sandycove für acht Pfund pro Jahr vom Militär gemietet hatte. Die nach einem Turm auf Korsika benannten Martello-Türme wurden um 1804 an fast der gesamten irischen Küste als dickleibiger Schutz vor einem potentiellen Angriff Napoleons gebaut. Gogarty bildete sich etwas darauf ein, die literarische Prominenz Dublins zu Gast zu haben, unter anderem auch den damals 21jährigen Joyce. Zur gleichen Zeit lud er auch den Engländer Trench ein, der im ›Ulysses‹ als Haines wieder auftaucht. Trench hatte Alpträume und griff während eines solchen zum Gewehr. Gogarty machte mit und schoß auf das Geschirr über dem Bett, in dem Joyce schlief. »Kotzdonner«, schrieb Joyce und verließ den Turm fluchtartig. Der Martello-Tower dient seit 1962 als James Joyce Museum, in dem einige Memorabilia des Schriftstellers sorgsam gehütet werden.

Unterhalb des gedrungenen Heiligtums gibt man sich ganz und gar irdischen Freuden hin. An der Badestelle Forty Foot mit ihren in den Fels gehauenen Stufen, die ins gischtige Meer führen, springen mutige Männer bei jedem Wetter und zu jeder Jahreszeit in die Irische See. Der Badeplatz ist als Nacktbadestelle *for gentlemen only* ausgewiesen. Doch viele, vor allem jüngere Männer, ziehen es dennoch vor, sich eine Badehose überzustreifen. Vielleicht, weil dort hin und wieder auch Frauen, ebenfalls in Badeanzug, den Badefreuden nachgehen.

Endstation der S-Bahn-Strecke Richtung Norden ist die Halbinsel **Howth 2**, im Dubliner Akzent ›Haut‹ ausgesprochen. Der Name stammt vom dänischen *hoved*, Haupt. Howth (irisch: Binn Éadair) ist eine kleine Oase vor den Toren Dublins: ein Dorf und ein paar exklusive Hotels sowie wunderschöne Wander-

N
0
10 km
Irish Sea
Shanlis
Dunleer
N 2
5
Monasterboice
N 1
Mellifont Abbey
6
4
Kells
8
Slane
Dowth
Drogheda
Bettystown
7
Newgrange
Boyne
N 3
Navan
Duleek
Athboy
Tara
9
Naul
Garristown
Skerries
Trim
N 1
10
Dunshauglin
N 2
DUBLIN
MEATH
N 3
Malahide
3
Royal Canal
2
Howth
Enfield
N 4
Maynooth
Dublin Bay
KILDARE
Clondalkin
Dublin
Prosperous
Liffey
Grand Canal
N 7
Dun Laoghaire
Dalkey
1
Sallins
N 81
N 11
Bray
Naas
Wicklow Mountains
19
Enniskerry
N 9
11
Blessington
Liffey
Kilmacanoge
Russborough House
N 7
12
505 m
Sally Gap
Loch Tay
R 755
Greystones
Poulaphouca Res.
Hollywood
Church Mtn.
Sraghmore
Avonmore
Roundwood
545 m
13
14
Glendalough
Laragh
Ballinalea
Glen of Imail
Wicklow
Stratford
Lugnaquillia Mtn.
WICKLOW
R 755
Avonbeg
926 m
Rathdrum
Baltinglass
Rathdangan
Aghavannagh
15
16
Avondale Forest Park
Ballinaclash
N 9
Hacketstown
Aughrim
Avoca
17
Killerrig
N 11
Carlow
Croghan Mtn.
Arklow
Tullow
Tinahely
18
608 m
N 81

wege entlang der Klippen oder auf dem East Pier am Fischereihafen, mit Kirchenruinen und einem 4500 Jahre alten Dolmen in der Nähe des Deer Park Hotels und einem alten Schloß.

Bis ins 12. Jh. war die Halbinsel ein Refugium der Wikinger, was an den Straßennamen des Ortes Howth noch abzulesen ist, wie Asgard Road oder Thormanby Road. Sitric Silkenbeard, der christianisierte Wikingerherrscher, ließ 1042 in dem Dorf an der Nordküste der Halbinsel eine Kirche bauen, deren Überreste in der Abbey Road allerdings aus dem 14. Jh. stammen. 1177 vertrieb der Anglonormanne Almeric Tristam die Wikinger aus Howth. Der für die Engländer kämpfende Feldherr leitete seine Herkunft vom legendenumwobenen Tristan ab, nannte sich aber nach dem Heiligen, dem am Tag der Eroberung gedacht wurde, St. Lawrence. Einer seiner Nachfahren errichtete im 15. Jh. Howth Castle, das bis in das 20. Jh. hinein stets aufs neue erweitert oder umgebaut wurde. Bis heute lebt die Familie der St. Lawrence' in dem Schloß, so daß es nicht zu besichtigen ist. Für die Öffentlichkeit zugänglich sind jedoch die berühmten ›Hängenden Gärten‹ von Howth Castle, ein im Frühjahr in allen Farben erblühender Park mit Rhododendronbüschen.

Malahide 3 (S. 321) ist ein Ort, der schon außerhalb der Dublin Bay liegt. Gleichwohl ist er für die Dubliner ein beliebter Ausflugsort mit seinem romantischen Dorfkern, in dessen alten, bunten Häusern mit Meeresblick sich hauptsächlich Restaurants etabliert haben, die an lauen Sommerabenden restlos ausgebucht sind. Ein paar hundert Meter von der Bahnstation entfernt liegt das alte Malahide Castle aus dem Jahr 1185, in dem bis 1973 die Familie Talbot residierte. Sie starb allerdings nicht aus, sondern ging pleite und mußte das Anwesen verkaufen.

Heute ist dort eine Ausstellung des National Museum untergebracht, in der man unter anderem Porträts von Jonathan Swift und seiner Stella sowie von anderen Berühmtheiten der irischen Geschichte bewundern kann. Offeriert wird dort auch ein mittelalterliches Bankett, dessen Stimmung allerdings reizvoller als das kulinarische Angebot ist.

Die Mythen des Boyne Valley

Im lieblichen Tal des Boyne im County Meath hinterließen die Jahrtausende ihre Relikte: Da sind die geheimnisvollen Ganggräber von Newgrange, Knowth und Dowth, die kaum noch erkennbaren Umrisse der untergegangenen Königsstadt Tara, die Ruinen der Klöster Monasterboice und Mellifont Abbey, die von Wikingern gegründete Stadt Drogheda, normannische Burgen und schließlich die Erinnerungen an die legendäre Schlacht am Boyne.

Drogheda *(Droichead Atha)* 4 (S. 299f.), an der Mündung des Boyne in die Irische See gelegen, hatte während der anglonormannischen Herrschaft den gleichen Status wie Dublin, Limerick und Cork. Im 15. und 16. Jh. tagte in Drogheda sogar das angloirische Parlament. Der alte Stadtkern wurde jedoch bereits im 17. Jh. fast restlos zerstört. Von der mittelalterlichen Befestigungsanlage sind noch zwei Tore erhalten, das West Gate und das St. Lawrence's Gate.

Die Bedeutung Droghedas war auch Oliver Cromwell bewußt, der auf seinem Rachefeldzug gegen die Iren 1649 von Dublin aus nach Drogheda marschierte und dort ein Massaker anrichtete: 2000 Menschen ließ er in der St. Peter's Church niedermetzeln, die restlichen Einwohner wurden als Sklaven auf die karibischen Besitzungen Englands verfrachtet.

Die St. Peter's Church in der West Street, der Hauptgeschäftsstraße Droghedas, birgt eine makabre Reliquie: In einem Schrein wird das einbalsamierte Haupt des Bischofs Oliver Plunkett aufbewahrt, der 1681 den Märtyrertod starb. Er wurde, nachdem protestantische Demagogen gegen eine vermeintliche »papistische Verschwörung« gehetzt hatten, von aufgebrachten Protestanten in London am Tyburn Tree, einem berüchtigten Galgen in der Oxford Street, gehenkt. 1975 wurde der Märtyrer heiliggesprochen.

Von Heiligen erzählen auch zwei Klosterruinen nur einige Kilometer nordwestlich von Drogheda: Monasterboice und Mellifont Abbey. **Monasterboice** 5 gehört zu den ältesten Klosterbauten Irlands. Es wurde im 6. Jh. von dem Mönch Buithe gegründet, über den zahllose Legenden kursieren, die denen über Moses und Jesus in nichts nachstehen. So sollen sich vor ihm die Wasser des Boyne geteilt haben, er heilte auch Blinde und Lahme und was ein Heiliger noch so alles bewirkt.

Der Klosterkomplex wurde wegen der überhand nehmenden Überfälle der Wikinger und irischen Stammesfürsten bereits 1122 wieder verlassen und dem Verfall preisgegeben. Obwohl nicht mehr viel von der Anlage erhalten ist, sind doch einige der schönsten und typischsten Sakralbauten Irlands zu sehen: prächtige Hochkreuze (s. Abb. S. 41) und der Rundturm, der mit seinen 33,5 Metern zu den höchsten der Insel gehört. 1871 wurde er restauriert, so daß man seine fünf Stockwerke auf Leitern erklimmen kann.

Zwei der Hochkreuze von Monasterboice werden zu Recht mit Superlativen belegt. Das Westkreuz ist das höchste (6,5 m) und das Muiredach-Kreuz (5,3 m) das prunkvollste Irlands. Beide stammen aus dem 10. Jh. und sind mit biblischen Bildergeschichten geschmückt. Während die Steinmetzarbeiten des Westkreuzes jedoch unter dem Zahn der Zeit gelitten haben, stellt sich das Muiredach-Kreuz in seiner ganzen Pracht dar. Ursprünglich dienten Hochkreuze nicht als Grabsteine, diese Mode kam erst im 19. Jh. auf. Tatsächlich waren sie Gedenksteine oder steinerne Bilderbücher. Das Muiredach-Kreuz wurde vom Abt des Klosters (gest. 922) gestiftet, wie der Sockelinschrift zu entnehmen ist. Sinngemäß heißt es dort: Ein Gebet für Muiredach, der dieses Kreuz geschaffen hat.

Mellifont Abbey 6, das ›Kloster zur Honigquelle‹, veranschaulicht selbst noch in den spärlichen Ruinen einen Einschnitt in der irischen Kirchen- und Sakralbaugeschichte. Nicht eine Ansammlung kleinerer Kirchen und Hütten wie noch im frühchristlichen Monasterboice kennzeichnet das Kloster, sondern eine geschlossene Anlage mit einer Kreuzkirche. Das erste Ordenskloster Irlands wurde 1142, 20 Jahre nach dem Niedergang von Monasterboice, von Malachias, dem Erzbischof von Armagh, gegründet. Malachias stand in Verbindung mit dem heiligen Bernard, der im burgundischen Cîteaux, von dem sich das Wort Zisterzienser ableitet, einen neuen Orden gegründet hatte. Die Zisterzienser, die ersten Ordensmönche, die sich in Irland niederließen, gaben dem eher lockeren Zusammenschluß gottesfürchtiger Kirchenmänner in dorfähnlichen Gemeinschaften eine strenge

Das Lavabo der Mellifont Abbey diente den Mönchen früher als Waschraum

Organisationsform und eine Hierarchie. In ganz Europa wurden ihre Klöster nach dem Vorbild des Mutterhauses errichtet und geführt, eine Art *corporate identity*. Und sie brachten, wohin auch immer sie kamen, die Backsteinbauweise mit. Mellifont wurde zwar landestypisch aus Natursteinen erbaut, doch findet man hier und da noch Reste von Backsteinausschmückungen.

Das Ende von Mellifont Abbey wurde durch die Säkularisierung unter Heinrich VIII. im Jahr 1539 eingeläutet. Der englische König vertrieb die Mönche und übertrug die Klosteranlage seinem Gefolgsmann Sir Gerald Moore, Earl of Drogheda, der sich Mellifont Abbey als Residenz ausbaute. Bis 1727 nutzten die Moores das Kloster als Wohnsitz, danach verfiel es. Der am besten erhaltene Teil ist der zierliche Pavillon, das Lavabo, das den Mönchen einst als Waschraum diente.

Zwischen Mellifont Abbey, Relikt des Mittelalters, und dem nächsten Ziel, Newgrange, einem Monument der älte-

sten Kultur in Irland, erstreckt sich am Ufer des Boyne eine weite Grünfläche, auf die zahllose Schilder am Straßenrand hinweisen. Vor über 300 Jahren, am 1. Juli 1690, erlitten die Iren dort ihre schmerzlichste Niederlage, eine Wunde, in die loyalistische Protestanten in Nordirland bis heute alljährlich mit ihrem martialischen Triumphumzug Salz streuen (s. S. 25, 30): In der Schlacht am Boyne kämpften die schlechtausgerüsteten und unerfahrenen irischen Truppen unter dem katholischen Stuart-König Jakob II. gegen das weit überlegene Heer von Wilhelm von Oranien, dem protestantischen Schwiegersohn und Konkurrenten Jakobs. Der Kampf war noch am selben Tag entschieden. Jakob floh ins französische Exil, während seine Krieger den Tod fanden.

Sehr viel geheimnisvoller ist die Geschichte des **Brugh na Boínne**, eines uralten Gräberfeldes in einer sanften Biegung des Flusses, das bis heute die Fantasie anregt. Newgrange, Dowth und Knowth heißen die größten Ganggräber, die unter gewaltigen Hügeln verborgen sind. Als älteste Relikte des prähistorischen Irland wurden sie 1993 von der UNESCO zum Weltkulturerbe erklärt. Man datiert ihre Entstehung auf etwa 3100 v. Chr., früher noch als die der Pyramiden im ägyptischen Gizeh.

Newgrange 7, das größte der drei Ganggräber und ebenso wie Knowth touristisch erschlossen und der Öffentlichkeit weitgehend uneingeschränkt zugänglich, ist schon von weitem sichtbar (s. Abb.). Die weißen Kalksteinmauern, die unter dem grasbewachsenen Grabhügel hervorleuchten, sind eine Landmarke, die in dieser Form während der Restaurierung entstanden ist. Den Eingang zum verhältnismäßig kleinen Ganggrab – das so genannt wird, weil ein schmaler Gang bis zur Grabkammer führt – entdeckte man erst im Jahr 1700 beim Straßenbau. Das Grab wurde um 860 von den Wikingern geplündert, so daß man kaum noch Zeugnisse aus der Entstehungszeit vorfand. Vor dem Eingang versperrt ein breitbrüstiger Monolith den direkten Zutritt. Der kunstvoll bearbeitete Stein ist mit den typischen Spiralmustern, Doppel- oder Dreifachspiralen, geschmückt, Motive, die auch im Inneren des Grabes wiederkehren. Der äußerst schmale und niedrige Gang

führt in die ebenso kleinteilige Grabkammer, die sich kreuzförmig verbreitert.

Das aufsehenerregendste Phänomen von Newgrange kam erst 1963 buchstäblich ans Licht, nämlich ein schmaler Spalt oberhalb des Eingangs. Jedes Jahr, exakt zur Wintersonnenwende, fallen durch diesen Spalt für einige Minuten die Sonnenstrahlen waagerecht in den Gang und erhellen die Kammer, ein Schauspiel, das nur wenige Auserwählte genießen dürfen. Für die Touristen wird dieses Phänomen deshalb mit elektrischem Licht nachgestellt.

Der exakt nach astronomischen Vorgaben ausgeführte Bau des Ganggrabs, die Endlosschleifen des Spiralschmucks und die Ungewißheit über den tatsächlichen Zweck der Ganggräber haben nicht nur einen Rest von Geheimnis um Newgrange belassen, sondern führen auch zu weitergehenden Spekulationen. Handelt es sich überhaupt um ein profanes Grab? Könnte es nicht auch ein astronomisches Zentrum einer hochstehenden Kultur gewesen sein? Ist dieser kleine Gang mit der unscheinbaren Kammer das einzige, was sich unter dem gewaltigen Hügel verbirgt? Wurden dort grausame Opferrituale zelebriert? Fragen über Fragen, ähnlich wie bei der Cheops-Pyramide, in der bislang ebenfalls nur ein schmaler Gang mit einer schmucklosen Kammer am Ende gefunden wurde, aber weitere Geheimnisse vermutet werden.

Das zweite Grab der Nekropolis ist am besten von den drei großen erhalten. **Dowth** *(Duthaidh)* verfügt über zwei Eingänge, einen unterhalb der Erdoberfläche und einen schmalen Gang im Parterre. Im Inneren wurden ein zerbrochener Sarkophag, zahlreiche Sonnensymbole und verbrannte Tierknochen entdeckt.

Der Eingang zum dritten Glanzstück des Gräberfeldes, **Knowth** (*Cnodhbha,* 1967 ausgegraben), wird unter Archäologen als sensationell bewertet. Im Unterschied zu den anderen beiden Gräbern mündet der Gang nicht in einer kreuzförmigen Kammer, sondern teilt sich wie ein V. Auch die Verzierungen der Steine im Inneren, von denen man über 250 zählte, unterscheiden sich deutlich von denen in Newgrange und Dowth. In Knowth gibt es ebenfalls Rätsel und Überraschungen: Ähnlich wie in Newgrange erhellen an bestimmten Tagen Sonnenstrahlen die Kammer, in diesem Fall jeweils zur Tagundnachtgleiche. An einen architektonischen Zufall mag niemand glauben. Doch über die offenbar hochentwickelte Kultur der Bauherren ist so gut wie nichts bekannt. Es bleibt die Frage, wer lange vor der Einwanderung der Kelten in Irland diese Monumente geschaffen hat.

Um **Slane** *(Baile Shláine)* 8, einem idyllischen Städtchen am Boyne mit einem neogotischen Schloß aus dem 18. Jh., ranken sich weitaus weniger Mythen. Das Schloß ist der Stammsitz der Marquis of Conyngham, der heute alljährlich auf seinem Land ein Rock-Festival veranstaltet. Aber auch Slane kann auf eine Legende verweisen: Auf dem Hügel der Stadt entzündete der irische Nationalheilige Patrick das erste Osterfeuer, das bis nach Tara zu sehen war – ein bewußter Affront gegen den König von Tara und gleichzeitig ein Fanal für den Siegeszug des Christentums und den Untergang des legendären Königreichs.

Die Hügel von **Tara** 9 erheben sich sanft am Rande der N 3 zwischen Navan und Dublin. Der einst glanzvolle Ort war vor 4000 Jahren bis in die ersten Jahrhunderte unserer Zeitrechnung kulturelles und politisches Zentrum Irlands. Tara blühte und gedieh, so wird stolz berichtet, als noch niemand etwas von Athen oder Rom gehört hatte. Nur einige Hügelgräber mit ringförmigen Erdwällen setzen heute Akzente in die Landschaft. Dennoch bekommt man einen vagen Eindruck von der Bedeutung und der Erhabenheit der einstigen Kultstätte, wenn das Auge über die Ebene des County Meath schweift. Dort oben, wo einst der alte Königspalast mit seinen zwölf Toren die Landschaft überragte, hatte der Hochkönig einen weiten Überblick über sein Reich.

Im alten Tara trafen sich alle drei Jahre die Könige Irlands, um ihren Hochkönig zu wählen. Der *Lia Fail,* der Schicksalsstein, soll während der rituellen Wahl gesummt haben, wenn sich der richtige Mann für diesen repräsentativen Titel auf ihn setzte. Nach erfolgter Wahl wurde ein *Feis,* ein großes Fest gefeiert. Auf den Straßen unterhielten Gaukler, Barden und Musiker, Dichter und Athleten das Volk und den Adel. Anschließend begaben sich die Gäste in die Bankethalle, in der über 1000 Menschen Platz gefunden haben sollen.

Das Eintreffen des heiligen Patrick in Tara im Jahr 433 war der Anfang vom Ende des altirischen Königreichs. Zwar gelang es Patrick nicht, den Hochkönig Laoghaire zu missionieren, doch mit der Verbreitung des Christentums schwand die Bedeutung der mächtigen Stadt. Mitte des 6. Jh. fand das letzte *Feis* statt, der Titel des Königs von Tara wurde schließlich nicht mehr verliehen, und die Bewohner verließen das einst so blühende Zentrum, dessen Gebäude aus Holz und Lehm rasch verfielen.

Dennoch blieb Tara ein mythischer Ort, dessen Ruinen bis ins 19. Jh. ihren Symbolcharakter für die »irische Sache« behielten. 1798 trafen sich dort die irischen Rebellen, 1843 fand die größte Versammlung auf den Hügeln statt, die erst vom Papstbesuch 1979 im Dubliner Phoenix-Park übertroffen wurde: Daniel O'Connell rief zur Versammlung nach Tara, und eine Million Menschen folgten seinem Aufruf. Bei den Ausgrabungsarbeiten der jüngeren Zeit wurden neben prähistorischen Kostbarkeiten auch etliche Whiskeyflaschen gefunden.

Westlich von Tara, in dem kleinen und beschaulichen Städtchen **Trim** *(Baile Atha Troim)* 10, begegnet man erneut dem heiligen Patrick. Die Stadt entwickelte sich aus einer Klostergründung des Jahres 432, die Patrick selbst angeregt hatte. Das Kloster soll sich etwa an der Stelle befunden haben, an der heute die Ruine des Yellow Steeple, des gelben Turms, in die Höhe ragt. Der Turm wurde von den Truppen Cromwells zerstört.

Der Normannenherrscher Hugh de Lacy erhielt das Land vom englischen König Heinrich als Lehen. Am Ufer des Flusses Boyne errichtete de Lacy 1173 nicht nur den Turm, sondern auch ein gewaltiges Kastell, Trim Castle, das größte anglonormannische Schloß Irlands. In dessen Türmen wurde im Jahr 1399 der junge Henry Bolingbroke aus dem Hause Lancaster gefangengehalten, der später als Heinrich IV. den englischen Thron bestieg. Shakespeare spann daraus das Drama ›King Henry IV.‹, in dem er Schuld und Sühne einer unrechtmäßigen Thronbesteigung thematisierte.

Das Kastell, das seit Cromwells Überfall im Jahr 1649 verfiel, stand später noch einmal im Mittelpunkt eines Historiendramas. 1995 versetzten amerikanische Filmleute die Ruine mit Pappmaschee, Kunststoff und Holz in einen ›authentischen‹ Zustand. Kinogänger werden sich erinnern. Für den Film ›Braveheart‹, der die Geschichte des schottischen Rebellen William Wallace erzählt, diente Trim Castle als stimmungsvolle Kulisse. Nach fünfjähriger Restaurierung ist die Burg seit 2001 nun wieder zu besichtigen.

Verwunschene Bergwelt: Die Wicklow Mountains

Samuel Beckett verbrachte seine Kindheit im Süden Dublins, dort, wo die Stadt an die natürliche Grenze der Wicklow Mountains stößt. Obwohl der Schriftsteller später in Frankreich lebte, blieb ihm doch der Zauber der Wicklow Mountains stets in liebevoller Erinnerung: »Dort möchte man sich hinlegen, in einer mit trockenem Heidekraut gut bedeckten Mulde, und einschlafen, ein letztes Mal, an einem Nachmittag.«

An Wochenenden und in den Ferien strömt halb Dublin in die nahezu unberührte Natur des größten Waldgebiets Irlands, dessen höchste Erhebung mit 926 Metern der Lugnaquillia Mountain ist. Auch wenn es ein paar touristische Hochburgen gibt, in denen die Busse ausladende Parkplätze belegen, findet man doch immer wieder unendlich einsame Winkel. **Blessington** *(Baile Coimin)* 11 (S. 287), ein Städtchen aus dem 17. Jh., gehört zu den beliebtesten Ausgangspunkten für einen Ausflug in die Wicklow Mountains, da der Ort über eine regelmäßige Busverbindung zum Dubliner Stadtzentrum verfügt. Blessington liegt am Rande des größten künstlichen Wasserreservoirs Irlands, des Poulaphouca-Stausees, in den sich die Wasser der Liffey, die dort in den Bergen entspringt, ergießen. Ein weiterer Anziehungspunkt Blessingtons ist das drei Kilometer südlich gelegene **Russborough House** 12, das sich der Earl of Miltown um 1740 bauen ließ. 1951 ging das Anwesen in den Besitz von Sir Alfred Beit über, der es mit Meisterwerken der europäischen Kunst schmückte und der Öffentlichkeit zugänglich machte. Bilder von Velázquez, Goya, Rubens, Vermeer oder Gainsborough locken heute Tausende von Besuchern an.

Der Lake Drive, der am Stausee entlangführt, vermittelt eine erste Ahnung von den Schönheiten der Berge. Durch Hügelland, das immer höher ansteigt und immer dichter bewaldet ist, schlängelt sich die schmale Straße bis in das

Der Upper Lake bei Glendalough

›Tal der zwei Seen‹, nach **Glendalough** *(Gleann dá Loch)* 13 (S. 309), das mit seinen frühchristlichen Ruinen zu den unbestrittenen Höhepunkten Irlands gehört.

Glendalough ist Kevins Land. Dem Heiligen ist es zu verdanken, daß in dem von sanften Hängen und schroffen Felsen umschlossenen Tal einige der schönsten Relikte des frühchristlichen Irland zu bewundern sind. Genau genommen war eine schöne junge Frau namens Kathleen dafür verantwortlich, daß sich Kevin dort niederließ – eine Geschichte, deren schreckliches Ende berühmter ist als der ganz und gar menschliche Anfang.

Kevin nämlich, der etwa um 500 n. Chr. geboren sein soll, war ein ansehnlicher junger Mann, der seine religiösen Studien in einem Kloster bei Loch Tay in den Wicklow Mountains vertiefte. Es heißt, daß er von den Königen von Leinster abstammte. Sein irischer Name jedenfalls, Cóemhgein, bedeutet soviel wie ›von edlem Stand‹. Ein Heiliger zu werden ist jedoch für einen hübschen jungen Mann in der Blüte seiner Triebe gewiß kein leichtes Los, zumal wenn eine schöne Frau ihre »unheilig blauen Augen« auf ihn geworfen hat. Kevin versuchte alles, um sich die leidenschaftliche und hartnäckige Kathleen aus dem Sinn zu schlagen. Kathleen blieb unbeeindruckt von seiner Ablehnung, und so floh der junge Kevin tief in die Berge, bis er nach Glendalough kam, wo er sich Frieden erhoffte und sich ein einsames Bett in den steilen Felsen oberhalb des Oberen Sees ins Gestein schlug.

»Ah! the good Saint little knew/What that wily sex can do«, heißt es in einer Ballade von Tom Moore (1779–1852). Kathleen folgte ihrem widerspenstigen Mönch, erklomm sogar das Felsenbett, und dem geplagten Kevin fiel nichts besseres ein, als sie von dort oben in den See zu stoßen. Erst als sie ertrank, offenbarte sich Kevin die Liebe, die Kathleen für ihn – und er für sie – empfunden hatte. Seine Reue über diese Tat machte ihn zu dem legendären Heiligen, der Findelkinder nährte, seine zum Gebet ausgestreckten Hände als Vogelnest zur Verfügung stellte und für allerlei Wunder sorgte.

Kevins Ruf als wundertätiger und allem Lebenden – sofern es sich nicht um eine schöne Frau handelte – zugeneigter Eremit lockte bald viele Eleven an. Schließlich gründete er am Unteren See, abseits seiner Eremitenklause, ein Kloster, das bald zu einem veritablen Dorf mit sieben Kirchen wuchs, in dem zeitweilig bis zu 3000 Menschen lebten. Im Jahr 618 soll Kevin im Alter von 120 Jahren gestorben sein.

Glendalough entwickelte sich in der Folgezeit zu einem der wichtigsten Wallfahrtsorte des Abendlandes, zum ›Rom des Westens‹. Im Jahr 1111 wurde die Klostersiedlung zum Bischofssitz, fiel jedoch ab dem 12. Jh. schließlich den Überfällen der Wikinger, der Normannen und der Engländer zum Opfer. Bis zur Säkularisierung im 16. Jh. lebten nur noch wenige Mönche in den schon bröckelnden Gebäuden.

Gleichwohl blieb Glendalough bis ins 19. Jh. ein beliebter Pilgerort, in dem sich, wie es heißt, prächtige Feste feiern ließen, vor allem am 3. Juni, dem Festtag des heiligen Kevin, an dem der Whiskey in Strömen floß. Der romantische

St. Kevin's Kitchen in Glendalough

Tourismus und die ersten Restaurationsarbeiten begannen erst Mitte des 19. Jh., als man den historischen Wert der Siedlung schätzen lernte. Und so kann man dort noch heute einige der besterhaltenen frühchristlichen Bauwerke Irlands besichtigen.

Im Besucherzentrum am Eingang in das Tal wird per Film und Modell anschaulich dargestellt, wie sich das Leben in der Siedlung gestaltete, so daß man mühelos die einzelnen Bauwerke zuordnen kann. Auf relativ begrenztem Raum drängen sich in dem anmutigen Tal einige der erhaltenen Kirchen. Dazu gehören die Kathedrale, das größte Gebäude in Glendalough mit einem der breitesten Schiffe der frühchristlichen Kirchen Irlands, die Marienkirche, älteste Kirche des Ortes, das Priesterhaus, das im 18. Jh. weitgehend originalgetreu wiedererrichtet wurde und in der

Zeit der *penal laws* als Grabstätte von Priestern diente, die Kirche des heiligen Kieran, die dem Freund Kevins und Gründer des Klosters Clonmacnoise gewidmet war, der obligatorische Rundturm, der zu jedem Kloster Irlands gehört, und St. Kevin's Kitchen, die Küche des heiligen Kevin, die eigentlich eine Kirche ist, aber wegen ihres stumpfen Glockenturms, der an einen Kamin erinnert, als Küche bezeichnet wird.

Auf dem Spazierweg, der südlich der beiden Seen entlangführt, sind die Ruinen aus Kevins Eremitendasein weitaus angenehmer zu erreichen als über die Autostraße am Nordufer der Seen. Am besten erhalten ist die Reefert-Kirche, deren Name sich vom irischen *Rígh Fearta,* Grab der Könige, ableitet. Möglicherweise befand sich dort tatsächlich eine keltische Grab- oder Kultstätte, denn das Kirchlein, das inmitten eines Hains liegt, ist von einem vorchristlichen Ringwall umgeben. Kevins Zelle, nicht weit von der Reefert-Kirche entfernt und als Fundament erhalten, war vermutlich eine der typischen Bienenkorbzellen, wie es sie noch heute auf der Insel Skellig Michael und in Kerry gibt.

Etwa acht Meter über dem Oberen See hatte sich Kevin sein Bett in eine etwa zwei Meter tiefe Höhle in der Wand gehauen. Der Aufstieg ist nicht ganz einfach. Man muß der liebestrunkenen Kathleen schon einigen Respekt zollen, daß sie selbst vor diesem Versteck ihres Liebsten nicht zurückschreckte.

Eine Unterkunft oder auch eine warme Mahlzeit bekommt man außer im einzigen Hotel in Glendalough in **Laragh** *(Láithreach)* 14, das nur etwa zwei Kilometer östlich von Glendalough entfernt liegt. Das kleine Bergdorf hat einige hübsche Bed & Breakfast-Pensionen, Restaurants und Cafés vorzuweisen. Der Ort ist auch eine zentrale Station auf dem Wicklow Way, einem Wanderweg, der über 132 km von Dublin durch die Wicklow Mountains führt. Für eine komplette Wanderung muß man sich schon eine Woche Zeit nehmen. Aber in Laragh werden auch einige kürzere Strecken unter sachkundiger Führung angeboten.

Die R 755 schlängelt sich von Laragh nach Rathdrum und weiter nach Avoca durch zwei Täler, die von Dichtern, hauptsächlich von Tom Moore, wegen ihrer berauschenden Ansicht oft besungen wurden. Durch das Vale of Clara plätschert der Avonmore River, der sich zwischen Rathdrum und Avoca mit dem Avonbeg River beim Meeting of the Water vereinigt. **Rathdrum** *(Ráth Droma)* 15 (S. 327) ist das höchstgelegene Dorf Irlands, eine Ansammlung aus farbenprächtigen irischen Häusern – und vor allem vielen Pubs – mit alpinem Charakter, der erst dann richtig zur Geltung kommt, wenn es im Winter ausnahmsweise einmal schneit.

Nach dem Bergfluß ist auch die Residenz der Familie Parnell benannt, die sich in einen weitläufigen Park zwischen Avonmore und Avonbeg River schmiegt. Das georgianische Herrenhaus aus dem Jahr 1770 im **Avondale Forest Park** 16 wurde von der Familie Parnell 1796 erworben. Charles Stewart Parnell, der sich mit aller Kraft für das irische Selbstbestimmungsrecht einsetzte, soll seine gefürchteten und jeden Widerspruch erschlagenden Reden, die manchmal Stunden dauerten, auf dem Balkon seines Geburtshauses geübt haben.

Parnell starb 1891 im Alter von 45 Jahren, zermürbt von der Vergeblichkeit seines Bemühens und von der Hetzkampagne, die in seltener Einigkeit zwischen englisch-protestantischen Parlamentariern und irisch-katholischer Kirche wegen seines Verhältnisses mit Katie

O'Shea, der Frau eines Parteifreundes, gegen ihn losgetreten worden war. Das Anwesen ist heute der Öffentlichkeit zugänglich. Zahlreiche Memorabilia des parlamentarischen Kämpfers für die irische Sache sind dort ausgestellt.

Das Tal von **Avoca** 17 hat in den letzten Jahren viel von seinen landschaftlichen Reizen eingebüßt. Je näher man der Küsten- und Industriestadt **Arklow** *(An tInbhear Mór)* 18 kommt, um so dichter stehen die Industrieanlagen. Kupfer, Gold und Schwefelpyrit werden in diesem Tal gewonnen und verarbeitet. Gold wird dort schon seit keltischen Zeiten geschürft. Im 18. Jh. gab es sogar einen regelrechten Goldrausch, als ein über 600 Gramm schwerer Nugget gefunden wurde, der auf eine mächtige Goldader hinwies. Zwar wird heute noch Gold gewonnen, die Hauptader soll aber immer noch nicht entdeckt worden sein.

Die Strecke zurück über Laragh nach Enniskerry und Dublin ist weitaus abwechslungsreicher als die Schnellstraße über die County-Hauptstadt Wicklow entlang der Küste – vor allem, wenn man sich für diese Tour quer durch die Berge etwas Zeit nimmt und kleine Abstecher über Seitenwege macht. Einer dieser Abstecher führt zum **Sally Gap,** einer Straßenkreuzung, von der man einen hinreißenden Weitblick über die Wicklow Mountains hat. Dort oben meint man bereits die Hochmoore zu riechen, die sich dunkel und schwer vom Grün der Wälder absetzen und in denen das violette Heidekraut und leuchtend gelber Besenginster die einzigen Farbtupfer zu sein scheinen.

Fast bis nach **Enniskerry** *(Athina Scéire)* 19 (S. 305) erstreckt sich diese düstere Moorlandschaft. Dort jedoch glaubt man dann plötzlich in eine andere Welt versetzt worden zu sein: **Powerscourt Demesne and Gardens** lockt mit einer gärtnerischen Zauberei, die im 19. Jh. selbst den preußischen Gartenkünstler Fürst Pückler angezogen hatte. Besichtigen konnte er den in ganz Europa berühmten Park damals jedoch nicht. Er fand das Gartentor verschlossen. Es war Sonntag und der Hausherr sehr fromm.

Das prachtvolle Schloß aus dem Jahr 1741 brannte 1974 bis auf die Fassade nieder. Erst 1997 wurde es nach umfänglicher, wenn auch nicht originalgetreuer Restaurierung wiedereröffnet, mit Restaurant, Café und Läden, darunter auch eine Boutique der Avoca-Handweberei. Die Gärten sind eine Oase der Ruhe und von farbenprächtiger Schönheit. Der 7. Viscount of Powerscourt, Nachfahre des normannischen Ritters Eustace Le Poer, ließ die Gärten im 18. Jh. anlegen, wobei er fast sein gesamtes Vermögen einsetzte. Zwischen 1842 und 1875 wurden sie mehrmals umgestaltet. Hinter dem Haus wandelt man durch eine in üppigsten Farben erglühende Blumenpracht. Die herrschaftlichen Terrassen zum Park hin, aus weißen und schwarzen Kieseln mosaikartig zusammengefügt, führen hinunter zu einem englischen Landschaftspark mit italienisierenden Elementen. Ein künstlicher Teich, flankiert von zwei vergoldeten Pegasi, leitet über in den Japanischen Garten, der sich in einen tiefen Taleinschnitt einfügt und trotz seiner exotischen Gestaltung doch wie natürlich gewachsen wirkt. Buchstäblicher Höhepunkt ist der außerhalb der Gärten gelegene Powerscourt Wasserfall, der aus einer Höhe von über 90 Metern eine steile Felswand bis in ein glatt ausgewaschenes Becken hinunterdonnert.

Der außerhalb der Gärten gelegene Powerscourt-Wasserfall

Der Südosten

Irlands Riviera: Von Wexford bis Youghal

Kaum ein Kontinentaleuropäer würde je den Wunsch verspüren, in Irland Badeurlaub zu machen. Strandvergnügen auf der Insel der Heiligen und Gelehrten, inmitten von Klosterruinen, Wikingersiedlungen, Normannenfestungen und stets drohenden Regenwolken? Die Iren jedoch lieben ihre ›Goldküste‹, die Badeorte in den Grafschaften Wexford und Waterford, in denen sich bei sommerlichem Sonnenschein all jene tummeln, denen Mallorca oder Teneriffa zu fremd, zu weit oder zu teuer sind.

Rosslare Harbour 1, der Fährhafen, an dem die meisten Autotouristen via Frankreich und Wales ins Land strömen, gibt sich gar nicht erst Mühe, für Touristen interessant zu erscheinen, auch wenn im weiter nördlich gelegenen Rosslare *(Ros Láir)* die Bed & Breakfast Pensionen um die Strandtouristen wetteifern.

Doch nicht nur kilometerlange Sandstrände und idyllische Buchten sind ein Anreiz für eine Tour entlang dieses Küstenstrichs. Auch die Historie hat dort deutliche Spuren hinterlassen, und die Landschaft bietet manchmal überraschende Schönheiten.

Im **Irish National Heritage Park** 2 rund fünf Kilometer nordwestlich der Stadt Wexford wird auf relativ kleinem Raum die Geschichte Irlands von der Steinzeit (ca. 7000 v. Chr.) bis zur Eroberung durch die Anglonormannen im 12. Jh. n. Chr. dargestellt. Das Freilichtmuseum ist eine weitläufige Grünanlage, in der die Behausungen vom Beginn der bekannten Geschichte bis zu den normannischen Kastellen nachgebaut wurden – ein langweiliges Programm für Schulklassen, deren uniformierte Meute man ständig zwischen den nachgebauten Monumenten trotten sieht, aber für interessierte Besucher ein durchaus lebendiger Schnellkurs in irischer Besiedlungsgeschichte.

In der Bannow Bay am Strand von Baginbun Head zwischen Wexford und Waterford betraten im Mai 1169 erstmals normannischen Ritter irischen Boden. Von dort marschierten die Eroberer in Richtung der Hafenstadt Wexford, wo sie auf den vehementen, aber vergeblichen Widerstand der Wikinger stießen.

Die kleine Provinzstadt **Wexford** *(Loch Garman)* 3 (S. 335) war nicht nur der erste Anlaufpunkt der Eroberer, sondern ist es heute auch für die Fährtouristen von Rosslare Harbour. Mit den bunten, niedlichen Häusern ist der Ort eine passende Einstimmung ins farbenfrohe Irland. Die Gebäude im winzigen und beschaulichen Stadtzentrum sind liebevoll restauriert und in leuchtenden Farben getüncht. Vom ursprünglichen Stadtkern blieb seit Cromwells blutigem Feldzug im 17. Jh. wie in vielen irischen Städten nicht viel übrig. In Wexford hat er 5000 Menschen niedermetzeln lassen, Frauen, Kinder und Männer, die sich am Marktkreuz um den Bull Ring, den zentralen Platz der Stadt, um Gnade flehend versammelt hatten. Die Stadt selbst wurde in Schutt und Asche gelegt.

Der Bull Ring erhielt seinen Namen von den Stierkämpfen, die die Normannen dort veranstalteten. Die Statue inmitten des Platzes stellt einen *Pikeman* dar (nach den Spießen, *pikes,* mit denen

Richtig Reisen *Tip*

Das Opernfest von Wexford

Alljährlich in der zweiten Oktoberhälfte verwandelt sich das verschlafene Wexford in eine glitzernde Metropole. Das dreiwöchige Opernfest ist ohne Frage der gesellschaftliche Höhepunkt des Südwestens, wenn nicht gar der ganzen Republik. Die ganze Stadt ist in das Festival eingebunden mit einem Programm, das von der kleinen Kunst zu erschwinglichen Preisen bis zur großen, allerdings auch teuren Oper reicht.

Der Schwerpunkt des Hauptprogramms liegt auf selten aufgeführten Stücken von weniger bekannten Komponisten. Eine lyrische Tragödie von Giovanni Pacini ist schon mal dabei oder eine Oper von Rimski-Korsakow. Sogenannte Miniopern bieten einen Einstieg für Anfänger, aber auch jede Menge Spaß für alte Opernhasen. Mozarts ›Cosí fan tutte‹ als 90minütige Vorstellung nur mit den Hauptcharakteren und Klavierbegleitung kann ein völlig neues Opernverständnis vermitteln. In Hotels oder Kirchen werden von kleinen oder auch größeren Musikensembles Matineen aufgeführt, spät nachts die Mitternachtskonzerte und an den Samstagen gibt es – Kunstgenuß macht hungrig – die begehrten Festivalbüffets.

Opern sind ein teures Vergnügen, und so manche Metropole verfällt in lautes Wehklagen, wenn sie an den Unterhalt ihres Opernhauses denkt. Wexford ist der beste Beweis, daß höchster und zugleich populärer Kunstgenuß auch ohne Subvention zum Erfolg wird und somit volle Häuser garantiert. Das Theatre Royal, der Festivalveranstalter, kann sich auf die Zuwendungen etlicher Sponsoren verlassen, dessen größter – wie könnte es anders sein – Guinness ist.

die Rebellen bewaffnet waren), eine Art Denkmal für den unbekannten Rebellen bzw. Erinnerung an den Aufstand von 1798, als Wexford eines der Zentren der irischen Rebellion gegen die englische Herrschaft war. Als aufständisch gilt Wexford auch heute noch – so manchem jungen Mann aus dem County wurde in der jüngsten Vergangenheit aktive Unterstützung der IRA nachgesagt.

Küstennah, wenn auch bereits im Binnenland gelegen, schmiegt sich **New Ross** *(Ros Mhic Thriúin)* 4 (S. 323) an einen Hügel über dem River Barrow, eine Stadt mit engen Gassen und Treppen, die zwar ihre Bedeutung als wichtiger Hafen, keineswegs aber ihren mittelalterlichen Charme verloren hat. Sie wurde im 13. Jh. von William Marshall, oder de Mareshal, dem Schwiegersohn Strongbows gegründet, da der Ort strategisch günstig an einem Meereszufluß, aber unzugänglich von der See aus gelegen war.

Von der N 25 Richtung Wexford zweigen die R 733 und R 734 Richtung **John**

F. Kennedy Memorial Forest Park 5 ab. Diese großzügige Anlage mit Bäumen und Sträuchern aus 22 Ländern wurde zu Ehren von John F. Kennedy nach dessen Besuch in Irland im Jahr 1963, kurz vor seiner Ermordung in Dallas, fertiggestellt. Die Kennedy-Begeisterung in Irland hängt eng mit dem Stolz auf die erfolgreichen Auswanderer zusammen. Kennedys Urgroßvater stammte aus dem winzigen Dorf **Dunganstown,** etwa neun Kilometer südlich von New Ross. Er gehörte zu jenen, die während der Großen Hungersnot 1848 das Land Richtung Amerika verließen. In New Ross arbeitet seit einiger Zeit der Kennedy Trust daran, sämtliche Auswanderer zwischen 1848 und 1924 zu erfassen.

Ein kleiner Abstecher führt nach Hook Head, einer schmalen Landzunge. Je nachdem, welche der beiden Landstraßen man wählt, die sich nördlich des Kennedy-Parks gabeln, kommt man an zwei Klosterruinen vorbei. Auf der R 733 Richtung Ballyhack passiert man **Dunbrody Abbey** 6, ein malerisch auf einer Wiese gelegenes Zisterzienserkloster (ca. 1190), dessen touristische Erschließung mit Museum, Andenkenläden und einer Teestube Besucherströme anzieht. Die zweite Ruine, **Tintern Abbey** 7, ebenfalls ein Zisterzienserkloster, liegt etwas abseits der R 734 Richtung Fethard. Es wurde im Jahr 1200 von William de Mareshal, dem Gründer von New Ross, als Dank für eine Rettung aus Seenot gestiftet. Ein abenteuerlicher Feldweg führt zu dem einsam gelegenen Klosterbau, dessen Umgebung sehr zum Mißfallen der umliegenden Gemeinden als Lagerplatz für »New Age Hippies« diente. Nach jahrelanger Restaurierung verfügt das Kloster nun über ein Besucherzentrum.

Der Weg zur Spitze von **Hook Head** führt durch eine stille Landschaft mit kleinen Gehöften, uralten Ruinen und properen Dörfern. Der Leuchtturm an der Spitze von Hook Head gehört zu den ältesten aktiven Europas. Seit dem 12. Jh. weist an der Felsenküste ein Signalfeuer den Seeleuten den Weg.

Um von Hook Head nach **Waterford** *(Port Lairge)* 8 (S. 333f.) zu gelangen,

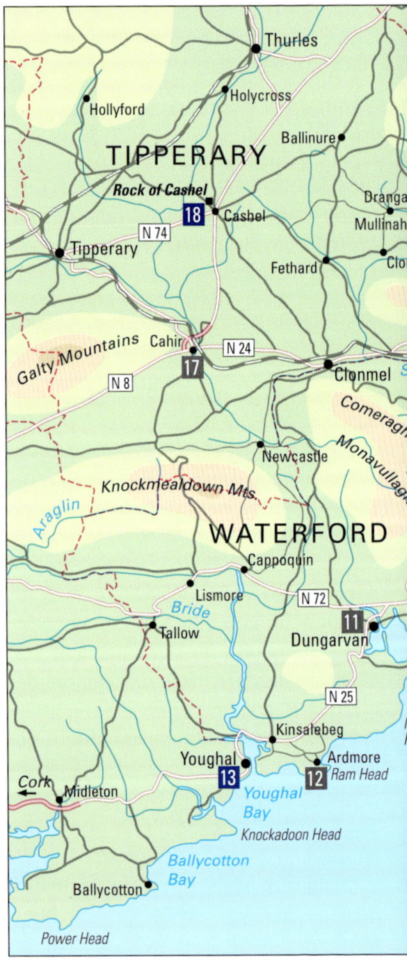

muß man nicht erst umständlich nach New Ross zurückfahren und von dort die N 25 nehmen. Zwischen Ballyhack, dessen massives Kreuzfahrerkastell aus dem 15. Jh. restauriert und zudem mit einem kleinen Museum versehen wurde, und Passage East *(An Pasáiste)*, dem Ort, an dem 1169 der normannische Eroberer Strongbow und ein Jahr später der englische König Heinrich II. mit 4000 Männern landeten, verkehrt eine Autofähre.

Daß die County-Hauptstadt Waterford eine blühende Industriestadt ist, läßt sich kaum verleugnen. Ausgesprochen häßliche, wenn auch auf den ersten Blick nicht ärmliche Arbeiterviertel umgeben die Stadt, deren City allerdings vielfältige und elegante Einkaufsmöglichkeiten sowie ein buntes Kulturleben bietet. Waterford gilt als Shopping-Zentrum des Südostens. In den Fußgängerzonen kann man sein Geld in den großzügigen Malls leicht loswerden. Kultu-

Richtig Reisen
Thema

Funkelnde Pokale und schimmerndes Glas

Kristall aus Waterford gehört gemeinhin zu jenen Kostbarkeiten, die wohlmeinende Verwandte zu verschenken pflegen und die man dann ganz schnell in die hinterste Ecke des Schrankes packt – einfach zu schön, um sie sich jeden Tag anzuschauen. Schwer und kostbar liegt so ein Stück in der Hand, von der Art, wie sie Landlords mit Whiskey gefüllt nachlässig in der Hand halten, während sie versonnen in das Kaminfeuer blicken.

Das funkelnde Glas aus Waterford gehört zu den begehrtesten, wenn auch nicht gerade billigen Mitbringseln aus Irland, denn preiswerte Massenware ist das Kristall keineswegs. Das Glas wird von Hand geschliffen, jedes Stück trägt am Boden die Signatur seines Schöpfers und natürlich das Markenzeichen ›Waterford‹.

In Irland wurde bereits im Jahr 1715 das weltweit erste Feinschliffglas hergestellt. Zum weltweit begehrten Luxusgut wurden jedoch erst später die Produkte aus der Manufaktur der Gebrüder Penrose, die ihr Geschäft 1783 eröffneten. Bis nach Spanien, auf die Westindischen Inseln, nach New England und Neufundland exportierten sie ihre kostbare Ware. Der Erfolg mißfiel naturgemäß der englischen Konkurrenz. Um deren angebliche Benachteiligung zu unterbinden, trieb die englische Regierung Einfuhrzölle und Exportsteuern für die Waren aus Irland derart in die Höhe, daß die Manufaktur in Waterford 1851 aufgeben mußte. Erst 1947, rund hundert Jahre später, wurde sie als *Waterford Crystal* mit Hilfe von Fachleuten aus Böhmen und Italien wiedereröffnet.

relles Großereignis ist das seit 1958 mit wachsendem Erfolg organisierte *Festival of Light Opera,* ein Operetten- und Musicalfestival. Stücke wie die ›West Side Story‹ gehören ebenso zum Programm, wie ›Der kleine Horrorladen‹, ›Cabaret‹ und ›My Fair Lady‹.

Während der frühen Herrschaft der Engländer bis ins 16. Jh. erwies sich die von den Normannen stark befestigte Stadt stets als königstreu. Die englischen Könige pflegten bei ihren Aufenthalten in Irland dort Hof zu halten. Von der normannischen Festungsanlage, die den Schutz der Stadt gewährleistete, ist nach den Zerstörungen Cromwells nur noch der Reginalds Tower (12. Jh.) erhalten, der seinen Standort massiv an der mehrspurigen Hauptverkehrsader The Quay behauptet. In dem Turm, in dem Strongbow die Königstochter von Leinster geheiratet haben soll, ist heute das Stadtmuseum untergebracht.

Im 18. und 19. Jh. hatte sich Waterford vom Cromwellschen Feldzug erholt und sich zur reichen Handelsstadt, mit

Die Produktionsstätte ist heute die größte und bedeutendste Glasmanufaktur der Welt. Und wie vor hundert Jahren werden die kristallenen Kostbarkeiten wieder in alle Welt exportiert, insbesondere in die USA, wo nicht nur die ausgewanderten Iren ein Stück glitzernde Heimat in die Vitrine stellen, sondern es vor allem in der besseren Gesellschaft zum guten Ton gehört, die Dinnertafel mit echtem Kristall aus Waterford zu schmücken. Auch Sporttrophäen für Tennis- oder Golfturniere kommen häufig aus Waterford.

Bei einer Führung durch die Fabrik kann man beobachten, wie das Glas geblasen, geformt und nach dem Erkalten geschliffen wird. Daß in einem entsprechenden Ambiente die funkelnden Stücke keineswegs protzig wirken, beweist die elegante *Crystal Gallery* der Fabrik. Dort wetteifern edle Kronleuchter, schwere Vasen und zierlicher Nippes um den schönsten Glanz.

einträglichen Beziehungen vor allem zu Neufundland, entwickelt. Von dieser Blüte zeugen noch heute die repräsentativen georgianischen Häuser in der Innenstadt, die sich zwischen The Quay entlang dem River Suir, Bridge Street und The Mall erstreckt. Der prachtvollste Zeuge jener prosperierenden Zeit ist das Chamber of Commerce (1794), in dem immer noch die Handelskammer über die Geschäfte wacht.

Die industrielle Entwicklung des einst vor allem durch die Herstellung von Glas reich gewordenen Waterford wurde Mitte des 19. Jh. von den Engländern fast zum Erliegen gebracht. Um die eigene Industrie zu fördern, wurden die irischen Glaswaren mit derart hohen Steuern belastet, daß sie nicht mehr rentabel herzustellen waren. Erst 1947 wurde die alte Industrie wieder zum Leben erweckt – *Waterford Crystal* ist seither zum begehrten Markenzeichen geworden.

Dunmore East *(Dún Mór)* **9** an der Küste von Waterford Harbour ist ein Ausflugsziel, das sich durch seine reizvolle Lage zwischen Klippen und sandigen Buchten, den hübschen Häusern und vor allem seine stimmungsvollen Restaurants einer gewissen Attraktivität erfreut. In **Tramore** *(Trá Mhór)* 10 (S. 332) hingegen, dessen Name ›großer Strand‹ bedeutet und das seit Mitte des 19. Jh. ein beliebtes Seebad ist, geht es ziemlich trubelig zu – eine Mischung aus Blackpool und Playa de Inglès. Ein fünf Kilometer langer Sandstrand lockt allsommerlich Tausende an, die auch an sonnenlosen Tagen beschäftigt sein wollen. Und so bietet der Badeort neben einem 18-Loch-Golfplatz, einer Pferderennbahn und zahlreichen Diskos auch einen 20 Hektar großen Vergnügungspark mit Achterbahnen und Karussells. Jüngste Attraktion, vor allem für Jugendliche, denen ein entsprechendes Nachtleben sonst nur in Dublin geboten wird, ist das *South,* ein Tanz- und Konzertpalast, in dem DJs und Bands 2200 Musikbegeisterten wilde Wochenenden bietet. Es gibt sogar extra Shuttle-Busse aus dem nahen Waterford, und die Veranstalter erwarten, daß die Kids aus dem ganzen Südwesten anreisen, um der ländlichen Langeweile zu entkommen. Dem Unternehmen ist gewiß mehr Erfolg beschieden als dem ehemaligen *Celtworld,* einem keltischen Disneyland, das dort untergebracht war und nach drei Jahren Pleite ging.

An der Küstenstraße Richtung Dungarvan (R 675), die zwischen den kleinen Dörfern Annestown und Bunmahon fast direkt am Meer verläuft, verebbt der Trubel ein wenig. Kleine Seitenwege führen zu idyllischen Buchten, die zwar nicht gerade einsam zu nennen sind, aber dennoch geruhsame Entspannung oder ein ungestörtes Picknick garantieren.

Auch **Dungarvan** *(Dún Garbhán)* 11 ist ein lebhaftes Städtchen, jedoch mehr der Fischerei denn dem Tourismus verpflichtet. Um das Ortszentrum in der Nähe des Hafens, einen quadratisch angelegten Platz, gruppieren sich kleine Geschäfte und Pubs. Er ist Treffpunkt der Einheimischen und Tummelplatz der Besucher, und in seiner liebenswürdigen Geschäftigkeit weitaus sehenswerter als etwa die Ruinen des Normannenkastells aus dem 12. Jh. und des Klosters aus dem 7. Jh., dessen Gründer, der heilige Garvan, dem Ort den Namen verlieh.

In **Ardmore** *(Aird Mhór)* 12, einem eher langweiligen Ort, wartet ein berühmtes Motiv, die Ruinen einer Klosteranlage mit dem schönsten Rundturm Irlands, auf begeisterte Fotografen. Der Turm wurde als einer der letzten seiner Art ebenso wie die anderen Gebäude erst im 12. Jh. errichtet. Der Ursprung dieser Klosteranlage liegt jedoch sehr viel weiter zurück. Im Jahr 416 gründete der heilige Declan an dieser Stelle die früheste christliche Niederlassung der Insel, lange bevor Patrick ins Land kam.

Über 1000 Jahre, nachdem das Christentum auf die Insel gebracht wurde, traten weitere Importe aus fernen Ländern von irischem Boden aus ihren Siegeszug um die Welt an. Nützliche Pflanzen und Wurzeln wie Kartoffeln oder Tabak kamen einst aus Amerika und wurden erstmals in einem Garten in **Youghal** *(Eochaill)* 13 (S. 336) angepflanzt.

Youghal war stets eine wohlhabende Handelsstadt und gehörte zu den wichtigsten Häfen des Mittelalters. Die mittelalterliche Stadtanlage ist deutlicher zu erkennen als in anderen Städten der Region. Innerhalb des Hafengebiets, von Teilen der Stadtmauer umgeben, sind noch zahlreiche Relikte aus jenen goldenen Tagen erhalten, wie Tynte's Castle, ein Turm aus dem 15. Jh., der vermutlich als Lagerhaus für wertvolle Waren diente.

In einem Haus in der Church Street, Myrtle Grove, lebte Ende des 16. Jh. Sir Walter Raleigh, zeitweiliger Favorit von Königin Elisabeth I. und Gründer der ersten englischen Kolonie in Nordamerika. Er brachte Tabak und Kartoffeln von einer seiner vielen Erkundungsfahrten in die Neue Welt nach Europa mit. Für seine Verdienste erhielt er 1588 das Land der Desmonds, der irischnormannischen Herrscher der Region. Ein Jahr lang harrte der Abenteurer auf seinem irischen Besitz aus, eine Zeit, die er sich offenbar mit Gartenbau vertrieb. Eines Tages jedenfalls soll er in seinem Garten erstmals das selbstgezogene Kraut geraucht haben, was seinen Diener mit Entsetzen erfüllte. Der holte kurzerhand einen Eimer Wasser und goß ihn über den feixenden Raleigh aus.

Raleigh verkaufte seine irischen Besitzungen 1602 an Richard Boyle, einen Engländer aus Canterbury, der 1620 als Anerkennung für seinen Geschäftssinn zum ersten Earl of Cork ernannt wurde, während Raleigh 1618 wegen angeblicher Teilnahme an einer Verschwörung auf dem Schafott gelandet war.

Burgenland im Südosten: Kilkenny und Tipperary

»Wie die Burgen am Rhein« reihen sich die Schlösser an den Ufern der Flüsse Suir und Nore in Südostirland, heißt es in einer lokalen Werbebroschüre. Dabei wäre ein Vergleich mit den Schlössern an der Loire zumindest genealogisch weitaus treffender, denn die irischen bzw. anglonormannischen Bauherren stammten aus Frankreich. Weites, fruchtbares Weideland und sanfte Hügel, durchzogen von Flüssen, haben einstmals die Eroberer angelockt, die sich Wohlstand und Macht von diesem Fleckchen Erde versprachen. Und so entstanden dort einige der prachtvollsten Burgen und üppigst ausgestatteten Klöster des Landes.

Die Gegend zwischen Waterford und Kilkenny war einst ein kleines Königreich. Seit dem 2. Jh. herrschten dort die Könige von Ossory mit dem klangvollen Namen MacGiollaPhadruig, der als MacGillapatrick anglisiert und sehr viel später zu Fitzpatrick verkürzt wurde. Einer aus dieser Sippe, Donal MacGiolla Phadruig, stiftete um 1160 den Benediktinern das Kloster **Jerpoint Abbey** **14**, das zu den schönsten und kunstvollsten Klosterruinen Irlands gehört. Im Jahr 1180 ging es in den Besitz der Zisterzienser über, die dem Klosterbau ihre charakteristische Prägung verliehen. Bemerkenswert vor allem sind die feinen Steinmetzarbeiten im Arkadengang, deren Erkundung nicht nur zum Staunen, sondern in manchen Fällen auch zum Schmunzeln Anlaß gibt. Die Künstler, die diese Figuren im 15. und 16. Jh. geschaffen haben, hatten offenbar einen Blick für die Eigenheiten und Schwächen ihrer Mitmenschen und besaßen zudem die Kunstfertigkeit, diese Eigenheiten in Ausdruck und Haltung sehr deutlich herauszuarbeiten.

Einer der Sarkophage der Klosterkirche, auf dem ein Mönchlein abgebildet ist, soll die Gebeine des heiligen Nikolaus bergen. Die Legende erzählt, daß Kreuzritter ihn dereinst aus seinem Grab in Myra in der heutigen Türkei geraubt und in Jerpoint beigesetzt hätten. Da während der Kreuzzüge jedoch ein schwunghafter Handel mit Reliquien blühte, ist es eher wahrscheinlich, daß

Jerpoint Abbey

die Ritter mit dieser Geschichte lediglich ihre Reisekasse aufbessern wollten.

Jerpoint Abbey liegt unmittelbar an der vielbefahrenen N 9 Richtung Dublin, so daß es ein Wunder ist, daß noch kein Auto die Klostermauern geschrammt hat. Als stiller Ort der Besinnlichkeit oder gar als Kulisse für ein Picknick ist der Ort daher wenig geeignet. Etwa zehn Kilometer weiter auf der R 700 Richtung New Ross erwartet den Ruhesuchenden jedoch ein Fleckchen Erde, wie es idyllischer nicht sein könnte – vorausgesetzt, es ist kein sonniger Sonntag. Dann nämlich ist der kleine Ort **Inistioge** *(Inis Tióg)* am Ufer des Nore von Ruhesuchenden überfüllt. Auf den Wiesen um die steinerne Brücke aus dem 18. Jh. mit ihren zehn Bögen tummeln sich dann zahllose Picknicker und genießen Sandwiches und Idylle. Aber auch der Ort selbst lockt zu einer kleinen Teepause in einem der Cafés rund um den baumbeschatteten, malerischen Dorfplatz.

Kilkenny: Hexen, Burgen und Bier

15 (S. 313f.) So mancher Kneipengänger auf dem Kontinent verbindet mit Kilkenny *(Cill Chainnigh),* der Hauptstadt des gleichnamigen County, nicht viel mehr als das Bier, dessen Name fast ebenso berühmt ist wie Guinness. Weniger rühmlich ist hingegen ein historischer Vorfall, der mit der Stadt verbunden ist: Vor langer Zeit wurde in Kilkenny eine Entscheidung gefällt, die erstmals den Kolonialcharakter Irlands manifestierte: Die normannischen Invasoren waren ihrer neuen Heimat so zugetan, daß sie »irischer als die Iren« wurden. Sie heirateten Iren bzw. Irinnen, übernahmen deren Gebräuche und sogar die Sprache – was in England auf äußerstes Mißfallen traf. Unter Eduard III. wurde deshalb auf einer in Kilkenny abgehaltenen Parlamentssitzung im Jahr 1366 beschlossen, dieser Völkerfreundschaft ein Ende zu setzen. Den

Richtig Reisen
Thema

Die Butlers – eine angloirische Dynastie

Im Clan der Butlers gehen seit Jahren Spekulationen um, wer aus ihrer weitverzweigten Familie die traditionsreichen Titel erben wird. Der letzte Inhaber Charles Butler, Jahrgang 1899, 31. Chief Butler of Ireland und 25. Earl of Ormond,1997 in Chicago, USA, verstorben, hatte leider nur zwei Töchter, die nach den Regeln der Familie die Titel nicht erben dürfen. Die Erbverhältnisse sind äußerst kompliziert, denn seit ihrem ersten Auftauchen in der Geschichte vor fast tausend Jahren hat sich die Familie weit verzweigt und eine europaweite Heiratspolitik betrieben, so daß kaum ein europäisches Adelshaus nicht mit ihnen verwandt ist, von all den nichtadligen Verwandten ganz zu schweigen.

Ursprünglich kamen die Butlers aus Caen in der Normandie und ließen sich dann in England nieder, wo 1130 ein gewisser Hervey erstmals erwähnt wurde. Sein Sohn Theobald Walter war der erste der Sippe, der nach Irland ging und sich in Gowran im County Kilkenny niederließ, wo er 1185 vom englischen König zum *Chief Butler,* zum obersten Mundschenk des Königs ernannt wurde. Das Amt war nicht nur ehrenvoll und mit einigem Einfluß verbunden, sondern vor allem lukrativ. Von jeder Weinladung, die nach Irland kam, durfte er zehn Prozent Schiffszoll erhe-

Anglonormannen wurde in den ›Statuten von Kilkenny‹ jegliche Verbindung mit Iren und Übernahme irischer Gewohnheiten verboten – das erste verbürgte Apartheidsgesetz der Welt.

Kilkenny wird gerne als Stadt des Mittelalters bezeichnet. Und tatsächlich erhält man im Zentrum zwischen Kilkenny Castle und St. Canice's Cathedral eine Ahnung vom Gassengewirr der *slips* – engen Durchgängen zwischen den größeren Straßen –, von schmalbrüstigen Häusern und majestätischen Sakralbauten, vom Lärmen und Handeln, die das Kilkenny vor der Zerstörung durch Cromwell geprägt hatten. Damals wurde Kilkenny auch als ›Marmorstadt‹ gerühmt, da im Straßenbild der schwarze Marmor aus der Umgebung recht häufig verwendet wurde. Im Zuge der Modernisierung wurde vor allem in den 1920er Jahren das unpraktische Marmorpflaster durch sehr viel pflegeleichteren Beton ersetzt.

Im englischsprachigen Raum wird die Hauptattraktion des Städtchens, das **Kilkenny Castle,** gerne als »wagnerianisch« bezeichnet. Das nahe dem Fluß Nore gelegene Schloß ist tatsächlich ein wuchtiges Monstrum, ein bißchen Gotik, ein bißchen Romanik und ein Hauch von Klassizismus – Ergebnis jahrhundertelanger Um- und Anbauten, begründet als ein Fort der Könige von Os-

ben. Üblich war auch die Konfiszierung der einen oder anderen Lieferung – kein Wunder, daß das Wappen der Butlers drei Weingläser zeigt. Das Recht auf diesen Schiffszoll hielten die Butlers bis 1810. Theobald übernahm seinen Titel als Familiennamen, der in der Folge auch den (anerkannten) illegitimen Kindern zugestanden wurde. 1328 wurden die Butlers in den erblichen Grafenstand erhoben und durften sich fortan Earls of Ormond nennen. Später kamen noch weitere Titel hinzu.

Bis in das 20. Jahrhundert spielten die Butlers stets eine mehr oder weniger rühmliche Rolle in der Geschichte: Ein Butler-Abkömmling, Anne Boleyn, war eine der Frauen Heinrichs VIII. und die Mutter der englischen Königin Elisabeth I. Ein Count Walter Butler war 1634 maßgeblich an der Ermordung Wallensteins beteiligt. Eine Mary Butler soll Erfinderin des Parteinamens *Sinn Féin* gewesen sein und eine Elizabeth Butler ist Vorfahrin der heutigen Queen Elizabeth II. Eine weitere Mary Butler heiratete 1773 Benjamin Yeats, zu deren berühmtesten Nachfahren der Dichter William Butler Yeats gehört.

Zu den Erben der Titel gehören Anwärter aus der ganzen Welt. Da sind nicht nur die Butlers auf den Britischen Inseln, wie die Saffron Waldons, die Dunboynes, Carricks und Mountgarrets, sondern es gibt auch Butlers in Australien, Neuseeland, Kanada, USA, in Frankreich, in Schweden, einen polnischen Zweig – und in Deutschland, wobei die bayerischen Grafen von Haimhausen, die von einem Count Butler von Clonberg abstammen, weniger Chancen haben dürften als die nordhessischen Buttlars, die vom Chronisten der Butler-Dynastie, Lord Dunboyne, mit einigem Wohlwollen erwähnt werden. Allerdings ist deren einzige Eintragung ins Lexikon der Vorfahrin Eva von Buttlar zu verdanken, die um 1700 eine pseudoreligiöse Gemeinschaft gründete, eine Art Sexkommune namens ›Buttlarsche Rotte‹ – für irische Verhältnisse äußerst anrüchig.

sory, vom Earl of Pembroke 1191 in Stein neugebaut und zur Blüte gebracht durch die Butlers, jene Familie, die die Geschicke Kilkennys und Tipperarys bis heute prägte. Die Butlers (s. S. 96f.) erwarben den Besitz im Jahr 1391, bewohnten ihn bis 1935 und überließen ihn 1967 für fünfzig irische Pfund dem Staat. Bedauerlicherweise hatten sie das meiste Mobiliar verkauft oder bei ihrem Auszug mitgenommen, so daß nur noch wenig von der ursprünglichen Einrichtung vorhanden ist.

Höhepunkt eines Schloßrundganges ist die Long Gallery, eine Halle, deren Dachkonstruktion aus Holzbalken und Glasfenstern eigens für die Präsentation der Butlerschen – heute nicht mehr ganz vollständigen – Ahnengalerie geschaffen wurde. Eine moderne Galerie mit zeitgenössischer Kunst der Region befindet sich im Seitenflügel, während in der ehemaligen Schloßküche ein Restaurant untergebracht wurde, das nur während der Sommersaison geöffnet hat.

Der ehemalige Marstall des Schlosses beherbergt seit 1963 das **Kilkenny Design Centre.** Zur Belebung der irischen Wirtschaft wurden dort Werkstätten für Künstler vor allem aus skandinavischen Ländern eingerichtet, die vom Industriedesign bis zu kunsthandwerklichen Erzeugnissen traditionelle irische Formen

In Kilkenny

mit modernen Ansprüchen verbinden. Kunsthandwerk und Literatur jeglicher Art gibt es auch im Touristenbüro, das in der Rose Inn Street in einem der historischen Gebäude Kilkennys untergebracht ist. In diesem **Shee Alms House** aus dem Jahr 1582 lebten noch bis 1830 bedürftige Bewohner der Stadt.

Der **Tholsel,** das Rathaus der Stadt, stammt zwar aus dem Jahr 1761, wurde aber an Stelle des mittelalterlichen Rathauses erbaut, vor dem sich eine grausige Geschichte zutrug: Auf dem Vorplatz wurde die Dienstmagd der Dame Alice Kyteler, der ›Hexe von Kilkenny‹, verbrannt. Alice Kyteler wurde im Jahr 1280 als Tochter eines anglonormannischen Bankiers geboren und erbte sein gesamtes Vermögen. Sie war somit nicht nur reich und mächtig, sondern auch noch schön und zudem viermal mit jeweils wohlhabenden Männern verheiratet – und verwitwet. Grund genug, um bei frommen Kirchenmännern und Neidern den Verdacht der Hexerei aufkommen zu lassen. Auf Betreiben der Söhne ihres vierten Ehemannes John Le Poer wurden sie, ihre Dienstmagd Petronilla und ihr Sohn aus erster Ehe, William Outlawe, vom Bischof von Ossory 1324 der Hexerei, Häresie und des Mordes angeklagt. Alice konnte rechtzeitig nach England fliehen, ihr Sohn kaufte sich durch die Finanzierung eines neuen Daches für die St. Canice's Cathedral frei. Nur die arme Petronilla blieb zurück und kam auf den Scheiterhaufen. Das Haus der Alice Kyteler in der St. Kieran's Street wurde 1966 restauriert und als Restaurant Kyteler's Inn eröffnet.

Die Kaufmannsfamilie Rothe, die um 1350 aus den Niederlanden nach Irland kam und 300 Jahre später von Cromwell enteignet wurde, baute sich 1594 in der heutigen Parliament Street ein prachtvolles Wohn- und Handelshaus, das **Rothe House.** Der Komplex umfaßt drei Häuser um zwei Innenhöfe, von denen heute die beiden vorderen Gebäude als Museum mit Exponaten zur Geschichte Kilkennys und mit Nachbildungen der Wohnverhältnisse jener Zeit dienen.

Den Franziskanern des Klosters **St. Francis Abbey** (1234) ist es zu verdanken, daß der Name Kilkenny zu einem Markenbegriff wurde: Sie nämlich sollen ein hervorragendes Bier gebraut haben, dessen Ruf über Jahrhunderte legendär war. Im Jahr 1710 begann auf dem Gelände neben der Klosterruine der junge englischstämmige John Smithwick mit der Herstellung seines Bieres und begründete somit die älteste Brauerdynastie Irlands. Aber erst im Jahr 1966 wurde jenes Getränk kreiert, das mit seiner rotbraunen Farbe und dem leicht bitteren Geschmack zum Exportschlager wurde. Das Marketing besorgte der Guinness-Konzern, dem sich die Smithwick's-Brauerei ein Jahr zuvor angeschlossen hatte.

Jenseits des Nore-Zuflusses Bregagh, zu erreichen über die Irishtown Bridge am Ende der Parliament Street, befinden sich die ältesten Teile der Stadt. Dort nämlich, wo sich heute die massive **St. Canice's Cathedral** erhebt, gründete der Schutzheilige der Stadt, der heilige Canice, Chainnigh, Kenneth oder Canisius, im 6. Jh. ein Kloster. Aus dieser frühchristlichen Epoche ist nur noch der Rundturm erhalten. Die heutige Kathedrale wurde 1251 errichtet. Bis auf einige Restaurierungen und den Turm ist die gesamte Kathedrale noch original aus dem Mittelalter erhalten. In ihrer Krypta sind zahlreiche Mitglieder der Butlers begraben, der Familie, der auch die weiteren Schlösser und Burgen in der Region zu verdanken sind.

Carrick und Cahir

Am Ufer des Suir, des Flusses, der in Waterford mit dem Nore zusammentrifft, entsteht vielleicht am leichtesten die Assoziation zu den Burgen am Rhein. Nicht nur schlängelt sich der Suir durch eine Landschaft, die von sanften Tälern, schroffen Felsen und bewaldeten Höhen geprägt ist, auch die Burgen und Schlösser, deren Ruinen die Flußlandschaft beherrschen, sind von Geschichten und Legenden umrankt, die – greifen wir es einmal auf – von wagnerianischer Qualität sind.

In **Carrick-on-Suir** *(Carraig an Siúre)* 16 (S. 291) erbauten die Butlers im 14. Jh. die Burg, in der im 16. Jh. Anne Boleyn, Urenkelin des 7. Earl of Ormond und Mitglied der Familie Butler, geboren wurde. Anne Boleyn wurde die zweite Frau Heinrichs VIII. und Mutter der späteren Königin Elisabeth I. Diese wiederum war ihrem Vetter Thomas Butler, dem 10. Earl of Ormond, wegen seiner schwarzen Haare und vielleicht auch wegen seiner magischen Verführungskünste Black Tom genannt, zutiefst verbunden. Es heißt, daß die ›jungfräuliche‹ Elisabeth von diesem irischen Heißblut, der eine ganze Schar unehelicher Sprößlinge zeugte, ein Kind bekam.

Der ›schwarze Tom‹ schien stets auf Elisabeth gewartet zu haben und baute für sie 1568 in Erwartung ihres Besuches ein Schloß neben den Ruinen der alten Burg. Dieses Herrenhaus gilt heute als eines der besterhaltenen Tudorhäuser Irlands, die Stuckverzierungen in den Innenräumen sind von einzigartiger Pracht. Die Porträts der beiden Liebenden, die nicht zueinander kamen – Elisabeth reiste nie nach Irland – sind in der Eingangshalle zu bewundern.

Cahir Castle, das im 13. Jh. auf einer Felseninsel im Fluß inmitten des geruh-

samen Städtchens **Cahir** *(An Cathair)* 17 (S. 289) erbaut wurde, ging 1375 in den Besitz der Butlers über, und zwar über einen illegitimen Sproß. Der Großteil der Burg stammt aus dem 15. und 16. Jh. Im 19. Jh. bemühte sich noch einer der Earls um den wohnlichen Umbau der mittelalterlichen Gemäuer, doch der Erhalt erwies sich über die Jahre als zu kostspielig. 1964 überließ der damalige Butler auch diesen Besitz dem Staat.

Die Burganlage ist eine der raffiniertesten Irlands und galt lange Zeit als uneinnehmbar. Erst 1599 wurde sie vom Earl of Essex auf Befehl Elisabeths I. mit zwei Kanonen gestürmt. Eine Kugel steckt noch immer im Mauerwerk. Die Anlage umfaßt drei Innenhöfe, die einzig zum Zweck der Verteidigung angelegt wurden. Noch heute wirkt die Burg so originalgetreu und furchteinflößend, daß sie als Kulisse für den Fantasy-Film ›Excalibur‹ diente.

Exzentrischstes Bauwerk der Butlers ist das Swiss Cottage, das sich eine Lady von Cahir im Jahr 1810 von einem der angesehensten Londoner Regency-Architekten, John Nash, erbauen ließ. Ihr schwebte etwas Schweizerisches vor,

Carrick-on-Suir, Blick auf Ormond Castle

eine ländliche Idylle, die allein wegen des hübschen Anblicks etwa zwei Kilometer außerhalb Cahirs errichtet wurde. Die strohgedeckte Hütte hat allerdings wenig mit einem original Schweizer Haus zu tun. Es ist eine Mischung aus amerikanischer Blockhütte, fränkischem Fachwerk, irischem Cottage und bayerischem Sennhäuschen. Schweizerisch kann allenfalls der Sauberkeitsdrang der Lady genannt werden: Damit alles recht natürlich wirkte, ohne das ästhetische und odorische Empfinden der Lady zu beleidigen, tummelten sich stets Dienstboten in alpenländischen Fantasiekostümen sowie täglich geschrubbte und frisch parfümierte Kühe vor dem Cottage. Die echten irischen Cottages in der Blickachse vom Schloß zum Swiss Cottage wurden wegen mangelnder Schönheit abgerissen.

Der Rock of Cashel

18 (S. 291) Legenden und Geschichten ranken sich um den Felsen, der inmitten einer weiten Ebene unvermittelt monolithisch in die Höhe ragt. Ein Schlafplatz der Feen soll er in grauer Vorzeit gewesen sein, ein Ort, an dem bei entsprechendem Respekt vor den Märchenwesen Wünsche in Erfüllung gingen. Über Jahrhunderte war er der Sitz der Könige von Munster, in der Bedeutung gleichwertig mit den Hügeln von Tara. Der heilige Patrick wirkte dort, und lange Zeit nach ihm wurde auf diesem Felsen die irische Kirchenverfassung so gestaltet, wie sie heute noch in Grundzügen gültig ist. Der Rock of Cashel, etwa zehn Kilometer nördlich von Cahir gelegen, ist ein einzigartiges Monument frühchristlicher Geschichte (s. Abb. S. 102/103).

Zu verdanken ist es den Stammesfehden der altirischen Kleinkönige. Im 4. Jh. eroberte der Clan der Eóghanachta, die späteren MacCarthaigh oder MacCarthys, den Felsen, der wegen seiner Lage nicht nur symbolische Erhöhung versprach, sondern auch wegen des Überblicks über das umliegende Land von strategischer Bedeutung war – eine Bedeutung, die auch Patrick erkannte, der im Jahr 450 König Aengus auf dem Felsen taufte. Eine Legende erzählt, daß Patrick während der Zeremonie versehentlich seinen Bischofsstab in den Fuß von Aengus gerammt hatte, was dieser mit

stoischem Gleichmut ertrug. Er glaubte, daß dies ein christliches Taufritual sei – vielleicht der einzige Hinweis darauf, daß die Christianisierung Irlands doch nicht so unblutig vonstatten ging.

Jahrhundertelang herrschten die Eóghanachta als Könige von Munster in ständiger Konkurrenz zu den Königen von Tara, bis der Felsen im 10. Jh. an die O'Brians fiel. Deren Oberhaupt, Brian Boru, ließ sich auf dem Felsen 977 zum König von Cashel und Munster krönen. Über 150 Jahre kämpften die beiden Clans nun um die Herrschaft. Muirchear-tach O'Brian setzte den Fehden ein Ende, als er 1101 den gesamten Felsen dem Bischof von Limerick schenkte. Cormac MacCarthaigh wurde mit dem Posten des ersten Erzbischofs von Cashel getröstet und baute 1127 zum Zeichen seines Einverständnisses mit dem Handel eine Kirche: **Cormac's Chapel.**

Neben dem Rundturm aus dem 11. Jh. ist diese kleine Kirche, die sich dicht an die Südseite der dominierenden Kathedrale schmiegt, das älteste Bauwerk auf dem Rock of Cashel. Das vollständig erhaltene und kunstvoll verzierte Wunderwerk sakraler Baukunst, die erste romanische Kirche in Irland, zeigt deutlich kontinentaleuropäische Einflüsse, wie das für Irland bis dahin untypische Kreuzrippengewölbe im Chor und das Tonnengewölbe im Schiff. Tatsächlich waren zwei Mönche aus Regensburg am Bau beteiligt, Wilhelm, der Steinmetz, und Konrad, der Zimmermann. Im Gegensatz zu den großartigen Steinmetzarbeiten sind von den ebenfalls einzigartigen Fresken nur noch Reste im Chor zu erkennen. Der Sarkophag soll die Gebeine von Cormac MacCartaigh bergen. Der Krummstab aus dem 12. Jh., der den Sarkophag einst

schmückte, wird heute im National Museum in Dublin aufbewahrt.

Im 13. Jh. wurde mit dem Bau der großen **Kathedrale** begonnen, da Cormac's Chapel sich als zu klein für die bischöflichen Angelegenheiten erwies. Im 15. Jh. entstand an der Westseite der Kathedrale die zinnenbewehrte **Bischofsburg,** die in den Kirchenbau integriert wurde. Bis in das 18. Jh. hinein blieb Cashel nominell Sitz des katholischen Erzbischofs. Nachdem im Jahr 1729 der erste protestantische Gottesdienst in der Kathedrale stattfand, wich der katholische Erzbischof nach Thurles aus, nennt sich aber bis heute Bischof von Cashel.

Der Eingang zum gesamten Komplex führt heute durch die **Hall of the Vicars Choral,** ein Gebäude, das im 15. Jh. für Laienbrüder errichtet wurde. In den Räumen erläutert ein Museum die Geschichte des Felsens. Im Keller wird das stark verwitterte St. Patricks-Kreuz aus dem 12. Jh. aufbewahrt – das Kreuz auf dem Gelände ist eine Kopie –, dessen Sockel einst der Krönungssitz der Könige von Munster gewesen sein soll.

Die kleine Stadt **Cashel** *(Caiseal),* die im Lauf der Bauarbeiten an der großen Kathedrale entstand, scheint ganz und gar im Schatten des Felsens zu stehen. Doch auch Cashel hat Sehenswürdigkeiten zu bieten, wie zum Beispiel die Ruinen eines Dominikanerklosters aus dem Jahr 1243. Mehr den weltlichen Bedürfnissen angepaßt sind die vielen Pubs und Restaurants in der Stadt, und das Folk Village, ein rekonstruiertes irisches Dorf mit strohgedeckten Häusern, in denen Handwerksbetriebe, Läden und natürlich ein Pub das Leben der kleinen Leute nachempfinden, die stets vom Rock of Cashel beherrscht wurden.

Der Süden

Cork: »When Irish Eyes are Smiling ...«

(S. 293f.) An Cork *(Corcaigh)* scheiden sich die Geister. Manche halten die Stadt an der Mündung des River Lee für das Paris Irlands, mit ihren zarten Pastelltönen, dem Hauch verblichener Eleganz, der verhaltenen Weltläufigkeit und dem verschmitzten *savoir vivre,* das den selbstbewußten Corkonians eigen ist. Andere sind hingegen davon überzeugt, daß man den schönsten Anblick von Cork habe, wenn man es weiträumig umfährt.

Der negative Eindruck ist vermutlich im ganz und gar ›Unirischen‹ der Stadt begründet. Keine mittelalterliche Altstadt, weder geschichtsträchtige Normannenburgen noch nennenswerte Klosterruinen locken Touristen auf die Spuren der Vergangenheit. Die Industrieanlagen in der nahen Umgebung tragen weiterhin zum Bild der Unwirtlichkeit bei. Zwar hat die Schwerindustrie in den vergangenen Jahren erhebliche Einbrüche erlebt – ganze Werke wurden geschlossen –, dafür blüht nun die Hightech-Industrie.

Daß Corks wenige historische Sehenswürdigkeiten im Getriebe einer geschäftigen Stadt untergehen, liegt auch an den schweren Zerstörungen, die sie zweimal im Lauf ihrer Geschichte erlitten hat. 1690 suchte der Duke of Marlborough die prosperierende Handelsmetropole heim, schleifte die Stadtmauer und viele befestigte Bauwerke. Während des Unabhängigkeitskriegs zu Beginn der 1920er Jahre brannten dann die berüchtigten *Black and Tans* die gesamte Innenstadt nieder. So ist von den Zeugnissen aus Corks großer Blütezeit des 17. und 18. Jh., als es als Umschlagplatz für irische Butter zu Wohlstand und Ansehen kam, nicht mehr viel übrig geblieben.

Als Kulturstadt ist Cork jedoch noch immer unschlagbar. Schriftsteller wie Seán O'Faoláin und Frank O'Connor stammen aus der südirischen Metropole, Kunstfestivals finden den ganzen Sommer über statt, und vor allem hat sich das Cork Filmfestival seit 1955 – und somit als ältestes Irlands – einen beachtlichen Ruf erworben. Das *Cork Symphony Orchestra,* das in der ersten Hälfte des 20. Jh. von dem deutschstämmigen Aloys Fleischmann gegründet wurde, gehört zu den herausragenden Klangkörpern der Welt. Cork-Liebhaber schätzen vor allem die quirligen Pubs und die hervorragenden Restaurants. In und um diese Stadt gibt es einige der besten Gourmettempel Irlands, allen voran das **Ballymaloe House** in Shanagarry östlich von Cork. In dem alten, romantischen Landhaus hatte Myrtle Allen, die Mutter der irischen Kochkunst, 1964 ein Restaurant eröffnet, das fast ausschließlich selbstgezogene oder -gezüchtete Zutaten verwendet und damit eine eigenständige *cuisine* entwickelt hat.

Cork ist die zweitgrößte Stadt der Republik Irland. Die Corkonians selbst bestehen jedoch darauf, daß sie die drittgrößte sei – nach Dublin und Belfast. Mit Bescheidenheit hat das wenig zu tun, eher mit einem weiteren Etikett, mit dem Cork belegt wird: *Rebel City.* Die Teilung in Nord und Süd wird ignoriert – stets stand Cork auf seiten der Aufständischen. Im Verlaufe des 20. Jh. fielen

◁ *Lough Glamore auf der Beara-Halbinsel*

Cork *1 National Monument 2 English Market 3 Crawford Gallery 4 St. Fin Barre's Cathedral 5 Elizabeth Fort 6 Lady's Well 7 Shandon Craft Centre 8 Shandon Steeple*

zwei ihrer Bürgermeister dieser Haltung zum Opfer: Thomas MacCurtain wurde 1920 von den *Black and Tans* ermordet, sein Nachfolger Terence MacSwiney, ein führendes Mitglied der IRA, wurde im selben Jahr verhaftet und starb nach 75 Tagen Hungerstreik im Londoner Brixton-Gefängnis. Sie und andere Patrioten werden in Cork ehrenvoll gewürdigt.

Mit dem *Examiner* wird in der Stadt, die sich als ›wahre Hauptstadt Irlands‹ begreift, die einzige namhafte Konkurrenz zur Pressekonzentration in Dublin publiziert, und natürlich stammen zwei der großen Biermarken Irlands – neben Guinness und Smithwick's – aus Cork: Beamish und Murphy's. Zum Leidwesen der Corkonians wurde jedoch Murphy's nicht nur von der niederländischen Brauerei Heineken im Jahr 1983 aufgekauft, sondern erhielt auch 2001 den Namen der neuen Herren. In Cork wird das schlichtweg ignoriert.

Stadtrundgang

Die Innenstadt von Cork liegt auf einer Flußinsel, im Westen begrenzt durch Parks und Grünanlagen und das Gelände des University College, im Norden und Süden von steil ansteigenden Hügeln, an denen sich die Wohngebiete und einige historische Sehenswürdigkeiten hinaufziehen. Der Citybereich, der einstmals von Kanälen durchzogen war, wurde im 18. Jh. gern mit Amsterdam verglichen. Doch längst sind die Kanäle zugeschüttet, einzig noch an den krummen Wegführungen zu erkennen. Mittelpunkt des Stadtzentrums ist die **Grand Parade,** eine Straße, an der hauptsächlich Banken und Firmen residieren. Am Südende der Parade, am Ufer des South Channel des Lee, kann man dann am **National Monument** 1 nachlesen, wer in Cork alles zu den irischen Patrioten gezählt wird.

Zum Einkaufen und Flanieren wird die **St. Patrick's Street** bevorzugt und mehr noch die kleinen Seitenstraßen, teilweise Fußgängerzonen, in denen es viele Pubs, Restaurants und Geschäfte gibt. Einstieg in die kulinarische Vielfalt Corks bietet der **English Market** 2, eine überdachte Markthalle mit Haupteingang in der Princes Street, deren altmodisch-viktorianische Verschnörkelung (erbaut 1841) allein schon zum Ah und Oh der Begeisterung hinreißt. Weitaus interessanter sind jedoch die kulinarischen Angebote, vor allem frische Meeresfrüchte.

Allumfassenden Genuß vermittelt die **Crawford Gallery** 3 am **Emmet Place,** dem mit Abstand schönsten Platz von Cork. Nicht nur bietet das Gebäude in seiner klassizistischen Machart inmitten einer großzügig gestalteten Anlage einen hübschen Anblick. Die Ausstellung selbst, von aktuellen Werken irischer Künstler bis zu Klassikern der Moderne, u. a. Skulpturen von Rodin, wird zudem ergänzt vom Crawford Gallery Café, einem Bistro, das vom Gourmettempel Ballymaloe House betrieben wird und eines der bevorzugten Ziele der Kulturschickeria ist.

Südlich der Flußinsel durchweht der Duft einer Brauerei die Ursprünge Corks. Dort hatte der heilige Finbarr um 650 auf dem sumpfigen Grund des Mündungsgebiets des River Lee (*Corcaigh* heißt soviel wie Sumpf) eine Klosterschule gegründet, die weit über die Grenzen Irlands berühmt wurde. Die **St. Fin Barre's Cathedral** 4, auf dem einstigen Klostergrund errichtet, stammt aus dem Jahr 1870. Das nebenan gelegene **Elizabeth Fort** 5, ein auf Anordnung von Königin Elisabeth I. um 1600 zum Schutz vor einer spanischen Invasion erbautes Bauwerk, ist heute eine Polizeistation und deshalb nicht zu besichtigen.

Nördlich der Insel im River Lee befand sich zur Blütezeit des Butterhandels im 18. Jh. das vibrierende Geschäftszentrum Corks. Heute ist es ein teilweise anheimelndes Wohnviertel, dessen ehemaliger Glanz nur noch in Ansätzen zu erahnen ist. Dort befindet sich auch der älteste Teil der alten Murphy-Brauerei, die sich ursprünglich *Murphy's Lady's Well Brewery* nannte. Die **Lady's Well** 6, die Quelle der heiligen Jungfrau, natürlich mit einem Marienschrein geweiht, hat den Ruf, heilkräftig zu sein. Auch Bier genießt in Irland diesen Ruf.

Die ehemalige Butter Exchange, die Butterbörse, wo einst der gesamte Welthandel mit gesalzener irischer Butter kontrolliert wurde, beherbergt heute das **Shandon Craft Centre** 7 mit Läden und Kunsthandwerksbetrieben. Irische Butter ist zwar heute wieder weltberühmt – Kerrygold ist ein Exportschlager

In Cork

–, aber Cork spielt dabei kaum noch eine Rolle.

Wahrzeichen und vielgerühmte Sehenswürdigkeit Corks ist die Kirche **Shandon Steeple** 8, gleich neben der ehemaligen Butterbörse. *»Partly coloured like the people, red and white is Shandon Steeple«*. Der Turm wurde mit unterschiedlich gefärbten Steinarten erbaut; zwei Seiten aus rotem Sandstein und zwei aus weißem Kalkstein. Die Form des Turms ist ebenfalls ungewöhnlich weil treppenförmig und wird als *pepperpot*, Pfeffermühle, bezeichnet. Zudem verfügt er über eine beliebte Attraktion: Das Glockenspiel kann jeder Besucher gegen Entgelt selbst betätigen, mit freier Auswahl des Musikstücks, das vom christlichen ›Ave Maria‹ bis zum populären ›Danny boy‹ reicht. Eines der beliebtesten Stücke, zumindest bei amerikanischen Touristen, ist das Lied ›When Irish Eyes are Smiling‹, eine Würdigung des irischen Lächelns, die passende Hommage an die freundlichen Corkonians.

Cork und Beara

Die Umgebung von Cork

Das Städtchen **Cobh** **1** (S. 292) auf Great Island, der Cork vorgelagerten Insel im Mündungsbereich des Lee, ist das Gegenstück zur farblosen Innenstadt Corks: Bunte, viktorianische Häuser schmiegen sich auf den zum Hafen hin ansteigenden Terrassen aneinander, überragt von einer viel zu groß geratenen Kirche, der St. Colman's Cathedral aus dem 19. Jh. Kleinstädtisch ist die Atmosphäre, ein bißchen Badeort, ein bißchen Hafenflair. Bereits 1720 wurde in Cobh der erste Yachtclub der Welt gegründet, der ›Water Club of the Harbour of Corke‹, der später als ›Royal Cork Yacht Club‹ nach Crosshaven umzog, wo er noch heute seine wohlhabenden Mitglieder pflegt.

Der Name Cobh ist aber auch mit zwei der größten Schiffsunglücke des 20. Jh. verbunden. Dort legte am 11. April 1912 die als unsinkbar gepriesene ›Titanic‹ an, bevor sie drei Tage später vor Neufundland einen Eisberg rammte und sank. Über 1500 Menschen kamen dabei ums Leben. Am 7. Mai 1915 wurde am Old Head of Kinsale die ›Lusitania‹ von einem Torpedo des deutschen U-Boots U20 getroffen und sank innerhalb kürzester Zeit. 1198 Menschen starben. Auf dem Friedhof von Cobh wurden 150 Opfer dieser Tragödie in einem Massengrab beerdigt.

Während der Großen Hungersnot im 19. Jh. war der Hafen von Cobh ein Ort des Dramas und der Hoffnung, als unzählige Iren vor dem sicheren Tod in die Neue Welt entflohen. Rund 1,5 Mio. Menschen emigrierten zwischen 1845 und 1851, nicht alle sahen das Land ihrer Hoffnung, viele verloren ihr Leben auf den *coffin ships,* schwimmenden Särgen, die den Meeresgewalten kaum gewachsen waren. Bis weit in das 20. Jh. hinein blieb Cobh der Haupthafen für irische Auswanderer und später auch für die großen Luxusliner, in denen reiche Amerikaner auf Tour nach Europa gingen.

In Cobh setzte auch Queen Victoria im Jahr 1849, während der Hungersnot, erstmals ihren Fuß auf irischen Boden, weshalb die Stadt anschließend in Queenstown umbenannt wurde. 1920 erhielt die Stadt ihren alten irischen Namen zurück.

Blarney Castle **2** (S. 286), etwa zehn Kilometer nördlich von Cork an der R 617 gelegen, gehört zu den unumgänglichen Stationen einer jeden Irlandreise. Die alte Burg, von Dermot Láidir »der Starke« MacCarthy, König von Munster, im Jahr 1446 erbaut, wurde nach 1690 von der britischen Krone konfisziert und 1703 an James Jeffreyes, Gouverneur von Cork, verkauft. Seine Nachfahren, die Colthursts, denen das Schloß noch immer gehört, leben heute im Blarney House, ein schottisches Baronialschlößchen aus dem 19. Jh., das in der Sommersaison teilweise zu besichtigen ist.

Der Jeffreyes-Enkel James St. John machte sich 1765 daran, die ärmlichen Hütten um die Burg in ein blühendes Gemeinwesen zu verwandeln. Er baute das propere Modelldorf, das bis heute in seiner Anlage vollständig erhalten ist, sowie zahllose Papier-, Korn- und Lei-

Blick auf Cobh

Richtig Reisen Tip

Die Queenstown-Story

Im alten Bahnhof von Cobh wurde ein beeindruckendes Museum eingerichtet, das durch Elend, Glanz und Katastrophen dieses einstmals größten irischen Überseehafens führt. Geräusche vom Band und eine fast originalgetreue Ausstattung der alten Abfertigungshalle, die direkt zum Kai führt, lassen den Besucher nachempfinden, wie es dort fast 200 Jahre lang zugegangen sein muß. Man betritt zunächst die Nachbildung eines jener muffigen *coffin ships,* in denen das Elend der Passagiere beängstigend lebendig dargestellt wird. Ein Endlosfilm läßt auf einer riesigen Leinwand die stürmische See tosen, daß man meint, die Schiffsplanken splittern zu sehen. Über Lautsprecher brausen und brüllen die Urgewalten, und man begreift, warum diese Schiffe als »schwimmende Särge« bezeichnet wurden. Wer damals eine solche Überfahrt überlebt hatte, fand in Australien oder Amerika keineswegs das gelobte Land. Auf Schautafeln wird erläutert, welche unbarmherzigen Lebensbedingungen und neue Strapazen in der Fremde auf die Immigranten warteten.

Die Bar der ›Titanic‹ mit ihren Spiegeln, edlen Hölzern, bequemen Sesseln und beruhigender Musik erscheint dagegen wie ein Paradies. In zwei Telefonzellen mit altmodischen Messinghörrohren wartet jedoch das Grauen: Aus den Hörern ertönen vom Band die stokkenden Stimmen jener, die den Untergang des Luxusschiffes gerade überlebt hatten. Auch der ›Lusitania‹ und ihrer Opfer wird gedacht. Lange Listen mit den Namen der Toten beider Schiffskatastrophen hängen aus.

Seit den 1960er Jahren ist die Zeit der großen Ozeanriesen und damit die Bedeutung Cobhs/Queenstowns vorbei. Flugzeuge sind schneller und letztlich billiger. Wenn auch nicht sicherer.

nenmühlen. Zum größten wirtschaftlichen Erfolg wurde dann die 1824 gegründete *Blarney Woollen Mills,* deren Tweedstoffe über die Grenzen Irlands hinaus Berühmtheit erlangten. Erst 1975 mußte das Werk geschlossen werden, da Billigimporte die Nachfrage nach einheimischen Produkten absinken ließen. Der Tourismus hat den Qualitätserzeugnissen der Blarney Woollen Mills zu neuer Blüte verholfen. In der alten Weberei sind heute einer der größten und bestsortierten Läden für irische Tweedmode und Wollwaren sowie ein Hotel untergebracht.

Noch eine andere Attraktion gehört zum Blarney Castle: Etwa um 1800 wurde die Legende um den Blarney-Stein populär, unter anderem auch durch die Berichte des Schriftstellers Walter Scott, der eine Schwäche für Mythen und historische Merkwürdigkeiten hatte. Die Herkunft dieses Steins liegt im Dunkeln. Möglicherweise wurde er von

Kreuzfahrern aus Palästina mitgebracht. Eine andere Quelle behauptet, daß er eine Hälfte des schottischen Krönungssteins Royal Stone of Scone sei, den Robert Bruce von Schottland Cormac MacCarthy 1314 schenkte. Die Geschichte, daß der Stein, der in 30 m Höhe in die Burgwand eingebaut wurde, die Gabe der Beredsamkeit verleiht, geht auf Cormac Teige MacCarthy zurück. Er war im 16. Jh. gewissermaßen der Erfinder der Politikerantwort, nämlich auf Fragen und Forderungen mit nichtssagendem Wortgeklingel zu antworten. Königin Elisabeth I. traktierte ihn seinerzeit mit diversen Forderungen und Anfragen, auf die er stets mit tiefst ergebenen Grüßen, aber ohne konkrete Aussagen reagierte. »Alles Blarney«, soll die entnervte Königin gesagt haben, »er meint nicht, was er sagt, und tut nicht, was er verspricht!« *To blarney* heißt im Englischen seither soviel wie »Nichtigkeiten plappern«, oder flapsiger: blah blah, blah.

Heute stellen sich Touristen an, legen sich auf den Rücken über dem Abgrund (ein irischer Helfer hält stets die Taille umfangen, um Ängste und Abstürze zu verhindern) und küssen die Unterseite des Steins, um die Gabe des inhaltsleeren Daherredens erwerben zu können. Ein Foto und ein Zertifikat *(»I kissed the Blarney Stone«)* ist im Preis inbegriffen.

Schönere – und kostenlose – Mythen sind im Schloßgarten, im *Rock Close,* zu entdecken. Lange bevor die Burg entstand, war dieser Garten mit seinen skurril geformten Felsen und uralten Bäumen ein druidischer Hain. Die steinerne Treppe, die *Wishing Steps,* die zum Hain hinabführen, muß man rückwärts und mit geschlossenen Augen beschreiten. Wer es schafft, bekommt seinen brennendsten Wunsch erfüllt.

Wer den Blarney Stone küßt, erwirbt die Gabe der Beredsamkeit

Richtig Reisen *Tip*

Der Club der irischen Gourmets

Es ist ein Vorurteil, daß Iren hauptsächlich fettes Fleisch und viel Kartoffeln mögen, Neuerungen gegenüber wenig aufgeschlossen sind und meist nur das in sich hineinstopfen, was satt macht – nach dem Prinzip der notwendigen Nahrungsaufnahme

statt des genießerischen Speisens. Wie hervorragend tatsächlich in Irland gekocht werden kann, erlebt man nicht nur in vielen Restaurants auf der ganzen Insel, sondern vor allem in Kinsale, wo Anfang Oktober zum großen Gourmet-Festival geladen wird.

Elf Restaurants aus dem Ort haben sich zum *Kinsale Good Food Circle* zusammengeschlossen und zelebrieren vier Tage lang eine auf dem Festland unterschätzte Kochkunst. Dazu gehört natürlich ein festlicher Auftakt mit Prominenten und Champagnerempfang, Speisen in den beteiligten Restaurants, ein großer Ball, sportliche Zerstreuung wie Golf oder Segeln zwischen den aufwendigen Diners, eine Kochvorführung von prominenten Küchenchefs und der jeweiligen Hausfrau des Jahres, die irische Traditionsküche jenseits von Irish Stew edel zubereiten, und natürlich eine Weinverkostung. Auf ihre Weinkeller sind die Kinsaler besonders stolz. Edle Gewächse aus der ganzen Welt werden vorgestellt, wobei besonders die australischen Weine überraschen.

Natürlich ist der viertägige Spaß für Gäste nicht ganz billig und selbstverständlich wird formelle Kleidung erwartet. Aber auch außerhalb dieses Festivals kann man sich von der irischen Kochkunst in Kinsale überzeugen. Die Restaurants des Zirkels geben sich das ganze Jahr über Mühe, ihren guten Ruf nicht zu verlieren.

Die Küste von West Cork

West Cork wird mit seinen gepflegten Badeorten, Stränden und wilden Felsen gern als irische Côte d'Azur bezeichnet. Man gewöhnt sich in Irland allmählich an solche Euphemismen, vor allem wenn hinzugefügt wird, daß in Wahrheit die Côte d'Azur, wäre es dort nicht so entsetzlich heiß, fast so schön wie West Cork sei. Tatsächlich hat die Küste im äußersten Süden Irlands ein fast mediterranes Flair – wenn es nicht regnet. Und manche Küstenorte wirken so »entzückend irisch« als wären sie extra für einen Hollywood-Film entworfen worden.

Vielleicht ist das auch ein Grund, warum sich dort viele *Blow-ins,* europäische und US-amerikanische Aussteiger oder Ruheständler, niedergelassen haben.

Kinsale *(Cionn tSáile)* 3 (S. 317f.), von Cork über die R 600 zu erreichen, ist eine dieser Postkartenschönheiten. Hier, so könnte man meinen, hat tatsächlich Hollywood seine Hand im Spiel gehabt: Um den geschützten Hafen, in dem sich die noblen Yachten drängen, gruppieren sich herausgeputzte, kunterbunte Häuschen mit üppigstem Blumenschmuck, ein Restaurant reiht sich an das nächste, auf den Straßen flanieren Menschen, und die Läden gleichen Puppenstuben.

Der Name Kinsale ist mit dem Ende des gälischen Irland verknüpft. Im Jahr 1601 eilte der Earl of Tyrone, Hugh O'Neill, aus Ulster nach West Cork, um gegen die Engländer zu kämpfen. Eine spanische Flotte legte in Kinsale an, um ihm zur Hilfe zu eilen. Doch die Engländer unter Lord Mountjoy vertrieben die Spanier, und O'Neill floh 1607 zusammen mit nahezu allen irischen Aristokraten auf den Kontinent. Die ›Flucht der Grafen‹ ließ die Iren führungslos zurück und die Herrschaft der Engländer fand keinen organisierten Widerstand mehr. Kinsale blieb bis Ende des 18. Jh. Sperrgebiet für Iren und andere Katholiken.

Eine Erinnerung an die spanische Präsenz ist das Desmond Castle aus dem 16. Jh., in dem die Spanier ihren Stützpunkt hatten. Ein weiteres Fort stammt aus späterer Zeit, das **Charles Fort** 4, dessen Bauzeit von 1622 bis 1677 andauerte. Bis 1922, als die IRA es niederbrannte, blieb es Kaserne britischer Soldaten. Natürlich gibt es auch eine hübsche Kirche in Kinsale, die St. Multose Church, deren ältester Teil aus dem 12. Jh. stammt, und ein Museum, das 1940 im alten Gericht aus dem 17. Jh., dem Old Courthouse, eingerichtet wurde. Dort fand 1915 die Untersuchung über das Unglück der ›Lusitania‹ statt, die am Kap Old Head of Kinsale unterging. Im Museum sind neben regionalen Exponaten auch etliche Erinnerungsstücke an jene Verhandlung ausgestellt.

Die Strecke zwischen Ballinspittle *(Béal Átha an Spidéll)* und **Timoleague** *(Tigh Molaige)* 5 gehört zu den schönsten dieses Abschnitts, denn sie führt unmittelbar an der Küste entlang. In Timoleague selbst bekommt man einen ersten Eindruck des mildernden Einflusses des Golfstroms. Im Castle Garden – vom Schloß stehen nur noch die Grundmauern – gedeihen mediterrane Pflanzen, die man ansonsten nur aus anderen Klimazonen kennt.

Der Guerillakampf der IRA während des Unabhängigkeitskrieges wird in

Clonakilty *(Cloichna Coillte)* 6 nicht etwa lebendig, hat aber im weitesten Sinne hier seinen Ursprung. Das Städtchen, das im 17. Jh. vom ersten Earl of Cork gegründet und mit englischen Protestanten besiedelt worden war, ist der Geburtsort von Michael Collins (1890–1922), der 1916 am Osteraufstand im Dubliner General Post Office teilnahm und nach Verbüßung einer Gefängnisstrafe die IRA schließlich als Guerilla-Armee organisierte. Collins gehörte auch zu den fünf Männern, die im Jahr 1921 in London den Unabhängigkeitsvertrag unterzeichneten, der den Engländern sechs Counties im Norden überließ – das heutige Nordirland. 1922 wurde Michael Collins bei Macroom im County Cork ermordet. Sein Geburtshaus wurde 1921 von den englischen *Black and Tans* niedergebrannt, später wieder aufgebaut und als Gedenkstätte eröffnet.

Von Rosscarbery *(Ros Ó gCairbre)* führt eine kleine Straße (R 597) zum **Drombeg Stone Circle** 7, einem der schönsten Steinkreise Irlands. 17 Steine (einer ist umgestürzt, zwei fehlen), deren Errichtung auf etwa 150 v. Chr. datiert wird, sind astronomisch ausgerichtet. Jedes Jahr zur Sommersonnenwende versammeln sich dort die Anhänger des New Age oder sonstwie esoterisch angehauchtes Volk, um spirituell aufzutanken und vor allem ein fröhliches Fest zu feiern.

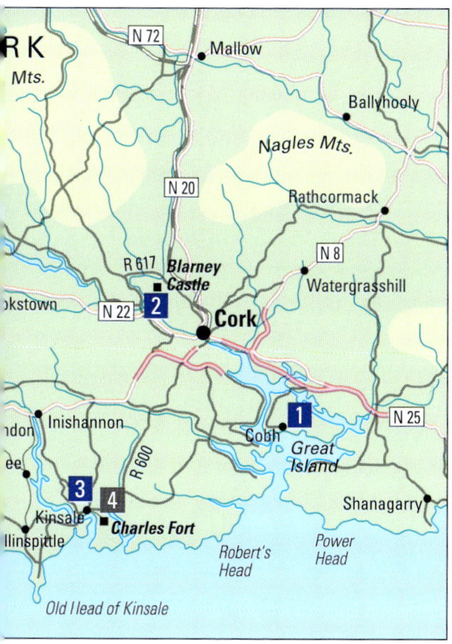

Die Straße führt weiter in den malerischen Ort **Glandore** *(Cuan Dor)* 8. Das Dorf klammert sich an die Felsen, von der Terrasse des Mariners Hotels hat man den schönsten Blick auf die schmale, fjordgleiche Bucht. In diesem Dorado der Hochseeangler und Segler wurde einstmals die Verwirklichung einer Utopie in Angriff genommen. Der radikale Sozialist William Thompson (1785–1833) erbte ein Anwesen in Cargoogarriff in der Nähe von Glandore. Seine Schriften und praktischen Anleitungen für seine Pächter – u. a. Gruppenerziehung, Gleichberechtigung für Frauen und Geburtenkontrolle – beeindruckten Karl Marx so sehr, daß er Thompson in seinem Werk zitierte. Thompsons Zeitgenosse und Nachbar James Redmond Barry, ebenfalls sozialistisch engagiert, baute in Glandore freie Schulen und sorgte für eine fundierte Berufsausbildung der Jungen. Barry gehörte zu den wenigen Landlords, die sich während der Großen Hungersnot, die in West Cork besonders schlimm wütete, um seine Pächter kümmerte.

Eines der beeindruckendsten Zeugnisse des großen Hungers ist der Abbeystrowery-Friedhof rund fünf Kilometer westlich von **Skibbereen** *(An Scio-*

Landschaft bei Baltimore

bairín) 9 (S. 328). Auf dem Gelände eines ehemaligen Zisterzienserklosters aus dem 14. Jh. wurde ein Massengrab für die Hungeropfer ausgehoben. Skibbereen selbst ist heute das Touristenzentrum West Corks. Eines der schönsten Attraktionen befindet sich ganz in der Nähe: **Liss Ard** ist ein ökologisch orientierter Garten, der ganz der irischen Naturlandschaft angeglichen ist und den Besuchern kontemplative Ruhe bieten soll.

Baltimore *(Dún na Séad)* 10 (S. 281), läßt den Vergleich mit der Côte d'Azur wieder aufleben. Der Ort, der an der steilen Felsküste klebt, ist die intime Konkurrenz zu Kinsale. Segler, denen der Charme von Kinsale nicht exklusiv genug ist und denen zwei oder drei feine Restaurants für das *Après Sailing* genügen, bevorzugen Baltimore, das einst als Piratennest berüchtigt war. Die Ruine des O'Driscoll Castle legt beredtes Zeugnis davon ab. Die O'Driscolls waren die irischen Herrscher dieser Region, Piraten, denen kaum ein Schiff, meist mit portugiesischem Wein beladen, entging, und die sich selbst mit den Engländern verbündeten, um ihren Vorteil zu wahren. Drei Schösser nannten sie ihr eigen, in Baltimore selbst und auf den Inseln Sherkin Island und Clear Island, die beide per Fähre von Baltimore aus erreichbar sind.

Der letzte O'Driscoll zog sich bald danach auf die winzige Insel im **Lough Hyne** zurück, einen stark salzhaltigen Binnensee zwischen Skibbereen und Baltimore, der nur durch einen äußerst schmalen Isthmus mit dem Meer verbunden ist und wegen seiner einzigartigen Fauna und Flora unter Naturschutz steht. Eine Legende erzählt, daß Fineen O'Driscoll, der letzte Seeräuber, auf seiner Insel einen Goldschatz vergrub.

Zwischen all den zivilisierten Schönheiten der Küste West Corks und den einsam-wilden Regionen der Halbinseln Mizen Head und Sheep's Head hat sich die urbane Alternativszene niedergelassen, die *Blow-ins.* **Ballydehob** *(Béal Átha dá Chab)* 11 (S. 281) ist an seinem neuzeitlich kontinentalen Einfluß zu erkennen: Naturkostläden, Kunsthandwerksläden mit esoterischen Anklängen sowie Künstlerateliers und Galerien gehören zu den bevorzugten Existenzgründungen. Ballydehob ist fest in der Hand der europäischen Aussteigerszene.

Vielleicht dauert es da nicht mehr lange, bis die stillen Halbinseln südlich

von Beara, Iveragh und Dingle ebenfalls touristisch erschlossen werden. Noch jedenfalls sind diese beiden Finger der irischen Hand nach Westen das, was man gemeinhin als Geheimtip bezeichnet – einsam, romantisch und mit Bussen nicht befahrbar. **Mizen Head** und **Sheep's Head** bieten zwar nicht die dramatische Landschaft der anderen drei Fingerinseln, aber sie sind Refugien für die letzten touristischen Individualisten. In **Schull** oder Skull *(An Scoll)* 12 auf Mizen Head, einem Nest, das ebenso wie Ballydehob von Aussteigern und Künstlern bevorzugt wird – unter anderem hat dort der Zeichner Tomi Ungerer ein Haus –, befindet sich das einzige Planetarium der Republik Irland. **Crookhaven** (An Cruachán) ist ein Seglerparadies für Eingeweihte, und **Barley Cove** gehört zu den schönsten Sandstränden West Corks, einschließlich eines geschützten Bereichs, der auch für Kinder geeignet ist. An der Spitze von Mizen Head leuchtet ein Signalfeuer den Seeleuten den Weg um das gefährliche Kap. Seit es 1993 automatisiert wurde, hat in den unteren Räumen eine Künstlerin ein kleines Museum geschaffen, das *Mizen Vision.* Neben eigenen Werken ist dort eine ständige Ausstellung zum Leben der Leuchtturmwärter und zur Natur auf Mizen Head zu sehen. In Sheep's Head hingegen herrscht Einsamkeit pur, karg und ohne jeglichen Komfort, jenseits von jeglicher Aussteigerromantik.

Einsamkeit und subtropische Pracht: Die Beara-Halbinsel

Zwischen Bantry Bay im Süden und Kenmare River im Norden erstreckt sich die schmale Beara-Halbinsel in den Atlantik. Die Caha Mountains bilden gleichsam ihr Rückgrat, höchste Erhebung ist der kahle Hungry Hill (686 m). Rund um die kleine Bucht von Glengarriff in der Bantry Bay hat jedoch die wärmende Kraft des Golfstroms ein Klima geschaffen, in dem eine üppige Pflanzenpracht gedeihen konnte. Im Sommer mag man sich auf die Kanarischen Inseln versetzt fühlen, und an regnerischen Tagen ist die Luft so warm und feuchtigkeitsgesättigt wie in einem tropischen Regenwald.

Klima und landschaftliche Schönheit, aber auch der Kupferreichtum des Bodens und die strategisch günstige Lage lockten seit jeher Reisende und Usurpatoren an. Die beiden Orte Bantry und Glengarriff sind seit dem 19. Jh. beliebte Ferienziele und Domizil zweier mächtiger angloirischer Familien, der Puxleys (Glengarriff) und der Whites (Bantry).

Den englischen Einfluß merkt man den beiden Orten bis heute an. Das Landstädtchen **Bantry** *(Beanntraí)* 13 (S. 282) scheint sich mit seinen viktorianischen Häusern seit dem 19. Jh. kaum verändert zu haben (s. Abb.). Nur das Markttreiben an jedem ersten Freitag im Monat hat sich den heutigen Bedürfnissen angepaßt. Statt wie einst Vieh und Pferde werden heute allerlei Gegenstände des täglichen Bedarfs, von Sok-

ken bis Werkzeug, verkauft. Dazwischen mischen sich die Stände der ›Hippies‹ mit ihren kunsthandwerklichen Kinkerlitzchen. Bantrys Attraktion ist das Bantry House (s. S. 122f.), von dem aus man einen weiten Blick auf die Bucht hat. Gnädigerweise sieht man von dort nicht die Öltanks auf Whiddy Island, wo die nationalen Ölreserven Irlands gelagert werden.

Glengarriff *(An Gleann Garbh)* **14** (S. 310) setzt sich lediglich aus ein paar Häusern und einem winzigen Ortskern mit Restaurants, Pubs und Läden zusammen, umgeben von Eichenwäldern, Fuchsien, Rhododendron, Zedern und Fichten. Manche der exotischen Pflanzen in den Gärten mögen Ableger von Garinish Island sein, einer kleinen, Glengarriff vorgelagerten Insel.

In Eccles Hotel, einem viktorianisch verschnörkelten Haus, verbrachten schon Literaten wie Yeats, Synge und Shaw ein paar Tage. Bis heute ist das Hotel derart beliebt, daß es während der Sommersaison schwierig ist, dort ein Zimmer zu bekommen. Um wenigstens »den Tee zu nehmen«, findet sich aber immer noch ein Plätzchen.

Wenn **Garinish Island** **15** nicht selbst schon ein so verlockendes Ziel wäre, dann lohnte sich der Ausflug allein schon wegen der Bootsfahrt dorthin. Kleine Kutter tuckern gemächlich durch die Bucht von Glengarriff. Die bewaldeten Hügel der Beara-Halbinsel rahmen den schmalen Meereseinschnitt wie auf einem Landschaftsgemälde ein. Auf den Felsen, die flach aus dem Wasser ragen, liegen nahezu unbeweglich fette Rob-

Zu Gast beim Earl of Bantry

Ein dreiflügeliges Schloß aus dem 18. Jh., vollgestopft mit Kostbarkeiten aus aller Welt, ein gepflegter Barockpark, der steil den Hang hinaufreicht, und eine Aussicht auf die Bantry Bay: Ein märchenhaftes Eigenheim, doch Mr. und Mrs. Egerton Shelswell-White, Eigentümer und Bewohner von Bantry House, tragen schwer an der Last ihres Erbes. Ein solches Prachtstück zu unterhalten und dessen Schätze zu bewahren, ist nicht ganz einfach. Und so haben die Whites, anders als viele Landadlige, die ihren Besitz aus Geldmangel dem Staat verkaufen oder schenken, ihr Haus der Öffentlichkeit zugänglich gemacht. Seit 1945 ist Bantry House – als erstes in Irland – ein kurioses Privatmuseum.

Die Whites gehörten zu den englischen Familien, die ihr Glück durch Landnahme in Irland machten. 1739 kam der erste White aus England nach Beara. Der spätere erste Earl of Bantry, Richard White, konnte es sich bereits im Jahr 1765 leisten, das Schloß an der Bantry Bay zu bauen. In den Adelsstand wurde er 1816 erhoben, als Dank dafür, daß er im Jahr 1796 der englischen Regierung das Nahen französischer Truppen in der Bantry Bay gemeldet hatte. Die Franzosen waren von Theobald Wolfe Tone und seinen *United Irishmen* zur Hilfe im Kampf gegen die Engländer ins Land gerufen worden. Heftige Stürme machten eine Landung jedoch unmöglich, von den ursprünglich 40 Schiffen haben nur gut ein Dutzend die Bantry Bay erreicht – und selbst ihnen gelang es wegen des schlechten Wetters nicht, im Hafen vor Anker zu gehen.

Der zweite Earl of Bantry reiste zwischen 1820 und 1840 durch ganz Europa und sammelte Kunstwerke und Antiquitäten, die er als buntes Sammelsurium in seinem Haus hortete und die auch heute noch genauso kunterbunt und wenig museal zu besichtigen sind: Touristen schlendern über pompejanisches Mosaik, kostbare Kristallkandelaber verstauben, blätternder Putz an den Wänden wird nur notdürftig von verschossenen Tapisserien verdeckt, die aus dem Besitz der französischen Königin Marie-Antoinette stammen. Wertvolle Gemälde dunkeln allmählich nach, und an den kleinen, gelegentlich

ben – bis die Flut kommt, die Felsen überspült und die possierlichen Tiere zum Schwimmen zwingt.

Garinish Island ist ein toskanisches Paradies im Norden. Im Jahr 1910 erwarb John Allen Bryce, dessen Familie aus Schottland stammte, die Felseninsel Ilnacullin, wie Garinish damals noch hieß. Er hatte die Vision, einen mediterranen Garten zu schaffen – gar nicht so abwegig im milden Golfstromklima Irlands. Mit Geld und Tatkraft ließ Bryce

sehr privaten Exponaten, wie Familienfotos oder -drucken, hängen maschinengetippte Zettelchen, die mit manchmal leisem Humor ihre Bedeutung erläutern. Im Musikzimmer, dessen Bestuhlung eher preiswert denn edel ist, steht ein alter Flügel aus Leipzig. Gelegentlich werden dort Konzerte

gegeben, eine Lieblingsbeschäftigung von Mr. Shelswell-White, der selbst die Posaune spielt.

In einem der alten Stallgebäude ist ein weiteres Museum untergebracht, das an die Ursache des Adels der Whites erinnert: *1796 Bantry French Armada* heißt die ständige Ausstellung. Eines der im Sturm untergegangenen französischen Schiffe wurde 1982 vor Whiddy Island geborgen. Ein Modell dieser Fregatte, die ›Surveillante‹, ist das Kernstück des kleinen Museums, zusammen mit Exponaten zu Wolfe Tone, wie zum Beispiel Auszüge aus seinem Tagebuch.

Nur von zahlenden Besuchern ist das Anwesen jedoch nicht zu unterhalten, und so richteten die Whites in ihrem Schloß einen Kunsthandwerksladen ein, ein kleines Café in einem Nebenraum der alten Schloßküche, in dem man wie einst die Dienstboten auf Holzbänken Tee oder Kaffee trinken und hausgemachten Kuchen essen kann. Im West- und Ostflügel wurden zehn komfortable Gästezimmer eingerichtet. Auf Wunsch gibt es, allerdings nur werktags im Sommer, ein Dinner mit Wein für die Gäste des Hauses.

tonnenweise Muttererde auf die Insel bringen und engagierte den renommierten Gartenarchitekten Harold Peto.

Zwischen den exotischen Pflanzen – Palmen, Rhododendron, seltene Blüten, Büsche und Gräser aus Japan, Südamerika oder Australien – wurden Torbögen, Treppenfluchten, ein griechischer Tempel, der eher an ein toskanisches Landhaus erinnert, ein Uhrturm, Statuen, Säulen und Wege durch das kleine Paradies angelegt. Das einzige Bauwerk, das

Am Healy Paß

sich bereits vorher auf der Insel befand, ist der alte Martello-Turm, der geschickt in die Gartenanlage integriert wurde.

Die Insel wurde ein solcher Besuchermagnet, daß man ihren Zauber am ehesten früh morgens oder außerhalb der Sommersaison genießen sollte. Am allerschönsten ist es auf Garinish Island bei Regen, wenn die ganze Blütenpracht durch die Feuchtigkeit ihren verführerischen Duft verströmt.

Der **Ring of Beara** ist weitaus kürzer als der berühmtere Ring of Kerry. Er hat für Individualtouristen zudem den Vorteil, daß die Straßen für Busse nicht befahrbar sind. Sie sind zu schmal, zu holprig, zu kurvenreich oder zu steil. Bei Adrigole geht es in wenigen Kilometern von Null auf 450 m zum Healy Paß steil bergauf. Der Bau der Straße über den Paß, auf dessen Spitze die Counties Cork und Kerry aufeinandertreffen, wurde während der Großen Hungersnot als Arbeitsbeschaffungsmaßnahme begonnen, doch fast hundert Jahre lang lag die Arbeit brach. Erst 1931 wurde die Paßstraße vollendet und nach Tim Healy benannt, einem 1855 in Bantry geborenen Mann, der später zum ersten Generalgouverneur des Irish Free State wurde. Man wird im Westen Irlands noch häufiger alte Wegführungen, die ins Nichts führen, zu sehen bekommen; Straßen, die aufgegeben wurden, weil die halbverhungerten Arbeiter vor Schwäche starben oder weil die englische Regierung kein Geld mehr investieren wollte.

Castletownberehaven *(Baile Chaisleáin Bhéarra)* 16 ist die größte Stadt und Fischereihafen von Beara samt

Fischverarbeitungsfabrik. Den Namen muß man keineswegs in Gänze aussprechen, meist reicht Castletownbere oder noch kürzer Castletown. Der angeblich außergewöhnlich hohe Wodkakonsum in den Pubs des Städtchens wird darauf zurückgeführt, daß seit einigen Jahren die Besatzung russischer Fischfangflotten dort gelegentlich einen Landgang macht. Wahrscheinlich sind die Russen jedoch nur eine faule Ausrede...

Die vorgelagerte Insel **Bere Island** liegt vor Castletown strategisch derart günstig am Eingang der Bantry Bay, daß sie bis 1938 Marinestützpunkt der Briten war. Gern hätte Churchill die Insel im Zweiten Weltkrieg wieder für seine Flotte genutzt. Aber da war mit den Iren in Sachen militärischer Präsenz der Engländer nicht zu reden.

Von Castletownbere weist ein Wegweiser Richtung **Dunboy Castle,** dem einstigen Herrschaftssitz der O'Sullivan Beres, den früheren irischen Herrschern der Halbinsel. Das Hinweisschild ist jedoch irreführend, es führt tatsächlich zu Puxley Mansion, dem ehemaligen Herrensitz der britischen Familie, die neben den Whites den größten Teil von Beara in Besitz nahm. Die Ruinen von Dunboy Castle – die Burg wurde 1602 von der englischen Armee zerstört – sind offiziell nicht zu besichtigen, da sie auf Privatgrund stehen.

Von **Puxley Mansion** sind ebenfalls nicht mehr als Ruinen zu sehen. Die Puxleys gehörten zu den meistgehaßten englischen Familien in Irland. Sie kamen im 18. Jh. aus Wales in den Westen der Insel, verdienten ihr Geld zunächst mit dem Schmuggel von Wein und Seide und erschlossen zu Beginn des 19. Jh. die reichhaltigen Kupferminen von Beara, durch die sie ein Vermögen verdienten. Gegen Ende des Jahrhunderts bauten sie sich ihr viktorianisches Herrenhaus, ein Stilgemisch, das eher Reichtum als Geschmack demonstrierte. Dennoch lebten die Kupferbarone hauptsächlich in Cornwall. Auf dem nur von Dienstboten beaufsichtigten Grund errichtete die IRA 1920 ein Trainingscamp. 1921 brannte sie das Anwesen nieder.

Die Kupferminen der Puxleys befanden sich hauptsächlich an der Nordwestküste der Halbinsel, in **Allihies** *(Na hAllichi)* 17, einem Dorf, das sich still und einsam unterhalb der Kupferberge entlangzieht. In den bunt getünchten und erstaunlich hübschen Häusern haben sich in den vergangenen Jahren vornehmlich Künstler niedergelassen, die die Einsamkeit zu schätzen wissen.

Das Minengelände selbst, seit 1930 aufgegeben, wird dem Tourismus sukzessive als industrielles Denkmal erschlossen. Eine asphaltierte Straße führt den Berg hinauf zu den Ruinen der Minengebäude. Quer über das Gelände zu laufen ist jedoch wegen der aufgelassenen Schächte und des brüchigen Bodens gefährlich.

Der Ring of Beara hat nach der Häuseransammlung namens Cahermore einen Abzweig, der über eine abenteuerliche Piste nach **Dursey Island** führt. Die Straße ist zwar asphaltiert, aber so schmal, daß ein entgegenkommendes Auto oder auch nur drei Kühe ein echtes Problem darstellen. Dann aber eröffnet sich ein grandioser Anblick an der Spitze von Garnish Point auf die nur knapp hundert Meter entfernte kahle Insel.

Nur noch zwei Familien leben auf dem Eiland, die ihren mageren Lebensunterhalt durch Viehzucht und Fischfang verdienen. In den 1970er Jahren wurde eine Seilbahn über die Meerenge gebaut, deren Gondeln »sechs Personen oder eine Person und eine Kuh« zu fassen vermögen.

Iveragh und Dingle

Der Ring of Kerry

Gäbe es eine Hitliste der Traumstraßen dieser Welt, dann stünde die Straße rund um die Halbinsel Iveragh, der Ring of Kerry, mit Gewißheit ganz oben. Die Fahrt entlang der Küste bietet ein unvergleichliches Panorama mit sanften Dünen, dramatischen Felsen, überwältigenden Ausblicken und bunten Dörfern. Im Osten ragen die Macgillycuddy's Reeks in die Wolken, mit dem höchsten Berg Irlands, dem Carrauntouhil mit 1041 Metern (»Der höchste Berg der Welt«, sagte der *Kerryman*, »außer denen im Ausland«).

Die Idylle, das stille Genießen der landschaftlichen Schönheiten, hat einen kleinen Haken. Ganze Touristenbuskonvois fahren in der Sommersaison die schmale Straße des Ring of Kerry entlang. Die Busfahrer haben sich auf eine gemeinsame Fahrtrichtung geeinigt, nämlich gegen den Uhrzeigersinn. Die Autokolonnen der Individualtouristen bevorzugen die Gegenrichtung, um nicht hinter den Bussen herzuckeln zu müssen.

Unsere Rundreise im Uhrzeigersinn beginnt in **Kenmare** *(Neidín)* 1 (S. 312), einem Städtchen in der Bucht des Kenmare River zwischen den Halbinseln Beara und Iveragh. Der Marquess of Landsdowne ließ 1775 die Stadt so anlegen, wie sie heute im Kern noch zu sehen ist: Zwei breite Hauptstraßen kreuzen sich wie ein längliches X, ein kleiner Park bildet das Zentrum. Von dort zweigt hinter der Kirche ein Weg ab, der zu einem Steinkreis führt, der zwar auf Privatgelände steht, aber wunderschön erhalten ist. Kenmare ist darüber hinaus für seine Spitzen berühmt. Die ›Nonne von Kenmare‹, Mary Frances Cusack, gründete im 19. Jh. nach einer der Hungersnöte im Kloster eine Spitzenklöppelschule für arme Mädchen, die sich damit ihren Lebensunterhalt verdienen sollten. Feine Spitzenarbeiten sind auch heute noch in den Geschäften Kenmares zu erwerben. Das Heritage Centre am Marktplatz informiert über die Geschichte der Spitzenherstellung.

Kultivierte Schönheit und eine erste Teepause mit ofenfrischen, gebutterten *Scones* bietet nach wenigen Kilometern das **Parknasilla Great Southern Hotel** 2, eine in viktorianischer Prächtigkeit erbaute Luxusherberge, die in einen Park von betörender Schönheit eingebettet ist. In dem weitläufigen Gelände gedeihen Palmen, Bambus, riesige Baumfarne und Azaleen, ein tropischer Dschungel aus einer anderen Welt. Der Park ist frei zugänglich.

Kurz hinter Parknasilla wartet der kleine Ort **Sneem** *(An Snaidhm)* 3 (S. 330) mit einer weiteren Überraschung: Das Dorf ist eines der farbenprächtigsten von Kerry und mit seiner Brücke über einen plätschernden Fluß eine

Postkartenschönheit. In Sneem traf zudem ein Teil der großen Welt zusammen, dank dem irischen Präsidenten Cearbhall O'Dálaígh, der sich in seiner Amtszeit (1974–1976) sehr um internationale Verständigung bemüht hatte. O'Dálaígh ist auf dem Dorffriedhof von Sneem begraben. Ihm zu Ehren haben die Bewohner auf dem umzäunten Rasenstück in der Mitte des Dorfes 1983 eine abstrakte Pyramide errichtet. Der frühere israelische Präsident Chaim Herzog, der als Sohn des irischen Oberrabbiners in Belfast geboren wurde, ehrte seinen Amtskollegen kurz darauf mit der Skulptur, die einen Metallbaum darstellen soll. Das ›Volk von China‹ setzte nach und stiftete einen Pandabären aus weißem Marmor. Dann erinnerte man sich in Sneem, daß Charles de Gaulle 1969 dem Ort einen Besuch abstattete, ebenso wie 1978 die niederländische Königin Beatrix. De Gaulle zu Ehren wurde 1994 dem kleinen Skulpturenpark ein klotziger Stein beigefügt, der bislang jüngste Beitrag zur Kunst in Kerry.

Das **Staigue Stone Fort** 4, ein Ringfort mit vier Meter dicken, ohne Mörtel zusammengefügten Mauern, zeugt seit 2000 oder sogar 3000 Jahren von der Baukunst der frühesten Bewohner Irlands. Zwar gibt es über 30 000 solcher Steinforts auf der Insel, die den Menschen damals bei drohender Gefahr Schutz boten, aber das Staigue Fort gehört mit Abstand zu den schönsten. Von der Hauptstraße führt eine etwa vier Kilometer lange ziemlich holprige Straße bis zu dem Privatgrund, wo sich das Grau der gewaltigen Steinmauern gegen die leuchtend grüne Schafweide absetzt.

Caherdaniel *(Cathair Dónall)* 5 (S. 288), mehr Straßendorf als Stadt, war seit vielen Jahrhunderten oder gar Jahrtausenden eines der Zentren des Handels mit Spanien und Frankreich. Bereits vor 4000 Jahren wurden die Kupferminen Iveraghs ausgebeutet. Später verfrachtete man Erz über die Häfen am Kenmare River nach Spanien. Die alte irische Familie O'Connell, die im 15. Jh. als Burgverwalter der MacCarthys bei Caherciveen diente und sich nach der

Blick vom Coomakista-Paß

Vertreibung durch Cromwell in Derrynane bei Caherdaniel niederließ, war, wie man so schön sagt, im Ex- und Importgeschäft tätig. Im Klartext heißt das, daß sie sich ein Vermögen durch Schmuggel verdiente. Mit diesem Geld baute sich die Familie später einen Landsitz in **Derrynane** *(Doire Fhionain)* 6, in dem im 19. Jh. der berühmteste O'Connell residierte, der irische Held schlechthin, Daniel O'Connell. Fürst Pückler-Muskau stattete dem irischen Streiter für die katholische Emanzipation 1828 einen Besuch ab und war zutiefst beeindruckt. Er schrieb: »Ich konnte nicht umhin, dem Kämpfer für die Rechte seiner Mitbürger zu wünschen, daß, wenn wir uns einst wiedersähen, das Zwangsgebäude englischer Intoleranz [...] durch ihn und seine Gehülfen zertrümmert sein möge ...« Diese Begeisterung hinderte Pückler jedoch nicht daran, sich einige Jahre später des Reichtums des Adels in England zu erinnern: »Die Engländer sind der wahre Weltadel ... Der Himmel segne sie um dieser Tugend willen und bewahre sie vor O'Connell, damit es so bleibe.« Derrynane House, der komfortable Landsitz O'Connells, liegt etwa drei Kilometer abseits von Caherdaniel. Im von einem gepflegten Park umgebenen Haus werden liebevoll O'Connells persönliche, nicht besonders aufregende Besitztümer ausgestellt. Ein Café sorgt für Erfrischung.

Einer der großartigsten Streckenabschnitte des Ring of Kerry schlängelt sich von Derrynane bis zum Lough Currane. Die Straße führt steil zum **Coomakista-Paß** hinauf, von wo aus man im Dunst des Atlantiks in der Ferne die scharfen Konturen der beiden Felseninseln von Skellig aus dem Meer ragen sieht, die am späten Nachmittag, wenn die tiefe Sonne einen Strahlenkranz um die Felsen bildet, wie eine unwirkliche Erscheinung leuchten (s. S. 130f.).

Die ersten Mönche von Skellig Michael wirkten auch abseits ihrer Insel: Überall auf Iveragh und Dingle findet man Relikte des frühchristlichen Irland. Auch rund um den **Lough Currane** gibt es neben Ringforts die Ruinen von Bienenkorbhütten und frühchristlichen Siedlungen. Wer seine Ferien am Lough Currane verbringt, interessiert sich jedoch weniger für Ruinen, sondern fürs

Skellig Michael

Unwirtlich und unwirklich zugleich erscheinen die beiden schroffen und gezackten Felsen der Skellig Rocks, die vor der Halbinsel Iveragh aus dem Meer ragen. »Sie gehören in keine der Welten, in der irgendjemand von uns je gelebt oder gearbeitet hat: sie sind Teil unserer Traumwelt«, beschrieb sie George Bernard Shaw. Und dennoch lebten einst Menschen auf der größeren der kahlen und sturmumtosten Skellig Rocks. Frühchristliche Mönche unter dem heiligen Finian ließen sich dort im 7. Jh. nieder und weihten die Insel St. Michael. Sie waren von den koptischen Christen Ägyptens beeinflußt, die sich zur Meditation und Buße in die Wüste begaben. Für die irischen Eremiten entsprach das Leben auf Skellig Michael einem Wüstendasein. Sie lebten von Fischen und von Gemüse, das sie mühsam auf winzigen Terrassenfeldern zogen. Ihre Behausungen waren traditionelle Bienenkorbhütten, die ohne Mörtel aus Steinen in der Form von Bienenkörben zusammengefügt waren. Die Abgeschiedenheit der Mönche und die Unzugänglichkeit der Insel verhinderte jedoch nicht, daß auch sie im 9. Jh. Opfer von drei Überfällen der Wikinger wurden, die dort Schätze vermuteten und, da sie keine fanden, die Mönche töteten oder verschleppten. Während der Kirchenreform im 12. und 13. Jh. wurde das Kloster vom Klerus aufgelöst. Die Mönche zogen sich nach Iveragh zurück, wo sie in Ballinskelligs eine neue Niederlassung gründeten.

Noch heute ist ein Besuch auf der verlassenen Insel ein echtes Abenteuer,

Angeln. Der See ist berühmt für seinen Fischreichtum, hauptsächlich Lachse und Forellen. So ist auch das viktorianisch angehauchte Seebad **Waterville** *(An Coireán)* 7 (S. 334) Zentrum für Angler und Golfer. Die Vorzüge hervorragender Angelgründe und eines 18-Loch-Golfplatzes, der als einer der schönsten Irlands gerühmt wird, haben offenbar auch den Club Mediterrané dazu verleitet, im ehemaligen Waterville Lake Hotel seine einzige Dependance in Irland zu errichten.

Ein ›Nebenring‹ des Ring of Kerry, der Ring of Skellig, führt zum Westzipfel von Iveragh. Eine der wenigen Ortschaften an dieser einsamen Straße heißt **Ballinskelligs** *(Baile an Sceilig)* 8, eine Ansammlung von ein paar Häusern und einem winzigen Hafen, von wo aus man mit dem Boot nach Skellig Michael übersetzen kann. Die Mönche von Skellig Michael errichteten am Strand des Hafendorfes ein Kloster, Ballinskelligs Abbey, das später von den Augustinern übernommen wurde.

Eine dramatische Anfahrt zum Hafenstädtchen **Portmagee** *(An Caladh)* 9 (S. 325) bietet der Weg über den Coomanaspig-Paß (304 m), von dessen

für das sich nur Wagemutige mit guter Kondition erwärmen. Von Portmagee und Ballinskelligs aus fahren die Fischer in winzigen Nußschalen von April bis September auf die Insel – sofern die See ruhig ist. Einen bequemen Hafen gibt es auf Skellig Michael nicht, man muß schon mit Hilfe der Bootsführer an Land hüpfen.

Zu den Ruinen der alten Mönchssiedlung, die auf einer Felsnase errichtet wurde, führen mehr als 600 brüchige und unebene Stufen hinauf. Die Klosteranlage besteht aus zwei Oratorien und sechs Bienenkorbhütten, einigen Grabstätten und den Resten einer mittelalterlichen Kapelle, die mit Mörtel zusammengefügt wurde und deswegen stärker verfallen ist. Die Kapelle ist ein Hinweis darauf, daß nach den frühchristlichen Mönchen Augustiner das Kloster übernahmen. Für die weitaus weltlicheren Ordensmänner war eine Versetzung nach Skellig Michael jedoch eher eine Strafe denn ein freudiges Eremitendasein. Eine »Traumwelt« war die Insel für ihre einstigen Bewohner wohl kaum.

Spitze die Straße gerade und schwindelerregend steil bergab führt – ein Anblick, als würde man oben auf einer Riesenrutschbahn oder Sprungschanze stehen und metertief und kilometerweit hinabsausen müssen.

In Portmagee überquert eine Brücke den schmalen Meeresarm zur **Valencia Island**, einer relativ flachen und reizlosen Insel. Unmittelbar hinter der Brücke versteckt sich unter einem Grasdach das Museum Skellig Experience, das Geschichte und Leben der Mönche auf Skellig Michael dokumentiert. Valencia ist mitnichten eine Verbeugung vor den früheren spanischen Handelspartnern, sondern die phonetische Übertragung des irischen *Béal Innse*, dem alten Namen des Isthmus zwischen Iveragh und Valencia. Hin und wieder erinnert die Fauna jedoch entfernt an Spanien: Der Landlord von Valencia, der Knight of Kerry aus einer Nebenlinie der anglonormannischen Fitzgeralds, ließ sich im 19. Jh. einen subtropischen Garten anlegen, dessen Pflanzen hier und da überlebt haben. Weitaus bekannter ist die Verbindung Valencias mit Nordamerika. Im Jahr 1866 wurde dort das erste Telegraphenkabel zwischen Neufundland und Europa verlegt. Und Charles Lindbergh soll von dort einmal einen Transatlantikflug versucht haben.

Zurück zum Ring of Kerry. **Caherciveen** *(Cathair Saidhbhín)* 10, ein größerer Marktflecken, lebt genauso wie Caherdaniel von der O'Connell-Verehrung, denn hier wurde Daniel O'Connell 1775 geboren. Im östlichen Stadtteil Carhan steht noch die Ruine seines Geburtshauses. Selbst die Kirche aus dem Jahr 1875 wurde dem katholischen Befreier geweiht, was zumindest in Irland einzigartig ist, da weltlichen Personen diese Ehre dort sonst nie zuteil wird.

Auf der Strecke nach **Glenbeigh** *(Gleann Beithe)* 11 (S. 309) kann man an klaren Tagen bis zu den Höhen von Dingle sehen. Kurz vor dem Ort, gegenüber seines Pendants Inch auf der Halbinsel Dingle, ragt der Rossbeigh Beach in die Bucht, eine schmale Landzunge aus gelbem Sand. Der Strand ist vor allem bei Familien sehr beliebt, weshalb in der Umgebung zahlreiche Camping- und Caravanplätze sowie Ferienhaussiedlungen gebaut wurden. Ein paar Kilometer hinter Glenbeigh erinnert das nachgebaute Kerry Bog Village Museum an das harte Leben der Torfbauern. Sieben Cottages wurden rekonstruiert, in denen das Torffeuer glimmt und den Besuchern zudem Souvenirs oder Erfrischungen geboten werden.

Die Halbinsel Iveragh ist übersät mit kleinen Seen und wildromantischen Flußtälern, die für einsame Wanderungen wunderbar geeignet sind. Der **Kerry Way**, ein ausgeschilderter Wanderweg von insgesamt 215 Kilometern Länge, führt durch die schönsten und aufregendsten Landschaften, erfordert

Volksmusik in Killorglin

aber auch eine sorgfältige Vorbereitung und viel Kondition. Einen der überwältigendsten Abschnitte kann man auch durch einen kleinen Abstecher mit dem Auto kennenlernen: Der Abzweig Richtung Glencar, ein Streudorf zu Füßen der Macgillycuddy's Reeks, führt kilometerweit den **Lough Caragh** 12 entlang, eine Verbreiterung des Caragh River. Dieser stille, von Hochmooren, Weiden und kahlen Hügeln eingerahmte See erinnert in seiner landschaftlichen Harmonie an chinesische Gemälde. Man begegnet nur wenigen Menschen an seinem Ufer, nur hin und wieder blitzt hinter hohen Bäumen eine Villa hervor. Die Gegend, gern als ›Tessin Irlands‹ bezeichnet, ist ein Refugium für betuchte Urlauber oder Aussteiger, vornehmlich aus Deutschland.

Killorglin *(Cill Orglan)* 13 (S. 316), letzte Station der Kerrytour, zieht die Besucher massenhaft an, wenn auch nur einmal im Jahr: In der kleinen Stadt findet vom 10. bis 12. August die Puck Fair statt, das älteste Jahrmarktsfest der Welt, wie es heißt. Die Puck Fair, ursprünglich ein Viehmarkt, ist mittlerweile zu einem riesigen Volksfest geworden, als dessen buchstäblicher Höhepunkt ein bedauernswerter Ziegenbock (aus dem Gälischen *poc*) drei Tage lang in einem Käfig hoch über dem Marktplatz thronen muß. Die Krönung des Ziegenbocks zum König Puck soll noch aus vorchristlicher Zeit stammen, als Symbol der Vertreibung böser Dämonen oder vielleicht auch als keltischer Fruchtbarkeitsritus. Die Beliebtheit dieses Festes hat heute wohl kaum noch etwas mit irgendwelchen Riten zu tun, eher mit der Umgehung eines ansonsten unumstößlichen Gesetzes: Während dieser drei Tage ist in allen Pubs von Killorglin die Sperrstunde aufgehoben.

Der Killarney Nationalpark

Der Killarney Nationalpark mit seinen Bergen, Schluchten, Seen und Eichenwäldern ist eine der reizvollsten Landschaften Irlands, nach Meinung vieler Besucher die reizvollste überhaupt, und dementsprechend zahlreich tummeln sich dort während der Saison die Touristen. Die kleine Stadt **Killarney** *(Cill Airne)* 14 (S. 315) mit ihren ca. 9000 Einwohnern weist die höchste Hoteldichte nach Dublin auf. Dies sei nur zur Warnung für jene angemerkt, die Schönheit ausschließlich im Verbund mit Einsamkeit zu genießen vermögen. Eine Touristenfalle, wie manche behaupten, sind Killarney und der Nationalpark jedoch nicht, denn der Park und seine Sehenswürdigkeiten faszinieren auch im Getümmel vieler Menschen.

Tourismus hat in Killarney eine fast 250jährige Tradition. Der gesellige Earl of Kenmare, dessen Vorfahren das Land von der englischen Krone im Jahr 1588 erhielten, als sie noch schlicht Brown hießen, ließ 1756 eine neue Straße zu seiner Residenz in Killarney bauen, um den zahlreichen Jagdgästen die Anreise zu erleichtern. Er befahl des weiteren den Bau von Gasthäusern und veranlaßte seine Pächter, für die Reisenden zu sorgen. Das blieb bis heute so, nur kümmert man sich in Killarney heute freiwillig um die Gäste aus aller Welt.

Der eindrucksvollste Blick auf die Schönheiten des Nationalparks eröffnet sich, wenn man sich ihm von Kenmare aus auf der N 71 nähert. Kurvenreich schlängelt sich die Straße bis zu **Moll's Gap** hinauf, wo ein großer Parkplatz neben einem Selbstbedienungsrestaurant samt Tweed- und Strickladen auf Touristen warten. Das Panorama ist überwältigend: rauhe Felsen, grüne Hänge und ein stets heftiger Wind, der durch die bergige Landschaft pfeift. Nach ein paar Kilometern breitet sich das ganze Tal des Nationalparks vor dem staunenden Auge aus: Zur Linken die Ausläufer des Macgillycuddy's Reek mit dem höchsten Berg Irlands, rechts die schroffen Felsen der Mangerton Mountains und dazwischen dichte Wälder und ein Tal, in das sich eine verzweigte Seenkette schmiegt. Den schönsten Blick auf dieses Gemälde hat man von **Ladies View**, und es ist immer wieder ein Erlebnis, auch wenn man noch so oft dorthin fährt.

Dieser spezielle Aussichtspunkt erhielt seinen Namen von den Hofdamen der Queen Victoria, die ihn zwar gewiß nicht als erste genossen, aber in ihrer viktorianischen Entzückung sicherlich einen bleibenden Eindruck bei den Einheimischen und Chronisten hinterlassen hatten. Ein sehr hübsches Café und ein großer Parkplatz erleichtern den Halt an dieser Stelle. Einen noch großartigeren Ausblick hat man von der Spitze des **Torc Cascade**, ein Wasserfall, der 18 Meter in die Tiefe stürzt oder eigentlich eher plätschert.

Die verzückten Hofdamen kamen im Jahr 1861 im Gefolge der Queen Victoria, die in einer der kostspieligsten Unterkünfte Irlands untergebracht war, im **Muckross House** 15, einem Luxusdomizil von wahrhaft viktorianischer Gediegenheit. Das riesige Haus am Muckross Lake inmitten eines weitläufigen Parks ließ sich der Parlamentsabgeordnete von Kerry, Henry Arthur Herbert, dessen Familie seit 1770 im Besitz des Landes um Killarney war, im Jahr 1843 für 30 000 Pfund bauen, eine Summe, die heute einem zweistelligen Millionenbetrag entsprechen dürfte. Haus und Innenausstattung, die noch im Original zu besichtigen ist, zeugen nicht gerade von zurückhaltender Bescheidenheit des Bauherrn. Alle Räume sind eine Spur größer, alles Mobiliar und aller Zierat eine Spur kostbarer, als es sich auch zu damaligen Zeiten ein Edelmann hätte leisten können. Selbst den Kindern wurde eine eigene Treppe mit niedrigeren Stufen gebaut, um sie von den repräsentativen Räumlichkeiten der Eltern fernzuhalten. Zu den prachtvollsten Zimmern gehören die Bibliothek und das geräumige Elternschlafzimmer, das gelegentlich bedeutenden Gästen zur Verfügung gestellt wurde. Nur Victoria zog es vor, in einer ›bescheideneren‹ Zimmerflucht im Erdgeschoß zu nächtigen – stets fürchtete die Königin, im Falle eines Feuers nicht schnell genug fliehen zu können.

Auch das Kellergeschoß, das sozialhistorisch der interessanteste Teil des Gebäudes ist, ist noch vollständig erhalten. Dort waren einstmals nicht nur eine Handvoll Bediensteter tätig, sondern eine ganze Heerschar, vergleichbar vielleicht mit der Versorgungszentrale eines Großhotels, wenn nicht sogar darüber hinaus. Heute befinden sich in dem Labyrinth einige Werkstätten, wie eine Weberei, eine Buchbinderei und eine Töpferwerkstatt, deren Erzeugnisse auch an Ort und Stelle käuflich zu erwerben sind.

Mit dem Bau und letztlich auch mit dem Unterhalt von Muckross House hatte sich die Familie Herbert finanziell übernommen. 1899 verkauften sie das Anwesen an Lord Ardilaun, ein Mitglied der Bierbrauersippe Guinness, der es an wohlhabende Gäste und Gesellschaften vermietete. 1911 erwarb es der reiche Amerikaner William Bowers Bourn, der den gesamten Besitz seiner Tochter Maud zum Hochzeitsgeschenk machte. 1932, drei Jahre nach deren Tod, über-

Im Killarney-Nationalpark

ließ es ihr Ehemann Arthur Rose Vincent mitsamt dem 4450 Hektar großen Anwesen dem irischen Staat.

Der Bauherr, Henry Arthur Herbert, starb 1866. Er ist auf dem kleinen Friedhof von Killegy an der Straße zwischen Muckross und Killarney begraben. Sein großes Grabkreuz ist ebensowenig zu übersehen wie sein einstiges Domizil. Auf dem gleichen Friedhof fand auch ein weitgehend unbekannter Deutscher 1794 seine letzte Ruhe, der jedoch der Welt eines der fantasievollsten Abenteuermärchen hinterlassen hat, nämlich die Lügengeschichten des Barons Münchhausen: Rudolf Erich Raspe war selbst ein schwärmerischer Abenteurer und Betrüger. Im Hannoverschen stand er unter anderem auch in Diensten des echten Barons Münchhausen, dessen gern erzählte Schlachtenerlebnisse Raspes Fantasie offensichtlich angeregt hatten. Im Jahr 1775 floh Raspe nach England, um der Verhaftung wegen Veruntreuung zu entgehen, wo er die Münchhausiaden niederschrieb und ins Englische übersetzte. In Schottland wurde er dann in einen Skandal wegen Goldmacherei verwickelt und floh weiter nach Irland, wo er bis zu seinem Tod für die Familie Herbert als Verwalter der Kupferminen von Killarney arbeitete.

Gegenüber dem kleinen Friedhof, am Ufer des Lough Leane, des größten Sees im Killarney-Tal, liegen auf dem Gelände der Ruinen des Franziskanerklosters **Muckross Friary** 16 weitaus seriösere Gestalten der Geschichte begraben, neben gälischen Dichtern und Stammeshäuptlingen auch Cormac MacCarthy Mor, im 16. Jh. der letzte König von Munster. Das Kloster, von den MacCarthys im 15. Jh. gestiftet, wurde 1652 von Cromwells Truppen zerstört.

Kupfer wurde bereits vor über 4000 Jahren hauptsächlich auf der Halbinsel Ross Island gewonnen, die heute ein reizvolles Naturreservat mit ausgewiesenem Wanderweg ist. Der Turm von

Ross Castle 17, ein Schloß aus dem 15. Jh. aus der Zeit der O'Donoghues, wurde vor einiger Zeit restauriert. Die Festung war eine der letzten, die Cromwells Truppen widerstanden und letztlich kampflos übergeben wurde – was ihren relativ guten Zustand erklärt.

Am Ufer der Halbinsel kann man sich Boote mieten, um selbst auf den See hinauszupaddeln. Man braucht etwa eine halbe Stunde, um zur Insel **Inisfallen** hinüberzurudern. Über 1000 Jahre, vom 7. bis zum 17. Jh., befand sich dort ein Kloster, von dem nur noch die Ruinen eines Oratoriums aus dem 12. Jh. und einer kleinen romanischen Kirche erhalten sind. In diesem Kloster soll Brian Boru, der Held im letztlich verlorenen Kampf gegen die Wikinger, seine Erziehung genossen haben. Sein Lehrer war vermutlich derjenige, der um das Jahr 950 mit der Niederschrift der berühmten ›Annalen von Inisfallen‹ begann, einer Chronik über das Leben in Irland, die bis ins Jahr 1320 fortgeführt wurde. Dieses unschätzbare Werk befindet sich heute zum Leidwesen irischer Historiker in der Bodleian-Bibliothek im englischen Oxford.

Höhepunkt eines jeden Besuchs im Killarney Nationalpark ist eine Wanderung durch die wildromantische Schlucht **Gap of Dunloe** 18, eine Schlucht, die sich ungefähr 13 km gen Süden erstreckt. Ein Flüßchen, das sich zu fünf Seen verbreitert, schlängelt sich durch Wiesen und Geröll. Bis zu Kate Kearney's Cottage kann man mit dem Auto fahren, danach geht es nur noch zu Fuß, zu Pferd oder mit einer der *Jaunting Cars*, den zweirädrigen Pferdekutschen, weiter. Daß **Kate Kearney's Cottage** 19 um die Mitte des 19. Jh. ein Geheimtip war, ist dem Haus mit dem Massenabfertigungsrestaurant, dem Andenkenladen voller Kitsch und den um Gäste buhlenden Kutschern und Ponyvermietern auf dem Vorplatz nicht mehr anzumerken. Damals jedoch lag das Cottage recht einsam am Eingang der Schlucht, außerordentlich gut geeignet für alle möglichen verbotenen Genüsse. Die schöne Kate Kearney betrieb dort eine Spelunke, in der *Poitín*, schwarz gebrannter Whiskey, ausgeschenkt wurde. Sie selbst und ihre Schankmädchen waren wohl auch eine Attraktion und ein lukrativer Geschäftszweig – das wird zumindest von den Kutschern sehr genüßlich und mit einem gewissen Bedauern über vergangene Zeiten erzählt.

Ross Castle

Die Dingle-Halbinsel

›In einem fernen Land‹ lautete der Titel eines Hollywoodschinkens über einen armen, irischen Bauernburschen, der sein Glück in Amerika machen will. Der Film wurde auf der Halbinsel Dingle gedreht, dem nördlichsten der fünf Finger, die sich in Kerry nach Westen ausstrekken. Ausgewählt wurde der Drehort vermutlich, weil er mit den Bergrücken, dem in allen Schattierungen schimmernden Grün, den sandigen Buchten und schroffen Klippen, an die der Ozean mit urtümlicher Gewalt donnert, so ›typisch irisch‹ anmutet. Vielleicht auch, weil in dieser westlichsten Ecke Europas der Traum von Amerika zutiefst verwurzelt ist: Nach einem fernen Land strebte bereits vor fast 1500 Jahren ein anderer Bursche aus Kerry: Der heilige Brendan (s. S. 142f.) machte sich ebenfalls von Dingle auf den Weg nach Amerika, und seine Reise war gewiß um einiges abenteuerlicher als die des smarten Filmhelden.

Die Rose von Tralee

She was lovely and fair as the rose of the summer, / Yet 'twas not her beauty alone that won me. / Oh no, 'twas the truth in her eye ever dawning, / That made me love Mary, the Rose of Tralee.«

William Mulchineck (1820–1864), der Autor dieses Lieds, war ein junger Mann aus gutem Hause, dessen Familie in Ballymullen residierte. Er verliebte sich in das Dienstmädchen Mary O'Connor, durfte sie aber wegen des Standesunterschiedes nicht heiraten. Er ehelichte schließlich eine andere Frau und wanderte nach Amerika aus. Seine Geliebte jedoch vergaß er nie. In seiner Sehnsucht schrieb er das Lied über Mary, die schön wie eine Sommerrose gewesen sei, aber deren offenes Herz und ehrliche Augen ihn letztlich weitaus mehr entflammt hätten.

Die ›Rose von Tralee‹ wird in Erinnerung an diese traurige Geschichte seit 1959 alljährlich eine Woche lang Ende August unter zahllosen Bewerberinnen aus aller Welt, sofern sie auch nur im entferntesten eine irische Abstammung nachweisen können, als Königin für ein Jahr ausgewählt. Bei diesem Wettbewerb kommt es nicht darauf an, ob die Erwählte besonders schön ist, sondern die jungen Frauen müssen vor allem beweisen, daß sie über traditionell irische Fähigkeiten verfügen, wie Tanz, Gesang und Eloquenz. Natürlich gibt es neben der Kür der *Rose of Tralee* etlichen anderen Zeitvertreib für die zahlreichen Gäste durch ebenso irische Lustbarkeiten, nämlich fröhliche Feste und reichlich Getränke. Genau genommen findet dieses Fest weit verstreut das ganze Jahr über statt, denn schon ab dem Frühjahr wird in den einzelnen Counties Irlands, in den USA, in Australien, Neuseeland und wo sonst noch junge Frauen irischer Abstammung leben, eine Vorauswahl getroffen. Wer es schafft, jemals zur *Rose of Tralee* gekürt zu werden, hat in der weltweit über 70 Millionen starken irischen Gemeinde alle Chancen offen – zumindest, um den Mann fürs Leben zu finden.

Gegen den geballten weiblichen Charme von Tralee versuchen mittlerweile auch Männer anzutreten. In Ballybunion nördlich von Tralee findet im Juli das *International Bachelor Festival* statt. Auf diesem Fest wird ebenfalls jedes Jahr der begehrenswerteste Junggeselle gekürt. Die irische Abstammung ist in diesem Fall zweitrangig. Hauptsache Mann und unverheiratet.

Die Halbinsel, deren westliche Hälfte zu den Gaeltacht-Gebieten gehört, ist mit ihrer nahezu unberührten Natur und den flammenden Fuchsienhecken nicht nur von farbenprächtiger Schönheit, sondern auch außergewöhnlich reich an frühchristlichen Hinterlassenschaften. Archäologen haben rund 2000 Oratorien, Bienenkorbhütten, Megalithgräber, Hochkreuze, Steinkreise, Ogham-Steine und Ringforts gezählt.

Ausgangspunkt für Touren durch Dingle ist **Tralee** *(Trá Lí)* 20 (S. 331), eine moderne Stadt, die in weiten Teilen im 18. und 19. Jh. neu erbaut wurde. Trotz seiner nüchternen Erscheinung hat das Verwaltungs- und Industriezentrum von Kerry – größter Arbeitgeber ist die Kerry-Gruppe, die die landwirtschaftlichen Produkte des County vermarktet – ein vielfältiges Kulturleben zu bieten sowie eine geschichtsträchtige Vergangenheit als Stammsitz der Earls of Desmond aus der normannischen Familie der Fitzgeralds, auch Geraldines genannt. Sie gehörten zu den hartnäckigsten Gegnern Englands. Der letzte Desmond wurde 1583 ermordet. Nach dem Tod des letzten Earl wurde Tralee mehrmals zerstört und von Cromwells Truppen schließlich gänzlich dem Erdboden gleichgemacht.

Nach einem Revolutionär von 1916, Thomas Ashe, ist die Ashe Memorial Hall benannt, in der man Bekanntschaft mit *Kerry the Kingdom* macht. Ein Königreich Kerry ist zwar nicht überliefert, aber der Name für das Museum, das anschaulich und umfassend durch 7000 Jahre irischer Geschichte führt, ist allein schon Beweis genug, wie stolz man hierzulande auf seine Vergangenheit ist – vor allem, wenn die Geschichte aus der Sicht von Kerry dargestellt wird. Der wahre Schatz befindet sich jedoch im Keller des Museums, wo das Tralee des Mittelalters unter den Fitzgeralds, die die Stadt im Jahr 1216 gegründet hatten, mit verblüffenden Effekten nachgebildet wurde. *Geraldine Tralee* heißt das mittelalterliche Erlebnis, das durch Straßen und über Marktplätze führt, in denen lebensecht wirkende Puppen die Szenerie ebenso beleben wie ›authentische‹ Geräusche und Gerüche.

Tralee verfügt noch über eine weitere Attraktion: Das Siamsa tíre-Theater hat es sich seit 1968 zur Aufgabe gemacht, die gälisch-irischen Traditionen in Tanz und Gesang als vergnügliche Shows zusammenzustellen. Seit 1974 residiert das Theater in einem Haus, das einem historischen Ringfort nachempfunden wurde und zusätzlich über mehrere Ausstellungsräume verfügt.

Drei Produktionen werden während der Saison von Mai bis Mitte Oktober geboten, die alle verschiedene Aspekte gälischer Folklore mit großer Professionalität und viel Temperament auf die Bühne bringen. Es gibt Stücke, die das ländliche Leben in einfachen Geschichten darstellen, oder reine Tanzaufführungen, wie zum Beipiel eines über die Entwicklung des irischen Steptanzes oder Inszenierungen zur keltischen Mythologie. Aber auch modernere Szenen werden aufgeführt. Das Programm wechselt jährlich, jede neue Produktion bietet Varianten des immer gleichen Themas: irische Folklore und Mythologie, aber immer auch spannend und unterhaltsam vorgestellt, einschließlich der Live-Musik.

Alle drei Produktionen sind in gälischer Sprache. Dem Verständnis tut das jedoch keinen Abbruch. Die Geschichten werden teils mimisch, teils durch Tanz und Gesang dargestellt. Zusätzlich gibt es mehrsprachige Programmzettel, die die einzelnen Szenen erläutern.

Eine Rundtour über die Halbinsel Dingle führt mitunter in eine weitaus tiefere Vergangenheit und zudem durch eine hinreißende Natur. Die R 559 führt direkt nach Dingle, der gleichnamigen ›Hauptstadt‹ der Halbinsel. Ein kleiner Umweg über die R 560, die kurz vor dem Dörfchen Camp rechts abzweigt (Richtung Stradbally), verspricht zunächst einen großartigen Überblick über den gesamten westlichen Teil der Halbinsel Dingle und bei klarer Sicht noch weit darüber hinaus. Der **O'Connor-Paß**, über den der Weg von Stradbally in Richtung Dingle führt, ist mit 456 Metern die höchste Paßstraße Irlands. Von dort oben kann man nach Süden bis zu den Skellig-Inseln, nach Norden bis zur Mündungsbucht des Flusses Shannon und auf das großartige Panorama des Mount Brandon blicken. Von diesem Berg aus soll der Heilige um Gottes Beistand und schönes Wetter gebetet haben, bevor er sich auf die Reise über den Atlantik machte. Auch heute noch besuchen Pilger den Berg, um sich Gottes Segen vielleicht auch für alltäglichere Anliegen zu erflehen.

Im Fall des kleinen Fischerstädtchens **Dingle** *(An Daingean)* 21 (S. 297f.) mit seinen bunten Häusern und gemütlichen Straßen scheinen die Bitten in Erfüllung gegangen zu sein. Wie sonst wäre es zu erklären, daß gerade in dem Moment, als gegen Ende der 1980er Jahre die Fischindustrie daniederlag, ein Delphin in der Bucht auftauchte und dem gesamten Ort einen wesentlich lukrativeren Geschäftszweig bescherte? Eine ganze Industrie hat sich seither um Fungie, wie das verspielte Tier bald genannt wurde, aufgebaut. Es gibt Videos und Bücher, T-Shirts, Schmuck, ein Denkmal und natürlich die Bootsfahrten, die eine Begegnung mit Fungie versprechen. Aber auch ein Delphin mag es gelegentlich leid sein, für die vielen Neugierigen ständig den Clown zu spielen. Hat Fungie einmal keine Lust auf Eskapaden oder sollte es regnen, kann man

In Dingle

sich mit einem Besuch im Mara Beo, einem Meeresaquarium mit mehr als 100 seltenen Fischarten, trösten. Zudem bieten die zahlreichen Pubs und Restaurants von Dingle genügend Abwechslung. Neben köstlichen Fischgerichten und jeder Menge guter Stimmung gibt es dort Fungie zumindest als Bild, Skulptur oder Foto zu bewundern.

Westlich von Dingle finden sich frühchristliche Relikte zuhauf. Das **Dunbeg Fort** *(Dun Beag)* 22, eine relativ gut erhaltene Befestigungsanlage, liegt unmittelbar an der Straße Richtung Dunquin. Es wurde vermutlich um 800 erbaut und lag strategisch überaus günstig, denn von der Klippe eröffnet sich ein weiter Blick nach Süden. Oberhalb des Forts, auf der anderen Straßenseite bei Fahan, befindet sich die größte Ansammlung von Bienenkorbhütten. Über

400 dieser uralten Behausungen wurden gezählt.

Am Kap von **Slea Head** *(Ceann Sléibhe)* bietet sich dann ein großartiges Naturschauspiel. Die ganze Wucht des Ozeans donnert hier an die scharfkantigen, schwarzen Felsen. Der Strand, der sich bei Ebbe bis zu der Landzunge von Dun Mor erstreckt, ist jedoch gefährlich. Wenn die Flut steigt oder Stürme tosen, verschwindet die goldene Pracht unter den Wassermassen. Die Legende erzählt, daß dort Mor, die Tochter der Sonne, den Gott des Meeres, Lir, geheiratet habe.

Zu den malerischsten Dörfern der Dingle-Halbinsel gehört **Dunquin** *(Dún Chaoin)* 23 (S. 304), dessen Häuser förmlich an den steilen Felsen kleben und das sich des westlichen Pubs Europas – Kruger's – rühmt. Verunziert wird die Umgebung lediglich vom Blasket Centre, einem Besucherzentrum, das über die Blasket-Inseln informiert, in seiner Architektur jedoch eher wie eine Fabrik wirkt und deswegen heftig umstritten ist.

Von dem kleinen Hafen von Dunquin, zu dem es steil hinabgeht, laufen die Boote zu den **Blasket-Inseln** aus, einer Gruppe von sieben Inseln, die zu literarischen Ruhm gekommen sind. Über das Leben der Menschen von Blasket hat ihre berühmteste Bewohnerin, Peig Sayers, ein Buch geschrieben (›So irisch wie ich‹). Darin erzählt sie, ursprünglich auf Irisch, vom Alltag und den Härten eines abgeschiedenen Daseins in einer erbarmungslosen Umwelt.

Jahrhundertelang war die größte der Inseln, **Great Blasket** *(Blascaod)*, von Menschen bewohnt, die nur selten auf

Kolumbus war nur Zweiter

Christoph Kolumbus, der Genuese in spanischen Diensten, mag vielleicht Amerika erschlossen oder vielmehr den Boden für die Eroberung bereitet haben, entdeckt hat er es jedoch nicht. Diese Ehre gebührt natürlich einem Iren, dem heiligen Brendan, der im 6. Jh. den weiten Weg nach Westen mit einer Nußschale bewältigte, in Amerika landete und wohlbehalten nach Irland zurückkehrte. Daß die Neue Welt dann doch nicht erobert wurde und deren Entdeckung ziemlich gelassen hingenommen wurde, ist vermutlich der irischen Abneigung gegen unnötige Risiken und überhaupt beschwerliche Neuerungen zu verdanken. Zuhause weiß man, was man hat.

Brendan war in gewisser Weise eine Ausnahme. Als Nachfahre von Fergus MacRory, dem irischen Hochkönig im 1. Jh., war schon seine Geburt im Jahr 484 von merkwürdigen Umständen begleitet: In der Nacht, in der er in der Gegend von Tralee das Licht der Welt erblickte, soll das ganze Land von einem überirdischen Leuchten erfüllt gewesen sein. Mit sechs Jahren schon befaßte er sich mit den heiligen Schriften, reiste als junger Mann durch ganz Irland und besuchte Klöster, um schließlich im Jahr 510 nach Kerry

das Festland kamen, kaum Englisch sprachen und abgeschieden vom irischen Geschehen ihren harten Alltag meisterten. Bis zu 150 Menschen konnte die Insel ernähren. Die letzten 22 Bewohner verließen sie im Jahr 1953 auf Drängen der Regierung. Seit einiger Zeit gibt es Pläne, das verfallene Inseldorf wieder aufzubauen und touristisch zu erschließen. Bislang kann man zwar per Boot auf die Insel fahren, aber es gibt weder eine Unterkunft noch sonstige Bequemlichkeiten. Die anderen Inseln der Blaskets waren seit jeher unbewohnt und werden es bis auf die Vogelkolonien auch bleiben.

Von Dunquin aus schlängelt sich die Straße hinter dem Clogher Head wieder landeinwärts nach **Ballyferriter** *(Baile an Fheirtéaraigh)* 24, einem kleinen Ort, der erst dann richtig zum Leben erwacht, wenn die Sommerschüler der gälischen Sprachschule eintreffen. Von dort aus hat man einen weiten Blick auf Smerwick Harbour, wo im 9. und 10. Jh. die Wikinger eine kleine Handelsniederlassung mit dem Namen **Smerwick** gründeten. Mit welcher Ware sie handelten, ist dem Namen zu entnehmen: Smer stammt vom skandinavischen Wort *smør* für Butter. Vermutlich wurden damals die Grundlagen für den erfolgreichen Export von Kerrygold, der irischen Butter, gelegt.

Auf dem Weg von Ballyferriter nach Dingle (R 559) gibt es wieder einige frühchristliche Hinterlassenschaften zu sehen, die jeweils abseits der Straße lie-

zurückzukehren. Er gründete ein Kloster bei Ardfert und baute ein Oratorium auf dem Mount Brandon.

Eines Tages vernahm er die Mär von einer wunderschönen Insel, die weit westlich von Irland liegen sollte. Nicht daß ihn der Forscherdrang quälte – als wahrhaft irischer Christ war sein einziger Gedanke, die Einwohner dieser fernen Insel zu missionieren. Mit vierzehn Mönchen machte er sich in einem Curragh-Boot, dem traditionellen irischen Segelschiff, auf den Weg. Zunächst landete er auf den Hebriden, segelte dann weiter nach Süden und verbrachte den ersten Winter auf Madeira. Zwischenlandungen gab es dann auf Island, Grönland und Neufundland, bis er schließlich in Amerika landete. Der genaue Ort ist unbekannt, obwohl Brendan später ein ausführliches und mit kuriosen Erlebnissen ausgeschmücktes Buch über seine Abenteuer schrieb. Sieben Jahre benötigte er für diese Reise. Aber offenbar wurde sein Missionseifer enttäuscht. Vermutlich war in der Wildnis des unbekannten Kontinents kein Mensch zu finden. So kehrte er zurück und missionierte weiterhin seine Landsleute.

Daß diese Reise des heiligen Brendan kein Fantasieprodukt gewesen sein muß, bewies 1976 der Abenteurer Tom Severin, der mit einem nachgebauten Curragh-Boot den Weg von Brendan nachvollzog. Er brauchte nur dreizehn Monate, bis er in Neufundland landete. Sein Boot ist im Ulster History Park im County Tyrone ausgestellt.

Ob Brendan nun tatsächlich Amerika entdeckt hat oder nicht, spielt eigentlich keine Rolle. Tatsache bleibt, daß es dennoch ein Ire war, der als erster seinen Fuß auf amerikanischen Boden setzte. Kolumbus nämlich hatte einen irischen Hund bei sich. Und der sprang noch vor seinem Herrchen und dessen Mannschaft vom Schiff an Land.

gen, aber gut ausgeschildert sind: Kurz hinter Ballyferriter wurden vor einigen Jahren die Ruinen der alten Klostersiedlung Riasc ausgegraben. Ein Stück weiter befindet sich das 1200 Jahre alte **Gallarus-Oratorium** 25, das einzige vollständig erhaltene Bauwerk in der zeittypischen mörtellosen Bauweise. Den Mönchen diente das kleine Gebäude als privates Gebetshaus. Die Reste der romanischen Kirche von Kilmalkedar, nächste Station auf dem Weg nach Dingle, stammen aus dem 12. Jh. Sie liegt auf dem Pilgerweg zum Mount Brandon.

Über Dingle geht es zurück Richtung Annascaul, dort aber rechts ab über die R 561 Richtung Castlemaine. Die schmale Küstenstraße entlang des Red Cliff schmiegt sich eng an die Klippen, die steil ins Meer abfallen. Nach starken Regengüssen kann es schon mal vorkommen, daß ein Bach quer über die Straße hinabströmt. Umkehren ist wegen der engen Kurven zwecklos, man muß durch.

Wenn irgend möglich, sollte man sich diesen Weg am Abend vornehmen und am Parkplatz vor der sandigen Landzunge **Inch** 26 einen Halt machen. Der sechs Kilometer lange Strand, der unter Naturschutz steht, streckt sich wie ein Finger Richtung Iveragh aus. Die Sonnenuntergänge, die man von dort aus beobachten kann, sind so romantisch, daß selbst Hollywood das Naturspektakel im Film ›Ryan's Tochter‹ auf Zelluloid bannte.

Der Westen

Der River Shannon

›At swim two birds‹, der Titel des genialsten Romans von Flann O'Brian, dessen Handlung anscheinend so unschlüssig mäandert wie der Fluß Shannon, ist ein so kryptisches Englisch, daß die Übersetzung der vier Worte Deutschlehrer zum Weinen bringt: ›In Schwimmen-Zwei-Vögel‹. Das Buch hat im Grunde gar nichts mit dem Fluß zu tun – bis auf die Tatsache, daß Flann O'Brian diese Sentenz dem heiligen Patrick abgekupfert hat, der damit seiner Überquerung des Shannon an einer seichten Stelle poetischen Ausdruck verleihen wollte.

Daß Patrick seine Shannon-Überquerung in seinen Schriften so nachdrücklich festgehalten hat, liegt an der besonderen Bedeutung des Flusses. Mit 342 km von der Quelle im County Leitrim bis zur Mündung in den Atlantik im County Limerick ist der Shannon der längste Fluß Irlands, der sich wegen des geringen Gefälles und des flachen Landes zu mehreren Seen verbreitert, deren größte der Lough Derg, der Lough Ree und der Lough Allen sind. Jahrhunderte vor unserer Zeitrechnung war er bereits Teil eines Handelswegs, die über die Keltische See durch Gallien bis zum Mittelrhein reichte. Im 18. Jh., als Dublin durch den Bau des Grand Canal mit dem Shannon verbunden wurde, stieg die Bedeutung dieses Flusses als Handelsweg nochmals kurz an – vor allem Lastkähne voller Fässer aus der Dubliner Guinness-Brauerei verteilten ihre begehrte Fracht in Irland.

Heute gleiten nur noch die Kabinenkreuzer der Freizeitkapitäne auf dem Fluß, der von Lough Allen über den Lough Derg bis – seit kurzem – auch nach Limerick und dadurch schließlich zum Atlantik 270 km schiffbar ist. Seit 1994 kann man auch über den instandgesetzten Shannon-Erne-Kanal sogar bis zu den Erne-Seen von Fermanagh in Nordirland weiterschippern. Dieser 62 km lange Wasserweg mit 16 Schleusen

Blick auf Killaloe

und 34 Steinbrücken wurde Mitte des 19. Jh. gebaut, aber bereits nach wenigen Jahren mangels Nachfrage wieder aufgegeben. Eine solche Kreuzfahrt gehört zu den ruhigsten und romantischsten Reisen in Irland. Keine Industrieanlagen – bis auf einige wenige Torfkraftwerke – stören die Uferidylle.

Daß Urlauber nicht nur in den Genuß solch erholsamen Friedens kommen, sondern ihnen zudem auch an Land reichlich Zerstreuung geboten wird, ist den Anstrengungen einer Entwicklungsgesellschaft zu verdanken, die sich zu Beginn der 1960er Jahre Gedanken um die wirtschaftliche Zukunft der Region gemacht hat. Einziger lukrativer Wirtschaftszweig am Shannon war zuvor nämlich der Shannon Airport, über den heute die meisten Charterurlauber auf die Insel einfliegen. Vor einem halben Jahrhundert diente der Flughafen zwischen Limerick und Ennis einzig und allein als Auftankstation für die Transatlantikflüge. Um den wartenden Passagieren etwas Abwechslung zu bieten

Richtig Reisen
Thema

Clonmacnoise – Die Mitte Irlands

Auf der Kuppe eines flachen Hügels in einer Biegung des Shannon blühte über 1000 Jahre lang ein klösterliches Gemeinwesen, dessen Ruf als Stätte der Gelehrsamkeit und Kunst weit über die Grenzen Irlands hinaus reichte. Aus ganz Europa strömten junge Scholaren nach Clonmacnoise (S. 292), um ihr Wissen und Können zu vervollständigen. Es muß ein internationales Sprachengewirr geherrscht haben, eine lebendige Atmosphäre, in der Schriftgelehrte und Kunsthandwerker Kostbarkeiten herstellten, die von der hohen Kultur jener Zeit zeugten. Die Anlage, deren Ruinen so überaus malerisch am Flußufer liegen, wurden im Jahr 548 von Ciarán Mac a'tSaoir, Sohn eines Wagenbauers aus Roscommon, gegründet. Der später als der heilige Ciarán oder Kieran verehrte Mönch überlebte der Legende nach seine Klostergründung nur um sieben Monate. Er starb im Alter von 33 Jahren an einer Seuche.

Die Ruinen, die in der Ummauerung bis heute erhalten blieben, stammen aus sehr viel späterer Zeit. In den ersten Jahrhunderten seines Bestehens war das Kloster Ziel zahlreicher räuberischer Überfälle sowohl von irischen Stämmen, die es auf die Schätze abgesehen hatten, als auch später von den Wikingern. Die Raubzüge veranlaßten die Mönche schließlich, ihre Siedlung und Kirchen aus Stein zu bauen. Auch die zwei Rundtürme sind Ergebnis verstärkter Wehrhaftigkeit und Wachsamkeit.

Die sieben Kirchen – eine achte, die Nonnenkirche, steht wie bei allen frühchristlichen Klostersiedlungen in gebührender Entfernung zur Männerklause – stammen allesamt aus verschiedenen Epochen. Älteste und auch kleinste ist Teampall Ciarán aus dem 8. Jh. An ihrer Stirnseite soll der Klostergründer begraben sein. Die größte Kirche ist die Kathedrale aus dem 10. Jh., die vom Hochkönig Flann gestiftet wurde. In ihren Mauern fanden die letzten Hochkönige Irlands, Turloch O'Conor und sein Sohn Roderick O'Conor, die im 12. Jh. starben, ihre letzte Ruhestätte. Am besten erhalten ist Teampall Conor, die etwa um 1000 von den O'Conors erbaut wurde. Sie

und um natürlich ausgezeichnet daran zu verdienen, wurde im Jahr 1947 der große Duty Free Shop eröffnet, der erste der Welt und Kern der Shannon-Entwicklung. Nach Einführung der Düsenjets, die nicht auftanken müssen, weshalb der Flughafen eigentlich überflüssig geworden war, entstand *Shannon Development*, das sich erfolgreich um die touristische Vermarktung des Flusses von der Shannon-Mündung bis nach Athlone sowie um industrielle Ansiedlung vor allem in der Region um Limerick bemühte. Ein steuerfreier Indu-

diente im 18. und 19. Jh. der protestantischen Gemeinde der Umgebung als Gotteshaus.

Die drei schönsten und ältesten Hochkreuze aus dem 8., 9. und 10. Jh. wurden im Besucherzentrum untergebracht, um sie vor weiterer Verwitte-

Vor dem Eingang zum Kloster ragen die dunklen Ruinen einer Burg aus den Uferwiesen. Sie wurde im 13. Jh. von den Normannen errichtet, um ihre Präsenz an dem wichtigen Flußübergang zu demonstrieren und um das Kloster vor weiteren Überfällen zu schützen.

rung zu schützen. Repliken ersetzen sie im Freien. Das schönste der Hochkreuze wird wegen seines reichen ornamentalen und figürlichen Schmucks das Inschriftenkreuz genannt. Im Besucherzentrum, in dem auch einige Ausgrabungsstücke von Clonmacnoise ausgestellt sind, wird ein Film gezeigt, der die Geschichte der Anlage leicht verständlich nachvollzieht.

Gegen die Übermacht der Engländer konnten jedoch auch die Burgherren nichts ausrichten. Im Jahr 1552 zerstörten englische Soldaten die gesamte Anlage, so daß ein Wiederaufbau nicht mehr möglich war. Als hundert Jahre später Cromwells Truppen zum Shannon vorrückten, wurde die Burg von ihren Bewohnern gesprengt, damit sie den Engländern nicht in die Hände fiel.

striepark für ausländische Investoren wurde gegründet, und für die Angestellten gleich eine ganze Stadt, die den Namen Shannon erhielt. Mittlerweile betreibt die Gesellschaft zahlreiche touristische Attraktionen, zu deren beliebtesten Angeboten die mittelalterlichen

Bankette in drei Burgen in der Umgebung Limericks gehören. Als Begrüßungs- oder Abschiedsessen sind solche deftigen Mahlzeiten einschließlich musikalischer und schauspielerischer Begleitung reizender Burgfräuleins und Bänkelsänger einfach unschlagbar.

Die große Hungersnot 1845–1850

Kein Ereignis in der Geschichte Irlands hat derart nachhaltige Spuren im Denken einer ganzen Nation hinterlassen wie die große Hungersnot in den Jahren 1845 bis 1850. Hungersnöte gab es davor und danach häufiger in dem Land, das traditionell arm war, aber in diesen fünf traumatischen Jahren erfuhr Irland neben Elend und Tod eine Demütigung, die bis heute nicht vergessen und vergeben wurde. Während in vielen Orten die Gefängnisse, in denen die Freiheitskämpfer des 19. und 20. Jh. einsaßen, zu Museen der Heroisierung umgewandelt wurden, entstand jüngst das erste Museum, das sich ausschließlich mit der Hungersnot beschäftigt. In einem alten Herrenhaus in Strokestown im County Roscommon, dessen früherer Besitzer zu den verhaßten Landlords jener Zeit gehörte und der während der Hungersnot ermordet wurde, ist auf Privatinitiative und mit Sponsorengeldern die Geschichte dieser finsteren Zeit sorgfältig zusammen- und in den historischen Kontext gestellt worden.

In der ersten Hälfte des 19. Jh. beruhte Irlands Wirtschaft nahezu gänzlich auf Landbau. Die englischen oder angloirischen Großgrundbesitzer, von denen ein beträchtlicher Teil ihre Einkünfte in London ausgab, überließen ihre Güter Verwaltern oder Großpächtern, die das Land weiter parzellierten und an Kleinbauern oder Häusler weiterverpachteten, die dafür reichlich Abgaben zu zahlen hatten. Die ärmsten Pächter hatten für die eigene Versorgung nur winzige Felder zur Verfügung, auf denen sie Kartoffeln anbauten, ein Nahrungsmittel, das selbst auf magerstem Boden gedieh.

Die Volkszählung von 1841 ergab, daß in Irland rund 8,2 Mio. Menschen lebten, von denen damals schon drei Millionen in bitterster Armut dahinvegetierten. Die englische Regierung war über dieses Ergebnis erschrocken, nicht aus sozialer Verantwortung, sondern weil diese Menschen als Saisonarbeiter nach England und Schottland kamen und dort eine »Gefahr für die öffentliche Gesundheit und Moral« darstellten. Iren wurden von den Engländern als eine »andersartige und degenerierte Rasse« betrachtet.

Die Kartoffelseuche, *Phytophtora infestans,* ein Pilz, der die ganze Pflanze zum Faulen bringt, trat erstmals 1843 in den USA auf und breitete sich durch Exporte von Saatgut zunächst über Südengland, Holland, Flandern und die Normandie bis nach Osteuropa aus, bevor sie 1845 auch Irland erreichte, wo ein Drittel des landwirtschaftlich genutzten Bodens mit Kartoffeln bepflanzt war. Während die Seuche in England und auf dem Kontinent durch Arbeitsbeschaffungsprogramme, finanzielle Unterstützung und Anbau alternativer Nahrungsmittel relativ schnell unter Kontrolle kam, blieb Hilfe für die hungernde Landbevölkerung in Irland aus.

»Das große Übel, mit dem wir es hier zu tun haben, ist nicht das physische

Übel einer Hungersnot, sondern das moralische Übel des selbstbezogenen, verstockten und ungezähmten Charakters dieser Leute«, schrieb Charles Trevelyan, der im Finanzministerium in London zuständig für die halbherzigen Hilfsaktionen der Regierung war, über die Iren. Insgesamt wurden zwar rund acht Millionen Pfund an Hilfsgeldern bereitgestellt, aber über die Hälfte als Darlehen, das Irland zurückzuzahlen hatte. 2000 Pfund spendete die millionenschwere Queen Victoria. Im Vergleich dazu zahlte die englische Regierung in etwa dem gleichen Zeitraum 20 Mio. Pfund als Entschädigung an die britischen Sklavenhalter in Westindien, die ihren Besitz verloren hatten, und gab 70 Mio. Pfund für den Krimkrieg aus. Die zeitweise Einfuhr von amerikanischem Mais als Ersatznahrung erwies sich als Fehlschlag. Das *Indian corn* wurde von den Verteilern gehortet und teuer verkauft und von den Iren überdies nicht vertragen.

Fünf Jahre hintereinander wurde die Kartoffelernte vernichtet, bis kaum noch Saatgut vorhanden war. Anbau von anderen Feldfrüchten war wegen des mageren Bodens zumal im Westen der Insel oder wegen des für die Armen unerschwinglichen Saatgutes und vor allem wegen der Abgabepflicht auf alle Erzeugnisse nicht möglich. US-Amerikaner, die Schiffsladungen von Hilfsgütern nach Irland brachten, wunderten sich, daß mit landwirtschaftlichen Erzeugnissen schwer beladene Frachter Irland Richtung England verließen. 1845 wurde noch Getreide aus Irland exportiert, von dem in England 1,25 Mio. Menschen ernährt werden konnten. Die Transporte zu den Häfen, vorbei an den hungernden Menschen am Straßenrand, wurden von Militär bewacht. Trotz des Elends mochten die Großgrundbesitzer keineswegs auf ihre Einkünfte verzichten. Wer nicht in der Lage war, den Zins zu zahlen, wurde gnadenlos aus seiner Hütte und vom Land vertrieben.

Den meisten Landlords wie auch weiten Teilen der englischen Regierung kam die Hungersnot nicht ganz ungelegen. Das Bevölkerungsproblem in Irland wurde so »natürlich gelöst«. Manche Großgrundbesitzer finanzierten ihren Pächtern die Überfahrt nach Amerika oder Australien. Auch dies geschah nicht aus Erbarmen, sondern war letztlich billiger, als sich um die Menschen zu kümmern – und es beruhigte zudem das Gewissen. Außerdem konnten die Landlords das durch Aussterben, Auswandern oder Vertreibung freigewordene Land lukrativer nutzen. Die meisten dieser armen und von Hunger und Krankheit geschwächten Auswanderer erreichten ihr Ziel ohnehin nicht. Die Kapitäne der Schiffe, *coffin ships,* schwimmende Särge genannt, behandelten die Menschen als Frachtgut, das weder ein Anrecht auf Frischwasser noch auf Nahrung hatte.

Keine der Hilfsmaßnahmen konnten dem Elend der Hungernden Einhalt gebieten. Die Suppenküchen, die von gutmeinenden Initiativen eingerichtet wurden, kamen bestenfalls in den Städten oder in den wohlhabenden Regionen im Osten zum Zuge. Aber auch diese Form der Hilfe war mit Demütigungen und Zwang verbunden: Nur wer sich zum protestantischen Glauben bekehren ließ, kam in den Genuß einer Mahlzeit. Die Arbeitsbeschaffungsmaßnahmen, die die Regierung in London veranlaßte, wurden größtenteils den Landlords überantwortet. Sie ließen für ein geringes Entgelt Straßen oder *Follies,* kleine unnütze, aber hübsche Ziergebäude errichten oder Steine brechen. Die wenigen Menschen, die bei diesen Projekten Arbeit fanden, waren meistens zu geschwächt, um über längere Zeit durchzuhalten. Oft wurden sogar von Verwaltern sogenannte Zertifikate für die Arbeitserlaubnis verkauft – was den Verdienst wieder aufhob und somit das Überleben letztlich unmöglich machte. Auf Anordnung der englischen Regierung wurden Arbeitshäuser eingerichtet, in denen gefängnisartige Regeln herrschten. Wer dagegen verstieß, wurde bestraft. Die Arbeit war hart, das Essen wenig nahrhaft und die hygienischen Bedingungen katastrophal. In den Arbeitshäusern starben nicht wesentlich weniger Menschen als auf dem Land.

Im Jahr 1851, als die Seuche allmählich abklang – jedoch in den Folgejahren mehrmals, aber weniger schwer wieder auftrat – gab es erneut eine Volkszählung. Es wurden 2,4 Millionen Menschen weniger gezählt – die Einwohnerzahl war in zehn Jahren um ein Viertel dezimiert. Es wird geschätzt, daß 1,1 Millionen am Hunger und seinen Folgen starben, 1,3 Millionen wanderten aus. Die Armut, die dieser Hungersnot folgte, veranlaßte in den nächsten 60 Jahren weitere fünf Millionen Iren zur Auswanderung – ein Bevölkerungsverlust, von dem sich Irland bis heute, Jahrzehnte nach der Unabhängigkeit, nicht erholt hat.

Mit dem Boot auf dem Shannon

Bei Killaloe, wo sich der Shannon zum **Lough Derg** verbreitert, beginnt der reizvollste Teil des Flusses. Rund um den See, der mit 13 000 ha Fläche der größte der Shannon-Seen ist, »kann man alles mieten, was schwimmt«, wie es in der lokalen Werbebroschüre heißt: Kabinenkreuzer, Hausboote, Segel- und Ruderboote, Wasserski, Surfbretter und Kanus. Man braucht noch nicht einmal einen Bootsführerschein für die stattlichen Kabinenkreuzer. Eine kurze Einweisung des Bootsvermieters reicht aus, und man wird anschließend seiner eigenen Geschicklichkeit überlassen. Für Landausflüge gibt es in den Uferortschaften zusätzlich Fahrräder zu leihen.

Killaloe *(Cill Dalua)* 1 (S. 314) am Südende des Sees und durch eine der wenigen Shannon-Brücken mit dem gegenüberliegenden Ballina verbunden, gehört mit seiner Marina zu den großen Bootsverleihstationen. Der ganze historische Stolz dieser kleinen Stadt mit den engen Gassen beruht jedoch auf der Zeit, als sie von 1002 bis 1014 Hauptstadt von Irland war. Brian Boru wählte dort sein Domizil. Aus dieser großen Epoche ist leider nichts mehr erhalten. Das älteste Bauwerk, die St. Flannan's Cathedral, stammt aus dem Jahr 1182.

Ebenfalls über beliebte Marinas verfügen die beiden Orte **Scariff** (S. 328) und **Mountshannon,** Tore zum landschaftlich reizvollen Hügel- und Seengebiet von East Clare, das nicht nur beliebt bei vielen europäischen Aussteigern ist, sondern auch bei Angel- und Musikfreunden. Letztere strömen jeden August in den kleinen Ort **Feakle,** nur ein paar Kilometer von Scariff entfernt, wo eines der schönsten Festivals traditioneller irischer Musik stattfindet. Auf der kleinen Insel **Inishcealtra** 2 oder auch Holy Island kann man dank eines kleinen Landungsstegs einen Landgang machen und die Ruinen einer Klosteranlage aus dem 7. Jh. besichtigen. Ein Rundturm, vier Kapellen, eine Einsiedelei und einige frühchristliche Grabsteine sind noch zu sehen.

Bei **Portumna** *(Port Omna)* 3 (S. 327) verengt sich der Lough Derg wieder zum schmalen Shannon. Von dort hat man bereits einen großartigen Blick auf den weitläufigen Park mit Portumna Castle, das durch eine Anlegestelle direkt erreichbar ist. Das Schloß wurde 1617 von Richard Burke, dem 4. Earl von Clanricarde im Stil der Renaissance erbaut, aber 1826 durch ein Feuer zerstört. Mittlerweile ist es teilweise restauriert.

Bei **Meelick** 4, wo sich die größte Shannon-Schleuse befindet, breiten sich links und rechts des Flusses die Shannon Callows bis weit ins flache Land hinein aus. Diese Schwemmlandwiesen entstanden aufgrund des schwachen Gefälles des Shannon und sind Brutgebiet zahlreicher und teilweise seltener Wasservögel, deren Lebensraum jedoch durch zunehmende landwirtschaftliche Nutzung gefährdet ist.

Bei **Shannon Harbour** 5 mündet der Grand Canal in den Fluß. Von dort aus kann man quer durch den Osten Irlands bis nach Dublin weiterschippern. In diesem Fall versäumt man jedoch den schönsten Fleck am Shannon, die alte Klosteranlage von **Clonmacnoise** 6 (s. S. 148f.), die den geographischen Mittelpunkt Irlands bildet und in ihrer Blütezeit ein kulturelles Zentrum war.

Mit der Einfahrt nach **Athlone** *(Baile Atha Luain)* 7 (S. 279) erwartet den mittlerweile naturverwöhnten Freizeitkapitän wieder städtisches Leben. Athlone ist eine selbstbewußte Verwaltungsstadt mit einem Hauch ländlicher Gelassenheit. Für die Normannen war Athlone eine Zeit lang die Grenze ihres Herrschaftsbereichs nach Westen hin, weshalb sie im Jahr 1210 dort eine stark

befestigte Burg, Athlone Castle, errichteten. Ein Museum wurde dort eingerichtet, das die Geschichte der Region nachvollzieht.

In den Pubs von Athlone wird die Musiktradition besonders hochgehalten, stammte doch ein berühmter Opernsänger aus der Stadt am Shannon. John McCormack (1884–1945) galt neben Caruso als größter Tenor seiner Zeit. Seine Karriere begann er im Kirchenchor und als Folksänger, nach einer Ausbildung wurde er zum gefeierten Star auf den Opern- und Konzertbühnen der Welt. Er zog sich jedoch recht früh aus dem Operngeschehen zurück, da er nach eigenen Worten und unwidersprochen ein miserabler Darsteller war. James Joyce, der als Sänger in seiner Jugend kläglich scheiterte, huldigte McCormack ohne Neid in seinem Spätwerk ›Finnegans Wake‹. Dem großen Sohn der Stadt ist an der Promenade eine Bronzebüste gewidmet, und im Museum gibt es noch originale Aufnahmen, die man sich auf Wunsch auf des Sängers eigenem Grammophon vorspielen lassen kann.

Kurz nach Athlone öffnet sich der Shannon zum **Lough Ree**, dessen kleine Inseln mit Ruinen frühchristlicher Klostersiedlungen übersät sind. Am nördlichen Ende des Sees, in Lanesborough, wurde ein großes Torfkraftwerk errichtet, das sein Kühlwasser aus dem Shannon bezieht. Zur Freude der Angler läßt das erwärmte Wasser die Fische zu beachtlicher Größe wachsen, doch kam es in der Umgebung des Kraftwerks auch schon mal zu einem »rätselhaften« Fischsterben.

Dort, wo die N 5 den Shannon kreuzt, sollte man einen Landausflug nach **Strokestown** *(Béal na mBuillí)* 8 (S. 331) machen. Es dürfte wohl kaum einen trostloseren Ort in Irland geben: Vernachlässigung, Ignoranz, Armut und Landflucht sind unübersehbar. Aber gerade dort und somit nicht unpassend wurde ein wirklich großartiges Museum in einem ehemaligen Herrenhaus eingerichtet, das sich mit der Großen Hungersnot beschäftigt (s. S. 150ff.).

Der letzte größere Ort auf der Kreuzfahrt ist **Carrick-on-Shannon** *(Caro Droma Rúisc)* 9 (S. 290), Hauptstadt des County Leitrim und ein Zentrum des Bootstourismus. Es wurde erst im 17. Jh. von protestantischen Siedlern als *Plantation*-Stadt gegründet und war lange Zeit für katholische Iren verbotenes Gebiet. Aus der Region um den **Lough Allen,** der letzten Station, bevor man wahlweise über den Shannon-Erne-Kanal nach Nordirland fahren kann, stammt ein Sänger, dessen Ruf den von McCormack noch übertroffen hat. Turlough O'Carolan (1670–1738), der blinde Harfenist, Dichter und Komponist, lebte dort mit seiner Familie. Seine Lieder sollen so wunderbar und herzrührend gewesen sein, daß er seinerzeit als musikalisches Genie galt. Noch auf dem Totenbett soll er sein eigenes Sterbelied komponiert haben – was nach ihm nur noch Mozart mit seinem Requiem gelungen ist.

Limerick: Hightech und Armut

(S. 319f.) Es war einmal eine schöne Dame aus Limerick, die im 19. Jh. durch Europa zog, reihenweise Männerherzen brach und schließlich als Mätresse des bayerischen Königs Ludwig I. für den größten Skandal im süddeutschen Königreich sorgte. Lola Montez war der Name der Schönen, geboren im Jahr 1818 in Limerick als Marie Dolores Gilbert, Tochter eines britischen Offiziers und einer Kreolin.

Lola Montez war gewiß das Schönste und Sinnlichste, was Limerick *(Luimneach)* je zu bieten hatte, denn die Stadt selbst kann den Ruf, besonders öde, gesichtslos und zudem von einem als außerordentlich konservativ berüchtigten Klerus beherrscht zu sein, kaum abschütteln. In Frank McCourts ›Die Asche meiner Mutter‹ wurde die jämmerliche Vergangenheit der Stadt eindrucksvoll. wenn auch für die Limericker selbst schmerzlich beschrieben. Doch in den vergangenen Jahren wurde Limerick ein bißchen neuer Glanz verliehen. Riesige Summen flossen beispielsweise in die Restaurierung der alten Burg King John's Castle, in die Verschönerung der Geschäftsstraßen und der georgianischen Häuserzeilen. Die Bemühungen waren nicht ganz unumstritten: manche Bürger hielten es für sinnvoller, das Geld zur Bewältigung von sozialen Mißständen zu verwenden, aber es gab auch Mäkeleien, da die Neubauten in ihrem modernistischen Stil nach Mei-

nung einiger Puristen so gar nicht zu den alten Häusern passen. Die Mischung jedoch aus den lichtdurchfluteten und geräumigen Stahl- und Glaskonstruktionen auf der einen Seite – wie beim Touristenpavillon, dem neuen Rathaus oder der Universität, die mit ihrem Schwerpunkt auf Forschung und Technologie zu den qualifiziertesten Irlands gehört – und dem mittelalterlichen Schloß und den georgianischen Häusern auf der anderen Seite hat durchaus einen eigenwilligen Reiz. Vor allem bezeugt diese Melange Limericks Zukunftsorientierung, ohne das Alte verleugnen zu wollen. Die wirklich häßlichen Seiten der Stadt sind kaum noch auszumachen – bestenfalls noch auf einer Führung auf den Spuren von Frank McCourt.

Stadtrundgang

Limerick war bereits zu keltischen Zeiten eine wichtige Ansiedlung. Daß auch die Anglonormannen der Stadt Bedeutung beimaßen, bezeugt die beeindruckende Festung **King John's Castle** 1, die als größte normannische Burg Irlands 1210 am Ufer des Shannon errichtet wurde. Rund um diese Anlage befinden sich die ältesten Bauwerke Limericks, die mittlerweile stimmungsvoll restauriert wurden.

Die Burg diente im 18. und 19. Jh. als Garnison, blieb dann lange Zeit unbenutzt und wurde schließlich von *Shannon Development* aufwendig restauriert und mit einem modernen Anbau versehen, in dem ein Interpretative Centre, das die Geschichte der Stadt darstellt, untergebracht ist. Die **Thomond Bridge** 2, die neben der Burg den Fluß überspannt, ist die älteste Brücke Limericks; sie wurde zur gleichen Zeit wie die Burg gebaut. Die heutige Version stammt jedoch aus dem 19. Jh. Auf der gegenüberliegenden Seite der Brücke ruht auf einem Sockel der **Treaty Stone** 3, der Stein, auf dem im Jahr 1691 ein Vertrag unterzeichnet wurde und der zum Symbol für die Unglaubwürdigkeit englischer Zugeständnisse avancierte:

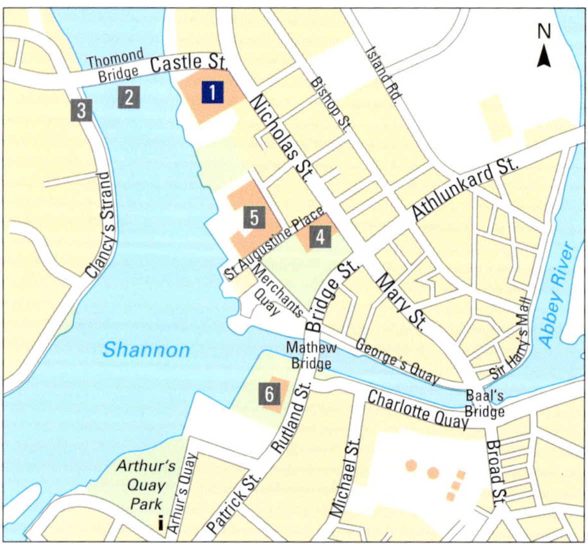

Limerick
1 King John's Castle
2 Thomond Bridge
3 Treaty Stone
4 St. Mary's Cathedral
5 Rathaus
6 Custom House

www.ennis.ie

Ennis (S. 304), die Hauptstadt des County Clare, gehört sicherlich zu den hübschesten Kleinstädten Irlands. Die kleine Altstadt mit ihren engen Gassen, malerischen Häusern und sommerlichem Blumenschmuck, kleinen Läden, in denen man alles erhält, was man unbedingt zum Leben braucht, Pubs mit Torffeuer und traditioneller Live-Musik, sowie einer mittelalterlichen Abteiruine, bietet ein Ambiente, wie es gemütlicher und irischer nicht sein könnte.

Aber weit gefehlt zu glauben, daß Ennis eine konservierte Idylle des Postkarten-Irlands ist mit nichts als träger Guinness-Seligkeit. Das Städtchen mit knapp 18 000 Einwohnern ist mit der ganzen weiten Welt verbunden, und das nicht nur, weil man rein theoretisch auf dem River Fergus zum Shannon und von dort bis nach Amerika paddeln könnte. Die Stadt ist einen großen Schritt weiter, mitten im 21. Jahrhundert gewissermaßen. Denn Ennis ist die erste *Information Age Town* Irlands. Die irische Telecom hatte im Jahr 1997 die Kleinstadt im Westen der Insel unter mehreren Bewerbern für ein ehrgeiziges Projekt ausgewählt. Computer und Internet sollten das Leben einer ganzen Gemeinde verändern. Alle Interessierten wurden, für einen vergleichsweise geringen Preis, mit den modernsten Computern ausgestattet, einschließlich Nebengeräten, Software, Internet-Zugang und ISDN-Anschlüssen. Workshops vermittelten das nötige Wissen. Wer keinen eigenen Computer haben wollte, kann unter freundlicher Anleitung in der Stadtbibliothek umsonst im Net surfen, um sich mit dem Medium vertraut zu machen.

82 % aller Haushalte in Ennis verfügen über einen Computer, eine Rate, die noch weit über den 50 % in den USA oder gar den 20 % in der EU liegt. Von den 19 Mio. Euro der Telecom wurden bereits 11 Mio. investiert. Bis Ende des Jahres 2002 soll das Projekt weitergeführt werden, mit dem Ziel, daß die Bewohner von Ennis auf dem Daten-Highway so zu Hause sind wie auf der heimatlichen Landstraße.

Damals belagerten die protestantischen Truppen Wilhelms von Oranien nach dessen Sieg in der Schlacht am Boyne Limerick, das als letzte katholische Hochburg galt. Unter dem Garnisonskommandeur Patrick Sarsfield konnte die Stadt mehrere Monate der feindlichen Armee widerstehen. Schließlich wurde ein Vertrag ausgehandelt, der den Soldaten Limericks einen ehrenvollen Abzug und den Katholiken freie Religionsausübung zugestand. Das englische Parlament dachte jedoch nicht daran, sich an diese Vertragsbedingungen zu halten. Sarsfield und mit ihm 10 000 seiner Leute mußten vor den

King John's Castle in Limerick

grausamen Verfolgungen auf den Kontinent fliehen, wo sie in den Armeen europäischer Potentaten dienten. Der Massenauszug aus Limerick ging als ›Flucht der Wildgänse‹ in die Geschichte ein.

Viel älter als die Burg ist die **St. Mary's Cathedral** 4 in der Nicholas Street kurz vor der Brücke über den Shannon-Zufluß Abbey River. Donal Mór O'Brien, der König von Munster, ließ die Kathedrale im 12. Jh. errichten. Jenseits dieser Brücke beginnt das jüngere Limerick, wo moderne Bauten sich in ein georgianisches Umfeld einfügen. Das neue **Rathaus** 5 am Merchant's Quay, das erst 1989 fertiggestellt wurde, ist ein lichter Komplex und Ausdruck des Erneuerungswillens der Stadt. Schräg gegenüber der architektonische Kontrast: Das **Custom House** 6 aus dem 18. Jh. ist ganz im eleganten palladianischen Stil errichtet. Es beherbergt heute das Hunt Museum, eine Sammlung kostbarer Antiquitäten und Kunstwerke, die der Archäologe John Hunt 1976 der Stadt vermacht hatte. Neben Kostbarkeiten aus der Frühzeit der Menschheit, hellenistischen Objekten und modernen Exponaten gehören auch Werke von Picasso, eine Bronze von Leonardo da Vinci und das goldene Kreuz, das die schottische Königin Maria Stuart am Tag ihrer Hinrichtung trug, zu den Schätzen des Museums.

Hauptgeschäftsstraßen sind die Patrick's und ihre südliche Fortsetzung, die O'Connell Street, an denen man die fortschreitende Verschönerung Limericks beobachten kann, manchmal bis in die Seitenstraßen hinein, wo in gepflegten Fußgängerzonen kleine, elegante Geschäfte auf Kundschaft warten. Je weiter man sich jedoch vom Stadtzentrum entfernt, desto vernachlässigter wirken die Straßenzüge. Es wird wohl noch eine Weile dauern und noch viel Geld kosten, bis Limerick seinen schlechten Ruf verliert.

Limerick und Burren

Die Umgebung von Limerick

Mit spektakulärer Landschaft kann die Umgebung Limericks nicht aufwarten. Doch angesichts der Attraktionen, die dank Privatinitiative und von Shannon Development entwickelt wurden, fällt das kaum ins Gewicht. Der **Bunratty Folk Park** **1** beispielsweise, der an der N 18 zwischen Limerick und Shannon Airport liegt, gehört zu den Besuchermagneten der Region. Manche halten das Freilichtmuseum zwar für eine Art Disneyworld für geschichtshungrige Amerikaner, doch die Anlage mit mittelalterlicher Burg, einem nachgebauten Dorf aus der Zeit um 1900 und verschiedenen Bauernhäusern, die die Baustile mehrerer Regionen repräsentieren, sowie einem breitgefächerten Unterhaltungsprogramm eröffnet vielleicht einen kommerzialisierten, aber doch lebendigen Einstieg in irische Folklore.

Mittelpunkt des Parks ist die Burg aus dem Jahr 1425, die in ihren Glanzzeiten von den O'Briens, den Earls of Thomond, bewohnt wurde. Im Jahr 1945 kauften Lord und Lady Gort den massiven Quaderbau, restaurierten ihn und statteten die Räumlichkeiten im Lauf der Zeit mit in ganz Europa gesammelten Möbeln und Kunstgegenständen des 15. und 16. Jh. aus. Bunratty Castle vermit-

Limerick und Burren

Traveller-Wagen im Bunratty Folk Park

telt somit eine annähernd authentische Atmosphäre, die noch durch die mittelalterlichen Bankette einschließlich Burgfräulein, Musik und Schauspiel unterstrichen wird.

Zu Füßen der Burg erstreckt sich der weitläufige Folk Park mit original eingerichteten Häusern, in denen auch Kunsthandwerk verkauft wird. In der großen Scheune kann man allabendlich eine Irische Nacht genießen, eine folkloristische Veranstaltung mit Tanz, Musik und Geschichten – einschließlich einer Portion Irish Stew.

Mittelalterliche Bankette werden ebenfalls im **Knappogue Castle** 2 serviert, ein paar Kilometer nördlich von Bunratty über die R 462 Richtung Quin zu erreichen. Die Burg aus dem Jahr 1467, die einst dem Clan der MacNamaras gehörte, wurde bereits im 19. Jh. von Lord Dunboyne restauriert. Im Gegensatz zu Bunratty werden bei den Banketten jedoch nicht die Helden der irischen Vergangenheit durch Gesang und Darbietung gewürdigt, sondern die Heldinnen – sofern sie in irgendeiner Form zu Mythen und Legenden beigetragen haben.

Nicht weit von Knappogue entfernt führt ein weiteres Freilichtmuseum viel tiefer zurück in die Vergangenheit: Das **Craggaunowen Project** 3 rekonstruiert den Alltag der einfachen Menschen der Bronzezeit, über die die große Geschichte zumeist hinwegging. Allerdings stand auch dort zunächst eine Burg im Mittelpunkt, eher ein bescheidenes Turmhaus, das sich ein Mitglied des MacNamara-Clans im Jahr 1550 bauen ließ. John Hunt, der schon in Limerick mit seinen archäologischen Schätzen ein ganzes Museum einrichtete, kaufte die Burg 1965 und ließ sie komplett restaurieren. In den Räumen sind einige seiner Sammlerstücke ausgestellt.

Hunt initiierte das gesamte und noch lange nicht vollendete Craggaunowen Project, das neben Rekonstruktionen alter Siedlungsformen und Rückzüchtungen von Haustieren auch Anschauungsunterricht in die damalige Lebensweise bietet. Die erste archäologische Rekonstruktion war der *Crannóg,* eine künstliche Insel in einem See, geschützt von einem Palisadenzaun, wie sie die Bauern bis teilweise ins 16. Jh. bewohnten. Es folgten ein Ringfort, ein Dammweg und eine Kochstelle, wie sie von umherziehenden Jägern benutzt wurde. Kostbarstes Stück und deswegen in einer Glaspyramide geschützt, ist das Boot, mit dem der heilige Brendan Amerika entdeckt haben könnte. Tatsächlich wurde diese Nußschale vom Forscher Tom Severin nach historischen Vorgaben in den 1970er Jahren nachgebaut. Severin folgte mit diesem so zerbrechlich wirkenden Konstrukt den Spuren

Craggaunowen Projekt

Brendans und erreichte tatsächlich Neufundland.

Wie es früher in den Schlössern und Burgen zuging, kann man wunderbar in diesen Museen erfahren. Doch es gibt noch immer etliche Schlösser, die von Menschen bewohnt werden. Eines davon ist **Glin Castle** 4, westlich von Limerick (N 69) am Ufer des Shannon. In dem schloßgleichen Herrenhaus aus dem 18. Jh., das im 19. Jh. mit ›normannischen‹ Zinnen und Türmchen verziert wurde, residierten ganz und gar standesgemäß der 29. Knight of Glin, Desmond FitzGerald und seine Frau Olda. Seit 800 Jahren lebt seine Familie, die anglonormannischer Herkunft ist, auf diesem Besitz, auch wenn das aktuelle Schloß eine mittelalterliche Burg ersetzte. Das Haus, das man auf Voranmeldung besichtigen kann, ist überaus kostbar ausgestattet, vornehmlich mit Möbeln und Kunstgegenständen aus dem 18. und 19. Jh. Schließlich ist der Knight Kunsthistoriker mit Schwerpunkt 18. Jh., was ihn sympathisch von seinen Vorfahren abhebt, die zu den normannischen Herrschern mit dem schlechtesten Ruf gehörten.

Fels und Steine: Der Burren

Der Burren (von *Boireann,* Felsenland) ist eine in Irland einzigartige Kalklandschaft, ein Karst, wie es ihn so nur noch in Dalmatien gibt. Wie gepflastert ist der Boden mit dem grauen, porösen Kalkgestein. Unterirdische Flüsse haben ein weitverzweigtes Netz von Höhlen geschaffen, deren längste die Doolin Cave mit über zehn Kilometern Länge ist. Nur eine einzige ist für die Öffentlichkeit zugänglich, die Aillwee Cave südlich von Ballyvaughan. In dem ökologisch höchst sensiblen Gebiet hat sich im Lauf der Zeit eine bemerkenswerte Flora eta-

Richtig Reisen
Thema

Mann sucht Frau

Ye'lon ha?« Der nicht mehr ganz standfeste und keineswegs jugendfrische Bauer versucht es immer wieder im Pub. »Sind Sie allein hier?« quetscht er zwischen den verbliebenen Zähnen hervor und strahlt jede Frau, die ohne männliche Begleitung ins Lokal kommt, nach offensichtlich heftigem Mutantrinken an. Je nun, jetzt kommt es darauf an, was man als Frau so will.

Eine Ablehnung wird so leicht nicht hingenommen. Sie kommt auch nicht so vehement wie in jeder x-beliebigen Kneipe, in der die Angelegenheit leicht in billige Anmache ausarten kann. Wer sich von den Frauen im September in Lisdoonvarna in einen Pub, in eine Hotelbar oder in einen der Ballsäle begibt, tut dies nicht, um sich mit der besten Freundin über Beziehungsprobleme auszutauschen. In Lisdoonvarna geht es von beiden Seiten zur Sache: Mann sucht Frau – das ist die Hauptsache –, aber Frau sucht auch Mann.

Das *Matchmaking Festival* von Lisdoonvarna ist in ganz Irland legendär, ja man kann sogar behaupten, daß die meisten Singles, und nicht nur die jenseits der fünfzig, auf den September in dieser winzigen Stadt hinfiebern. *Matchmaking* heißt soviel wie Heiratsvermittlung; die hübschere Übersetzung bedeutet jedoch, daß es dank freundlicher Vermittlung oder gesellschaftlicher Atmosphäre zu funken hat zwischen den einsamen Herzen jeglichen Alters.

Das Festival blickt auf eine mehr als 200jährige Tradition zurück und entstand als Erntefest. Im September, wenn die Landarbeit getätigt war, gingen die Bauern aus dem County nach Lisdoonvarna. Daß man in größeren Orten, zumal wenn in diesem Heilbad auch Fremde auftauchten, nach der Frau fürs Leben suchte und umgekehrt, hat jedoch speziell in Irland eine besondere Bewandtnis. Traditionsgemäß durften die Bauernsöhne auf den winzigen Höfen solange nicht heiraten, bis auch das letzte Familienmitglied auf dem Anwesen ein Aus- oder Unterkommen gefunden hatte. Das Heiratsalter war dementsprechend und ist noch heute in den ländlichen Gebieten recht hoch. Gefragt sind bei ernsthaften Bewerbern jenseits der fünfzig vor allem Witwen mit Besitz oder zumindest

bliert. Arktische, alpine und mediterrane Pflanzen suchen sich ihren Lebensraum in den Gesteinsspalten, ein Anblick, der besonders im Mai eine Blütenpracht bietet, die den gern zitierten Vergleich mit einer Mondlandschaft Lügen straft. Daß Menschenhand dort unwiderbringliche Zerstörungen verursachen kann, liegt auf der Hand. Da droht nicht nur die Überweidung durch die EU-prämienbe-

Frauen ohne große romantische Ansprüche.

Die Händler auf dem ursprünglichen Erntemarkt, die sich um die Heiratsvermittlung gekümmert hatten, sind längst durch professionelle Heiratsvermittler ersetzt worden. Der Hotelier Jim White ist einer der Könige dieser Lisdoonvarna-Matchmaker. Seine Heiratsvermittlung floriert ganz ordentlich – keineswegs über Computerfragebögen, sondern, so behauptet er zumindest, via »intuitiver Auswahl nach ausführlicher Befragung der Kandidaten«. Unterstützung finden die schüchternen Kontaktsuchenden auf dem kleinen Platz gegenüber dem Matchmaker-Pub. Dort lesen ›weise‹ Frauen aus der Hand und prophezeien gerne und immer wieder das Auftauchen eines »schwarzhaarigen und blauäugigen Helden« oder einer »blonden und sanften Frau«.

Das eigentliche Geschäft läuft in dieser Zeit in den vielen Pubs und im Ballhaus am Platze, wo jeden Mittag von 12 bis 14 Uhr Tanztee stattfindet und am Ende der Saison der Junggeselle des Jahres gewählt wird.

Im Pub, wo es sehr viel unverbindlicher zugeht, sucht nicht nur der ziemlich zahnlose Farmer die Frau fürs Leben und zum Kühemelken. An den Wochenenden strömt dort auch die junge Szene zusammen. Angeblich nur, um reichlich Spaß zu haben – die Sperrstunde ist in diesen Septemberwochen aufgehoben –, aber letztendlich ist dies die beste Gelegenheit, und eine legitime dazu, den Partner fürs Leben zu finden – oder auch nur für eine Nacht.

günstigten Schafe und Fleischrinder, sondern es sind vor allem touristische Einrichtungen, die das Landschaftsbild verändern und das ökologische Gleichgewicht ins Wanken bringen können. Eines der spektakulärsten Beispiele war das geplante *Interpretative Centre,* das mit EU-Geldern bei Mullaghmore inmitten des Burren errichtet werden sollte. In dem Zentrum sollte die Natur und die

Geschichte der Landschaft interessierten Besuchern erläutert werden, Zufahrtsstraßen, Parkplatz und Versorgungseinrichtungen inbegriffen. Jahrelang stritten sich Gegner und (staatliche) Befürworter, bis ein Gericht nach mehreren Instanzen das Unternehmen schließlich untersagte. Jetzt wird die Bauruine wieder abgerissen.

Das County Clare, zu dem der Burren gehört, wurde vor vielen Jahrhunderten hauptsächlich von den verschiedenen Zweigen der O'Brians beherrscht, Nachfahren von Brian Boru, im 11. Jh. Hochkönig von Irland. So entstand auch die größte Stadt und Verwaltungssitz des County, **Ennis** *(Inis, S. 304)*, das als ›Information Age Town‹ (s. S. 157) zur Stadt mit der höchsten Computerdichte der Welt gehört. Dort wird auch zweier Persönlichkeiten der irischen Emanzipation gedacht, Daniel O'Connell und Éamon de Valera, die beide ihren Wahlkreis im County Clare hatten.

Ins Herz des Burren führt ein Besuch in **Kilfenora** *(Cill Fhionnúrach)* **5** (S. 313), einem kleinen Ort, der in kommunaler Initiative das Burren Display Centre eingerichtet hat, in dem anhand eines Films und eines mit Ton- und Lichteffekten versehenen Modells des Burren die Beschaffenheit dieser Landschaft erläutert wird. Hinter dem Display Centre verbirgt sich die kleine, weitgehend in Ruinen liegende Kathedrale aus dem Jahr 1189 und der Friedhof mit drei sehr schönen Hochkreuzen. Mit der Kathedrale hat es eine besondere Bewandtnis, die immer wieder gerne kolportiert wird: Kilfenora ist seit 1152 ein Bistum. Als der letzte Bischof 1879 verstarb, wurde das Amt nicht wieder besetzt. Auf diese Weise wurde der Papst höchstpersönlich zum offiziellen Bischof von Kilfenora – im katholischen Irland Grund genug, stolz darauf hinzuweisen. Tatsächlich ist jedoch der Bischof von Galway für die Diözese zuständig. Der Papst hatte sich nie um sein kleines Bistum gekümmert.

Zu den spektakulärsten Sehenswürdigkeiten am Rande des Burren gehören die **Cliffs of Moher** **6** eine Felsenklippe westlich von Kilfenora, die sich über acht Kilometer erstreckt und bis zu 200 m aus dem Meer aufragt. Zu den Klippen, die wegen der kochenden Gischt stets in einen Tröpfchennebel eingehüllt sind, führt eine gut ausgebaute und ausgeschilderte Straße. Wer nun erwartet, sich dort andächtig in das Naturschauspiel vertiefen zu können, irrt gewaltig. Der Fußweg zu den Klippen – hinter dem weitläufigen Parkplatz und dem Besucherzentrum – ist gesäumt von Andenkenständen, Fish & Chips-Buden und Musikanten – ein einziger Jahrmarkt. Der Blick in die Tiefe von den steil abfallenden Felsen bietet jenseits des Trubels jedoch einen schwindelerregenden Rausch. Nur wenige wagen sich auf die Plattform unterhalb des Fußwegs, wo sie sich vorsichtig an den ungesicherten Rand robben. An der höchsten Stelle des Cliffs hat im Jahr 1835 der Parlamentsabgeordnete Cornelius O'Brian einen Beobachtungsturm bauen lassen, um seinen Gästen und anderen Reisenden einen geschützten Blick auf die Cliffs of Moher zu bieten.

Die Sehnsucht nach ›Ursprünglichkeit‹ ganz anderer Art hat seit Ende der 1960er Jahre ein Dorf, das es eigentlich nicht gibt, zur Legende gemacht, vor allem unter Rucksacktouristen, Musikliebhabern und jungen Frauen aus aller Welt. **Doolin** **7** (S. 298f.) ist eigentlich kein Dorf, sondern zwei Dörfer mit den Namen Fisherstreet und Roadford; ge-

Cliffs of Moher

naugenommen sind noch nicht einmal dies Dörfer, sondern eine weitläufige Häuseransammlung, die sich an diesen zwei Stellen zusammenballen, und in denen es als einzigem Ort Irlands außerhalb der Großstädte in der Hochsaison regelmäßig zu Verkehrsstaus und Parkplatzproblemen kommt.

Was hat Doolin, was andere Ortschaften nicht haben? Zunächst einmal drei Pubs, die wohl jeder kennt, der sich mit irischer traditioneller Musik beschäftigt, und in denen einstmals die drei Russell-Brüder, Micho, Pakie und Gussie spielten. Zur Musikikone wurde besonders Micho, der so meisterhaft die *Tin whistle,* die Flöte, gespielt hatte, daß die Fangemeinde bei seinem Tod im Jahr 1994 von einem unersetzlichen Verlust sprach. Ihm wurde derweil ein neues Gemeindezentrum gewidmet, in dem fast das ganze Jahr über verschiedene Veranstaltungen nicht nur für Touristen stattfinden, sowie ein Musik-Festival, das nach ihm benannt wurde und die Tradition irischer Musik aufrecht erhält. Micho Russell gehört zumindest in Doolin zu den Heiligen der Musikszene. Aber im County Clare werden Musiker seit jeher hoch geschätzt. Von Doolin aus begann, so heißt es, die irische Musik ihren Siegeszug rund um die Welt, gefolgt von irischen Pubs, die sich bis heute selbst in der tiefsten deutschen Provinz größter Beliebtheit erfreuen.

Etliche Hostels, Pensionen und Restaurants haben seither in Doolin eröffnet. Die drei Pubs blieben jedoch Mittelpunkt der Touristenscharen. Abend für Abend und das ganze Jahr über trifft man sich dort zu Musiksessions und zum *Craic,* der irischen Freude am Beisammensein, Spaß haben und Kommunizieren. Irgendwie begegnet man immer Bekannten, auch wenn man das erste Mal dort ist. Auf jeden Fall hat man

welche, wenn man die Kneipe wieder verläßt. Vielleicht ist das ja auch das Geheimnis von Doolin.

Lisdoonvarna *(Lios Duin Bhearna)* 8 (S. 320) hat den Heiratsmarkt, wenn auch auf sehr viel traditionellere Weise, zu einer allirischen Institution gemacht (s. S. 162f.). In Kurorten liegt das bekanntermaßen nahe. Lisdoonvarna wurde 1845 offiziell zum Heilbad ernannt und avancierte schnell zu einem viktorianischen Modebad einschließlich prachtvollem Kurhaus. Die große Zeit ist seit langem vorbei, doch bestehen Pläne, die Glanzzeit wieder aufleben zu lassen. Die Heilkräfte der Quellen, die stark schwefel-, eisen- und magnesiumhaltig sind, waren seit jeher bekannt und wurden von den Menschen der Umgebung besonders im Frühjahr gern angewandt.

Überall in der Landschaft des Burren stößt man bei Wanderungen auf Megalithgräber und Ringforts. 66 steinzeit-

liche Grabstellen wurden bislang gezählt und etwa 450 der massiven Forts. Auch Burgruinen bzw. Turmhäuser findet man in großer Zahl. Sie stammen jedoch nicht von den Normannen, deren Einflußgebiet seinerzeit lediglich bis Ennis reichte, sondern von den einheimischen oder englischen Herrschern, die im 16. Jh. ihre Häuser im normannischen Stil bauten.

Von der N 67 Richtung Kinvarra zweigt kurz vor Ballyvaughan die R 480 nach rechts ab, die gewissermaßen einen Querschnitt durch die Entwicklungsgeschichte des Burren bietet und zu den schönsten frühzeitlichen Sehenswürdigkeiten führt. Wenig später weist ein Schild zur **Aillwee Cave** 9, durch die man nicht nur fachkundig geführt wird, sondern die auch über ein hervorragend in die Landschaft integriertes Besucherzentrum verfügt. Ein paar Kilometer weiter liegt direkt an der Straße links das Megalithgrab **Gleninsheen,** das von den zahllosen anderen im Burren am besten erhalten ist. In unmittelbarer Nähe des Steingrabes wurde 1930 ein goldener Kragen gefunden, der zu den kunstvollsten und kostbarsten Fundstücken Irlands gehört. Er befindet sich im National Museum in Dublin. Ebenfalls auf der linken Seite, 800 m weiter, ragt unübersehbar der **Poulnabrone Dolmen** 10 in die graue Landschaft. Das 4500 Jahre alte Steinmonument gehört zu den beliebtesten Fotomotiven Irlands. Etwa einen Kilometer weiter zweigt rechts ein Feldweg ab, der zum Caherconnell Ringfort führt.

Am interessantesten ist jedoch die Ruine von **Leamaneh Castle** 11, die kurz hinter der Kreuzung von R 480 und R 476 ihr legendenreiches Gemäuer in den Himmel wachsen läßt. Das ursprüngliche Turmhaus aus dem Besitz der O'Brians stammt aus dem 15. Jh. Im 17. Jh. ließ Conor O'Brian das Schloßgebäude für sich und seine Frau, die schöne, rothaarige Máire Rua bauen. Máire Rua war die Witwe von Daniel Neylon, dem protestantischen Bischof von Kildare. Aus dieser Ehe brachte sie drei Söhne mit nach Leamaneh. Als ihr zweiter Mann Conor, mit dem sie acht weitere Kinder hatte, 1651 von Cromwells Soldaten schwer verwundet nach Hause gebracht wurde, pflegte sie ihn aufopfernd und verzweifelt bis zu seinem Tod. Zwei Jahre danach heiratete Máire einen Offizier Cromwells, in der Hoffnung, daß er für sie und ihre Kinder sorgen und vor allem deren Erbe, das der Neylons und der O'Brians, bewahren würde. Von Besitzstandswahrung hatte der Soldat jedoch keinen blassen Schimmer. Das gesamte Vermögen rann ihm durch die Finger. Máire sah sich betrogen und machte kurzen Prozeß: Sie warf ihren Gatten aus dem obersten Stock von Leamaneh Castle.

Swinging Galway

■ (S. 306f.)»Galway ist die Sadt der deutschen Rucksacktouristen, schottischen Poeten, japanischen Techniker, französischen Serviererinnen und der stets angesäuselten englischen Späthippies«, schreibt der englische Irlandkenner John Ardagh. Galway *(Gaillimh)*, die Metropole des rauhen Westens, Einkaufsparadies, Mekka der Künstler, Literaten, Musiker und der Alternativkultur, »Hauptstadt des Klatsches«, wie ein einheimischer Schriftsteller einmal meinte, und Zentrum der attraktivsten und lebendigsten Festivals Irlands wird von manchen Nostalgikern gern als ›Mini-Amsterdam‹ bezeichnet. Der Vergleich bezieht sich keineswegs auf Architektur und Geschichte, sondern auf die junge Atmosphäre, getragen von den Studenten des University College, von den ›Späthippies‹ und Rucksacktouristen, die von Galway aus die wilde Schönheit Connemaras erkunden wollen.

Das Tor zum rauhen Westen Irlands ist zwar nach Dublin und Cork die drittgrößte Stadt der Republik, behielt aber weitgehend seine anheimelnde Geschlossenheit bei, wie sie bereits im Mittelalter bestand, als Galway von den Anglonormannen unter Führung von Richard de Burgo – später als Burke oder de Burgh hibernisiert – im 13. Jh. gegründet wurde. Die große Zeit Galways war das 15. und 16. Jh., als die Stadt mit Spanien, Frankreich, Portugal und dem Baltikum rege Handelsbeziehungen pflegte – Wein war das wichtigste Importgut. Vierzehn Familien, von einem Cromwellschen Offizier abfällig als die ›14 Stämme Galways‹ bezeichnet, beherrschten bis zur Eroberung durch die Truppen des puritanischen Schlächters das soziale und merkantile Geschehen – »stolz wie ein Kaufmann aus Galway« hat sich seither als Redensart eingebürgert. Zu den mächtigsten Familien gehörten die Lynchs, die zwischen 1485 und 1654 allein 84 Bürgermeister stellten und ihren Namen durch ein makabres Vorkommnis in den Sprachgebrauch einfließen ließen, wie später noch zu erläutern ist.

Eine neue, wenn auch ganz andere Blütezeit erfuhr Galway nach Jahrhunderten der Bedeutungslosigkeit, als Irland unabhängig wurde. Als urbaner Mittelpunkt des Gaeltacht-Gebietes von Connemara und dank des kreativen Potentials der Region wurde die Stadt zum Zentrum gälischer Kultur. Zu den ersten einheimischen Protagonistinnen der gälischen Renaissance gehörte Lady Gregory. Die 1852 in Galway geborene Angloirin begegnete 1894 W. B. Yeats, mit dem sie schließlich das irisch-nationale Theater, das spätere Abbey Theatre in Dublin gründete. Ihr Stadthaus in Galway beherbergt heute das **Arts Centre,** einer der künstlerischen Mittelpunkte Galways. 1928 wurde das einzige Theater Irlands gegründet, das bis heute ausschließlich gälischsprachige Aufführungen im Programm hat, das **An Taibhdhearch na Gaillimhe.**

Künstler, Aussteiger und schließlich die Touristen machten Galway schließlich zu jenem vibrierenden Magnet, der die Stadt in jedem Sommer fast aus den Nähten platzen läßt. Die zahllosen Restaurants, Pubs, Hotels und Pensionen bieten aufgrund des starken Wettbewerbs und der hervorragenden gastronomischen Ausbildung einen ungewöhnlich hohen Standard. Daß das

Ganze nicht zum reinen Luxus für Besserverdienende mutierte, ist den Studenten zu verdanken, die ein Fünftel der Bevölkerung ausmachen und somit für ein angenehmes Preisniveau und eine unverkrampfte Atmosphäre sorgen.

Neben den leiblichen Genüssen und einem regen Nachtleben wird in Galway traditionsgemäß auch reichlich Kultur geboten. Kunstgalerien, Musik- und Buchläden bieten eine verlockende Vielfalt – ein Bücherdorado samt Kunstgalerie ist **Kenny's Bookshop** in der Dominick Street. 1975 hoben zwei Studenten das **Druid Theatre** aus der Taufe, das neben angloirischen Klassikern auch beispielsweise Stücke von Vaclav Havel aufführt. Die jüngste Theatergründung ist die **Punchbeg Theatre Company,** womit Galway neben Dublin über die relativ höchste Theaterdichte verfügt. Als Höhepunkt der Saison gilt für Kultur-

Galway *1 Eyre Square Centre 2 Lynch's Castle 3 St. Nicholas' Church 4 Kathedrale 5 Spanish Arch 6 Claddagh*

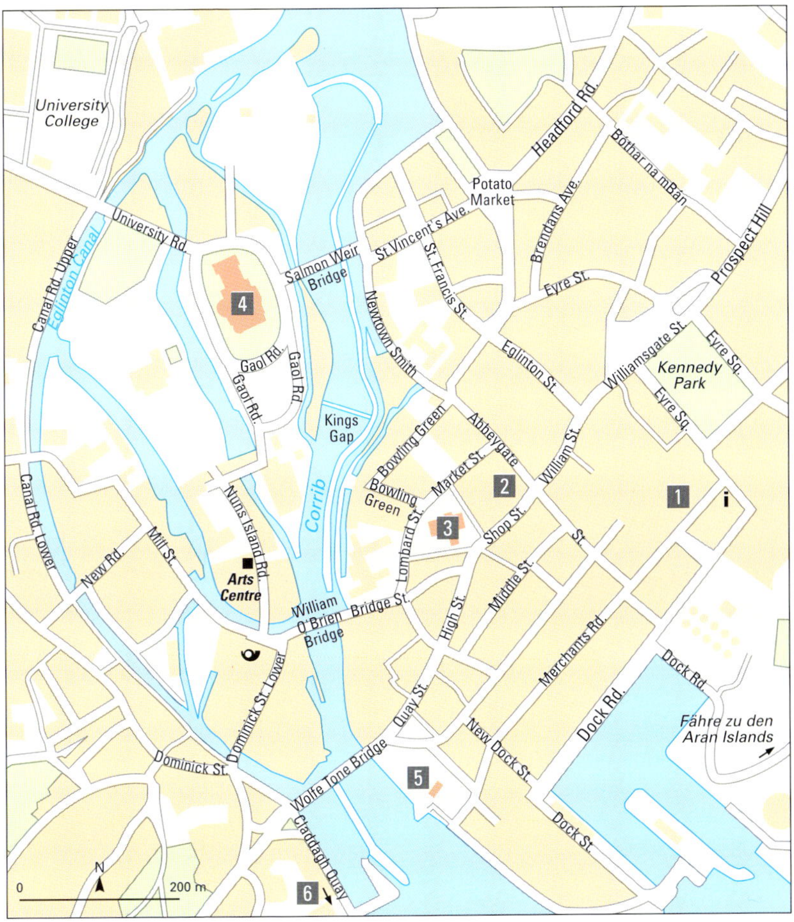

Richtig Reisen *Tip*

Ein Fest für Austernfreunde

Im Festzelt am Spanish Arch fließt Blut. Mit scharfen Messern und verbissenen Gesichtern mühen sich Kandidaten aus zwölf Ländern darum, die harten Schalen von Austern perfekt und in Rekordzeit zu öffnen. Daß sie vorher kräftig geübt haben, sieht man an den verbundenen Fingern. Nicht nur die Messer sind scharf, sondern auch die Austernschalen. Verletzungen sind somit an der Tagesordnung, doch wehe ein Tröpfchen Blut verunziert die frisch geöffnete Auster, das gibt Punktabzug.

Vier Tage im September befindet sich ganz Galway im Austernrausch. Das Internationale Austernfestival, dessen Höhepunkt der Wettbewerb im Austernöffnen ist, gehört zu den ausgelassensten Festen des Westens – neben dem Austernfest in Clarinbridge, etwa 15 km östlich von Galway, das eine ganze Woche dauert und 14 Tage früher stattfindet. Genaugenommen handelt es sich um ein Fest für Bierfreunde, denn was in diesen Tagen in den über 30 Pubs und Hotelbars in der Innenstadt ausgeschenkt wird, dürfte rekordverdächtig sein: 30 000 Pints Guinness werden schätzungsweise benötigt, um die rund 100 000 Austern herunterzuspülen.

Eröffnet wird der Trinkmarathon mit einem offiziellen Festakt am Eyre Square, wo die gewählte Austernkönigin, die *Oyster Pearl,* dem Bürgermeister von Galway die erste Auster der Saison überreicht. Ein Zug von skurril verkleideten Gestalten sowie Musik- und Tanzgruppen zieht dann mit dem Bürgermeister und seinen Ehrengästen an der Spitze zum Festzelt. Ein Großteil der Teilnehmer bleibt schon vorher in den Pubs hängen. Schließlich gibt es ab 14 Uhr zu jedem Guinness drei Austern als Draufgabe – solange der Vorrat reicht. Wer auf diese Art ein Dutzend der Schalentiere ergattern will, dürfte den Abend wohl kaum nüchtern erleben. Die größte Gaudi ist dann der Wettlauf der Barkeeper, die mit zwei Gläsern Guinness auf einem Tablett durch die Quay Street rasen und höchstens ein halbes Pint verschütten dürfen. Als Kontrastprogramm und für die feinere Welt wird im Great Southern Hotel zu Champagner, Lachs und natürlich Austern die eleganteste Lady der Stadt gekürt.

Gesponsert wird die Angelegenheit von der Firma Guinness, die wohl den größten Gewinn an der Veranstaltung hat. Allerdings hat sich mittlerweile auch die Bierfirma Heineken als Sponsor eingeklinkt, was einen Kolumnisten der *Irish Times* zu der Bemerkung animierte, in Analogie zur IRA-Spaltung müsse man eigentlich von zwei Festen reden, vom ›*Official* Oyster Festival‹ und vom ›*Provisional* Oyster‹ Festival.

freunde das größte Kunst- und Literaturfestival Irlands, für Liebhaber der irischen Musik das Musikfestival, für Sportsfreunde die Galway Races, *das* gesellschaftliche Ereignis auf der Pferderennbahn, und für alle schließlich das Austernfestival (s. S. 170). Genaugenommen zieht sich die Saison über das ganze Jahr, und Höhepunkte sind so zahlreich, daß man sich zwischendurch schon mal nach einem ruhigen Pub-Besuch sehnt.

Stadtrundgang

Die City von Galway ist klein und überschaubar und konzentriert sich im wesentlichen zwischen der Kathedrale, den Docks und dem Kennedy Park. Das mittelalterliche Bild des Zentrums täuscht jedoch. In den 1980er Jahren wurden heruntergekommene Bauwerke behutsam restauriert und dem mittelalterlichen Stadtbild angeglichen. Nur wenige Gebäude sind tatsächlich so alt, wie sie aussehen. Ein restaurierter Rest der Stadtmauer ist in ein neues Einkaufszentrum, das **Eyre Square Centre** 1, kunstvoll integriert.

Paraden und größere Veranstaltungen pflegen stets am grünen Herzen Galways zu beginnen, dem Eyre Square, dessen Grünfläche **John F. Kennedy Memorial Park** heißt, seit der US-amerikanische Präsident 1963 Galway besuchte und Ehrenbürger wurde. Auf dem Rasen tummeln sich im Sommer junge Touristen, Mütter mit ihren Kindern und alte Leute. Besonders beliebt scheint die sitzende Statue von Pádraic O'Conaire, dessen Podest dazu einlädt, sich zu ihm zu gesellen. O'Conaire ist in Irland einer der berühmtesten irischsprachigen Schriftsteller, der 1882 in Galway geboren wurde, aber später zeitweise in Dublin und London lebte. Seine Selbstdisziplin dürfte der Traum aller Lektorats- und Redaktionsleiter sein: Wenn er nach Galway kam, ließ er sich im Gebäude der Zeitung *Connacht Tribune* in einen Raum einschließen, der erst wieder geöffnet werden durfte, wenn er seine Geschichte druckreif fertig geschrieben hatte. Dieses Verfahren hat sich gottlob nicht durchgesetzt.

Die Magistrale von Galway, die schnellen Schritts in ca. 15 Minuten durchschlendert werden kann, ist die Straße Richtung Spanish Arch, wo sich nicht nur die interessanten Läden, sondern auch die Pubs aneinanderreihen, für die Galway legendär ist. An der Ecke Abbeygate und Shop Street befindet sich eine Bank. So weit, so profan. Das Haus aus dem grauen Felsgestein, **Lynch's Castle** 2, das für Galway, das nie eine backsteinerne, georgianische Periode erlebte, so typisch ist, stammt aus dem 15. Jh. und hat eine grausige Geschichte zu erzählen: Im Jahr 1493 residierte dort der Kaufmann und oberste Gerichtsherr Galways, James Lynch Fitzstephen, dessen temperamentvoller Sohn Walter des Mordes an einem spanischen Seemann auf einem Handelsschiff seines Vaters überführt wurde. Dieser war gezwungen, sein eigenes Kind zum Tode zu verurteilen. Aber die ganze Stadt protestierte gegen die Vollstreckung des Urteils. Der Vater sah in seinem Gerechtigkeitssinn keine andere Möglichkeit, als seinen Sohn aus dem Fenster heraus eigenhändig zu erhängen. Als ›Lynchjustiz‹ ging dieses Ereignis in die Geschichte ein.

Dort, wo die Shop in die High Street übergeht, biegt die Maingard Street nach rechts ab. An einem Samstag zieht es einen ohnehin in diese Richtung, denn auf dem Platz vor der St. Nicholas' Church tummelt sich die Bioszene des ganzen County. Der Markt von Galway, traditionell ein Bauernmarkt, ist ein Treffpunkt für Kramhändler und Alternativproduzenten. Bioprodukte, wie Schafskäse aus Connemara oder ethnischer Schnickschnack, wie keltische Amulette oder afrikanische Armbänder, bilden ein vertrautes Ambiente. Alteingesessene Bauern, vom Biomarkt unbeeindruckt, da sie stets ›bio‹ produzierten, bieten ebenfalls ihre breite Palette an.

Die **St. Nicholas' Church** 3, protestantisch seit 1568, dürfte das älteste Gebäude der Stadt sein. Sie wurde um 1320 erbaut, auf dem Grund einer weitaus älteren Kirche, allerdings im Lauf der Zeit mehrfach erweitert und verändert. Nachgewiesen ist, daß Christoph Kolumbus 1477 in Galway war – angeblich auf der Suche nach Dokumenten des heiligen Brendan, der Amerika entdeckt hatte und in der Nähe Galways seinen Lebensabend verbrachte. Kolumbus soll in dieser Kirche für die Entdeckung des Seewegs nach Indien gebetet haben.

Die katholische **Kathedrale** 4, die denselben Namen wie die protestantische Kirche trägt – St. Nicholas' –, befindet sich auf der westlichen Seite des River Corrib. Sie wurde erst 1965 eingeweiht, beherrscht aber in ihren Dimensionen die ›Skyline‹ Galways. Abgesehen von ihrer geschmackvollen Innengestaltung aus grünem Connemara-Marmor ist besonders der Standort interessant: Sie wurde an Stelle des einstigen britischen Gefängnisses von Galway errichtet.

Am Ende der Quay Street bildet der **Spanish Arch** 5 wieder ein Stück authentischer Vergangenheit. Das Turmgebäude mit den Bögen war zur großen Handelszeit Galways eines der fünf Häuser, von denen aus die Entladung der Schiffe überwacht wurde. Heute ist dort ein kleines Museum untergebracht.

Westlich des Flusses liegen die Ursprünge von Galway. Das Viertel **Claddagh** 6 existierte lange vor der Gründung Galways. Das irische Quartier lag in der Blütezeit der Stadt außerhalb der angloirischen Stadtmauern, ein eigenständiges Dorf, in dem trotz Ausgrenzung die eigenen Traditionen bis in die heutige Zeit bewahrt wurden. So wählten die Bewohner ihren ›König von Claddagh‹, der für die Schlichtung von Streitigkeiten und Ordnung zuständig war. Der letzte König, Eoin Concannon, starb 1954 im Alter von 90 Jahren. 1934

wurde das malerische, aber unhygienische Viertel abgerissen und durch Neubauten ersetzt, mit Ausnahme der Dominikanerkirche.

Eines der nachhaltigsten Relikte jener eigenständigen Gemeinde ist der Claddagh-Ring, ein traditioneller Verlobungs- und Ehering der Fischer dieses Viertels und später auch der Aran-Inseln. Kreiert hat diesen Ring – ein Herz mit Krone, von zwei Händen getragen –, ein Angloire namens Richard Joyce, der im 17. Jh. von algerischen Korsaren gefangen und versklavt wurde. In Algier lernte er bei seinem Sklavenhalter das Goldschmiedehandwerk, wurde aber durch Intervention des englischen Königs befreit. Der Ring, den er nach seiner Rückkehr in Galway entwarf, bedeutet daher nicht nur Treue zum jeweiligen ›Sweetheart‹, sondern auch zu Irland. Es hängt jedoch bis heute davon ab, wie man ihn trägt: Mit der Krone zum Fingernagel heißt es, daß man vergeben ist. Umgekehrt getragen gibt man kund, daß man durchaus noch für Alternativen offen ist – zumindest in Herzensangelegenheiten ...

Aran Islands, Connemara und Mayo

Die Aran-Inseln

Wie eine natürliche Barriere liegen die drei großen Aran-Inseln *(Oileán Árann*; S. 276) mit ein paar kleineren Felsinselchen vor der Bucht von Galway, eine landschaftlich eigenwillige Formation mit den charakteristischen Steinmauern, die das karge Felsland vor Erosion schützen und deren Bewohner mit ihren Traditionen dank Literatur und Film zum Inbegriff irischer Armut und Überlebenswillens geworden sind. Der Dramatiker John Millington Synge verbrachte um 1900 ein paar Sommer auf einer der Inseln, den »letzten Refugien einer keltischen Welt«, und verewigte sie in seinen Werken. Für ihn befanden sich die Menschen in ihrem Daseinskampf im »kosmischen Rhythmus«. In den 1930er Jahren drehte der amerikanische Dokumentarfilmer Robert Flaherty auf den Aran-Inseln mit einigen Einwohnern ›Die Männer von Aran‹, ein Film, in dem ein Alltag gezeigt wird, wie er bereits damals nicht mehr gelebt wurde, der aber den Mythos der Aran-Inseln weltweit begründete.

Von Galway aus verbinden in der Sommersaison mehrmals täglich komfortable Fähren und eine Fluglinie (Flugzeit sechs Minuten) die drei Inseln. Romantiker finden kaum noch die strohgedeckten Cottages, sondern mehr und mehr moderne Eigenheime. Es gibt auf jeder Insel etliche Pensionen und Gasthäuser, Pubs, Restaurants und Läden, wo man die weißen Aran-Pullis kaufen kann. Sie werden auf uralte Traditionen zurückgeführt, tatsächlich jedoch erst seit dem 19. Jh. auf den Aran-Inseln hergestellt.

Auf der größten der Inseln, **Inishmore** *(Inis Mór),* befinden sich die legendären Steinforts: **Dún Aonghasa** 1, in der Nähe des Dorfes Kilmurvy *(Cill Mhuirbhigh)* an einem Steilhang gelegen, der rund 70 m zum Atlantik abfällt, soll im Jahre 303 nach Erschaffung der Welt von Aengus, einem Häuptling des Volkes der Fir Bolg, gebaut worden sein, nachdem er von den Kelten vernichtend geschlagen und auf die Aran-Inseln geflohen war. Tatsächlich wird das halbkreisförmige, in konzentrischen Ringen angelegte Fort auf das Jahr 500 v. Chr. datiert. Weitere Steinforts befinden sich westlich von **Killeany** *(Cill Éinne),* das Dubh Cathair, und auf dem höchsten Punkt der Insel, das Fort Dún Eochla.

Hauptort der Insel ist das geschäftige Dorf **Kilronan** *(Cill Rónáin)* 2, das auch für Regentage genügend Abwechslung bietet. In der *Halla Rónáin,* Gemeindezentrum, Theaterraum und Kino in einem, wird in den Sommermonaten mehrmals täglich der Film ›Die Männer von Aran‹ gezeigt. Das Heritage Centre, *Ionad Árann,* informiert über Kultur, Landschaft und Tradition der Inseln.

Einsamkeit und einen Rest jenes früheren harten Lebens der Aran-Bewohner findet man noch auf der mittleren und felsigsten Insel **Inishmaan** *(Inis Meáin),* die neben einem Pub nun auch über ein Hotel verfügt sowie über eine Strickwarenmanufaktur, die als Kooperative die Aran-Pullover herstellt. Ein Steinfort, das Dún Conchúir, ist dort ebenfalls zu besichtigen. Es ist nach dem Dún Aonghasa das zweitgrößte der

Downpatrick Head
Céide Fields
Portacloy
Belderg
21
Ballycastle
Killala Bay
Easky
Gladrea
Belmullet
Barnatra
Dromore West
Binghamstown
Killala
Inishcrone
Mullet Peninsula
Bangor
Belville
Slieve Gamph (The Ox Mountains)
Aghleam
Blacksod Bay
N 59
Bellacorick
22
Fallmore
Crossmolina
Lough Conn
Ballina
N 57
Mullany's Cross
Keenagh
Moy
Croaghan Mtn. 668 m
20
18
Doogort
Nephin Beg Range
Lahardaun
19
Dooagh
Keel
MAYO
Pontoon
Foxford
Achill Island
Beltra
N 58
Swinford
Mulrany
Newport
N 5
Kilkelly
Achill Sound
17
Castlebar
Kiltamagh
Clew Bay
16
N 60
Balla
Clare Island
Murrisk
Westport
23
Knock
Roonah Quay
Louisburgh
15
765 m Croagh Patrick
N 59
N 84
N 17
Aille
Claremorris
Inishturk
Doo Lough Pass
Sheeffry Hills
Cornanagh
Partry Mountains
Mweelrea Mts.
Inishbofin
R 335
Delphi
Lough Mask
Ballinrobe
14
Killary Harbour
10
Leenane
Cleggan
Letterfrack
Kylemore Abbey
11
Joyce Country
Connemara National Park
9
Cross
730 m Benbaun
Maam
Tuam
Clifden
8
Lough Corrib
GALWAY
Maam Cross
Headford
N 59
N 17
7
R 340
Oughterard
12
Roundstone
R 340
Ross Lake
N 84
R 336
Iar Connaught
6
Moycullen
Rosmuck
13
Costelloe
5
Carnmore
Salthill
Galway
Rossaveel
4
R 336
3
Clarinbridge
Inveran
Spiddle
Galway Bay
N 67
Inishmore
Black Head
Kilmurvy
Dún Aonghasa
1
2
Kilronan
Kinvarra
Ballyvaughan
Killeany
Inishmaan
The Burren
Inisheer
R 480
Aran Islands
N
0
10 km

Das natürliche Leben – Aussteiger in Irland

Das Virus erwischt fast jeden Urlauber: Ein Cottage in der unberührten Natur Irlands kaufen, sich der gelassenen und überaus freundlichen Art der Iren anpassen, Bedürfnislosigkeit praktizieren und sich gesund ernähren – und vor allem raus aus dem Stress und Smog der Städte, aus dem Karrieredenken, der glattgebügelten, flurbereinigten und zersiedelten Landschaft, fort vom bürokratischen Kleinkrieg, politischen und ökologischen Unwohlsein und vor allem der Rentenfrage. In der Regel legt sich das wieder, wenn zu Hause der Alltag und die nicht immer unerfreulichen Erscheinungen lebenslanger Gewohnheiten wieder ihre Tentakel um die Träume schlingen.

Von den Millionen Deutschen, die Irland besucht haben, versuchten dennoch einige Tausend – als zweitgrößte Gruppe nach US-Amerikanern – ihren Traum wahrzumachen. Die ersten kamen in den 1960er Jahren auf den Spuren von Heinrich Böll, der in seinem ›Irischen Tagebuch‹ ein Bild von Irland gezeichnet hatte, das alle, die dem beinharten Wirtschaftswunderland der Nachkriegszeit entfliehen wollten, unweigerlich anziehen mußte. Ende der 1970er Jahre strömte die zweite große Welle ins grüne Traumland, als die Nachrüstung, die ›bleierne Zeit‹ der Terroristenhatz, die atomare Bedrohung und die nun offensichtliche Umweltverschmutzung viele Intellektuelle zur Flucht aus den Städten veranlaßt hatte. Irland mit seiner dünnbesiedelten und mystifizierten Ursprünglichkeit schien wie geschaffen für ein Leben »trotz des deprimierenden Wetters im Einklang mit sich und der Natur« zu sein, wie ein Aussteigerpaar, das seit Ende der 1970er Jahre in Irland lebt, behauptet.

Viele der Enthusiasten sind mittlerweile nach Deutschland, oder woher sie auch immer in Europa gekommen sein mögen, zurückgekehrt. Wovon soll man auch leben, wenn man keinen Job oder keine Ressourcen hat? Die Herstellung von tourismustauglichem Kunsthandwerk, vor vielen Jahren noch Privileg der Aussteiger, wird heute überwiegend von den Iren selbst betrieben. Hotels und Restaurants, alternative Therapie-

Arans. Auf dieser Insel verbrachte Synge die Sommermonate mit seinen gälischen Studien.

Die kleinste Insel **Inisheer** *(Inis Oírr)* ist nur etwa 12 km von Doolin entfernt. Die O'Brians bauten dort im 14. Jh. ein Turmhaus auf dem Grund eines über 1000 Jahre älteren Steinforts. Im kleinen Folk-Museum samt Teestube kann man sich über die lokale Geschichte kundig machen oder sich in einem der zwei Insel-Pubs im Gälischen versuchen.

zentren und Sommerschulen sind saison- und trendabhängig. Gewinnbringende Landwirtschaft ist nur bei entsprechendem Kapital zu realisieren.

Überhaupt ist das ländliche Leben in Irland nicht so idyllisch, wie es zunächst erscheinen mag. Zwar werden dort mehr noch als anderswo »komische Vögel« akzeptiert, die einen aus dem Rahmen fallenden Lebensstil praktizieren. Doch reagieren die Iren recht empfindlich auf rechthaberische Eingriffe in die eigene Lebensweise. So mancher deutsche Aussteiger war frustriert, wenn die Einheimischen ihn mit seinem korrekten biologisch-dynamischen Landbau nicht ernstnahmen oder wenn ihm im Falle der Integration nicht nur die warme Herzlichkeit, sondern auch die soziale Kontrolle entgegenschlug. Manche geben vor allem im Winter auf, wenn keine Touristen den Austausch mit der Heimat ermöglichen, wenn weder Kino noch Theater oder sonstige gewohnte Abwechslungen stattfinden und nur noch das romantische Torffeuer im teuer restaurierten Cottage und die Flasche Whiskey Trost bieten. Depressionen gehören zu den häufigsten Ursachen für eine Rückkehr.

Dennoch gibt es die erfolgreichen Auswanderer, die im Lauf der Jahre die Differenziertheit der irischen Gesellschaft, die keineswegs so ›ursprünglich‹ ist, wie der erste Urlaubseindruck vermittelt, kennengelernt und akzeptiert haben. Aber dafür mußten sie sich auch von einigen Illusionen verabschieden.

Connemara

In der einsamen Landschaft Connemaras ist auf weiten Strecken kein Laut zu vernehmen – außer dem Blöken der allgegenwärtigen Schafe, manchmal dem Ruf der Vögel und mindestens einmal täglich dem Prasseln eines kräftigen Regenschauers, der sich in dieser Stille wie ein kosmisches Gewitter anhört. Stundenlang kann man über schmale Straßen fahren, ohne einem einzigen Men-

Strandszene in Connemara

schen zu begegnen. So schließt man sich freudig der irischen Sitte an, jeden Fußgänger, Radler oder Autofahrer, den man in dieser Einsamkeit trifft, freundlich zu begrüßen.

Connemara, das Gaeltacht-Gebiet zwischen Galway, Leenane und dem Atlantik, das seinen Namen vom Stamm der ›Conmacs vom Meer‹ erhalten hat, ist eine der rauhesten Landschaften Irlands, arm, unfruchtbar, in weiten Teilen unbewohnt, voller Seen, Moore, Felsen und kahlen Bergkegeln, die in dem stets wechselnden Licht der dahinjagenden Wolken von unwirklicher und manchmal unheimlicher Schönheit sind. Hier hat sich das grüne Irland verabschiedet und geht über in ein Farbenspiel aus Braun, Gelb und Grau, aufgelockert nur durch das Tintenblau der Seen. Manchmal entdeckt man verfallene Häuser, die davon zeugen, daß Connemara nie genug zu bieten hatte, seine Bewohner zu ernähren. Selbst Cromwell machte keinen Unterschied zwischen Hölle und Connacht, der Provinz, zu der Connemara gehört. »To hell or to Connaught«, mit diesen Worten vertrieb er die Iren und Angloiren aus den fruchtbaren Ländereien des Nordens und Ostens in die rauheste und für englische Wirtschaftsinteressen unergiebigste Provinz. Noch heute ist die Landflucht aus Connemara enorm und die Arbeitslosigkeit hoch.

Die Küstenstraße R. 336 führt von Galway aus schon nach kürzester Zeit in jene Einsamkeit aus Moor und Fels. **Salthill** 3, ein Vorort von Galway, dürfte dabei der letzte Vorposten urbaner Vergnügungssucht sein, ein Ferienort mit Spielhallen, Nachtclubs und Diskos, der sich der längsten Promenade Irlands rühmt. Der kleine Ort **Spiddle** *(An Spidéal)* 4 ist zwar auch recht betriebsam, zeigt jedoch weitaus mehr Traditionsbewußtsein. In der Manufaktur des *Craft Centre* wird Kunsthandwerk hergestellt und angeboten, und in den Pubs gibt es Musik und manchmal auch Tanz.

Kurz hinter dem Ort **Inveran** *(Indreabhán)* heben von dem kleinen Flughafen die Flieger der Aer Árann zu den Aran-Inseln ab. Es gibt von Galway aus eine Busverbindung, die bis nach **Rossaveal** *(Ros an Mhíl)* reicht, einem unscheinbaren Fischerdorf, von dem

aus eine Fährlinie ebenfalls zu den Aran-Inseln führt. Im nächsten Ort, **Costelloe** *(Casla)* 5, hat *Raidió na Gaeltachta,* der irischsprachige Radiosender, sein Hauptstudio.

Die Abgelegenheit und Unzugänglichkeit insbesondere mancher Regionen von Connemara haben die Gegend während des irischen Unabhängigkeitskrieges zu einem Rückzugsgebiet der Aufständischen gemacht. Das Sommerhaus von Pádraig Pearse, dem Schriftsteller und einem der Kommandanten des Osteraufstands von 1916, in dem er mit seinen Kampfgenossen über das »Irland nach der Revolution« heiße Debatten führte, ist auch heute nicht leicht zu finden. Von der R 336 biegt man nach links in die R 340 ein, von der nach etwa zwei Kilometern ein wenig vertrauenerweckender Weg Richtung **Rosmuck** *(Ros Muc)* 6 (S. 327) abzweigt. Unmittelbar dahinter weist ein Schild zum Pearse-Haus, in dem ein kleines Museum mit Memorabilia von Pearse untergebracht ist. Die Geschichten des Museumsführers hören sich an, als hätte er mit dem Helden sein Leben verbracht.

Die R 340 folgt im weiteren Verlauf der zerklüfteten Küstenlinie mit zahllosen vorgelagerten Inseln und Halbinseln. **Roundstone** *(Cloch na Rón)* 7 (S. 328), ein Ort, der sehr idyllisch an einer schmalen Bucht liegt, ist sowohl Cineasten als auch Musikliebhabern ein Begriff. Der amerikanische Regisseur John Huston drehte dort unter anderem den Film ›Mackintosh Man‹, und der Popstar Sting lebte eine Zeitlang in dem Dorf. Zielort der Musikpilger ist jedoch ein altes Franziskanerkloster, in dem Malachy Kearns per Hand und sehr kunstvoll die irischen Handtrommeln, *Bodhráns,* herstellt. Bei Malachy kann man sie sich mit individuellen Mustern auf dem Trommelfell bestellen, mit keltisch verschlungenen Initialen, Wappen, Namen oder beliebigen Fantasiemustern.

Hauptstadt von Connemara, wenn auch nur inoffizielle, ist **Clifden** *(An Clochán)* 8 (S. 291f.), die größte Ansiedlung westlich von Galway. Für eine Stadt ist der Ort eigentlich zu klein, obgleich er über zwei beachtlich große Kirchen verfügt, deren spitze Türme die ›Skyline‹ beherrschen. Clifden ist berühmt für seine Pubs, in denen täglich Live-Musik geboten wird und in denen spätestens nach zwei Tagen jeder jeden kennt. In dem Ort haben sich genügend Aussteiger niedergelassen, um ihm einen Hauch von Alternativkultur und Boheme zu verleihen. Im September finden dort das *Country Blues Festival* und die *Clifden Community Arts Week* statt, während der einheimische und zugereiste Künstler und Literaten ihre Werke vorstellen.

Höhepunkt der Clifden-Saison ist im August die *Connemara Pony Show,* ein Pferdemarkt, auf dem man die kleinen, wendigen Connemara-Pferde erleben kann. Es heißt, daß diese besondere Rasse von Araberpferden abstamme, die nach dem Untergang der spanischen Armada von den Schiffen an Land geschwommen seien und sich mit den einheimischen Keltenponys vermischt hätten. Zwar haben die Pferde Araberblut in ihren Adern, doch wurden die arabischen Zuchttiere ganz undramatisch aus Andalusien nach Irland importiert. Freilaufende Connemara-Ponys kann man, wenn man Glück hat, im **Connemara National Park** 9 bei **Letterfrack** *(Leitir Fraic;* S. 318) beobachten. Das 2000 Hektar große Areal nordöstlich von Clifden umfaßt nahezu alle Landschaftsformen Connemaras: Moor, Heide und einen Teil der Twelve Bens *(Benna Beola),* einem Bergland, dessen höchstes Massiv, der Benbaun, 727 m Höhe erreicht. Das Besucherzentrum im Park gibt eine umfassende Einführung in Landschaft und Natur Connemaras.

Am Rande des Nationalparks, am Kylemore Lough, einem See, der sich in ein tief eingeschnittenes Tal schmiegt, wurde ein pompöses viktorianisches Schloß dank der Geschäftstüchtigkeit von Nonnen zu einem touristischen Magneten. **Kylemore Abbey** 10 ist keine Abtei, sondern seit 1920, als belgische Benediktinerinnen das riesige Anwesen übernahmen, eine Klosterschule. Der Kaufmann Mitchel Henry aus Liverpool hatte das Gebäude in den 60er Jahren des 19. Jh. unter ungeheurem Aufwand und gigantischen Kosten errichten lassen. Die Nonnen beschränken sich mittlerweile nicht mehr auf den Unterricht von Mädchen, sondern haben auch den segensreichen Tourismus für sich zu nutzen gewußt. Im großen Besucherzentrum vor dem Schloß sind ein Andenkenladen mit christlichem Schnickschnack, eine Töpferei, ein Restaurant und ein Café untergebracht. Der viktorianische Garten und einige restaurierte

Räume sind der Öffentlichkeit mittlerweile zugänglich.

Den Spuren Hollywoods begegnet man in Connemara ständig; schließlich gehört die Gegend zu den schönsten *Locations* Irlands. Nirgendwo aber wird mit einem Film ein so großer Kult getrieben wie in **Leenane** *(An Líonán)* 11 (S. 318), einem Dorf, das an den Hügeln oberhalb des Killary Harbour klebt, einem fjordähnlichen Meeresarm, der von finsteren und kahlen Bergen gesäumt ist. 1989 drehte dort der Regisseur Jim Sheridan den Film ›Das Feld‹. Zwei Monate lang befand sich das ganze Dorf, aus dem viele Bewohner als Statisten angeheuert wurden, im Filmrausch. Von den Dreharbeiten versucht das Dorf noch immer zu profitieren. Hotels, Restaurants und Pubs tragen den englischen Titel des Films ›The Field‹, Fotos aus dem Film oder von den Drehs sind überall zu bewundern, in reicher Auswahl vor allem im Gaynor's Pub, in dem einige Szenen gedreht wurden.

Auf dem Weg zurück nach Galway geht es kurz hinter Leenane Richtung Lough Corrib über die beiden winzigen Ortschaften **Maam** *(Mám)* und Maam Cross, die inmitten von Joyce Country liegen, dem Stammland der Joyce-Familie, die in Galway zu den 14 Stämmen gehörte. Der **Lough Corrib** ist nach dem Lough Neagh in Ulster der größte

Kylemore Abbey

Richtig Reisen *Tip*

Inishbofin – ein Refugium der Stille

Gerade zehn Kilometer ist die kleine Insel Inishbofin 14 (S. 311) von der Küste Connemaras entfernt. Nur drei Mal täglich fährt ein Boot von Cleggan, einem winzigen Nest nordwestlich von Clifden auf das karge Eiland, das anders als die Aran-Inseln noch ein Ruhepol voll landschaftlicher Schönheit und Stille ist. Traumhafte Strände, weites Grasland und ein paar kleine Seen inmitten der Insel verlocken zu einsamen Spaziergängen.

So friedlich war die Insel jedoch nicht immer – im Gegenteil, ihre Geschichte dokumentiert eines der blutigsten Kapitel Irlands. Inishbofin war im 17. Jh. das Hauptquartier Cromwells für Connemara und gleichzeitig ein Gefangenenlager für irische Priester, Mönche, Lehrer und Soldaten, die unter schlimmsten Bedingungen festgehalten wurden. Das Cromwell Castle, dessen Ruinen bei der Hafeneinfahrt zu sehen sind, war die Festung der Soldaten. Sie entstand auf dem Grund, wo 100 Jahre zuvor Bosco, ein Pirat und Verbündeter von Grace O'Malley, ein Schloß errichtet hatte.

Die Spuren der Vergangenheit sind seit langem getilgt und Spuren eines extensiven Tourismus noch lange nicht in Sicht. Es gibt nur zwei Hotels und ein Hostel auf der Insel, alle drei nicht für den Massenansturm gerüstet und daher von intimer Gemütlichkeit. Nur im Mai, wenn das Kunstfestival mit Musik, Lesungen und Schauspiel stattfindet, übersteigt die Zahl der Besucher die der 200 Einwohner.

See Irlands, gesprenkelt mit kleinen Inseln und an seinen Ufern zerklüftet – ein ideales Gebiet für Bootsfahrten und vor allem eines der vielen Anglerparadiese Irlands. Zentrum der Wasserfreunde ist der Ort **Oughterard** *(Úachtar Árd)* 12 (S. 324), der neben den wassersportlichen Angeboten auch über einen 18-Loch-Golfplatz, luxuriöse Hotels und freundliche Pubs verfügt.

Eines der originärsten Andenken an Connemara kann man in dem Ort **Moycullen** *(Maigh Cuilinn)* 13 (S. 322) kurz vor Galway erstehen: den berühmten grünen Connemara-Marmor. In der Fabrik mit angeschlossenem Laden wird die Bearbeitung des Gesteins vorgeführt, das seit Jahrhunderten ein teures und begehrtes Material ist. Schlösser, Kirchen und Herrenhäuser wurden damit ausgeschmückt. Selbst der Preußenkönig Friedrich II. soll sich Connemara-Marmor für sein Schloß Sanssouci bestellt haben, um für den Fußboden des Marmorsaals die Weinreben einlegen zu lassen. Ein schlichteres Mitbringsel ist ein marmorner *Worry Stone,* ein kleiner glattpolierter Sorgenstein, der Kümmernisse vertreiben soll, wenn man ihn reibt – sans souci en miniature.

Landschaft bei Newport

Mayo – Gott steh uns bei!

»Wenn der Name der Provinz Mayo genannt wird (es sei lobend, tadelnd oder unverbindlich), sobald nur das Wort Mayo fällt, fügen die Iren hinzu: *»God help us!«* Es klingt wie die Antwort in einer Litanei: »Herr, erbarme dich unser!«.

Was Heinrich Böll in seinem ›Irischen Tagebuch‹ so drastisch beschrieben hat, könnte beinahe heute noch gelten, auch wenn die Iren längst nicht mehr das *»God help us!«* ausrufen, wenn es um Mayo geht – oder vielleicht tun sie es noch, aber nur unter sich. Verdenken kann man es ihnen nicht, ist Mayo doch das trostloseste, ärmste und regenreichste County. Geben im südlichen Teil Berge und dramatische Landschaften der Region noch Kontur und Charme, so erstreckt sich im Norden schier endloses Moorland. Das Braun und Schwarz der Ebenen ist bestenfalls überzogen von Moos, das in der Feuchtigkeit des beharrlichen Regens das einzige zu sein scheint, das wächst.

Mayo ist ein dünn besiedeltes Land, in weiten Teilen sogar regelrecht entvölkert. Zahllose Menschen sind von dort

Richtig Reisen *Thema*

Croagh Patrick, der heilige Berg

Meist hüllt Nebel den Gipfel des 765 m hohen Croagh Patrick ein, als wolle er den mühsamen Aufstieg auf seine Spitze noch zusätzlich erschweren. Die Zehntausende von Pilgern, die jedes Jahr am letzten Julisonntag die Strapazen des Aufstiegs auf sich nehmen, lassen sich davon jedoch kaum abhalten. Es gilt zu büßen, für welche Sünden auch immer – und eine harte Buße ist diese Pilgertour auf den Croagh Patrick auf jeden Fall. Der Pfad wird immer schmaler, auf dem oberen Drittel verursacht loses Quarzgestein auf dem steilen Weg kleine Steinschläge. Manche Pilger wollen den Weg sogar barfuß oder auf den Knien bewältigen. Die Sanitäter haben an diesem Sonntag ununterbrochen zu tun, ob Schwächeanfälle, ernsthafte Verletzungen durch Stürze oder zerfetzte Fußsohlen, die Tragbahren reichen oftmals nicht aus. Wer es unbeschadet bis nach oben geschafft hat, wird für seine Mühen mit einer Messe

ausgewandert und wandern auch heute noch aus, da weder Landwirtschaft noch Industrie ein Auskommen sichern. Die Städte sind größtenteils – für irische Verhältnisse – recht jung, meist im 18. Jh. nach der erfolgreichen Vertreibungspolitik unter Cromwell als *Plantation Cities,* als Ansiedlungsprojekte für protestantische Neuansiedler aus Schottland und England gegründet. Der Reiz, den Mayo dennoch auf hauptsächlich deutsche Besucher ausübt, ist nicht nur Heinrich Böll zu verdanken, der dort viele Jahre seine Ferien verbrachte und der Region ein literarisches Denkmal setzte (s. S. 187), sondern eben auch der Kargheit, der einsamen Landschaft, in der das Auge sich verliert.

Wenn man von Süden nach Mayo kommt, mag die schnellste Strecke die

belohnt, die in der Gipfelkapelle alle halbe Stunde gehalten wird, und natürlich mit der Vergebung der Sünden.

Der Legende nach soll im Jahr 441 der Nationalheilige Patrick auf dem Berg 40 Tage und Nächte lang durch Fasten und Beten mit sich und der alten Gottheit Cromdubh gerungen haben und schließlich so von seiner Mission, ganz Irland zum Christentum zu bekehren, überzeugt gewesen sein, daß sogar die Schlangen, Symbole archaischer Weisheit und Hüterinnen der verborgenen Schätze, die Insel fluchtartig verließen.

Schon lange wird jedoch vermutet, daß der Berg bereits vor der Christianisierung, wahrscheinlich bereits vor 3000 Jahren, von ritueller Bedeutung gewesen sein muß. Als Beleg dafür verweist man auf das ›Phänomen der rollenden Sonne‹: Zweimal im Jahr, im April und im August, scheint es, als ob die Sonne exakt auf dem Gipfel des Berges throne und dann langsam den Hang hinabrolle. Daß diese Erscheinung dereinst mit dem keltischen Lichtgott Lugh in Zusammenhang gebracht wurde, ist anzunehmen. Der letzte Sonntag im Juli, der Tag der christlichen Pilgerfahrt, liegt nur ein paar Tage vor dem 1. August, Lughnasa, dem Fest des Lugh, womit im keltischen Jahr der ›Jahresabend‹, der Beginn des Herbstes gefeiert wurde. Patrick setzte seine christlichen Zeichen gerne dort, wo die Kraft der heidnischen Götter am stärksten war.

1995 konnten Archäologen schließlich einen Beweis für die vorchristliche Bedeutung des Croagh Patrick erbringen. Ausgrabungen auf dem Gipfel legten die Reste einer Siedlung aus der ausgehenden Bronzezeit frei, die belegen, daß dort schon lange vor Patrick Menschen ihrem eigenen Kult huldigten. Auch haben diese Menschen nach den neuen Erkenntnissen dort nach Gold geschürft.

Das Edelmetall, das noch immer im Berg verborgen ist, hat auch in den vergangenen Jahren Goldsucher angelockt. Eine Minengesellschaft fand jüngst heraus, daß aus dem Croagh Patrick Gold im Wert von rund 100 Mio. Euro zu holen sei und sicherte sich rasch die Schürfrechte. Umweltschützer, von der katholischen Kirche massiv unterstützt, übten jedoch soviel Druck auf den zuständigen Minister aus, daß dieser jegliche Ausbeutung des Berges verbot. Vielleicht wären andernfalls die Schlangen nach Irland zurückgekehrt, um die verborgenen Schätze des Berges vor profanem Gewinnstreben zu bewahren.

N 84 von Galway sein. Weitaus reizvoller ist jedoch der Umweg über Leenane (s. S. 181) am Killary Harbour, wo am Kopf des Fjords die R 335 abbiegt, denn die Strecke über den **Doo Lough Pass** bietet einen überwältigenden Anblick. Wenn man Glück hat, herrscht leichter Nebel mit gelegentlichen Sonnendurchbrüchen, eine Stimmung, die die Bergkegel der Mweelrea Mountains und der Sheefry Hills in ein unwirkliches Licht taucht und die Proportionen derart verschwimmen läßt, daß man sich in einem Feenland wähnt.

Die Feenstimmung verblaßt, sobald man dieses verlassene Bergland hinter sich läßt. **Louisburgh** *(Cluain Cearbán)* 15 (S. 321), die nächste größere Ortschaft, ist zwar nicht gerade malerisch, aber recht stimmungsvoll, was Pubs angeht, mit ausreichend Möglichkeiten für Wassersport, wie beispielsweise Hochseeangeln, und verfügt über ein Museum, das Granuaile Centre, das einer der interessantesten Frauengestalten Irlands gewidmet ist: der ›Königin von Connacht‹, Grace O'Malley (ca. 1530–1600).

Die irische Version ihres Namens lautet Gráinne Ní Mháille. Berühmt wurde die Clanchefin, Piratin und irische Gegenspielerin der englischen Königin Elisabeth I. jedoch unter dem Namen Granuaile. Sie war die einzige Tochter und Erbin des Oberhaupts der O'Malleys. Mit 15 heiratete sie Donal An Chogaidh O'Flaherty, der 1570 während eines Aufstands gegen Galway getötet wurde – vielleicht auch von rivalisierenden Clanchefs. Granuaile entwickelte sich zu einer Führungsfigur mit legendärem Mut und als kompetente Kapitänin, die die Engländer und die Kaufleute von Connacht das Fürchten lehrte, beim irischen Volk dagegen uneingeschränkte Hochachtung genoß. Kurz nach dem Tod ihres ersten Ehemannes heiratete sie Richard Bourke nach dem alten gälischen Recht, das vorsah, nach einem Jahr die Ehe auf ihre Tauglichkeit überprüfen zu können und sich gegebenenfalls zu trennen. Richard bestand zwar das erste Jahr, wurde von Granuaile später jedoch verjagt, als er mit den Engländern gemeinsame Sache machte. Seine Besitztümer behielt sie für sich. Allerdings ging sie selbst Allianzen mit den Engländern ein, gleichzeitig aber auch mit deren Feinden – je nach taktischem Gutdünken.

Legendär war ihre Reise nach London, wo sie als 60jährige bei Königin Elisabeth höchstpersönlich antrat, um die Freilassung ihres gefangenen Sohnes Tibbot zu verlangen. Die Königin zeigte sich derart beeindruckt von soviel weiblichem Wagemut, daß sie nicht nur Granuailes Sohn freiließ, sondern ihr auch Generalpardon gewährte. Gleichwohl war die ›Königin von Connacht‹, wie sich Granuaile selbst nannte, zeitlebens ein Dorn im Fleische der Engländer. Auf **Clare Island,** ihrem Hauptquartier, soll die Piratenkönigin begraben sein. Von Louisburgh aus führt ein Sträßchen zum Roonagh Quay, von wo aus man zu der Insel übersetzen kann.

Ebenfalls von Louisburgh aus ist bereits Irlands berühmtester und heiligster Berg zu sehen, der **Croagh Patrick** (s. S. 184f.), dessen charakteristische Kegelform jedoch noch besser von Westport aus zu betrachten ist. Startpunkt einer Pilgertour im Juli jeden Jahres ist die Ortschaft Murrisk, zu erkennen an einem weitläufigen Parkplatz, von dem aus der beschwerliche Weg auf den Gipfel führt.

Eines der architektonisch schönsten Beispiele einer *Plantation City* ist die Stadt **Westport** *(Cathair na Mart)* 16 (S. 334), die vor der Clew Bay mit ihren zahlreichen flachen Inselchen liegt. Um 1780 wurde sie auf Veranlassung des zuständigen Landlords vom englischen Architekten James Wyatt entworfen. Die Promenade (Mall) am Carrowbeg River zieht sich als wunderschön angelegte Straße mit von Bäumen gesäumten Häuserreihen links und rechts des Flusses entlang. Sämtliche Straßen führen auf einen Platz, das Oktagon, auf dem ursprünglich die Statue eines lokalen Bankers stand. Während des Unabhängigkeitskrieges wurde sie von den irischen Rebellen enthauptet und später ganz entfernt. 1990 schloß man die Lücke mit einer Statue des heiligen Patrick. Der ganze Stolz der Stadt ist das Westport House, ein Herrensitz, der 1732 auf dem Standort einer einstigen O'Malley-Festung gebaut wurde. Das In-

Heinrich Böll und die Ersatzansprüche

»So, so, aus Berlin sind Sie.« Der alte John, der mit seinem klapprigen Wagen in den Hügeln von Slievemore unterwegs ist, kratzt sich verlegen seine Bartstoppeln. »Berlin, hmm. – Ist das weit von Köln?« Auch in dieser rauhen Gegend Mayos gilt, daß man nur sieht, was man weiß, und für viele Menschen auf Achill Island ist nun mal der Kölner Heinrich Böll, oder Mr. Boll, wie man dort sagt, der berühmteste Deutsche, Köln folglich die berühmteste, im Fall des alten John einzige Stadt, die man von Deutschland kennt.

Der Schriftsteller Heinrich Böll hielt sich von 1954 bis einige Jahre vor seinem Tod im Jahr 1985 häufig in Irland auf, meist in seinem Cottage in Doogort an der Nordküste von Achill Island. Sein ›Irisches Tagebuch‹, das 1957 erstmals erschien, beschreibt pointiert ein Irland, dem noch heute viele Puristen nachtrauern, ein Irland, dessen Ursprünglichkeit für die Iren Armut bedeutete und dessen menschenleere, landschaftliche Schönheit von Rückständigkeit geprägt war. Tausende folgten den Spuren Bölls, mit seinem ›Tagebuch‹ als einzigem Reiseführer in der Hand und auf der Suche nach jenem idealisierten Land, das auf sie wie eine Gegenwelt wider die dumpfen Wirtschaftswunderjahre der jungen Bundesrepublik wirkte. Daß Böll genau dies bezweckte, nämlich dieser deutschen Verdrängungsgesellschaft den Spiegel vorzuhalten, mag dabei mancher überlesen haben. Die Geschichte vom ›Ambulanten politischen Zahnarzt‹ beispielsweise, in der er einem idealtypischen Padraic den Zahn zieht, daß Hitler keineswegs ein guter Mensch war, nur weil er die Engländer angriff, soll mitnichten die selbstbezogene Spitzfindigkeit irischer Geschichtsinterpretation dokumentieren – obgleich die in mancher Hinsicht nicht von der Hand zu weisen ist –, sondern den deutschen Lesern zeigen, daß sie selbst großartige Verdränger der eigenen jüngsten Vergangenheit waren. Aus dieser Perspektive hat Bölls ›Irisches Tagebuch‹ sicherlich bis heute Gültigkeit.

Keine Geschichte in diesem Buch ist nur aus der Luft gegriffen. Aber sie sind allesamt Parabeln, in denen irische Wahrheiten deutschen Idealisierungen entgegengesetzt werden. Nicht umsonst hat Böll seinem Buch ein Zitat vorangestellt, das noch heute in kaum einem Irlandbuch unzitiert blieb: »Es gibt dieses Irland: wer aber hinfährt und es nicht findet, hat keine Ersatzansprüche an den Autor.«

Der alte John, der schließlich ziemlich umständlich und mit vielen Geschichtchen den Weg zu Bölls Haus weist, kann sich noch gut an den deutschen Schriftsteller erinnern, auch wenn er nie etwas von ihm gelesen hat: »Oh ja, Mr. Boll. War ein netter Bursche. Er war oft im Pub und hat ein Bier spendiert. Schade, daß er gestorben ist, Gottseiseinerseelegnädig. Übrigens, wie wärs mit einem Pint?« – Es gibt dieses Irland …

Blick auf den Hafen von Westport

terieur ist außerordentlich prachtvoll und kostbar.

Newport *(Baile Uí Fhiacháin)* 17 ist eine weitere Schöpfung der *Plantation*-Zeit. Als Wahrzeichen dient die siebenbogige, backsteinerne Eisenbahnbrücke aus dem Jahr 1892, die bereits 1937 stillgelegt wurde. In Ermangelung anderer Attraktionen legt Newport besonderen Wert darauf, daß von dort eine echte amerikanisch-europäische Märchenprinzessin stammt: Der Großvater des Filmstars Grace Kelly, später Gracia Patricia von Monaco, wanderte aus dieser Stadt in Mayo nach Philadelphia aus.

Via Mulrany oder Mallarany *(An Mhala Rathní)* geht es über eine Brücke nach **Achill Island** (*Acaill*, S. 275), der größten Insel vor den Küsten Irlands. Auf diesem Eiland hatte Heinrich Böll sein Ferienhaus, als einer von vielen Künstlern und Literaten, u. a. Graham Greene, die sich von der abgeschiedenen, wilden Schönheit dieser Gegend in Bann ziehen ließen. Da sie nicht genügend Ressourcen bietet, um ihre Einwohner zu ernähren, ist die Auswanderung immer noch enorm. Daß die verlassenen Häuser nicht dem Verfall preisgegeben sind, liegt an den vornehmlich deutschen Irlandfreunden, die die aufgegebenen Häuser preiswert aufkaufen und zu Ferienheimen ausbauen.

Kurz hinter der Brücke am Achill Sound weist ein Schild auf den Atlantic Drive hin, eine der spektakulärsten Routen auf der Insel, die über einige Umwege schließlich zu den Hauptorten führt: **Keel** *(An Caol)* 18 bietet z. B. für Sportsfreunde Kurse im Surfen, Segeln, Tauchen, Hanggleiten und andere Vergnügungen mehr. Die Klippen des **Croaghan Mountain** 19 sind nach inseleigener Angabe mit 609 Metern, die der Berg steil in den Atlantik abfällt, die höchsten Europas. Jedoch nehmen die Klippen von Slieve League in Donegal (601 Meter) den gleichen Titel in Anspruch.

Im Norden der Insel schmiegt sich das Dorf **Doogort** 20, wo Böll sein Feriendomizil hatte, in die karge Landschaft. Bölls Haus zu finden ist nicht einfach, doch lohnt es sich stets, die Einheimischen nach dem Weg zu fragen. Nach einer Zeit des Verfalls wird das Cottage derzeit als Literaturzentrum und als kleine Gedenkstätte genutzt.

Etwa 3 km westlich von Doogort und von der Straße ein paar Meter zu Fuß entfernt liegen die Ruinen eines Dorfes, das nach der großen Hungersnot im 19. Jh. verlassen wurde – Zeichen da-

maliger Not der Einwohner von Achill und auch heute noch schmerzliches Mahnmal für die Flucht der jungen Leute aus dieser armen Region.

Einsamer und wahrhaft trostlos ist die nördlich von Achill Island gelegene **Mullet-Halbinsel** *(Mhuirthead)*. Nahezu vegetationslos und flach ist dieses Eiland und ganz und gar dem Wind und dem Regen ausgeliefert, nur für Eremiten, aber auch für Golfer – ein 18-Loch-Golfplatz bei Carn – gut geeignet. Der Regen verhindert leider zumeist die Nutzung der wunderschönen Strände, die sich von Belmullet aus die Nordküste Mayos entlang in kleinen Buchten zwischen den Klippen verstecken. Nur Moorland und die Relikte einer steinzeitlichen Kultur, wie zahllose Megalithgräber, erwarten den Reisenden.

Eine der großartigsten Entdeckungen der letzten Jahre aus der Frühzeit der irischen Geschichte sind die **Céide Fields** 21, etwa acht Kilometer westlich von **Ballycastle** (S. 281), mit 1500 Hektar die größte steinzeitliche Ausgrabungsstelle der Welt. Dort wurden im Moor nicht nur die Reste einiger Gräber entdeckt, sondern eine ganze Siedlung, bestehend aus Gehöften, Weiden und Feldern – von einer Kultur, die entgegen der wissenschaftlich vorherrschenden Meinung bereits vor 5000 Jahren planmäßige Besiedlungspolitik und Landwirtschaft betrieben hat. Die außerordentlich gut erhaltenen Relikte wurden bereits in den 1930er Jahren entdeckt, sind aber erst 30 Jahre später systematisch erforscht worden. Die Siedlung entstand 2000 Jahre, bevor das Moor

Richtig Reisen
Thema

Monsignore Horan und das zweite Wunder von Knock

»Bittet und es wird euch gegeben, suchet und ihr werdet finden«, lautet eine Sentenz des Gebets zu ›Unsrer lieben Frau von Knock, Königin von Irland‹. Der einstige Gemeindepriester dieses abgelegenen Dorfes in Mayo 23 (S. 318), Monsignore James Horan, hat sich aufs Bitten allein nicht verlassen. Gegen allen weltlichen Widerstand setzte er mit Tatkraft und seiner unnachgiebigen Überredungskunst sein größtes Projekt durch, nämlich in der Abgeschiedenheit des ärmsten irischen County einen Flughafen zu bauen. Daß ihm das gelang, ist tatsächlich ein Wunder, das noch heute die alten Zweifler beschämt.

Als James Horan 1980 das Flughafenprojekt initiierte, schlugen alle die Augen gen Himmel. Der jedoch war auf Horans Seite, insbesondere Maria, die dem Örtchen Knock schon seit langem besonders zugetan war. Sie war es nämlich, die im Jahr 1879 für das erste Wunder von Knock sorgte, indem sie einigen Bewohnern in Begleitung von Joseph, Johannes und einem Lamm am Südgiebel des Gemeindekirchleins erschien. Das Wunder sprach sich bald in ganz Irland herum, und die Kranken und Gebrechlichen kamen in Scharen, um ein Stückchen Putz von der Giebelwand zu brechen, dem alsbald Heilkräfte nachgesagt wurden. Knock wurde in der Folgezeit zum größten Wallfahrtsort Irlands.

Rechtzeitig zum Papstbesuch 1979 erhielt das kleine Dorf Knock die größte Kirche Irlands, deren Bedeutung bis weit in die irische Diaspora hineinreicht. Die Basilika ›Our Lady Queen of Ireland‹ (Unsere liebe Frau, Königin von Irland) wurde 1976 eingeweiht und ist mit ihrem 57 m hohen Turm schon von weitem zu sehen. Der Rundbau hat einen Durchmesser von 82 m und bietet 7500 Menschen Platz, insgesamt können dort 12 000 Menschen an der Messe teilnehmen. In die vier Trennwände wurden Nachbildungen von Kirchenfenstern aus den vier irischen Provinzen Ulster, Connacht, Munster und Leinster eingefügt. 32 Säulen, für jedes County eine, tragen das Bauwerk,

vom Land Besitz ergriff und das Dorf konservierte. Das Besucherzentrum in Form einer Pyramide führt durch die Geschichte dieser Ausgrabungsstelle im besonderen und die der Kulturgeschichte Mayos im allgemeinen. Wegen seiner hervorragenden Gestaltung wurde dieses Gebäude von der irischen Architekturvereinigung ausgezeichnet.

Ballina *(Béal an Átha)* 22 (S. 280), ist mit rund 6500 Einwohnern und mit seinem gemächlichen und lebensfrohen Stadtkern die größte Stadt Mayos und zudem der Geburtsort der ersten Frau Ir-

in jeder Säule wurden Steine aus dem jeweiligen County verwendet.

Der Südgiebel des alten Kirchleins, geschmückt mit dem Erscheinungs-ensemble aus weißem Marmor, wurde mit einem gläsernen Vorbau versehen, in dem die Pilger in tiefster Andacht niederknien. Daß darüber hinaus auch eine vernünftige Infrastruktur herrscht, ganz in Monsignore Horans Sinne, versteht sich von selbst. Es gibt ein Familienzentrum, einen christlichen Buchladen, kleine Andachtskapellen, jede Menge Läden, in denen es den herrlichsten Religionskitsch zu kaufen gibt, und sogar ein Museum.

Die Eröffnung des Museums im Jahr 1987 hat der rührige Monsignore nicht mehr miterleben können. Er starb 1986 im Alter von 74 Jahren an einem Herzversagen in Lourdes. Die Krone seines irdischen Schaffens und den Triumph über alle Zweifler und Ignoranten konnte er jedoch noch selbstbewußt genießen. Im Oktober 1985 starteten von seinem Flugplatz aus die ersten drei Jets mit Pilgern nach Rom, und drei Tage vor seinem Tod begrüßte er noch selbst die Passagiere des ersten Jumbojets aus den USA.

Heute ist der »sinnloseste Flughafen der Welt«, wie sich die New York Times einstmals mokierte, ein betriebsamer Airport, der nicht nur einen Linienverkehr nach Dublin, England und Schottland unterhält, sondern auch zum Ziel von Urlaubscharterflügen wurde. Ein fester Glaube kann offenbar doch Berge versetzen oder zumindest einen Flughafen in die Ödnis von Mayo. Monsignore Horan hat nie an Zweifeln gelitten. Als er endlich die Baugenehmigung in der Tasche hatte, soll er gesagt haben: »Gott ist mein Copilot.«

lands, die das Präsidentenamt erlangte, Mary Robinson, eine geborene Bourke. Mit ihrem Geburtsnamen könnte man sie mit Grace O'Malley, die mit einem Bourke verheiratet war, in Verbindung bringen. Streitbar war auch Mary Robinson, bevor sie Präsidentin wurde. Und auch sie hatte während ihrer Amtszeit mit einer Königin Elisabeth zu tun, die sie ebenfalls – nach offiziellen Verlautbarungen – inoffiziell und mit wohlwollender Aufnahme besuchte. Nur hat die zweite Elisabeth in Irland ohnehin nichts mehr zu melden.

Der Nordwesten

Sligo – Yeats' Sehnsuchtsland des Herzens

›The Land of Heart's Desire‹ lautet der Titel eines der Werke des Dichters William Butler Yeats, der in Sligo geboren und begraben ist. Yeats hat in seinen Gedichten kaum eine der Sehenswürdigkeiten dieses County ausgelassen und die Region für die Nachwelt poetisch verklärt. Nicht zu Unrecht, weist doch der Landstrich, den fast jeder auf dem Weg nach Donegal passiert, teilweise idyllische Züge auf, die einen erstaunlichen Kontrast zur Kargheit Mayos, des Nachbar-County, bilden. Aber die gelegentlich doch recht überhöhte Bedeutung, die manchen landschaftlichen Besonderheiten in den Gedichten zugemessen wird, beruht eher auf Yeats' grundsätzlicher Sehnsucht nach einem mythischen Keltentum, das er in der Realität vermißte, dafür aber in der ›gälischen Renaissance‹ zusammen mit anderen Dichterkollegen in die angloirische Dichtung einbrachte. Den Nobelpreis für Literatur erhielt er 1923 »für seine stets von hoher Eingebung getragenen Dichtungen, die in vollendeter künstlerischer Gestalt das Wesen seines Volkes zum Ausdruck bringen«. Sein Verleger erzählte später, daß Yeats' erste Frage nach der Bekanntgabe der Preisverleihung lautete: »Wieviel?«

In Sligo

»Saddle and ride, I heard a man say / Out of Ben Bulben and Knocknarea ...« Die Stadt Sligo ist ein Verkehrsknotenpunkt, auf den Straßen aus allen Richtungen zulaufen – mit der N 4 von Dublin als Hauptverkehrsachse –, was vor allem ihrem traditionellen Status als einstmals bedeutende Handelsstadt geschuldet ist. Heute ist Sligo die größte Stadt des Nordwestens, ein Industrie- und Handelszentrum, dessen Flair mehr von Studenten und Touristen bestimmt ist als von gewerblicher Geschäftigkeit. Zwei Berge rahmen die Stadt ein, die an einer geschützten Bucht liegt, der Ben Bulben im Norden und der Knocknarea im Südwesten.

Zu Füßen des **Knocknarea,** mehr Hügel als Berg, befindet sich eine der bedeutendsten Fundstätten megalithischer Gräber; nach dem Gräberfeld von Carnac in der Bretagne ist sie sogar die größte der Welt. Ursprünglich müssen es wohl über 200 Dolmen, Steinkreise und pyramidenförmig aufgehäufte Geröllhaufen gewesen sein. Doch sind die meisten der jahrtausendealten Relikte einer frühen Kultur durch neuzeitlichen Sand- und Kiesabbau zerstört worden. Nur ein paar Dutzend sind mittlerweile noch erhalten. Es heißt, daß dort das Volk der Fir Bolg begraben wurde, nachdem es vor etwa 4000 Jahren vom Volk der Tuatha de Danaan vernichtend geschlagen wurde.

Auf dem Gipfel des Hügels ragt ein einzelnes Steingrab empor, zu dem vom Parkplatz aus ein Fußweg hinaufführt, für dessen Bewältigung man etwa eine Stunde braucht. Der riesige Steinhaufen wird als das Grab der Königin Maeve bzw. Medbh bezeichnet, der mythischen Kriegerkönigin von Connacht, deren Gestalt einer archaischen Muttergöttin gleicht. Sie steht im Mittelpunkt der großartigsten Erzählung des keltischen Irland, dem ›Táin Bó Cúailnge‹, dem Rinderraub von Cooley. Kern der Geschichte ist, daß Medbh sich mit ihrem Mann Aillil darum stritt, wer über die meisten Besitztümer verfüge. Aillil ging dank seines weißen Stiers Finnbennach als Sieger hervor. Daraufhin beschloß Medbh, den schwarzen Stier Donn, der im Besitz der Männer von Ulster war, zu stehlen, was zu einer komplizierten Schlacht führte, denn nur ein 17jähriger Jüngling aus Ulster, Cúchulainn, konnte Medbh die Stirn bieten.

Nun wäre eine keltische Geschichte nichts Rechtes, wenn sie in nur zehn Minuten erzählt werden könnte. Folglich bekommt zunächst einmal Medbh eine Vorgeschichte, dann die beiden Stiere, die selbstverständlich übernatürlicher Herkunft sind. Daß die Männer von Ulster mit Ausnahme des jungen Helden unter dem Fluch leiden, immer dann schwach sein zu müssen, wenn die Not am größten ist, wird im Rinderraub natürlich ebenfalls weitschweifig erläutert, einschließlich der Genealogie des Ulsterkönigs. Cúchulainn zudem ist nicht nur halbgöttlicher Herkunft – ein Mythos für sich –, sondern trifft im Kampf auf einen Freund, mit dem ihn eine lange Vorgeschichte verbindet. Mebdh hat eine Tochter, die ebenfalls nicht ohne Bedeutung für die Erzählung ist. Und schließlich führen die Stiere die Geschichte, die einem Schöpfungsmythos gleicht, zu einem Ende. Um den Rinderraub von Cooley in aller Vollständigkeit zu erzählen, muß man schon sehr viel Torf ins Feuer legen.

Historisch belegt sind die Figuren nicht, doch wird gemutmaßt, daß der Rinderraub die Geschichte des Sieges über die vorkeltische Bevölkerung durch die eindringenden Kelten darstellt. Tatsächlich blieb in Ulster die vorkeltische Bevölkerung am längsten eigenständig.

Der Ort **Strandhill** *(An Leathros)* **1**, der ebenfalls an der Rundstrecke um den Knocknarea liegt, ist das Freizeitparadies von Sligo, ein Badeort ganz ohne

W. B. Yeats-Darstellung in Sligo

Legenden, dafür mit einem Golfplatz, Yachtclub, mit hervorragenden Surfgelegenheiten und vielen Restaurants, die am Wochenende stets von ganzen Familienclans bevölkert sind.

Die Stadt **Sligo** *(Sligeach)* **2** (S. 329) scheint ganz und gar Yeats gewidmet zu sein. Neben dem Dichter brachte die Familie auch zwei Maler hervor: Vater John B. Yeats und Bruder Jack B. Yeats. Die beiden Schwestern Lollie und Lily betätigten sich als erfolgreiche Verlegerinnen. Neben all dem Yeatismus herrscht in Sligo jedoch auch ein Stückchen Internationalismus. Unvermutet hört man schon mal Englisch mit sächsischem, französischem oder italienischem Akzent – das College gehört zu den stipendienunterstützten europäischen Austauschhochschulen.

Der anheimelnde Stadtkern mit den vielen Pubs und bunten Häusern ist leicht erkundet, er konzentriert sich hauptsächlich um den Garavogue River. Mittelpunkt ist natürlich das Yeats Memorial Museum, in dem sowohl der Dichter mit Originalausgaben seiner Werke und allerlei Memorabilia präsentiert wird, als auch 27 Gemälde seines Bruders Jack in der angegliederten Galerie ausgestellt sind. Das Yeats Building ist Sitz der ›Yeats International Summer School‹, in der neben einer Kunstgalerie mit zeitgenössischer Malerei und einer umfänglichen Bibliothek vor allem jeden Sommer Seminare und Symposien über Yeats in allen Aspekten des Daseins abgehalten werden, wie ›Die Landschaft mit Yeats entdecken‹ oder ›Yeats und der Feminismus‹. Letzteres Thema entbehrt nicht einer gewissen Pikanterie, war Yeats doch durch und durch Traditionalist, aber dennoch – oder deswe-

Malin Head
23
Ballygorman
Glengad Head
Malin
25 Kinnagoe Bay
Culdaff 24
Ballyliffin
Clonmany
Carndonagh
22
Stroove
Greencastle 26
Moville
27
Inishowen
Fanad Head
Melmore Head
Island
Horn Head
Portsalon
Lough Swilly
Dunree Head
Fort Dunree
21
Downies
Dunfanaghy
N 56
Buncrana
20
Redcastle
Rath-mullan
Fahan
Lough Foyle
Muff
Errigal Mtn. 752 m
Beagh
Glebe Gallery
16
Colmcille Heritage Centre
15
17
R 251
Rathmelton
Bridge End
N 13
Limavady
Grianán of Aileach
19
Derry
DERRY
Church Hill
18
Letterkenny
A 5
Dungiven
Claudy
DONEGAL
N 56
Foyle
N 14
Strabane
Sperrin Mountains
Ballybofey
Plumbridge
Stack Mountains
Lough Eske
TYRONE
8
Donegal
Lough Derg
Derg
Creggan
Drumquin
Omagh
N 15
A 35
Kesh
Ballyshannon
A 47
Lower Lough Erne
Fintona
Belleek
A 46
Irvinestown
Lough Melvin
FERMANAGH
Aughnacloy
Fivemiletown
Enniskillen
MONAGHAN
Belcoo
Monaghan

gen – in lebenslanger, aber unerwiderter Liebe zu der schönen Maud Gonne entbrannt, einer Frau, die die Emanzipation nicht diskutierte, sondern praktizierte. Sie gründete 1900 die nationalistische Vereinigung ›Töchter Irlands‹ *(Inghinidhe na hEireann),* die sich der Unabhängigkeit der Insel widmete und dafür auch vehement kämpfte. Neben seiner mystischen Sehnsucht nach dem ursprünglichen Irland war Maud Gonne die reichste Quelle von Yeats' Inspiration. Historiker streiten sich noch heute um eine der zentralen Fragen der Menschheit: Haben sie oder haben sie nicht?

Der **Lough Gill** (s. Abb.), östlich von Sligo gelegen und auf einem ausgeschilderten Rundweg zu umwandern, gehört zu den lieblichsten Landschaften Sligos. Der See ist umgeben von einer Vegetation, wie sie einstmals große

Teile Irlands bedeckte: Eichen, Stechpalmen und Haselsträucher. Mehrere Inseln ragen aus dem See heraus, wobei die größten Church Island und Innisfree sind. **Church Island** birgt die Reste einer Kirche aus dem 6. Jh., was ihr eigentlich mehr reale Romantik als der Schwesterinsel verleiht. Aber die Kraft der Poesie hat die Insel **Innisfree** in den Mittelpunkt gestellt. *»I will arise and go now, and go to Innisfree / And a small cabin build there, of clay and wattles made ...«* – Wenn man unglücklich verliebt ist, mag man sich wünschen, auf einer einsamen Insel zu leben, deren einziges Kennzeichen die völlig von der Vegetation überwucherte Unzugänglichkeit ist, um sich dort einen Unterschlupf aus Träumen zu bauen, wo nur Bienchen und Blümchen an die Welt erinnern. Es heißt, daß sich Yeats später von seinem berühmtesten Gedicht di-

»Für die Freiheit werde ich leben, werde ich sterben«: Constance Markiewicz

Der Name Markiewicz, nach dem zahlreiche Straßen und öffentliche Gebäude benannt sind, wirkt im Olymp der irischen Nationalhelden ziemlich befremdlich. Den Iren jedoch geht der polnische Zungenbrecher genauso geläufig über die Lippen wie O'Connell oder Pearse. Tatsächlich war die schöne Gräfin, die im irischen Freiheitskampf eine bedeutende Rolle spielte und im ersten irischen Parlament als einzige Frau zum Kabinett gehörte, eine geborene Gore-Booth aus Sligo. Ihren exotischen Namen erwarb sie erst durch die Heirat mit dem polnischen Grafen Casimir Markiewicz.

Daß Constance, Mitglied des protestantischen angloirischen Landadels, dereinst eine irische Revolutionärin werden würde, wurde ihr bei ihrer Geburt im Jahr 1868 keineswegs in die Wiege gelegt. Freiheit war jedoch von Anbeginn ein Anliegen von Constance, wenn auch zunächst nur auf ganz persönlicher Ebene. Obgleich englischstämmig, galt sie als Inbegriff des »wilden irischen Mädchens«, wie es sich die englische Gesellschaft vorstellte: respektlos, spontan und wagemutig. Die Rituale ihrer Schicht und ihres Geschlechts – Teegesellschaften, Picknicks und wohlerzogene Konversation – interessierten sie genausowenig wie eine standesgemäße Heirat.

In Paris, wo sie Kunst studierte, lernte sie Casimir Markiewicz kennen, einen adligen, aber mittellosen Künstler aus Polen, sechs Jahre jünger als sie, Witwer und katholisch – alles andere als eine standesgemäße Verbindung im

stanziert habe. Er fand selbst, es sei zu kitschig.

Am östlichen Ende des Sees, schon im County Leitrim gelegen, wurde **Parke's Castle** 3 in den vergangenen Jahren zu einem lukrativen Touristenzentrum mit audio-visueller Show, Führungen zur Geschichte des Landes und Café restauriert. Das befestigte Schloß aus dem 17. Jh. wurde auf dem Grund eines weitaus älteren Turmhauses der O'Rourkes erbaut, die vom schottischen Lehensherrn Parke vertrieben wurden. Die Ruinen des ursprünglichen Gebäudes sind innerhalb der Schloßmauern freigelegt. Durch Verschwägerung kam das Anwesen später in den Besitz der Gore-Booth, der Familie der Nationalheldin Constance Markiewicz, die von Yeats sehr bewundert wurde.

»Under Ben Bulben's head / In Drumcliff churchyard Yeats is laid / ... / No marble, no conventional phrase / On limestone quarried near the spot / By his command these words are cut: / Cast a cold eye / on life on death / Horseman, pass by!«. Yeats schrieb seinen Grabspruch selbst. Er starb 1939 in Südfrank-

Sinne ihrer Familie. Das Paar ließ sich in Dublin nieder, wo Constance mit den Kreisen der ›Gälischen Renaissance‹ um Yeats, Lady Gregory, Maud Gonne und anderen in Berührung kam. Sie schrieb Artikel und Theaterstücke, gründete die *Fianna*, eine Art Pfadfindertruppe, die dem Ideal der mythologischen Armee der Kelten nachstrebte, und trat der Partei *Sinn Féin* bei, für die sie 1909 auch kandidierte. Prägend für ihre weitere politische Arbeit waren jedoch die Begegnungen mit dem sozialistischen Arbeiterführer Jim Larkin und später mit James Connolly, durch die sie zur glühenden Nationalistin und Sozialistin wurde. Ihr Mann Casimir, von dem sie sich mittlerweile entfremdet hatte, kehrte in seine Heimat zurück.

Ostern 1916 nahm Constance in Dublin aktiv am Aufstand teil. Sie kam wie nahezu alle ihre Gefährten ins Dubliner Kilmainham Gefängnis und wurde wie die anderen zum Tod durch Erschießen verurteilt, als Frau zu ihrem Leidwesen jedoch begnadigt und in ein englisches Gefängnis gesteckt. Ein Jahr später, 1917, wurde sie freigelassen.

Der Kampf war für sie damit noch nicht zu Ende. Mehrmals noch wurde sie verhaftet und interniert. 1918, als sie wieder im Gefängnis saß, wurde sie von *Sinn Féin* als Kandidatin aufgestellt und gewählt. Constance gehörte als Arbeitsministerin zum illegalen Kabinett und war neben Alexandra Kollontai in der Sowjetunion die erste und für lange Zeit einzige Frau, die einer Regierung angehörte.

Noch zwei Jahre dauerten die Guerillakämpfe an, bis Irland eine relative Unabhängigkeit erkämpfen konnte. Constance hielt den Vertrag von 1921, der Irland teilte, für einen unerträglichen Kompromiß. Sie stellte sich aktiv auf die Seite der IRA, als der Bürgerkrieg ausbrach. Wieder kam sie ins Gefängnis, diesmal wurde sie von der irischen Polizei verhaftet. Nach ihrer Entlassung mußte sie sich zwangsläufig mit der Situation abfinden, daß sich ihre Träume einer irischen sozialistischen Republik nicht erfüllt hatten. 1927 starb sie nach einer Blinddarmoperation im Kreis ihrer Freunde und ihrer Familie und wurde auf dem Friedhof in Glasnevin im Norden Dublins beigesetzt.

reich, wurde aber nach dem Zweiten Weltkrieg nach Sligo überführt. Begraben liegt er nun auf dem Friedhof von **Drumcliff** *(Droim Cliabh)* 4 nördlich von Sligo an der protestantischen Kirche, die einer seiner Vorfahren als Pfarrer betreut hatte. Das Grab (unmittelbar links vom Kirchenportal) wirkt so schlicht wie gepflegt. Auf dem Friedhof befindet sich ein gut erhaltenes Hochkreuz aus dem 12. Jh. sowie der einzige Rundturm Sligos, von dem nach einem Blitzschlag nur noch der Rumpf vorhanden blieb. Es heißt, daß er endgültig zusammenbrechen werde, wenn ein wahrhaft weiser Mensch an ihm vorüberginge. Das Café am Friedhof samt Memorabilialaden, in dem vom laufenden Band Yeats-Gedichte rezitiert werden, bietet neben entsprechenden Büchern auch köstlichen, hausgebackenen Kuchen.

Der Berg **Ben Bulben** *(Benbulbin)* 5, eines der Wahrzeichen von Sligo, beeindruckt selbst aus weiter Ferne durch seine markante Form. Grün und sanft steigt er aus der Ebene hervor, um schließlich schroff und erodiert in einer

Blick auf den Ben Bulben

abgeflachten Ebene zu enden. Es heißt, daß seine Hochebene ein Schlafplatz der Feen sei.

»The light of evening, Lissadell, / Great windows open to the south ...« Yeats, der Sprößling einer bürgerlichen Kaufmannsfamilie, zeigte sich stets fasziniert von der angloirischen *Ascendancy,* dem Landadel englischer Herkunft. **Lissadell** 6 ist nicht nur ein eigenwilliger Landsitz, sondern auch der Geburtsort einer der faszinierendsten Frauengestalten Irlands, der Gräfin Constance Markiewicz (s. S. 198f.), die Yeats wegen ihrer Kraft und Schönheit besonders verehrte. Das graue, massive Haus an der Sligo Bay wurde 1830 anstelle eines älteren Herrenhauses inmitten eines gepflegten Parks vom Großvater von Constance Markiewicz erbaut. Es wird noch heute von den Nachfahren der Gore-Booths bewohnt und ist nur im Sommer zu besichtigen.

Rauhe Schönheit Donegal

Im äußersten Nordwesten Irlands, zwischen Atlantik und der inneririschen Grenze, und von der Republik aus nur über Sligo erreichbar, scheint es, als wolle Donegal, das nördlichste County und größte Gaeltacht-Gebiet des Landes, nochmals alle Schönheiten der Insel zusammenfassen: Sanfte Landschaften im satten Grün wechseln sich ab mit baumlosen Bergregionen, endlos scheinenden Mooren, kargem Felsland, zerklüfteten Klippen und goldfarbenen Sandstränden. Dutzende von Inseln säumen die Westküste, die meisten kaum mehr als unbewohnte Eilande. Auch Donegal selbst ist relativ dünn besiedelt, was vor allem dem unfruchtbaren Boden geschuldet ist. Nur ein Drittel des County ist überhaupt für die Landwirtschaft nutzbar, ein Grund, warum Donegal als Teil von Ulster bei der Teilung der Insel im Jahr 1922 nicht Nordirland zugeschlagen wurde. Die Verbindung zu Nordirland ist trotz dieser Grenze nie abgebrochen. Es gibt familiäre oder freundschaftliche Kontakte, und viele Nordiren verbringen ihre Ferien in Donegal, wie beispielsweise in **Bundoran** *(Bun Dobhráin)* 7 (S. 287) mit seinen Vergnügungszentren und *Fish & Chips*-Buden.

Die Stadt **Donegal** *(Dún na nGall)* 8 (S. 297) wirkt eher wie ein Dorf – bis auf den stauträchtigen Durchgangsverkehr, der sich um den zentralen Platz, den Diamond, quält. Der Obelisk in der Mitte des Diamond ist den *Four Masters* gewidmet, vier Franziskanermönchen, die die Geschichte des gälischen Lebens bis in das 17. Jh., als englische Truppen die Stadt einnahmen, aufgezeichnet hatten – eines der wichtigsten Relikte keltischer Überlieferung.

Nördlich des Diamond erblickt man das O'Donnell Castle, den einstigen Sitz des irischen Herrscherclans der Region, von dem nur noch Teile des Turmhauses aus dem 15. Jh. übrig sind. Das Herrenhaus, das in den vergangenen Jahren restauriert wurde, ließ der englische Eroberer Basil Brooke im 17. Jh. errichten. An die O'Donnells erinnern darüber hinaus nur noch die Ruinen der Donegal Abbey am Flußufer, ein Kloster, das der irische Clan für Franziskaner erbauen ließ. Das dominanteste Bauwerk in Donegal, das einen großen Teil des Diamond beherrscht, ist jedoch das moderne Verkaufsgebäude von Magee, der ältesten und prominentesten Tweedweberei Irlands. Seit 1866 stellt die Firma mit ununterbrochenem Erfolg ihre Edelstoffe her, mittlerweile auch eine eigene Modekollektion.

Neben Wolle ist auch der Fischfang ein wirtschaftliches Standbein Done-

Blick auf Bundoran

Tweed aus Donegal

Ein Besuch in einem der Tweedbetriebe Donegals kann leicht in einen Kaufrausch ausarten, sofern man eine Schwäche für die feinen bis robusten Stoffe hat, aus denen die Kleidungsstücke geschneidert sind. Billig sind die Textilien keineswegs, aber bei weitem preiswerter als jegliche vergleichbare Ware auf dem Kontinent.

Der Tweedstoff wird in den Manufakturen und gelegentlich noch in Heimarbeit auf altertümlichen Webstühlen von Hand gefertigt. In Irland ist Tweed eine Webart – im Unterschied zum schottischen Tweed, wo der Stoff grobhaariger und von Noppen durchsetzt ist. Kette und Schuß in unterschiedlichen Farben, speziell in Donegal meist in warmen Erdfarben, bilden das Muster. Verwebt wird dabei stets reine Schurwolle von lebenden Schafen, die hochwertiger ist als Wolle von Schlachttieren.

Die Eigenschaften der Wolle sind dem irischen Klima angepaßt. So kann sie Wasser bis zu 80 % ihres Eigengewichts aus der Luft absorbieren, ohne sich feucht anzufühlen. Die Elastizität des Haares sorgt zudem dafür, daß sich die Stoffe von Deformationsbeanspruchungen, sprich Knitterfalten, rasch wieder erholen. Durch die Feinfasrigkeit werden Kälte und Wind wirkungsvoll abgehalten.

Die Kleidungsstücke – Jacken, Hosen, Röcke und Mäntel – entsprechen längst nicht nur mehr dem robust-ländlichen Stil, sondern durch die qualitätvolle Verarbeitung und modischen Schnitte durchaus urbanen Ansprüchen.

gals. **Killybegs** *(Na Ceala Beaga)* 9 (S. 316), über die N 56 ab Donegal zu erreichen, gilt als der größte Fischereihafen Irlands, obwohl der Ort recht klein und der Hafen fast malerisch zu nennen ist. Der Fang geht an die Spezialitätenrestaurants, wird exportiert oder landet in den Imbißbuden. Eine Fischfabrik wurde samt ihrem durchdringenden Geruch diskret ins Landesinnere an der Strecke zum Glengesh-Paß verbannt.

In **Kilcar** *(Cill Charthaigh)* 10 (S. 312) läßt sich in einer museumsähnlichen Manufaktur und in einer Fabrik beobachten, wie die Wolle zu edlen oder rustikalen Stoffen und Kleidungsstücken verarbeitet wird. Neben den anheimelnden Pubs gibt es etwas außerhalb des Dorfes Richtung Carrick oben auf den Hügeln einige Bed & Breakfast Pensionen, von denen aus man einen überwältigenden Blick auf die Donegal Bay bis hin zum Ben Bulben von Sligo hat.

In **Carrick** *(An Charraig)* weist ein Schild zu den Felsen von Slieve League. Unterwegs erwartet an der Strecke ein einsames Pub, das Rusty Mackerel, müde Wanderer mit frischen Lachssandwiches und Guinness – ein Stopp, den man sich nicht entgehen lassen sollte.

Die Klippen von **Slieve League** 11 (s. Abb. hintere Umschlaginnenklappe) werden mit 601 m als die höchsten Europas bezeichnet. Die Klippen von Achill Island mit angeblichen 609 m beanspruchen diesen Titel ebenfalls. Aber das graue Massiv von Slieve League, das steil und bedrohlich in den Atlantik abfällt, ist so oder so beeindruckend hoch. Die Kletterei über die Felsen ist nicht ganz ungefährlich. Kein gesicherter Weg führt hinauf, sondern ein steiler, unebener Pfad, dessen höchste Stelle, der One Man's Path, geradezu schwindelerregend ist.

Dort, wo es am einsamsten und unwirtlichsten ist, haben sich einst die ersten Mönche ihre meditativen Orte gesucht. **Glencolmkille** *(Gleann Cholm Cille)* 12 (S. 309), von Carrick aus über eine schmale, kurvenreiche Straße entlang dem Glen River zu erreichen, ist so ein Ort, an dem die Welt zu Ende zu sein scheint. Das Dorf ist in ein Tal gebettet, das sich zu einer schmalen Bucht mit breitem Sandstrand hin öffnet. Den Namen erhielt es vom heiligen Columba, einem der bedeutenden Mönche des 6. Jh., der aus Donegal stammte. Noch heute wird am 9. Juni eine Pilgerfahrt, der *Turas,* entlang einem fünf Kilometer langen Weg mit 15 Stationen durchgeführt. Bemerkenswerterweise bestehen diese Stationen nicht nur aus christlichen Motiven, sondern auch aus keltischen oder noch älteren Relikten. Der Pilgerweg ist somit auch eine Wanderung entlang archäologischer Zeugnisse, von Steingräbern bis zu Hochkreuzen.

Fast anderthalb Jahrtausende später hat ein weiterer Kirchenmann das Dorf wieder zu neuem Leben erweckt. Father James McDyer war besorgt über die zunehmende Verarmung und Abwanderung seiner kleinen Gemeinde und rief neben einer Kooperative für Strick- und Webwaren auch eine bescheidene Tourismusentwicklung ins Leben. Das *Folk Village,* Nachbauten traditioneller Cottages mit entsprechend historischer Einrichtung, einem Laden, einer Bäckerei und einer Teestube, geht auf seine Bemühungen zurück.

Über den **Glengesh-Paß,** der spektakuläre Aussichten eröffnet, geht es ins Zentrum der Tweedproduktion von Donegal. In **Ardara** *(Ard an Ratha)* 13 (S.

Im Glenveagh Nationalpark

277) befinden sich allein neun Geschäfte, in denen jeweils aus eigener Produktion Pullover und Tweedmode verkauft werden. Im *Heritage Centre* wird die Geschichte der Tweedherstellung u. a. durch Webvorführungen dargestellt.

Nördlich von Ardara, entlang der N 56 über Glenties bis nach Dungloe, wird die Landschaft allmählich immer felsiger. The Rosses *(Na Rossa)* heißt die »kahle und hungrige Landschaft« (Flann O'Brian) zwischen **Dungloe** *(An Clochán Liath)* 14 (S. 303) und Gweedore *(Gaoth Dobhair).* Nichts außer Moos, Heidekraut und Ginster scheint dort zwischen dem rosa Granitstein, dessen graue Verwitterung der Landschaft etwas Trostloses verleiht, gedeihen zu wollen – eine Region, deren Armut legendär ist. Nur wer dort nicht überleben muß, kann die Rosses wildromantisch nennen.

Einsam ist das Felsland jedoch nicht mehr. Wo immer das Auge auch hinblickt, stehen neue und moderne Einfamilienhäuser, die dank eines Regierungsprogramms für Rücksiedlung einstiger Auswanderer samt Arbeitsplatzbeschaffung mittels zielbewußter Industrialisierung entstanden sind. Allerdings meldet sich mittlerweile auch Kritik, da die nicht immer landschaftstypischen Häuser die urtümliche Landschaft verschandeln. Daß internationale Investoren dort tätig sind, ist in Dungloe, der ›Hauptstadt‹ der Rosses, leicht festzustellen: Es gibt an der Nordspitze der Region einen Flughafen. Auch sonst wird für internationales Flair gesorgt: Analog zur Wahl der ›Rose of Tralee‹ wird alljährlich Anfang August die ›Mary from Dungloe‹ gekürt.

Die größte Insel vor der Küste Donegals heißt ebenso wie ihre berühmtere Schwester in der Galway Bay **Aran Island,** auch Aranmore *(Arainn Mhór).* Eine Fähre verkehrt ab Burtonport. Knapp 900 Menschen leben dort, und selbst Sommertouristen erhöhen die Zahl nur geringfügig. Immerhin gibt es sechs Pubs auf der Insel, was für ein reges Sozialleben spricht. Auch **Tory Island** *(Toraigh)* an der Nordwestküste Donegals ist per Fähre (ab Meenlaragh) zu erreichen, zudem bewohnt von Menschen, die sich einen gewissen Ruf als Künstler erworben haben. Der Maler Derek Hill initiierte dort vor Jahrzehnten eine Malerschule. In einem der Cottages sind die Werke der Tories ausgestellt. Ein Fest im Juli mit irischer Musik gibt es schon seit jeher, und mittlerweile wurde sogar das erste Hotel gebaut.

Von Gweedore aus führt die R 251 zum Naturschutzgebiet des **Glenveagh National Park** 15 (S. 310). Die umwerfende Szenerie wird durch den Errigal Mountain akzentuiert, mit 752 m höchster Berg Donegals und durch seine solitäre, konische Form mit einigem Stolz von Heimatkundlern mit dem japanischen Fujiyama verglichen.

Das Zentrum des Nationalparks bildet der Lough Beagh, ein fjordgleicher See, der von abweisenden Berghängen in sein langgestrecktes Bett gezwungen wird. Über Jahrhunderte war dieses Tal Heimat von Bauern und Hirten, die selbst unter der englischen Kolonialherrschaft weitgehend ihr Auskommen hatten – bis der Unternehmer John George Adair Mitte des 19. Jh. diese Landschaft für sich entdeckte. Durch Spekulationen kam er in den Besitz des Landes um den Lough Beagh. Das erste von ihm errichtete Gebäude war eine Polizeistation, die neben seinen ausgesucht skrupellosen Verwaltern dafür zu sorgen hatte, daß seine Pläne nicht von alten Rechten der Pächter unterhöhlt wurden. Den gewaltsamen Tod seines gefürchteten Verwalters Murray nahm Adair zum Anlaß, 244 Pächterfamilien zu vertreiben und ihre Hütten niederzureißen. Einige Ruinen dieser Hütten sind in den Bergen des Nationalparks noch zu entdecken.

Adair heiratete kurz darauf eine reiche amerikanische Witwe und baute im normannischen Stil das Schloß, das heute den Mittelpunkt des Parks bildet. Aber erst seine Frau – Adair starb 1885 auf seiner Ranch in Texas – ließ die kostbaren Gärten anlegen und das seltene Rotwild züchten, führte allerdings auch die Rhododendren ein, die sich mittlerweile als echte Plage herausstellen, weil sie allen anderen wurzelreichen Pflanzen Raum und Luft rauben. 1933 kaufte der irischstämmige Amerikaner Henry P. McIlhenny das Anwesen, ließ das heruntergekommene Schloß restaurieren und schenkte es schließlich 1984 dem irischen Staat.

Ein Besucherzentrum am Eingang informiert über Geschichte und Natur des Nationalparks und bietet in seinem Restaurant eines der seltenen vegetarischen Buffets Irlands. Die Besucher werden vom Parkplatz per Bus zum Schloß gefahren, das nur im Rahmen einer Führung zu besichtigen ist. Der ›alpine‹ Aufstieg auf den Berg hinter dem Schloß kostet zwar einige Anstrengung, aber von seinem Gipfel hat man einen großartigen Blick auf die Landschaft.

Von der R 251 Richtung Letterkenny zweigt eine unscheinbare Straße zur **Glebe Gallery** 16 ab (ausgeschildert), einem Zentrum für Kunstfreunde. Das Haus im Stil des englischen Regency inmitten eines gepflegten Parks war zuletzt das Domizil des Malers Derek Hill (geb. 1916), der es 1980 dem Staat und somit der Öffentlichkeit überließ. Dort werden nicht nur die Werke des Künstlers ausgestellt, sondern auch seine private Sammlung, die Werke von Pablo Picasso, Oskar Kokoschka und Jack Yeats einschließt. Die Inneneinrichtung der Villa ist ebenso stilvoll wie farbenprächtig, ein einziges Gesamtkunstwerk des Malers und Kunstsammlers. Man muß sich jedoch darauf gefaßt machen, daß die Galerie an manchen Tagen geschlossen ist – ein Anruf vorher ist ratsam (s. S. 310).

Auf die Öffnungszeiten des **Colmcille Heritage Centre** 17 hingegen, ab der Glebe Gallery ausgeschildert, kann man sich durchaus verlassen, schließlich wird in diesem Museum eines Heiligen gedacht. Colmcille, Columbcille bzw. Columba von Iona wurde in dieser Region um **Church Hill** *(Min an Lábain)* am Lough Gartan als Abkömmling einer der keltischen Clanherrscher von Donegal 521 geboren. Verehrt wird er wegen seiner Christianisierungsmissionen, die ihn hauptsächlich nach Iona, nach Nordengland und auch durch Ulster führten. Aber erst frühe Legendenbildung, bis in die heutige Zeit mit Variationen übertragen, hat den keltischen Hitzkopf zum Heiligen gemacht. Die Lieblingsgeschichte aller faulen Autoren lautet mit Berufung auf Colmcille nämlich so: Einst las der adlige Sprößling in einer Kirche das Manuskript des Mönches Finian, fand es hervorragend und kopierte es. Dieses abgeschriebene Schriftstück ist noch erhalten. Als Finian das Plagiat entdeckte, rief er den Hochkönig Diarmiud an und bat um Gerechtigkeit. Der nun soll nach reiflicher Überlegung jenen Urteilsspruch gefällt haben, der in die kopierfreudige Überlieferung von Mönchen und aller nachfolgenden Autoren einging: »Jeder Kuh ihr Kalb, jedem Buch seine Abschrift.« Das ›Kleingedruckte‹ des hochköniglichen Richterspruchs wurde jedoch fürderhin ausgelassen. Darin war nämlich festgelegt, daß unautorisierte Abschriften keineswegs geduldet würden und Colmcille seine Abschrift an den Urheber zurückzugeben habe – was den jungen Mann derart erboste, daß er 4000 Mann zusammentrommelte, die der Armee des Königs nach einer blutigen Schlacht eine empfindliche Niederlage bereiteten. Als Strafe für diese Schmach verfügte Diarmiud, daß Colmcille des Landes verwiesen wurde und zum Christentum übertreten müsse. Widerwillig ging Colmcille nach Schottland, gründete das legendäre Kloster von Iona, missionierte Nordengland – was all seine Sünden nach irischer Geschichtsauffassung reinwusch – und kehrte erst als Heiliger in seine Heimat zurück.

100 Meilen Inishowen

Das Dasein auf der Halbinsel Inishowen (*Inis Eoghain;* S. 311), in deren Einsamkeit und Stille sich jegliches Zeitgefühl verliert, geht reichlich bedächtig vonstatten. Hätten sich Fuchs und Hase bis in diesen höchsten Norden Irlands verirrt, würden sie sich dort Gute Nacht sagen. Man sucht dort gleichwohl den Anschluß an die schöne neue Welt der modernen Zerstreuung. Mittlerweile nämlich wurde eine touristische Rundtour zu den schönsten Ecken der Halbinsel eingerichtet, sehr sportlich **Inis Eoghain 100** genannt. Daß dieser Weg von rund 100 Meilen nicht zur verkehrsreichen Rennpiste wird, dafür sorgen schon die Straßenverhältnisse und die gelegentlich recht abenteuerliche Strek-

Landschaft bei Letterkenny

kenführung. Mit der Ausschilderung hat man es allerdings nicht so genaugenommen. Manchmal steht man grübelnd vor einer Abzweigung oder zweifelnd vor einer sogenannten Straße, deren Beschaffenheit mehr einem Wanderweg gleicht. Doch selbst wenn man meint, sich verfahren zu haben, führt ein jeder Weg auch über Umwege zu neuen landschaftlichen Schönheiten. Zeit spielt auf Inishowen wie gesagt sowieso keine Rolle.

Von **Letterkenny** *(Leitir Ceanainn)* 18 (S. 319) aus, der Hauptstadt Donegals, die mit ihrem großzügig angelegten Stadtkern, den hübschen Häusern und den vielen Pubs zu Unrecht als langweilig bezeichnet wird, führt die N 13 zum Startpunkt der Hundertmeilentour und zunächst zum einstigen Sitz der keltischen Herren über Inishowen. Auf der Spitze eines 250 m hohen Hügels zwischen Lough Swilly und Lough Foyle thront im wahrsten Sinne des Wortes das Ringfort **Grianán of Aileach** 19, der Sonnenpalast, das imposanteste Bauwerk dieser Art in ganz Irland. Das Fort mit seinen 23 m Durchmesser und den dreifach terrassierten Ringmauern wurde etwa 1700 v. Chr. der Legende nach von Dagda, dem König der Tuatha de Danaan erbaut. Ab dem 5. Jh. war der Palast Sitz der O'Neill bzw. Uí Neill, der Könige des Nordens, bis im Jahr 1101 Murtagh O'Brian, Enkel von Brian Boru und König von Munster, in einer Stammesfehde den Königssitz zerstören ließ. In den 1870er Jahren wurde das Fort restauriert und seine Mauern nicht ganz authentisch, aber eindrucksvoll auf 5,25 m erhöht. Von dort oben hat man einen fantastischen Blick auf die Halbinsel und bis weit nach Derry hinein. Die Geschichte des alten Königssitzes wird in einer ehemaligen Kirche direkt an der N 13 zu Füßen des Hügels in einem Besucherzentrum dargestellt.

Nach wenigen Kilometern, in dem kleinen Dorf Bridge End, beginnt die 100-Meilen-Rundtour, die zunächst problemlos nach **Buncrana** *(Bun Cranncha)* 20, dem größten Ort Inishowens, führt, dessen bescheidene Sehenswürdigkeiten von den Gebäuden einer großen Textilfabrik in den Schatten gestellt werden. Die amerikanische Firma ›Fruit of the Loom‹ bildete dort über lange Zeit die einzige größere Beschäftigungsmöglichkeit, einschließlich nicht unbeträchtlicher Sponsorengelder für kulturelle Ereignisse. Die Fabrik wurde aufgegeben, hunderte Menschen arbeitslos und die Inshowen-Halbinsel wieder in die alte Armut zurückgeworfen.

Auf touristische Einrichtungen sollte man sich in Buncrana nicht verlassen. Die Touristeninformation, großformatig ausgeschildert, ist lediglich eine lieblose Bretterbude, die, wenn überhaupt, nur im Juli und August geöffnet hat. Auch die Tullyarvan Mill, eine restaurierte Textilfabrik aus dem 19. Jh., die etwas außerhalb der Ortschaft am Fluß liegt und mit einem Textil- und einem Heimatmuseum, einem Kunsthandwerksladen und einem Café ausgestattet wurde, ist nur gelegentlich geöffnet, da sie nur von ehrenamtlichen Helfern geführt wird. Die Ruinen von Buncrana Castle aus dem 16. und 18. Jh., in denen 1798 der Rebell Wolfe Tone gefangengehalten worden sein soll, sind hingegen jederzeit zu besichtigen. Ursprünglich befand sich dort das Schloß des Inishowen-Clans der O'Dohertys, die ebenso wie andere irische Adlige bei der ›Flucht der Grafen‹ zu Beginn des 17. Jh. das Land Richtung Spanien verließen. Der Bezug zur alten Heimat blieb in diesem Fall über Jahrhunderte bestehen. ›Häuptling‹ der heutigen O'Dohertys bzw. O'Dochartaighs, die in aller Welt verstreut sind und ihre Vorfahren bis ins 9. Jh. verfolgen können, ist ein Señor Ramon O'Doherty aus dem spanischen Cadiz. Clantreffen finden regelmäßig in den Dörfern der Halbinsel statt.

Als Militärstützpunkt spielte Inishowen dank der hervorragenden strategischen Lage seit jeher eine Rolle. Am Dunree Head, einer Felsnase, die sich hervorragend zur Kontrolle des Zugangs zum Lough Swilly eignet, wurde Ende des 18. Jh. das **Fort Dunree** 21, ein Bollwerk gegen potentielle napoleonische Invasoren errichtet. Heute befindet sich in der jüngst restaurierten Festung ein Militärmuseum, das neben an-

Grianán of Aileach

deren kriegerischen Errungenschaften auch altertümliche Artillerie ausstellt.

Auf der Hundertmeilentour kommt man durch Dörfer wie **Clonmany** *(Cluan Maine)* und **Ballyliffin** *(Baile Lifin)*, deren größter Reiz ihre Verschlafenheit tagsüber und ihre Pubs mit Live-Musik des Nachts sind. Etwas urbaner, soweit man das überhaupt von einer Ortschaft Inishowens behaupten kann, wird es erst wieder in **Carndonagh** *(Carn Domhnach)* 22 mit kleinen Läden und Einkaufszentren. Neben der protestantischen Kirche an der Straße Richtung Buncrana, etwa 500 m außerhalb des Ortszentrums, befindet sich das älteste Hochkreuz Irlands, das auf das 7. Jh. datiert wird und als St. Patrick's Cross die Hauptattraktion Carndonaghs ist.

Die Route nach Malin Head, dem nördlichsten Punkt Irlands, führt teilweise über abenteuerliche Pisten. Zunächst geht es durch den properen Ort **Malin** *(Málainn)*, dessen gesamtes sichtbares Mauerwerk, einschließlich der hübschen Bogenbrücke, strahlend weiß getüncht ist. Richtung Norden passiert man dann an der Küstenstraße eine großartige Dünenlandschaft, die mit bis zu 30 m zu den höchsten Irlands gehört.

Malin Head *(Clann Mhálanna)* 23 ist irischen Radiohörern zumeist als Wetterstation vertraut, und man wundert sich, daß von dort jemals gute Nachrichten übermittelt werden. Aber hin und wieder muß die Sicht außerordentlich klar sein, denn nicht umsonst wurde dort im Zweiten Weltkrieg, neben einem Signalturm aus dem 19. Jh., ein Unterstand für die irische Armee gebaut, die darauf achten sollte, daß feindliche Soldaten nicht Irlands Neutralität verletzen. Um jedem Mißverständnis vorzubeugen, wurde mit großen Steinen das

Wort *Eire* in unübersehbaren Lettern geformt, damit kein deutscher Flieger versehentlich seine Bomben schon vor dem englischen und damit feindlichen Nordirland fallen ließ.

Auf dem Weg zurück Richtung Süden passiert man das Nest **Culdaff** *(Cúll Dabhhcha)* 24, das an einem Flüßchen liegt, das gelassen über Wiesen plätschert, auf denen einige nur noch schwer erkennbare Steinkreise die Jahrtausende überdauert haben. Wenn man von dort kurz vor der **Kinnagoe Bay** 25 die steile Hügelstraße überwunden hat, wartet ein überwältigender Anblick auf den Betrachter, mit Abstand der schönste von ganz Inishowen: Scharf geschnittene Buchten mit kleinen Sandstränden haben sich in die schroffe, aber üppig-grüne Landschaft eingegraben, nahezu unzugänglich und vielleicht deswegen so atemberaubend. An diesem Küstenstrich fielen im Jahr 1588 mehr Schiffe der spanischen Armada irischem Wind und Wetter zum Opfer als der gesamten englischen Marine.

Der Küstenabschnitt am Lough Foyle ist wesentlich sanfter und seit langem ein beliebtes Ausflugsziel für Nordiren. **Greencastle** *(An Caisleán Nua)* 26 ist ein kleiner geschäftiger Hafenort, der eine wahrhaft imposante Schloßruine

sein eigen nennt, ein Schloß, das aus strategischen Gründen zur Kontrolle des Lough Foyle im Jahr 1305 von dem Normannen Richard de Burgo erbaut und jahrhundertelang hart umkämpft wurde. Bis ins 19. Jh. diente es trotz seines ruinösen Zustands als Befestigungsanlage der englischen Marine.

Der kleine Badeort **Moville** *(Bun an Phobail)* 27 wurde erst 1780 gegründet. Der Uferpromenade, ein beliebter Picknickplatz, verleihen die adretten viktorianischen Reihenhäuser der Montgomery Terrace in ihrer bunten Vielfalt den Hauch einstmaligen Wohlstands. Die Wohnanlage wurde von einem Vorfahren des Feldmarschalls Montgomery geschaffen, der im Zweiten Weltkrieg bei El Alamein General Rommel besiegte und in den 1950er Jahren zum stellvertretenden Oberbefehlshaber der NATO-Streitkräfte aufstieg.

Fernab jeglichen Geschichtsbezugs liegen die letzten Stationen der Hundertmeilentour von Inishowen. **Redcastle** und **Muff** sind reine Freizeitorte mit Sandstränden und Vergnügungszentren, die hauptsächlich auf Familien zugeschnitten sind. Aber auch das hat mit dem besonderen Zeitgefühl auf Inishowen zu tun – altbackener Zeitvertreib dort, wo massenhaft Zeit vorhanden ist.

Nordirland

Sehnsucht nach Frieden

Nordirland, das Bürgerkriegsland – so lauteten die Schlagzeilen in den vergangenen Jahrzehnten, nach den Gesetzen einer Berichterstattung, die nur reagiert, wenn es wieder *Troubles* gibt. Das alltägliche Leben in diesen sechs Counties der Provinz Ulster war jedoch in weiten Teilen von einer Normalität, die diesem Bild entschieden widerspricht.

Nur wenige Brennpunkte des Landes wiesen tatsächlich die Spuren eines fast 30jährigen Bürgerkriegs auf. Auch kann es noch heute, trotz des Friedensabkommens, während der ›Marschsaison‹, deren Höhepunkte im Juli und August liegen, in manchen Städten oder Vierteln noch immer zu Konfrontationen kommen. Der größte Teil Nordirlands war jedoch weit entfernt von Kämpfen und Bomben, zeigte vielmehr jenes friedliche irische Gesicht, das Urlauber an der grünen Insel so sehr schätzen. Die Spannungen zwischen den Kontrahenten sind für Touristen ohnehin kaum spürbar. Menschen beider Bevölkerungsgruppen begegnen den Besuchern mit überraschender Offenheit und Neugier. Niemand ist stolz auf das, was dieses Land so in den Abgrund stürzte, und es wird deutlich, daß alle froh sind, wenn sich die Welt auch für die Schönheiten und die friedlichen Aktivitäten ihrer Heimat interessiert und nicht nur für die politischen Auseinandersetzungen. Dennoch fällt es meist leicht, mit Nordiren auch über die *Troubles* zu reden – und sie erzählen gern und meist parteiisch, falls man keine allzu taktlosen Fragen stellt. Wer wissen will, ob er es mit einem (protestantischen) Unionisten oder (katholischen) Nationalisten zu tun hat, wird es in den meisten Fällen ohnehin im Gespräch bald merken, und sei es auch nur an den subtilen sprachlichen Unterschieden.

In Nordirland hat sich zudem in den vergangenen Jahren mehr verändert, als es die Kriegsberichterstattung wahrhaben will. Abgesehen davon, daß das Belfaster Friedensabkommen den Menschen immerhin die Hoffnung gibt, daß sich die Zukunft friedlich entwickelt, hat sich auch die soziale und wirtschaftliche Situation – eine der Ursachen der Auseinandersetzungen – seit den 1970er Jahren erheblich verbessert. Den Aufbauwillen und damit einhergehend den neuen, wenn auch bescheidenen Wohlstand mag sich in Nordirland wohl niemand mehr nehmen lassen.

◁ *Giant's Causeway*

Belfast: Stadt im Aufbruch

(S. 283ff.) Belfast ist eine Stadt der sozialen Gegensätze, die sich in den meisten Städten wiederspiegeln, die traditionell Industriestandorte sind. Doch gerade dewegen können dort noch immer auch die politisch-religiösen Auseinandersetzungen aufflammen, die dann die Medien beherrschen. Allerdings sind diese nur örtlich begrenzt und haben kaum einen sichtbaren Einfluß auf das quirlige und friedliche städtische Dasein. Um als Tourist etwas von dem alten Klischee einer bürgerkriegszerrissenen Stadt mitzubekommen, muß man den Service der Busgesellschaft *Citybus* in Anspruch nehmen, die unter dem Motto *Living History,* lebendige Geschichte, eine Tour zu den Schauplätzen des Bürgerkriegs anbietet. Straßenkämpfe in Belfast fanden, wenn überhaupt, vorwiegend in den Arbeiterbezirken statt, wo durch Armut und Arbeitslosigkeit – in manchen Stadtteilen bis zu 80 % – ein fruchtbarerer Boden für Vorurteile und demagogische Hetze vorhanden ist als im Mittelstand. In der eleganten City oder im weitgehend akademischen Viertel Malone südlich der Universität hat man sich längst miteinander arrangiert, wenn auch nicht unbedingt befreundet.

Dem unbefangenen Besucher präsentiert sich tatsächlich eine lebendige und offene Metropole. Menschen schlendern gelassen oder in alltäglicher Einkaufshektik durch die gepflegten Fußgängerzonen. Die neuen Shopping Malls im Zentrum, allein vier wurden seit 1989 eröffnet, bieten neben den vielen, manchmal noblen Einzelhandelsgeschäften eine verlockende Warenvielfalt, die von einer gewissen Wohlhabenheit zeugt, eine Glitzerwelt, die Äonen von den trostlosen Arbeitervierteln Belfasts entfernt ist. Die Nachtschwärmer zieht es in die Pubs, in die alten ebenso wie auch mit Begeisterung in die neuen, die in den vergangenen Jahren im City Centre wie Pilze aus dem Boden geschossen sind. Das Kulturleben fand ohnehin nie im Verborgenen statt, im Gegenteil – Belfast vibriert und blüht wieder auf eine Weise, wie es vor zwanzig Jahren kaum möglich schien. Es gibt Pubs, Diskos, Restaurants, Theater und Festivals, wo die Lebensfreude mehr noch als in anderen Städten Irlands pulsiert – vielleicht auch, weil sie solange mit Gefahren verbunden war.

Belfast *(Bealfeirste)* ist eine junge Stadt, nicht nur atmosphärisch, sondern auch historisch. Der einstmals kleine Ort, dessen irischer Name soviel wie

›Stadt an der Flußmündung des Farset‹ bedeutet, gehörte zu dem Gebiet in Ulster, das der englische König Jakob I. zu Beginn des 17. Jh. dem englischen Einwanderer Arthur Chichester übertrug, der sich um die Niederschlagung der irischen Landesherren der O'Neill verdient gemacht hatte. Chichester baute Belfast planmäßig als rein protestantische Kolonialstadt auf. Seine Familie begründete mithilfe der aus Frankreich geflohenen Hugenotten die Textilindustrie, die lange Zeit den Reichtum der Stadt ausmachte.

Belfast *1 City Hall 2 Linenhall Library 3 Castlecourt Centre 4 Ulster Hall 5 Entries 6 Albert Memorial Clocktower 7 Lagan Weir Lookout 8 Belfast Waterfront Hall 9 Europa-Hotel 10 Grand Opera House 11 Crown Liquor Saloon 12 Queens's University 13 Ulster Museum 14 Conway Mill*

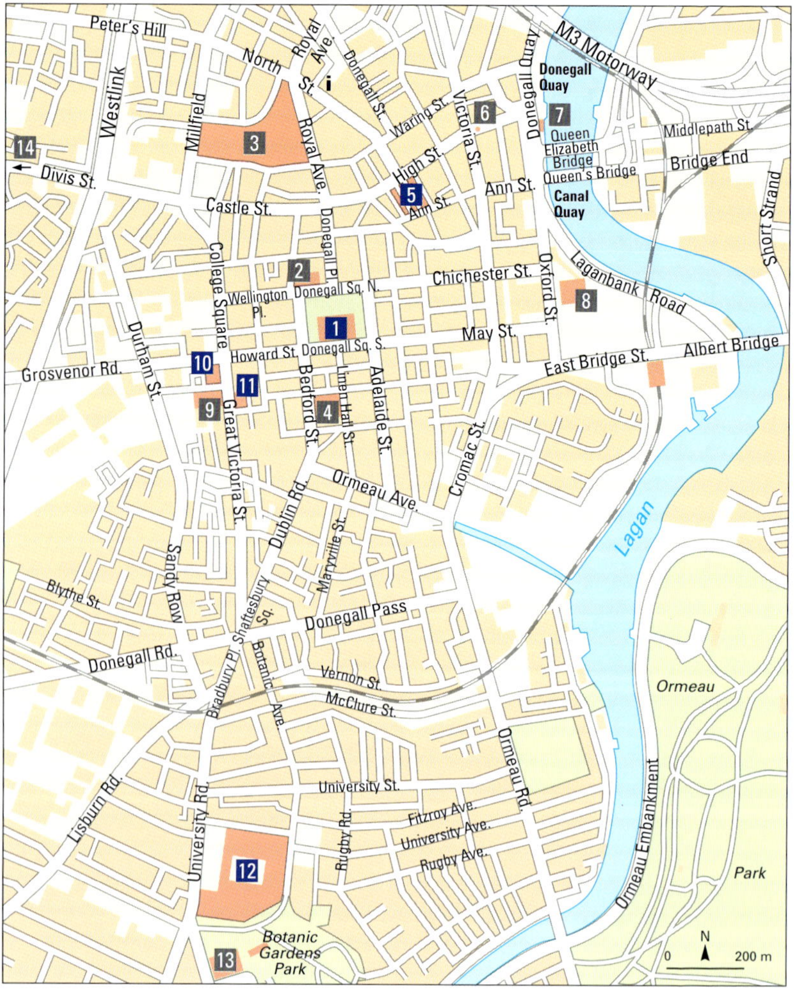

Mit der industriellen Revolution zu Beginn des 19. Jh. wurde die Stadt zur führenden Metropole der Leinenherstellung. Im Jahr 1861 gründeten schließlich Edward Harland aus Yorkshire und Gustav Wolff, Sproß einer jüdischen Kaufmannsfamilie aus Hamburg, die Werft Harland & Wolff, bis heute einer der großen Arbeitgeber Belfasts, wenn auch in den vergangenen Jahren die Arbeitsplätze dramatisch abgebaut wurden. ›Irisches Manchester‹ wurde die Stadt einstmals genannt, nicht nur wegen der Textilindustrie, sondern auch wegen der erbärmlichen Lebensbedingungen der Arbeiter.

Der wirtschaftliche Niedergang der Stadt begann mit der Teilung Irlands in den 1920er Jahren und fand schließlich seinen Tiefpunkt während der *Troubles.* Doch seit Mitte der 1980er Jahre hat sich Belfast wie Phönix aus der Asche aus seiner zerstörerischen Vergangenheit mit einer ungeheuren Kraftanstrengung erhoben – nicht zuletzt dank der üppig fließenden EU-Gelder zur Wiederbelebung einer daniederliegenden Region und der Bemühungen der englischen Regierung, durch besondere Aufwendungen die widerspenstige Kolonie an sich zu binden. – Die Metropole des Nordens mag nach wie vor ein Brennpunkt der politischen Spannungen sein, aber der Wille zum Leben und zur Lebensqualität ist unübersehbar.

Stadtrundgang

Belfast eine schöne Stadt im klassischen, also architektonischen Sinne zu nennen, wäre ein Euphemismus, obwohl es sehr schöne Häuser, aber keine klassisch-europäischen Ensembles gibt. Die eigentliche Faszination Belfasts besteht in der prickelnden Atmosphäre des Aufbruchs, der wachen Lebenslust der Menschen, der steten Bereitschaft zum Wandel. Diese Vitalität ist in den profansten Ecken zu spüren, in den Kneipen West-Belfasts ebenso wie im Geschäftsviertel des City Centre, wohin viele Besucher, vor allem aus der nordirischen Provinz und auch aus Schottland, in die überwältigend vielfältigen Einkaufsstraßen und die großzügigen, zumeist luxuriösen *Shopping Malls* streben, deren Warenangebot vom Vertrauen in den zunehmenden Wohlstand und in die entsprechende Konsumbereitschaft zeugt.

Das verkehrsberuhigte Einkaufszentrum erstreckt sich hauptsächlich nördlich der **City Hall** 1 bis hin zur Royal Avenue. Dieses viktorianisch überladene Rathaus mit der 52 m hohen Kupferkuppel wurde als Ausdruck der Prosperität der Stadt 1906 fertiggestellt. Das Innere ist ebenso kostspielig wie prachtvoll: Feinster italienischer Marmor, Stuck, Kronleuchter und Buntglasfenster lassen ahnen, wieviel Geld seinerzeit dafür ausgegeben wurde. Umgeben ist die City Hall von Denkmälern, mit denen etliche Bürgermeister und verdienstvolle Persönlichkeiten der Stadt geehrt wurden. Die pompöseste Statue stellt Queen Victoria dar, die matronenhaft vor dem Hauptportal wacht. An der Ostseite, Richtung Hafen, wurde ein Denkmal für die untergegangene ›Titanic‹ errichtet, nicht weit von der Statue für Edward Harland, in dessen Werft dieses unglückselige Schiff gebaut wurde.

Schräg gegenüber der City Hall, am Donegall Square North, befindet sich die **Linenhall Library** 2, eine Bibliothek, die 1788 gegründet wurde, um »den Verstand zu fördern«. Die Bibliothek ist eine Schatzkammer vor allem irischer Schriften und Bücher, von den ersten Druckerzeugnissen Ulsters bis zu Dokumenten über die *Troubles,* ein-

schließlich aller Flugblätter und Schriften seit 1969.

Der Donegall Place, der in die Royal Avenue übergeht, führt in den ältesten Teil Belfasts und mitten hinein ins Einkaufsparadies mit neuen Glaspalästen und restaurierten viktorianischen Bauten. In der größten und luxuriösesten Shopping Mall, dem **Castlecourt Centre** 3 an der Royal Avenue, sind nahezu alle klangvollen Markennamen vertreten, ebenso Restaurants und Cafés. Irisches Kunsthandwerk und Souvenirs werden südlich der City Hall angeboten, beispielsweise in der Craftwork's Gallery in der Linenhall Street und im Craftwork's Shop in der Bedford Street. Der Laden liegt neben der **Ulster Hall** 4, einer Mehrzweckhalle, in der zwar zahlreiche Veranstaltungen mit harmlosem Anspruch stattfinden, wie klassische Konzerte oder Theateraufführungen, die aber als Symbol des protestantischen Behauptungswillens gilt. Dort hielten die Gegner des irischen Republikanismus zu Beginn des 20. Jh. ihre Reden, dort auch geiferte der Ultra-Presbyterianer Ian Paisley gegen jegliche

Royal Avenue

Annäherung der konfessionellen Fraktionen. Daß die republikanische *Sinn Féin* dort 1995 erstmals eine Versammlung abhielt, brachte die protestantischen Hardliner zum Kochen.

Die High Street, die von der Royal Avenue abzweigt, ist mit der parallel verlaufenden Anne Street durch mehrere schmale Durchgänge verbunden, die **Entries** 5. In diesen Durchgängen verbergen sich einige der ältesten Pubs von Belfast. In einer Taverne im Crown Entry gründete Wolfe Tone 1791 die *United Irishmen*. Ihre weiteren Zusammenkünfte hielten die Revolutionäre in Kelly's Cellar in der Bank Street westlich der Royal Avenue ab, einer Kneipe, die seit 1720 existiert und in der heute regelmäßig traditionelle Live-Musik geboten wird. Das älteste Pub, White's Tavern aus dem 16. Jh., befindet sich im Winecellar Entry. Fast ebenso alt ist der Morning Star im Pottinger's Entry.

Die High Street führt weiter zum ›schiefen Turm von Belfast‹, dem **Albert Memorial Clocktower** 6, oder kurz Albert Clock. Der Uhrenturm, der entfernt an den Londoner Big Ben erinnert, wurde 1867 zu Ehren des Prinzgemahls von Queen Victoria errichtet. Seit geraumer Zeit neigt er sich sacht zur Seite – Belfast wurde auf sumpfigem Grund erbaut. Vom Turm aus sind bereits die gelben Hebekräne von Harland & Wolff zu erkennen. Die beiden Kräne, Wahrzeichen des größten Trockendocks der Welt, werden ›Samson‹ und ›Goliath‹ genannt.

Einen weitaus besseren Überblick über die Werft, das neue Wehr und den Hafen bietet das neue Aussichtszentrum **Lagan Weir Lookout** 7, dessen Besucherzentrum durch interaktive Computerprogramme und eine Ausstellung über technische und historische Hintergründe der Hafenanlagen informiert. Am Flußufer des Lagan südlich des Lookout wurde 1997 die **Belfast Waterfront Hall** 8 eröffnet, ein Veranstaltungszentrum mit modernster Technologie und allen Annehmlichkeiten, die eine aufstrebende Stadt zu bieten hat. Die Waterfront Hall, die zum Zentrum internationaler Veranstaltungen wurde, ist dabei das ehrgeizigste Projekt. Das gesamte Lagan-Ufer wird rundumerneuert mit Geschäftszentren und luxuriösen

Durch Belfasts Geschichte und Gegenwart – Die Living History Tour

Lebendige Geschichte, das heißt bei dieser Busrundfahrt von *Citybus* keineswegs nur Rückblick in eine verblichene Vergangenheit, sondern Anschauungsunterricht in aktuelle Gegebenheiten, der weit mehr zum Verständnis Belfasts beiträgt als jeglicher theoretische Vortrag – und zudem einen Eindruck von nahezu der ganzen Stadt vermittelt.

Die Tour beginnt an der City Hall, führt durch die noblen Einkaufsstraßen und schließlich zum Flußufer des Lagan mit den Neubauten am Kai und den Kränen von Harland & Wolff. Jenseits des Lagan, im mehrheitlich protestantischen Osten Belfasts, wo nur eine kleine Enklave, Short Strand, katholisch ist und die Bewohner durch den *peace wall* vor Übergriffen ihrer protestantischen Nachbarn geschützt werden, tauchen die ersten loyalistischen Wandbilder auf dieser Tour auf, die keinen Zweifel daran lassen, daß die katholische Minderheit die Mauern dringend benötigt.

Über die Albert Bridge geht es zurück in das Universitätsviertel, eine konfessionell gemischte Mittelstandsgegend mit begrünten Straßen und Wohlhabenheit verströmenden Häusern, wo nichts von sektiererischem Haß zu spüren ist, eine Welt, die weit entfernt von den Krisengebieten der Stadt zu sein scheint und in der Vergangenheit auch weitgehend von den Auseinandersetzungen unberührt blieb.

In West-Belfast hingegen, der Gegend westlich des Stadtzentrums und der Autobahn, prallen die Gegensätze aufeinander. Die Fahrt geht zunächst vorbei am Divis Tower, einem heruntergekommenen Hochhaus, auf dessen Dach sich einst eine britische Beobachtungsstation befand, weiter durch die republikanische Falls Road (s. Abb.) mit ihren manchmal recht poetischen Wandbildern, die mehr an Märtyrer gemahnen als an Rache, führt dann über die Springfield Road, wo wie überall an dieser Strecke befestigte Forts der RUC (Royal Ulster Constabulary) den Charakter eines besetzten Landes deutlich machen. An dieser Straße befinden sich auch die einzigen beiden Traveller-Standplätze Belfasts. Über Ballymurphy, wo der *Sinn-Féin*-Chef Adams aufwuchs, führt der Weg nach Andersonstown, einem fast mittelständischen Wohngebiet, in dem auch eine kleine Gaeltacht-Gemeinde (Hillhall Cottages) zu Hause ist: In diesem Areal bekommt man nur dann ein Haus zugewiesen, wenn man Irisch spricht.

Der loyalistische Stadtteil Shankill grenzt unmittelbar an das republikanische Falls, auf dem Höhepunkt der *Troubles* ein Kriegsgebiet und auch heute noch weit vom Frieden entfernt. Der *peace wall* verläuft dort kilometerlang hinter den Häuserreihen. Die Shankill Road selbst ist eine heruntergekommene Arbeiterstraße mit vielen kleinen Läden und nur wenig sichtbarem Bemühen, eine gewisse Verschönerung anzustreben.

Konfliktträchtiger ist jedoch der Norden Belfasts, wo der überwiegend katholische Stadtteil Ardoyne mit der Crumlin Road als Trennlinie an Shankill grenzt. Die feindlichen Gruppierungen leben dort unmittelbar gegenüber, Nachbarn normalerweise, tatsächlich aber Todfeinde. Katholische Familien wurden bis in jüngste Zeit vom aufgebrachten protestantischen Mob aus ihren Häusern vertrieben. Protestanten, die es vorzogen, selbst den Stadtteil zu wechseln, brannten ihre Häuser nieder, um sie nicht dem »Feind« zu überlassen. Verkohlte Ruinen sind hier und da noch zu sehen. In der Crumlin Road befindet sich auch Belfasts berühmtestes Gerichtsgebäude mit gleich anschließendem Gefängnis, in dem seit 1843 zumeist politische Gefangene einsaßen. 1995 wurde dieses finstere und stacheldrahtbewehrte Gemäuer geschlossen. Man überlegt, darin ein Museum einzurichten.

Wohnungen, die sich alteingesessene Bewohner nicht mehr leisten können.

Zu den Legenden Belfasts gehört das **Europa-Hotel** 9. Dieser prachtvolle Palast mit seiner großzügigen Eingangshalle und der Bar, in der sich während der *Troubles* die Journalisten gegenseitig ihre Schauergeschichten erzählten und in der sich heute *tout Belfast* trifft – interkonfessionell und auch jenseits der City-Schickeria –, wurde 1993 von der englischen Zeitung The Guardian zum meist bombardierten Hotel noch vor dem Holiday Inn in Sarajewo und dem Commodore in Beirut ernannt. 29mal explodierten laut Statistik dort seit den 1970er Jahren Bomben. Der letzte Anschlag war 1993 und verursachte den schwersten Schaden. Das Hotel wurde danach nahezu gänzlich umgebaut und 1994 luxuriöser und moderner als je zuvor wiedereröffnet – so gesehen das am häufigsten renovierte Hotel der westlichen Welt, das sich in seiner Ausstattung stets dem modernsten Trend anpaßte.

Das **Grand Opera House** 10 aus dem Jahr 1895 bietet seit seiner Neueröffnung 1979 nicht nur Oper, sondern auch einen Querschnitt durch alle Sparten der Unterhaltung, vom Musical über Ballett, Konzerten bis zu Gastspielen renommierter Theatergruppen, wie die des Abbey und des Gate Theatre aus Dublin. Auch wenn man keine der übrigens hervorragenden Vorstellungen besucht, lohnt sich ein Blick in das Innere des Hauses: Wirkt es von außen wie ein Zuckertörtchen, so bildet der Bühnenraum eine Mischung aus indischem Tadsch Mahal und viktorianischer Prächtigkeit – ein absoluter Gegensatz zu den funktional gestalteten Opernbars im Haus, die von ihren Fenstern aus einen Überblick über das Geschehen in der Great Victoria Street bieten. Obwohl das Formelle in Irland beim Ausgehen einen hohen Stellenwert hat, geht es im Theater doch bunt und lässig zu: Süßigkeitenstände bieten vor der Bühne bis kurz vor der Vorstellung Schokoriegel, Erdnußtüten und Popcorn an. Außerdem darf man seine Getränke mit in den Zuschauerraum nehmen – eine Atmosphäre, wie es im klassischen Sinne nicht lebendiger sein kann. Anspruchsvolle Unterhaltung findet des weiteren auch in kleineren Häusern statt, wie im **Lyric Theatre,** das Stücke z. B. von Brian Friel aufführt, dem führenden irischen Dramatiker, und wo der Hollywood-Schauspieler Liam Neeson (›Schindlers Liste‹, ›Michael Collins‹) seine Karriere begann. Hinzu kommen einige Kleinkunstbühnen, auf denen sich Nachwuchskünstler ihre ersten Lorbeeren holen können.

Gegenüber dem Europa-Hotel befindet sich die zweifellos reizvollste Sehenswürdigkeit Belfasts, der **Crown Liquor Saloon** 11, ein Pub aus dem Jahr 1885, der in all seiner schnörkeligen viktorianischen Ausstattung erhalten blieb, auch wenn er in jüngster Zeit kräftig, aber originalgetreu restauriert wurde. Mosaiken, Spiegel, Buntglas, Keramik, Holzverkleidung und Gaslicht bilden ein Ambiente, das nicht nur Touristen scharenweise anlockt, sondern auf das auch die Belfaster sehr stolz sind. Bemerkenswert sind vor allem die kleinen Séparées gegenüber der Bar, die *Snugs,* in die man sich diskret zurückziehen kann. Heinrich Böll nannte derartige Einrichtungen einst ›Einzelsäuferkojen‹, obwohl man in den städtischen Pubs im Gegensatz zu den ländlichen, die Böll seinerzeit beschrieb, in den *Snugs* durchaus auch in kleinen Gruppen sitzen kann.

Von der Great Victoria Street südwärts – mit dem etabliertesten Mittelpunkt ›Botanic Avenue‹ – bis hin zum Shaftesbury Square und über die Queen's University hinaus, liegen die

Viktorianische Pracht im Crown Liquor Saloon

Queen's Arcade: Belfast ist ein bei Einheimischen und Touristen beliebtes Shoppingziel

Pubs und Restaurants immer dichter beieinander, ein Areal zwischen Rathaus und Universität, das als **Golden Mile** bezeichnet wird, als lebendiger Treffpunkt eines Nachtlebens, wie man es ausgelassener selten in Irland findet. An den Wochenenden herrscht regelrecht Partystimmung bei einer Mischung aus studentischem und Yuppiepublikum.

Die renommierte **Queen's University** 12 wurde 1845 bis 1849 erbaut, in den Jahren der Großen Hungersnot. In den backsteinernen Gebäuden, nach dem Vorbild des Magdalen College in Oxford gestaltet, durften bis weit ins 20. Jh. hinein keine Katholiken studieren – hauptsächlich aufgrund des Verbots der katholischen Kirche. Heute sind über 50 % der Studenten an der Queen's katholisch. Anders sieht es bislang allerdings beim Lehrkörper aus. Die meisten Professoren gehören nach wie vor zum protestantischen Lager.

Südlich der Universität erstreckt sich das weitläufige Gelände des **Botanischen Gartens,** dessen gläsernes Palmenhaus in seiner sanft geschwungenen Konstruktion aus dem Jahr 1852 eine architektonische Meisterleistung ist. In dieser grünen Oase befindet sich auch das **Ulster Museum** 13, ein Haus, dessen Schätze von Naturkunde bis hin zu zeitgenössischer Kunst reichen. Einer der Hauptanziehungspunkte sind die güldenen Kostbarkeiten, die aus der 1588 an der Nordküste gesunkenen ›Girona‹, einem Schiff der spanischen Armada, geborgen wurden. Die irische

Heldengedenken auf dem Milltown-Friedhof

Der katholische Friedhof am Ende der Falls Road mit seinen keltischen Grabkreuzen, segnenden Jesus- oder Marienstatuen und steinernen Engeln ist eine Gedenkstätte der besonderen Art. Manche Grabsteine zeigen die irische Flagge als Gravur oder Malerei, und häufig entdeckt man neben dem Namen des Verstorbenen das Kürzel Vol. für *Volunteer,* Freiwilliger. Die *Volunteers* waren Angehörige der IRA, die oft gewaltsam – oder ›in Aktion‹, wie manchmal hinzugefügt wird – zu Tode kamen.

Zu den berühmtesten Verstorbenen auf dem Friedhof gehört Bobby Sands, dessen Konterfei als Wandbild am *Sinn Féin*-Büro in der Falls Road zu sehen ist. Sands starb ebenso wie weitere Inhaftierte 1981 an den Folgen eines Hungerstreiks. Auch die drei IRA-Leute Mairead Farrell, Sean Savage und Dany McCann, die 1988 in Gibraltar von einer britischen Sondereinsatzgruppe erschossen wurden, fanden auf dem Friedhof ihre letzte Ruhestätte. Während ihrer Beerdigung kam es zu einem Blutbad, als ein loyalistischer Terrorist Handgranaten in die Trauergemeinde warf und ziellos Schüsse abfeuerte. Es gab drei Tote und über hundert Verletzte.

Den Hungerstreiktoten und den Opfern aus Gibraltar wurde am östlichen Ende des Friedhofs eine besondere Gedenkstätte errichtet, *Republican Plot,* die stets mit frischen Blumen übersät ist. Alle anderen Bürgerkriegstoten aus den Reihen der IRA werden mit einem Gedenkstein geehrt, *Rolls of Honour,* auf dem ihre Namen eingraviert sind.

Geschichte wird dagegen nur zurückhaltend gestreift.

West-Belfast war seit jeher das Ferment der konfessionell abgegrenzten, aber de facto sozialen Kämpfe. Ausflüge in die Shankill oder Falls Road, die beiden nebeneinanderliegenden Stadtteile – Shankill überwiegend loyalistisch, Falls weitgehend republikanisch – gehören zur *Living History-Tour* (s. S. 222f.). Im Grunde genommen unterscheiden sich beide Wohngebiete recht wenig voneinander. Es handelt sich um Arbeiterviertel, gesichtslose Straßenzüge, deren einzige ›Attraktionen‹ die Wandmalereien und die sogenannte *Peace Line* sind, eine Trennungsmauer zwischen den sogenannten Gettos zur Verhinderung gegenseitiger Übergriffe.

Eine Fahrt mit den **Black Taxis,** den schwarzen, ausgemusterten Taxis aus London, sollte man sich im Falle historischen Interesses unbedingt gönnen. Während der *Troubles* wurden sie von den jeweiligen konfessionellen Bewohnern anstelle der Busse eingesetzt, die wegen allzu häufiger Anschläge und Mißbrauchs als brennende Barrikaden aufgegeben wurden. Die Linientaxis sind strikt in protestantische und katholische Routen aufgeteilt. Der Halteplatz für Fahrten ins protestantische Shankill befindet sich in der North Street, ins katholische Falls in der Castle Street, beide liegen etwa auf der Höhe des Castlecourt Centre. Mit Mißtrauen seitens der englischen Oberhoheit wurden vor allem die Taxis durch die Falls Road betrachtet, deren Fahrer sich weitgehend aus ehemals internierten oder inhaftierten Republikanern rekrutierten. Seit 1995 ist der Taxidienst mittlerweile offiziell genehmigt. Bei den Black Taxis durch das loyalistisch-protestantische Shankill stellte sich diese Frage zumindest offiziell nie.

Zeichnet sich die **Shankill Road,** die heruntergekommene Hauptstraße des protestantischen Arbeiterviertels und Hochburg des sektiererischen Hasses, durch keinerlei Besonderheit aus, eher durch Depressivität – selbst die Wandmalereien zeugen von puritanischer Fantasielosigkeit und beziehen sich auf historische Begebenheiten oder militante Aggression –, so präsentiert sich die republikanisch-katholische **Falls Road** mit einem beachtlichen Selbstbewußtsein. **Conway Mill** 14, ein ehemaliges Fabrikgebäude an der Ecke zur Conway Street, wurde zum Zentrum ausgebaut, in dem zahlreiche Selbsthilfeprojekte ihr Domizil fanden, wozu auch die Zentrale der Falls Road Taxis gehört. In einer ehemals presbyterianischen Kirche wurde 1991 ein Kulturzentrum, das **Culturlánn,** eingerichtet, in dem unter anderem eine irischsprachige Schule, die Redaktion der irischsprachigen Zeitschrift Lá und der Sender Radio Fáilte untergebracht sind sowie vielfältige kulturelle Veranstaltungen stattfinden.

Die Falls Road führt weiter in die katholischen Viertel Ballymurphy, Turf Lodge und das mittelständische Andersonstown, die alle zunächst wie proppere Reihenhaussiedlungen wirken, in deren zumeist winzigen Häusern sich aber vielköpfige Familien drängen. Die Nachkriegssiedlungen, vor allem diejenigen, die nach Beginn der *Troubles* gebaut wurden, sind ganz bewußt von der britischen Baubehörde labyrinthisch angelegt. Nur schwer findet man den Zugang zu den Gettos und, für Unkundige völlig unmöglich, eine bestimmte Adresse. Der Bebauungsplan sah für die jeweiligen Siedlungen nur wenige Zufahrtsstraßen vor, die leicht abzusperren sind, und hauptsächlich aus Sackgassen bestehen, um Fluchtwege potentieller Terroristen zu verhindern.

Rund um Belfast

Im Norden Belfasts, auf dem Cave Hill, befindet sich das **Belfast Castle** 1, ein Schloß, dessen Ursprünge auf das 12. Jh. zurückgehen. Der derzeitige Bau stammt aus dem 19. Jh. und birgt nach aufwendiger Restaurierung neben einem der Luxusrestaurants Belfasts ein kleines Museum. Die Katzenmotive, die überall in den Gärten zu sehen sind, beruhen auf der Legende, daß die Bewohner des Schlosses nur dann ein glückliches Leben führen können, solange eine weiße Katze dort lebt.

Die Geschichte der Leinenindustrie der Region wird in einem neuen Museum, dem Linen Heritage Centre, südwestlich von Belfast in der kleinen Garnisonsstadt **Lisburn** 2 dargestellt. Daneben kann man die edlen Produkte, wie feine Tischwäsche oder modische Kleidungsstücke, im Museumsshop erwerben.

Im Linen Heritage Centre in Lisburn

Stormont 3 ist nicht nur der Name einer prachtvollen Anlage, sondern auch der Inbegriff der nordirischen Regierung, die bis 1972 eine eigenständige Regionalmacht darstellte. Erst seit dem Jahr 2000 ist dort wieder ein autonomes nordirisches Parlament eingezogen. Das klassizistische Parlamentsgebäude wurde 1932 im Osten Belfasts inmitten einer gepflegten Parkanlage und in unmittelbarer Nähe von Stormont Castle errichtet, einem neogotischen Schloßbau aus dem 19. Jh., in dem bislang der britische Nordirlandminister seinen Amtssitz hatte. Der Park ist der Öffentlichkeit zugänglich, außer bei politischen Zusammenkünften.

Die Metropole Belfast hat sich mittlerweile bis weit ins Land hineingefressen. So scheint entlang der A 2 Richtung Bangor die Stadt kein Ende nehmen zu wollen. Der kleine Ort **Holywood** 4 macht so auch den Eindruck, ein Vorort Belfasts zu sein, was in gewisser Weise seine Berechtigung hat. Dort nämlich waren und sind teilweise immer noch die britischen Soldaten zu Hause, die von ihrer Garnison aus rasch nach Belfast einmarschieren konnten.

Weitaus friedlicher ist das **Ulster Folk & Transport Museum** 5, das bei Holywood über Jahrzehnte im Park des Herrenhauses Cultra Manor entstanden ist. Stück für Stück wurden alte und für diesen Teil Irlands typische Häuser, die zum Abriß bestimmt waren, dorthin verpflanzt, so daß allmählich eine kleine historische Stadt entstand. Auf der gegenüberliegenden Seite der A 2 befindet sich das Transport Museum, eine Sammlung von Fortbewegungsmitteln vom Eselskarren bis zum senkrechtstartenden Flugzeug sowie einer spannenden Ausstellung über Bau und Untergang der legendären Titanic mit eindrucksvollen Modellen und Dokumenten.

Down

Vom Strangford Lough zu den Mourne Mountains

Flach und fruchtbar ist das Land östlich von Belfast, ein County, das seinen Namen Down vom gälischen *Dún* (Fort) ableitet. Wegen seines landwirtschaftlichen Wertes war es das Kerngebiet der protestantisch-presbyterianischen Besiedlung und ist auch heute noch überwiegend protestantisch geprägt.

Bangor 6 (S. 282), das ›Warnemünde Belfasts‹ und Eingangstor zur Ards-Halbinsel, wirbt für sich als »Wiege der westeuropäischen Zivilisation«, eine Selbsteinschätzung, über die man philosophieren kann. Zwar geht Bangor – seit dem 19. Jh. ein beliebter, viktorianisch

Down

Castle Ward

geprägter Badeort – auf eine Klostergründung im 6. Jh. zurück, aber daran erinnert heute nichts mehr. Statt dessen sind die Straßen um den Hafen und die Promenade von Imbißbuden und Spielhallen gesäumt. Um bei den Gästen und vor allem den Kindern keine Langeweile aufkommen zu lassen, wurde jüngst noch ein riesiger Vergnügungspark aus der Taufe gehoben. Historischer Höhepunkt in der Geschichte Bangors war das Jahr 1944, als amerikanische Truppentransporter und Kriegsschiffe im Hafen festmachten, bevor sie zur Landung in der Normandie ablegten.

Die interessantere Strecke auf der **Ards Peninsula** (S. 277) führt über Newtownards auf der A 20 entlang dem

Strangford Lough, einem See, der durch einen schmalen Isthmus mit dem Meer verbunden ist. Die Parkanlagen von **Mount Stewart** 7, einem kostbar ausgestatteten Herrenhaus aus dem 18. Jh., gehören zu den touristischen Anziehungspunkten dieser Region. Der weitläufige Park mit seinen Gärten wurde ab 1921 von der damaligen Hausherrin Lady Edith Londonderry angelegt und zählt zu den sechs schönsten Großbritanniens. Leider kam aus dem Haus der Marquis von Londonderry nicht nur Gutes und Schönes. Der Vorfahr von Lady Edith, Robert Stewart Castlereagh (1769–1822), gehört zu den meistgehaßten historischen Gestalten Irlands – selbst die Engländer mögen ihn nicht. Castlereagh war als Ministerpräsident des irischen Parlaments in Dublin maßgeblich verantwortlich für den *Union Act* im Jahr 1800, die Auflösung der eigenständigen Regierungshoheit Irlands, womit die Insel offiziell Teil Großbritanniens wurde. Als britischer Außenminister galt er dann nicht nur als einer der Architekten des Wiener Kongresses im Jahr 1815, sondern sorgte auch für die Verbannung Napoleons nach St. Helena. Die 22 Empire-Stühle, auf denen die europäischen Potentaten in Wien die neue Ordnung Europas beschlossen, ließ er nach Mount Stewart holen, wo sie heute das Speisezimmer schmücken. Daß ihn trotz allem niemand mochte, trieb Castlereagh letztlich in so tiefe Depressionen, daß er sich mit einem Papiermesser selbst die Kehle durchschnitt.

In **Greyabbey** 8, einem winzigen, hübsch herausgeputztem Ort, verführen über ein Dutzend Galerien und Antiquitätengeschäfte zum Kauf – oder bei schmalerer Geldbörse wenigstens zum Gucken. Sogar der Luxusauktionator Sotheby's unterhält dort seine einzige irische Dependance. Bei all der kostspieligen Pracht übersieht man leicht die Klosterruine, die dem Ort den Namen gegeben hat. Das Kloster wurde 1193 von der heimwehkranken Affreca, Tochter des Königs der Isle of Man und Frau des normannischen Eroberers John de Courcy, gestiftet.

Eine Autofähre, die alle halbe Stunde verkehrt, setzt über die schmale Meerenge des Strangford Lough hinüber nach **Portaferry** 9 (S. 325). Die Fahrt ist so kurz, daß kaum Zeit bleibt, die Aussicht auf das gegenüberliegende Ufer zu genießen. Das Städtchen ist mit seinen viktorianischen Häusern, den Pubs und dem Turmhaus aus dem 16. Jh., in dem das Exploris, das einzige Aquarium Nordirlands, für Abwechslung sorgt, recht hübsch anzusehen, auch wenn sich dort ansonsten Fuchs und Hase Gutenacht sagen.

Angesichts der Geschichte von **Castle Ward** 10, das kurz hinter Portaferry an der A 25 liegt, könnte man zu dem Eindruck kommen, daß in dieser Region die Großgrundbesitzer allesamt vom Unglück verfolgt waren. Das Schloß wurde 1762 von Anne und Bernard Ward, dem späteren Lord Bangor erbaut. Die Architektur ist steingewordenes Zeugnis einer unvereinbaren Ehe zwischen zwei ausgesprochenen Dickköpfen. Anne Ward hatte eine Schwäche für den gotischen Stil, Bernard hingegen für den klassizistischen. Der Kompromiß ist verblüffend: Die Vorderfront des Hauses zum See hin präsentiert sich ganz und gar klassizistisch, die Gartenfront neogotisch. Auch in der Gestaltung seiner jeweiligen Räume blieb jeder seinem Geschmack treu. Nur die zentrale (klassizistische) Treppe konnte sich der Hausherr offenbar unter den gestalterischen Nagel reißen. Die Ehepartner leben fürderhin jeweils im eigenen Trakt

Das Leben des heiligen Patrick

Jedes Jahr am 17. März geht es in Irland und seiner Diaspora hoch her: Man trägt eine grüne Kokarde oder ein Kleeblattsträußchen – mitunter wird in den Bars von New York oder Boston sogar das Bier grün gefärbt –, es gibt karnevalsgleiche Paraden, auf denen nicht nur des Schutzheiligen von Irland gedacht wird, sondern auch der Sponsoren, also hauptsächlich Guinness, und vor allem wird die ›irische Sache‹ gefeiert – und zur irischen Sache gehört für gewöhnlich ein ausschweifendes Besäufnis. Der 18. März ist dann der Tag des allirischen Katers.

Der Nationalfeiertag Irlands ist genaugenommen eine Totenfeier. An diesem Tag nämlich, je nach Legende etwa zwischen 460 und 490, starb ein römischer Beamtensohn namens Patricius, dessen Name irisch Pádraig und anglisiert Patrick lautet, ein Mann, der Irlands christliche Kultur nachhaltiger beeinflußte, als es je ein Papst konnte.

Patrick, der um 390 geboren worden sein soll, lebte in der römischen Provinz England, bis er im Alter von 16 Jahren von irischen Banditen verschleppt und als Sklave verkauft wurde. Auf den Hängen des Slemish Mountain im heutigen County Antrim verbrachte er sechs Jahre mit dem Hüten von Vieh. In seiner Einsamkeit betete der junge Christ unablässig, bis ihm schließlich im Traum der göttliche Rat erteilt wurde zu fliehen. Nach vielen Abenteuern und Gefahren gelang ihm schließlich die Flucht in die Heimat, wo er über seine Zeit in Irland viel nachgedacht haben muß. So kam er zu dem Schluß, den

und ließen sich bald darauf scheiden. Heute finden vor der großartigen Kulisse des architektonischen Kuriosums jeden Juni Opernaufführungen statt.

Eine ganz andere Welt eröffnet sich in Patrick's Country, einer sanften Landschaft zwischen Strangford Lough und den Mourne Mountains. Die Hauptstadt des County, **Downpatrick** *(Dún Pádraig)* 11 (S. 299), gehört zu den ältesten Städten Irlands, sie existierte bereits lange bevor der Nationalheilige dort im 5. Jh. mit seinem Missionswerk begann (s. S. 232f.). Selbst eine Kirche soll es auf dem Hügel, wo heute die St. Patrick's Cathedral steht, vor seiner Ankunft gegeben haben. Die alte Struktur der Stadt, wie sie im Mittelalter existiert haben mag, ist auch heute noch an den schmalen Gassen zu erkennen.

Die Kathedrale auf dem Hügel stammt in ihrer heutigen Form aus dem Jahr 1818. Überreste der Vorgängerbauten, die seit dem ersten verbürgten Gotteshaus an dieser Stelle aus dem 8. Jh. immer wieder zerstört wurden, sind teilweise integriert worden. In der Kirche, die seit der Reformation zur anglikani-

Iren seine Entführung zu verzeihen und ihnen dafür das Christentum zu bringen.

Mit seinem Boot landete Patrick nach Jahren des theologischen Studiums und gegen den Widerstand seiner Kirchenoberen am Strangford Lough im heutigen County Down und begann sein Missionswerk, eine keineswegs einfache Aufgabe, wie sich bald herausstellte. Die Druiden und die Clanhäuptlinge haßten ihn, denn anders als andere, weniger erfolgreiche christliche Missionare vor ihm war Patrick ein äußerst kluger Kopf und machtbewußter Mensch.

Patrick, der keineswegs allein durch das Land reiste, sondern stets von einem beachtlichen Troß begleitet war, ging taktisch vor. Für das einfache Volk benutzte er den Kunstgriff, heilige Stätten der Druiden durch seine angebliche Wundertätigkeit mit christlichen Inhalten zu belegen, um die Macht seiner heidnischen Widersacher zu untergraben und die Menschen nicht vor den Kopf zu stoßen. So wurden später zahlreiche frühchristliche Kirchen auf keltischen Kultstätten errichtet. Außerdem war ihm bewußt, schon halb gewonnen zu haben, sobald er die Könige und am besten noch den Hochkönig von Tara, Laoghaire, bekehrte. In einigen Fällen gelang ihm das, nur mit dem Hochkönig lieferte er sich einen vergeblichen Machtkampf: Laoghaire ließ sich nicht bekehren, auch als Patrick ihm anhand des dreiblättrigen Kleeblatts die christliche Dreieinigkeit veranschaulichen wollte. Wohl aber konnte er zahlreiche Höflinge und Familienmitglieder des Hochkönigs missionieren.

Für seinen Ruhm und die Legendenbildung um seine Person sorgte Patrick selbst. Er schrieb seine Memoiren in dem Buch ›Confessio‹ (Bekenntnis) nieder und führte alle seine Taten und Werke auf göttlichen Segen zurück. Auf das ›Bekenntnis‹ beziehen sich sämtliche Biographen, obwohl dessen Wahrheitsgehalt nur eingeschränkt zu akzeptieren ist. Aber letzlich trug er damit nur einem irischen Sprichwort Rechnung: »Möge niemals die Wahrheit einer guten Geschichte in die Quere kommen!« – Und schon gar nicht einem prima Grund für ein Besäufnis.

schen Church of Ireland gehört, wird ein Videofilm zur Geschichte des Hauses gezeigt. Auf dem angrenzenden Friedhof befindet sich ein Gedenkstein für Patrick. Angeblich ist er unter den Fundamenten der Kathedrale begraben. Gestorben ist Patrick der Legende nach im etwa drei Kilometer entfernten Dörfchen **Saul** (s. Abb. S. 11), wo er seine erste Kirche auf irischem Boden errichtet haben soll. Zur Erinnerung an dieses denkwürdige Ereignis wurde 1932 an jene Stelle eine kleine Kapelle mit Rundturm gebaut.

Der zweite Anziehungspunkt Downpatricks ist das 2001 eröffnete *St Patrick's Centre,* ein raffiniertes Museum, das das Leben des Nationalheiligen mit modernster audio-visueller Technik präsentiert. Allein schon die Architektur des Baus ist mit seiner Glas- und Holzkonstruktion bestaunenswert. Zu dem Komplex gehören auch eine Galerie, ein Andenkenladen, die Touristen-Information, ein Restaurant, ein Internet-Café und ein Regionalstudio der BBC. Gegenüber ist in einem ehemaligen Gefängnis aus dem 18. Jh. das *County-Museum* unter-

In den Mourne Mountains

gebracht. Unter dem Torbogen des düsteren Bauwerks wurde 1803 ein Kampfgefährte Wolfe Tones, der Rebell Thomas Russell, gehenkt. Der Zellentrakt ist mit viel Liebe zum Detail restauriert worden. Lebensgroße Puppen stellen in einigen Kammern die Gefangenen dar, die einstmals auf ihre Hinrichtung oder Deportation nach Australien warteten.

Einen Eindruck von der rauhen Schönheit der Mourne Mountains erhält man bereits in dem Badeort **Newcastle** 12 (S. 322), der südlich von Downpatrick an der Dundrum Bay liegt. Der Ort ist zwar in der Saison von Wochenendurlaubern überfüllt und bietet die übliche Imbiß- und Amüsementkultur, verfügt aber über großartige Strände, einen der nach internationalen Kriterien besten Golfplätze der Welt und vor allem einen Blick auf die schroffen Hügel der Berglandschaft von South Down.

Die **Mourne Mountains,** in keltischen Zeiten ein eigenes Königreich, sind dünn besiedelt und wegen der Wälder und der Aussicht auf schroffe Granithänge ein beliebtes Wandergebiet. Der Stausee in Silent Valley, der Belfast mit Trinkwasser versorgt, ist in dieser Einsamkeit der einzige Hinweis auf zivilisatorische Nutzung. An der Küste liegen einige größere Ortschaften, wie **Kilkeel,** wo die größte Fischfangflotte Nordirlands ankert, das aber auch für seine militanten Loyalisten berüchtigt ist.

Der schönste Ort zu Füßen der Mourne Mountains, und manche behaupten gar der schönste Nordirlands, ist **Rostrevor** 13 (S. 328), ein Dorf am Carlingford Lough mit farbenfrohen Häusern, einer dank der geschützten Lage üppig wuchernden mediterranen Vegetation und einer gelassenen Atmosphäre. In den Pubs geht es traditionell irisch zu, mit Livemusik und steter Kommunikationsbereitschaft. Höhepunkt des Jahres ist der August, wenn das *Fiddler's Green Festival* stattfindet, ein Folkfest, das eine ganze Woche lang dauert.

Wie eine verkleinerte Version der Straße entlang dem Rhein mutet die Strecke von **Warrenpoint,** einer lebhaften Hafenstadt mit Badeortcharakter, bis nach Newry an. Den Kanal von Newry bis zum Carlingford Lough säumen auf beiden Seiten Hügel, auf denen hie und da burgähnliche Turmhäuser oder deren Ruinen Wacht halten, am augenfällig-

sten das **Narrow Water Castle** 14 aus dem Jahr 1560 an der Mündung des Kanals ins Meer.

Newry *(An tIúr)* 15 (S. 323) ist eine Grenzstadt im doppelten Sinne. Es liegt auf der Grenze zwischen Down und Armagh sowie an der N 1/A 1 von Dublin nach Belfast, was in den vergangenen Jahrzehnten im gesamten Stadtbild an der britischen Militärpräsenz zu spüren war: Schwerbewaffnete Soldaten lagen an strategisch wichtigen Straßen und Plätzen auf der Lauer. Doch auch im unruhengeschüttelten Newry sind friedliche Zeiten angebrochen. Das Stadtbild wurde verschönert, historische Bauwerke restauriert und dem Tourismus auf die Beine geholfen. Hat die Stadt selbst nicht allzuviel Aufregendes zu bieten, so ist doch die Umgebung von reizvoller Schönheit. Hauptattraktion ist der **Slieve Gullion** zwischen Newry und Crossmaglen, ein Berg mit einem Ganggrab auf seiner Spitze und großartigem Blick über die einsame Landschaft South Armags. Ein zehn Kilometer langer *Scenic Drive* führt rund um den Hügel und zum Slieve Gullion Courtyard, einem Gutshaus aus dem 19. Jh., in dem heute Ferienwohungen zu vermieten sind. Höhepunkt ist das Tí Chulainn Centre, in dem irische Kultur satt geboten wird.

Armagh, Tyrone und Fermanagh

Kathedralen und Kämpfer: Armagh und Tyrone

Blühende Apfelplantagen, einsames Bergland, militärische Anlagen und großartige Kathedralen – eine Tour durch die beiden Counties Armagh und

Tyrone könnte nicht kontrastreicher sein – lebendiger Geschichtsunterricht. Während im Süden Armaghs die irische Fahne des Republikanismus hochgehalten wird (s. S. 238f.), wurde im Norden des County vor 200 Jahren der protestantische *Orange Order* gegründet. Die Legenden des Widerstands und der Stammeskämpfe reichen bis in die Mythologie hinein: Der legendäre Ulsterheld Cúchulainn, für die Republikaner bis heute eine Symbolfigur, schlug am Slieve Gullion, mit 575 m der höchste Berg Armaghs südwestlich von Newry, in der Schlacht um den Rinderraub von Cooley die Königin Maeve, die den Stier von Ulster stehlen wollte. In Nord-Armagh und Tyrone wurde dann zu Beginn des 17. Jh. von den englischen Invasoren ein grausamer Feldzug gegen die Ulsterkönige aus dem Clan der O'Neill geführt, die sich schließlich bis in die unzugänglichen Berge Tyrones zurückzogen und mit ihrer Flucht das Ende des gälischen Irland einläuteten. Daß sie weniger durch militärische Überlegenheit geschlagen wurden, sondern durch systematische Zerstörung der Lebensgrundlagen, ist dem Land und seiner Infrastruktur noch immer anzumerken: Um die O'Neills zu vertreiben, verbrannte Lord Mountjoy, Vertreter des englischen Throns, die Getreidefelder in der einstigen Kornkammer Tyrone, vertrieb das Vieh und verwüstete Webstühle und anderes Handwerkszeug. Im 20. Jh. wurden die überwiegend katholischen Regionen wirtschaftlich ausgeblutet – Investitionen fanden nicht statt. Erst in den vergangenen Jahren wurde dank privater Initiative und EU-Geldern der mühsame Weg eines Wiederaufbaus beschritten.

Eine Ausnahme bildet die Stadt **Armagh** *(Ard Mhacha)* **1** (S. 278), die seit 1500 Jahren das klerikale Zentrum ganz Irlands ist, des katholischen und seit der Reformation auch des anglikanisch-protestantischen. Die Stadt präsentiert sich gepflegt und selbstbewußt, mit einer großzügigen Grünanlage, der Mall, eini-

Richtig Reisen
Thema

Rauh, aber herzlich: ›Bandit Country‹

Ein bißchen finster und klandestin geht es in dem kleinen Ort im schönen South Armagh immer noch zu. Nachts ist es unheimlich. Die Männer in den Pubs geben sich wortkarg, beäugen jeden Fremden mit neugierigem Mißtrauen. Keine irische Kommunikation, die sofort mit einem kleinen Gespräch beginnt. Aber auch die Fremden verhalten sich leicht gezwungen. Man weiß ja nie in Crossmaglen. Der Ort hat einen Ruf, der nicht gerade anheimelnd ist. Selbst im Touristenbüro schaut man etwas erstaunt, wenn mal jemand vorbei. kommt. Touristen im ›Banditenland‹ sind noch eine seltene Erscheinung.

Crossmaglen (S. 294), ein kleiner Ort im äußersten Süden des County Armagh (auch als ›Provisional Republic of Crossmaglen‹ bekannt), ist der berüchtigteste Ort dieser Region mit dem abschreckenden Namen *Bandit Country,* den ihr die britische Presse verlieh und der sich zum Mißfallen der Bewohner eingebürgert hat. Mit herkömmlichem Banditentum hat ihr Widerstand gegen die massive militärische Präsenz nichts zu tun, doch hat die IRA in South Armagh eine stärkere Basis als sonst in Nordirland und führte dort einige ihrer spektakulärsten Operationen durch. Allein in Crossmaglen wurden mindestens 20 britische Soldaten getötet, der letzte 1993. Die Schußlöcher an Murtagh's Guest House, einer der wenigen Unterkunftsmöglichkeiten im Ort, sind noch immer zu sehen und werden auf Wunsch auch ausgiebig erläutert.

Die Bedrohung ist jedoch keineswegs einseitig. In den schlimmsten Zeiten des Bürgerkriegs haben die britischen

gen schön restaurierten georgianischen Häusern und vor allem mit ihren beiden Kathedralen, die jeweils Sitz des anglikanischen und des katholischen Erzbischofs sind. Der Hügel, auf dem die protestantische Kathedrale ruht, soll vor etwa 2500 Jahren der Sitz der Königin Macha gewesen sein, einer mächtigen vorkeltischen Herrscherin. Dort ließ Patrick ein religiöses Zentrum errichten, das bald neben Clonmacnoise zu den berühmtesten monastischen Stätten des christlichen Europa gehörte. Wegen seiner Bedeutung wurde Armagh immer wieder umkämpft und zerstört – partiell bis in die jüngste Vergangenheit: 1993 fiel das klassizistische Gerichtsgebäude durch einen Bombenanschlag in Trümmer. Es wird unverdrossen wieder aufgebaut.

Die zwei erzbischöflichen Kathedralen, beide zu Ehren des interkonfessionellen Heiligen St. Patrick's Cathedral benannt, sind die Wahrzeichen Armaghs. Die protestantische Kathedrale mit ihrem gedrungenen, quadratischen Turm ist die ältere der beiden, ihre Ursprünge gehen bis auf das 10. Jh. zu-

Soldaten aus Crossmaglen einen Kriegsschauplatz gemacht. Die Straßenbeleuchtung wurde zerschossen, Bürger willkürlich verschleppt und nächtliche, nicht gerade zimperliche Hausdurchsuchungen durchgeführt. Auf ein halbwegs friedliches Miteinander mit den Bewohnern konnten die Soldaten auf diese Art kaum hoffen.

In der landschaftlich schönen Gegend mit Hügeln und Seen herrschte Belagerungszustand. Auf den Bergkuppen errichtete die britische Armee zahllose Beobachtungsposten, von denen aus jede Bewegung auf dem Land erfaßt werden kann. Ein martialisches Fort, das aus der Ferne wie eine Normannenburg wirkt, bildet einen der Hauptstützpunkte. Die Posten wurden allesamt mit dem Hubschrauber versorgt, seit die IRA mehrmals britische Armeeautos in die Luft gesprengt hatte. Die Tiefflüge über die Dörfer, die auch nach dem Belfaster Abkommen fortgesetzt wurden, waren reine Schikane, ebenso wie einst die festungsgleiche Garnison der RUC am Marktplatz von Crossmaglen. Im Rahmen des Abkommens wurde es immerhin abgebaut.

Dem ganzen Nervenkrieg begegnen die Einwohner von Crossmaglen erstaunlich gelassen. Trotz Soldaten und Hubschrauber wurde optimistisch an einer erhofften friedlichen Zukunft gebastelt und trotzig eine fröhliche Gegenwart gelebt. Im April findet ein kleines Theaterfestival statt und im September ein großer und in der Region beliebter Pferdemarkt. Das Gemeindezentrum neben der RUC-Garnison bietet Raum für allerlei Unterhaltung. Traditioneller *Céili*-Tanz wird dort unterrichtet oder ein Dorffest gefeiert. Etwas außerhalb des Dorfes entstand in einigen alten Häusern aus dem 18. Jh. *Hearty's Folk Cottage* mit Kunsthandwerksvorführungen, Teestube und Live-Musik. Und im Rathaus denkt man bereits darüber nach, einen großräumigen Folkpark zu bauen, in der regionale Traditionen gepflegt und den Touristen unterhaltsame Zerstreuungen geboten werden sollen. Vielleicht laufen dann dort eines Tages Statisten mit Maschinenpistolen und geschwärzten Gesichtern herum und erschrecken die entzückten Besucher mit einer ›traditionellen‹ Crossmaglen-Gruselshow.

rück. In der heutigen Form wurde sie im 19. Jh. restauriert, unter Einbeziehung älterer Teile, wie ein Hochkreuz aus dem 11. Jh. Dort wurde Brian Boru bestattet, der als keltischer Hochkönig im 11. Jh. zwar die Wikinger vernichtend schlagen konnte, dabei aber selbst zu Tode kam.

Während die protestantische Kathedrale sich düster und abweisend präsentiert, ist die zwischen 1840 und 1875 auf dem gegenüber liegenden Hügel errichtete katholische Kathedrale mit ihren beiden schlanken Türmen eine prächtige Orgie in Licht und Farben. Jeder Winkel des Innenraums ist mit leuchtenden Mosaiken, Buntglasfenstern und italienischem Marmor ausgeschmückt, eine Mischung aus keltischer und byzantinischer Ornamentik. Nur der Altarraum, 1981 von einem irischen Künstler neu gestaltet, bildet dazu einem meditativen Kontrast. Altar, Kruzifix und Sanktuarium wurden in modernen Formen aus poliertem, hellem Stein geformt, dessen runde und schlichte Weichheit in der ganzen Glitzerschönheit geradezu sinnlich wirkt. Der Eindruck verstärkt sich noch, wenn der Organist, ein gebürtiger Belgier, auf Bitten der Besucher ein inoffizielles Konzert gibt. Zu einem passenden Goethe-Zitat ertönt dann Händel oder Haydn, »protestantische Musik, aber wen kümmert es, wenn sie doch so schön ist?«.

Im Zentrum von Armagh unterhalb der beiden Kathedralen wurde ein weitläufiger Gebäudekomplex aus einer stillgelegten Presbyterianerkirche und mehreren stilistisch angepaßten Neubauten zur modernsten Attraktion der Stadt ausgebaut: Das *St. Patrick's Trian* birgt neben der Touristeninformation ein Heritage Centre, in dem die Geschichte Armaghs seit den Kelten dargestellt wird, ein Ladenzentrum mit vorwiegend Kunsthandwerk, Galerien, Restaurants, ein Parkhaus, und das *Land Lilliput,* ein Museum, in dem von ›Gullivers Reisen‹ mittels figürlicher Bilder berichtet wird.

Etwa drei Kilometer westlich von Armagh geht es in die früheste Vergangenheit Ulsters. Das **Navan Fort** *(Emain Macha)* 2, heute eine archäologische Ausgrabungsstätte, war etwa 1000 Jahre lang, von ca. 700 v. Chr. bis zur Zerstörung im Jahr 332 n. Chr., der Sitz der Könige von Ulster. Ebenso wie in Tara nördlich von Dublin ist außer hügeligem Grasland nicht mehr viel von der Anlage zu sehen. Im Besucherzentrum werden Fundstücke ausgestellt, und es wird über Mythen und Geschichte informiert.

Zwischen Armagh und Lough Neagh (an der B 77 Richtung Loughgall) erstreckt sich das Apfelanbaugebiet, der ›Obstgarten Nordirlands‹. Alljährlich im Mai wird in Armagh und Umgebung das große Apfelblütenfest gefeiert, wo es neben Umzügen und Festlichkeiten auch Gerichte rund um den Apfel zu kosten gibt. Unter den Apfelbäumen Armaghs gedieh jedoch auch ein ganz besonderer Zankapfel im nordirischen Konflikt. In der unmittelbaren Umgebung des Obstbauerndörfchens **Loughgall** 3, fand im Jahr 1795 ein heftiges Scharmützel – Battle of the Diamond – zwischen Protestanten und Katholiken statt. Die protestantischen Bauern der Umgebung beschlossen nach dieser Schlacht im Pub von Loughgall, einen nach Wilhelm von Oranien benannten Orden zu gründen. Der *Orange Order* schrieb sich die Verteidigung des Protestantismus im allgemeinen und der rein protestantischen Thronfolge in England im besonderen auf die Fahne – zumindest Letzteres, seit Anfang des 18. Jh. unumstößliches Gesetz, wird von der derzeitigen Queen gerade einer Reform unterzogen.

Für ihre Forderungen, die auch der englischen Realität hinterherhinken, marschiert der *Orange Order* an bestimmten Gedenktagen, die von Region zu Region unterschiedlich sind, alljährlich besonders gerne durch katholische Stadtviertel. ›Marschsaison‹ ist von Ostern bis Mitte August. Als folkloristisches Kostüm trägt der *Orangeman* das, was sich der Bauer damals und auch heute noch unter der Bekleidung eines englischen Gentleman vorstellt: schwarzer Anzug, Melone, Regenschirm und weiße Handschuhe. Kennzeichen ist die mit Abzeichen und Orden geschmückte orangefarbene Schärpe.

Dort, wo der Orden einstmals gegründet wurde, sind mittlerweile moderne Reihenhäuser entstanden. In einem dieser Häuser wurde hinter einer Stahltür und ohne Hinweisschild ein Gedenkraum eingerichtet, das Orange Order Museum. Viel zu sehen ist in dem garagenähnlichen Raum zugegebenermaßen nicht, ein paar historische Schärpen, *no surrender*-Glückwünsche aus aller Welt und Fotos von der königlichen Familie. Aber man ist im Ort außeror-

In den Sperrin Mountains

dentlich stolz auf dieses verschwiegene Museum. Im Dorfladen kann man nach dem alten Mann mit dem Schlüssel fragen, der dann auch mit verhaltener Überschwenglichkeit sein kleines Reich vorführt.

Dungannon 4 (S. 303f.) war der letzte Stützpunkt der O'Neills, der Könige von Ulster, deren ruhmreiche Vergangenheit man der Stadt mit der hohen Arbeitslosigkeit nicht mehr anmerkt. Kein Stein aus vorenglischer Zeit ist erhalten geblieben. Wie oft in Irlands stark vernachlässigten Regionen ergriff der Klerus die Initiative. In Dungannon war es ein katholischer Priester, der 1971 mit der Hilfe eines österreichischen Fachmannes die alte Tradition der Glasbläserei wieder ins Leben rief, vor allem, um den jungen – und nicht nur katholischen – Arbeitslosen der Region eine Ausbildungsmöglichkeit zu schaffen. Die Tyrone Crystal Factory hat sich seither in Dungannon zum Mittelpunkt des wirtschaftlichen und touristischen Interesses entwickelt. Die Führungen gehen mitten durch das Fabrikgeschehen, vom Schmelzen des Rohstoffes über den Feinschliff des fertigen Glases bis zum luxuriösen Verkaufsraum.

Cookstown, das man auf dem Weg zur schönsten und wildesten Landschaft Tyrones passieren muß, lohnt kaum eine Stadtbesichtigung. Die Stadt zeichnet sich in erster Linie durch eine 2,5 km lange und außerordentlich breite Hauptstraße aus, die dem Bestreben des damaligen Landlord aus dem 18. Jh. zu verdanken ist, der eine repräsentative Stadtanlage plante, aber bald die Lust verlor. So parkplatzfreundlich, wie diese Straße sich heute präsentiert, so stark ist sie auch konfessionell getrennt: An dem einen Ende der Hauptstraße leben Katholiken, am anderen Protestanten.

Berühmteste Bürgerin Cookstowns ist Bernadette Devlin-McAliskey, dort 1947 geboren, Symbolfigur der Bürgerrechtsbewegung Nordirlands und ab 1969 jüngste Parlamentsabgeordnete im englischen Westminster. Sie studierte in Derry und setzte sich dort für schlichte Forderungen wie gleiches Wahlrecht für Katholiken ein. Nach dem Blutsonntag von Derry im Jahr 1972, als 14 unbewaffnete katholische Bürgerrechtler auf einer friedlichen Demonstration vom britischen Militär wahllos getötet wurden, ohrfeigte sie in aller Öffentlichkeit den britischen Innenminister. Ganz England war über den »unerträglichen Gewaltakt« empört – über die Ohrfeige wohlgemerkt.

Nordwestlich von Cookstown erstreckt sich das einsamste Gebiet Irlands, jenes Gebirge, in das sich in vorkeltischer Zeit die letzten Ureinwohner verkrochen, später dann die letzten gälischen Widerstandskämpfer aus den Clans der O'Neill und der O'Donnell, und man munkelt, daß dort auch heute noch die Gegner des englischen Imperiums Unterschlupf finden. Die **Sperrin Mountains** (S. 331) sind mit ihren Hochmooren und unerschlossenen Bergen von so abweisender Natur, daß Legenden leichtgläubig als wahr empfunden werden.

Eine der schönsten Strecken führt durch das **Glenelly Valley** 5, eine Talstraße, die den Südhang des Gebirges flankiert (zu erreichen über die B 162 von Cookstown Richtung Draperstown bis zu einer unscheinbaren Kreuzung, dort Richtung Plumbridge links abbiegen). Entlang dieser ausgebauten Straße ist die Ödnis überwältigend: Selbst Schafe, die ansonsten in den entlegensten Regionen Irlands anzutreffen sind, scheinen dieses Tal zu meiden. Um so überraschender ist das auf halber Strecke durch das Glenelly Valley gelegene Sperrin Heritage Centre. Da sich nur wenige Touristen dorthin verirren, empfiehlt es sich für stark beeindruckbare Personen, eine Begleitung mitzunehmen. Die Show (per Band auch in deutsch) beginnt mit einem Gang durch die Eiszeit, eine weißblau schimmernde Höhle, in der es eiseskalt ist. Es blitzt und donnert, bis die erste Vegetation Irlands erblüht (die Temperatur steigt). Höhepunkt ist das ›Banditenpub‹. In dieser suspekten Schmugglerhöhle erscheint durch dreidimensionale Projektion hinter dem Tresen einer der legendären Räuber der Region, der von den Geister- und Gangstergeschichten der Sperrin Mountains erzählt. Der Gruseleffekt ist so gut gemacht, daß man am liebsten fliehen möchte – aber fasziniert bleibt.

Im Ulster History Park

Richtig Reisen *Thema*

Irland und die Auswanderung – Der Ulster American Folk Park

Die Iren dürften eine der größten europäischen Bevölkerungsgruppen der Erde stellen: Rund 78 Millionen Menschen in der ganzen Welt haben irische Wurzeln, ein Erbe, das über Generationen gepflegt wurde. Auf der Mutterinsel selbst leben nur fünf Millionen Einwohner. Unzählige Iren haben in den vergangenen Jahrhunderten ihre Heimat verlassen. Not, Armut und politische Verfolgung zwangen sie dazu, und nicht immer konnten sie in der neuen Welt, meist in Amerika, aber auch in Australien und Neuseeland, ihr Glück machen.

Die Geschichte der Auswanderung aus Ulster nach Amerika – von den Lebensbedingungen in Irland, der mühsamen Reise über den Atlantik bis hin zur neuen Existenz in einer fremden Umgebung – wird im Ulster American Folk Park dargestellt. Die Ausstellung zeigt anhand von Dokumenten, szenischen Arrangements mit Wachsfiguren und authentischen Lebensgeschichten den Weg der Auswanderer, ihre Motive, ihren Werdegang und ihr Schicksal. Im Freilichtbereich wird die Theorie auf verblüffende Art in die Praxis umgesetzt. Originale Gebäude, von der armseligen Hütte einer hungernden Pächtersfamilie bis zu den reichen Bauernhäusern wohlhabender Presbyterianer, zeigen nicht nur anschaulich, wie die Menschen im 18. und 19. Jh. gelebt haben, sondern diese Häuser sind auch von realen Menschen belebt, die in jeweiliger Originaltracht von den historischen Bewohnern erzählen.

Der historische Weg führt weiter durch eine Kleinstadtstraße in Ulster, geht zum Hafen und schließlich auf ein Auswandererschiff, wo eindrucksvoll erzählt wird, wie die Passagiere die Reise, wenn überhaupt, überstanden haben. Schließlich betritt man die neue Welt in der amerikanischen Straße mit all ihrem Lärm und dem Elend, das die Ärmsten der Armen dort zunächst erwartete. Endpunkt der musealen Reise sind amerikanische Farmhäuser, mal klein und schäbig, mal von wachsendem Wohlstand zeugend. Viele der Auswanderer lebten auch in der neuen Welt unter harten Bedingungen. Manchmal jedoch sind sie bis an die Spitze ihrer neuen Heimat aufgestiegen. Allein 15 US-Präsidenten stammen von irischen Einwanderern ab, elf davon haben ihre Wurzeln in Ulster.

Geschichte der ganz anderen Art erlebt man an der Strecke von Plumbridge Richtung **Omagh** (S. 324). Dort konkurrieren gleich zwei Museen miteinander, der **Ulster American Folk Park** 6, wohl das großartigste Freilichtmuseum Irlands (s. oben), und der **Ulster History Park** 7. Während ersteres die

Geschichte der Provinz Ulster und der Auswanderung nach Amerika mit lebendigen Erzählungen und weitgehend ohne politisch-konfessionelle Prioritäten nachvollzieht, bemüht sich der History Park um eine recht konventionelle Geschichtsschreibung. Zwar werden auch dort die keltischen Siedlungsformen anschaulich nachempfunden, aber die properen Häuser der englischen Frühsiedler stehen im Vordergrund. Ihre Nachbauten wirken in dem Freizeitpark so ordentlich, wie die puritanisch-protestantische Ideologie es gern hätte. Die höhere Besucherzahl hat jedenfalls der Ulster American Folk Park.

Wasserparadies Lough Erne

Wer eine Schwäche dafür hat, stunden-, ja tagelang in einem Boot oder am grünen Ufer zu sitzen, die Angelrute stets im Blick, auch wenn der beim Warten oft ins Leere geht, ab und an nur sachdienliche Satzfragmente mit einem Angelgenossen zu wechseln – sofern einer in Flüsterweite ist – und keinen Gedanken daran zu verschwenden, was mit einem eventuellen Fang anzustellen ist, wird sein ganzes Glück am Lough Erne finden. Dank ihrer Lage in der abgelegensten Region Nordirlands an der Grenze des County Fermanagh ist die Seenplatte des Flusses Erne für Angler und Bootstouristen zwar kein Geheimtip mehr, aber ein Gebiet, in dem der internationale Massentourismus noch nicht Fuß gefaßt hat – außer im Mai, wenn das große Anglerfest stattfindet.

Die touristische Infrastruktur ist hervorragend ausgebaut: Es gibt ausreichend Hotels und preiswerte Bed & Breakfast-Pensionen, Marinas, Anglerspezialgeschäfte zuhauf und ein fröhlich-irisches Nachtleben mit Live-Musik in den Pubs der umliegenden Dörfer, solange die Sperrstunde es erlaubt. Daneben entdeckt man an jedem noch so einsamen Flecken soviele Zeugnisse der vor- und frühchristlichen Kultur Irlands, dazu überall Schlösser oder deren Ruinen, daß man selbst als jemand, der Fischen nur in der Bratpfanne etwas abgewinnen kann, auf seine Kosten kommt.

Der Fluß Erne, der im County Cavan entspringt und im County Donegal ins Meer mündet, verbreitert sich in Fermanagh über 80 km Länge zu zwei großen Seen. Der **Lower Lough Erne** mit seiner endlos wirkenden Fläche ist in eine sanfte Hügellandschaft eingebettet, umgeben von Schloßruinen, die in der Zeit der englischen Okkupation im 17. Jh. aus strategischen Gründen um den See herum errichtet wurden. Die strategische Bedeutung dieser Wasserstraße, ebenso wie die Abgeschiedenheit der Inseln im See wurde jedoch schon von den frühchristlichen Mönchen erkannt. Die bedeutendsten Relikte jener Zeit befinden sich auf **Devenish Island** an der Südspitze des Sees. Dort gründete der heilige Molaise im 6. Jh. eine Klosteranlage, die bis ins 17. Jh. zu den wichtigen religiösen Stätten Irlands gehörte. Nur noch Ruinen sind vorhanden, aber der Rundturm ist vollständig erhalten. Der **Upper Lough Erne** hingegen wirkt wie ein Flickenteppich aus Wasser und Land, mit verwirrenden Seeausläufern und Hunderten von Inselchen, eine Wasserlandschaft, für die man als Bootsfahrer schon eine sehr gute Karte braucht, um sich nicht zu verlieren.

Im County Fermanagh, überwiegend katholisch-republikanisch, spürt man von den *Troubles* Nordirlands nicht allzuviel. Schon seit Jahren gibt es dort einige Ansätze für *Cross Community*

Lough Erne

Work, eine konfessions- und ideologieübergreifende Zusammenarbeit – was besonders bemerkenswert ist, da die *Sinn Féin* in diesem Wahlkreis 1981 einen Kandidaten für das englische Parlament aufstellte, der mit großer Mehrheit gewählt wurde, aber nie seinen Parlamentssitz einnehmen konnte: Bobby Sands aus Belfast befand sich im Gefängnis von Long Kesh im Hungerstreik und starb nach 66 Tagen.

Enniskillen *(Inis Ceithleann)* 8 (S. 305) ist das Zentrum des Seengebiets, auf einer Insel zwischen Upper und Lower Lough Erne gelegen, aber durch so viele Straßenbrücken mit dem Festland verbunden, daß das Inseldasein gar nicht mehr auffällt. Daß es der bevorzugte Anlaufpunkt der Angler ist, wird schon an den zahlreichen Spezialgeschäften für Angelzubehör ersichtlich. Darüber hinaus verfügt die kleine Stadt

Richtig Reisen
Tip

Das Höhlenwunder von Marble Arch

Einer der ersten, der sich in das weitverzweigte Höhlensystem der Marble Arch Cave wagte, war ein Gast von Lord Belmore aus Castle Coole: Der französische Revolutionsflüchtling Chevalier de Latacnaye wollte 1796 die Höhle erkunden. Nachdem seine Kerze durch einen Luftzug verlosch, blieb er für immer verschollen.

Heute ist diese unterirdische Welt elektrisch beleuchtet, wenn auch noch immer nicht bis in den letzten Winkel erforscht. Den Besuchern ist nur ein kleiner Teil des ausgedehnten Höhlensystems zugänglich, das sich in der Kalklandschaft nördlich der Cuilcagh Mountains erstreckt. Der dramatische Effekt, den das farbige Licht dabei erweckt, ist keineswegs der Erbauung der Freizeithöhlenforscher geschuldet, sondern der Ökologie. Weißes Licht würde das sensible Gleichgewicht dieser Unterwelt zerstören, da es die Photosynthese begünstigt, durch die das Wachstum von Moosen gefördert wird. Der visuelle Effekt ist nichtsdestotrotz außerordentlich beeindruckend.

Der erste Abschnitt geht per Kahn über einen unterirdischen Fluß, der Rest ist zu Fuß zu bewältigen, sofern die Wege durch heftige Regenfälle nicht überflutet sind. Rutschfeste Schuhe sind auf jeden Fall notwendig. Unter der sachkundigen Führung der rund anderthalbstündigen Tour besteht jedoch keine Gefahr, verloren zu gehen oder sich zu verirren. Dennoch sollte man sich in dem feuchten Gewirr der unterirdischen Gänge und Verzweigungen mit den beeindruckenden Formationen immer dicht an die Gruppe halten. Das Skelett des abenteuerlustigen Chevalier wurde übrigens bis heute nicht gefunden.

mit den vielen Pubs entlang der Hauptstraße auch über eine Bühne, das Ardhowen Theatre, in dem während der Saison Unterhaltung von Konzerten bis zu Filmvorführungen geboten wird, sowie über ein Schloß, Enniskillen Castle, in dem ein Heimat- und ein Militärmuseum untergebracht sind. Das Schloß wurde ursprünglich von den irischen Lokalherrschern der Maguires errichtet und ging 1607 in den Besitz von William Cole über, der von Königs Gnaden zum englischen Landlord der Region ernannt wurde. Nachdem sich die Coles einen repräsentativeren Sitz errichtet hatten, diente das festungsartige Bauwerk bis ins 18. Jh. als Garnison.

Irische Traditionen der Handwerkskunst wurden durch die Restaurierung des Buttermarket wieder ins Leben gerufen. Das alte Marktgelände, um 1830 als Handelsplatz für Butter, Getreide, Flachs und Kartoffeln errichtet, birgt nun das Enniskillen Craft & Design Centre mit kleinen Kunsthandwerksläden, einem Souvenirshop und einem Restaurant.

Das Ostufer des Lower Lough Erne ist gesäumt von Streudörfern und Marinas. Die größte Anlage ist der **Castle Archdale Country Park** 9, ein Freizeit- und Hotelgelände, das sich um das alte Schloß gruppiert, dessen spärliche Ruinen wenig interessant sind. Über **Boa Island,** eine langgestreckte, stille Insel am oberen Ende des Lower Lough Erne, die über Brücken mit dem Festland verbunden ist, geht es nach **Belleek** 10 (S. 286). Die Checkpoints in diesem scheinbar bedeutungslosen Grenzdorf sind exemplarisch für die Grenze zwischen Nordirland und der Republik und wirken in dieser vermeintlich friedlichen Gegend recht befremdlich. Auf der einsamen Landstraße ragen unvermutet in eine Richtung gebogene Nägel aus den Bodenwellen, die die Autofahrt nicht nur verlangsamen, sondern auch jeglichen Wendeversuch verhindern – eine Maßnahme gegen eventuelle IRA-Angriffe.

Die allirische Attraktion Belleeks liegt noch auf nordirischem Gebiet, die Belleek Pottery, eine Porzellanmanufaktur, die seit 1857 ihre Produkte zum Exportschlager zumindest für den amerikanischen Markt entwickelt hat. Die Töpfer- und Porzellanwaren sind zwar teilweise recht hübsch anzusehen, aber in der Regel mit ihren Röschen und Schnörkeln doch hart an der Grenze des Kitsches und zudem ziemlich kostspielig. Die Führung durch die Fabrik und ein Gang durch das Porzellanmuseum sind dennoch interessant.

Die weitreichendste Aussicht über den See bis nach Donegal hat man von den **Cliffs of Magho** 11, einer Felswand, die wie hingeklotzt wirkt in der weichen Landschaft und steil zur Küstenstraße abfällt.

Zwei Schlösser in der Umgebung Enniskillens gehören zu den historischen Attraktionen rund um den Lough Erne: Florence Court und Castle Coole, beide auch gern von ergebenen Anglergattinnen, die die Mehrzahl der Schloßbesucher bilden, spöttisch als ›Damenprogramm‹ bezeichnet.

Das Rokoko-verzierte **Florence Court** 12 ist seit dem 18. Jh. Sitz der Earls of Enniskillen, Nachfahren des elisabethanischen Abenteurers William Cole aus Devonshire in England. Originale Einrichtungsgegenstände sind kaum noch vorhanden, da der letzte Earl alles Interieur mitnahm, als er nach Kenia übersiedelte und das Haus dem National Trust, einer halbprivaten Denkmalschutzinstitution überließ. Erhalten blieben u. a. einige Stücke aus der Königlich-Preußischen Porzellanmanufaktur in Berlin.

Castle Coole

Castle Coole 13 hingegen, am südöstlichen Stadtrand von Enniskillen gelegen, ist eines der eindrucksvollsten Herrenhäuser Irlands, da die vollkommen symmetrische Harmonie des Klassizismus (das Bauwerk wurde 1798 vollendet) dort bis zur Karikatur auf die Spitze getrieben wurde. Weder die Architektur noch die überaus kostbare Ausstattung vermitteln die Wärme eines bewohnten Hauses, obwohl der derzeitige Earl of Belmore noch immer dort residiert. Allerdings ist er wegen der Restaurierungsarbeiten bis auf weiteres ins Pförtnerhaus gezogen, wo er sich überdies von den Touristen in seinem Privatleben erheblich beeinträchtigt fühlt.

Der repräsentativste Raum ist das königliche Prunkgemach, das vom Hausherrn zu Beginn des 19. Jh. für den Besuch des Königs Georg IV. aufwendig ausgestattet wurde. Der lebenslustige Hannoveraner auf dem englischen Thron verliebte sich unterwegs im Schloß von Slane bei Dublin in eine schöne Lady und verzichtete auf die Weiterreise.

Eine bahnbrechende Erfindung, die bald ihren weltweiten Siegeszug antrat, geht auf den Schwiegersohn eines der Earls aus dem 19. Jh. zurück: Der leidenschaftliche Spieler mochte sich keine Zeit nehmen, seine Karten für die Mahlzeiten aus der Hand zu legen. Um am Kartentisch seinen Braten essen zu können, ohne sich die Finger schmutzig zu machen, klappte er zwei Brotscheiben um das fettige Stück Fleisch. Der Mann hieß Lord Sandwich.

Derry – »The Town I Loved so Well«

■ (S. 295f.) Die Stadt, die der Komponist Phil Coulter aus Derry in einer Ballade besungen hat, wurde »in die Knie gezwungen durch Panzerwagen, Soldaten, Bomben und Stacheldraht«. Das Lied entstand zur Zeit des Bürgerkriegs, in dem Derry eine entscheidende Rolle gespielt hatte. Noch 1980 waren rund 30 % der Innenstadt ausgebombt oder völlig heruntergekommen. Mittlerweile jedoch hat sich die sechstgrößte Stadt Irlands und zweitgrößte des Nordens wie Phoenix aus der Asche erhoben und ist zu einem Schmuckkästchen geworden, das sich seinen neuen Glanz nicht mehr nehmen läßt, trotz der alljährlichen Auseinandersetzungen um den 12. August, wenn die Loyalisten gegen den Widerstand der Bewohner durch katholische Viertel marschieren wollen.

Derry entstand im 6. Jh. durch eine Klostergründung des heiligen Colmcille. Der Name *Doire,* anglisiert Derry, bedeutet soviel wie Eichenwald. 1609, mehr als 1000 Jahre später, übereignete der englische König die Stadt einer Londoner Handelsgesellschaft, die 1613 bis 1618 die Stadtmauer bauen ließ und die Innenstadt neu gestaltete. Zu Ehren der englischen Hauptstadt benannten sie das altehrwürdige Derry in Londonderry um. 1984 wurde es vom Stadtrat wieder offiziell in Derry zurückbenannt, was die englische Regierung nur eingeschränkt und die eingefleischten Loyalisten überhaupt nicht akzeptieren.

Das Ereignis, das jedes Jahr um den 12. August in Derry mit viel Provokation und Tschingderassabum von den *Apprentice Boys,* einer Vereinigung, die ähnlich wie der *Orange Order* zu den militanten Protestanten gehört, gefeiert wird, geht auf die eigenmächtige Aktion von dreizehn Lehrbuben *(Apprentice Boys)* zurück. Im englischen Thronstreit zwischen dem katholischen Jakob II. und dem protestantischen Wilhelm von Oranien marschierten 1688 katholische Truppen auf Derry zu. Aufgrund von Gerüchten, daß sie massakriert werden sollten, flüchteten über 30 000 Protestanten in die ummauerte Stadt. Führende Bürger Derrys wollten mit Jakob II. über eine friedliche Lösung verhandeln, doch die 13 Lehrjungen stahlen die Schlüssel eines bereits geöffneten Tores und verschlossen es. Die Belagerung Derrys durch die Armee Jakobs II. zog sich noch bis in den folgenden Sommer hin, bis sie dann schließlich erfolglos abgebrochen wurde.

Mittlerweile haben die Katholiken Derry jedoch zurückerobert. Seit 1971 sank der Anteil der Protestanten um 31 %, während der der Katholiken um 36 % anstieg. Das Verhältnis beträgt nun 30 zu 70 (Katholiken). Bis auf eine kleine Enklave, das Fountain Viertel, ist das gesamte Westufer einschließlich der Altstadt mehrheitlich katholisch geprägt, während sich die Protestanten hauptsächlich auf dem Ostufer, im Stadtteil Waterside, niedergelassen haben.

Derry kann man guten Gewissens atmosphärisch und architektonisch als die irischste Stadt der Insel bezeichnen; jedenfalls gehört sie neben Galway zu den schönsten Städten Irlands. Die kleine Altstadt, die als einzige in diesem Teil Europas noch von einer vollständigen und intakten Mauer umgeben ist, liegt malerisch auf einem Hügel an der Mündung des Flusses Foyle. Pubs, Restaurants, Läden, Museen, renovierte geor-

gianische Häuser und mittelalterlich anmutende Neubauten lassen kaum noch ahnen, daß Derry durch den Bürgerkrieg nahezu dem Untergang geweiht war. Vor allem zwei Ereignisse in der jüngeren Geschichte haben die Stadt zum Brennpunkt des Bürgerkriegs gemacht, in dessen Folge sie zur stacheldrahtumwehrten Festung und zum Trümmerfeld wurde: Der *Battle of the Bogside* im August 1969, als die *Apprentice Boys* marschierten, sich die Bewohner der Bogside zwei Tage lang verbarrikadierten und sich eine erbitterte Schlacht mit der bewaffneten Polizei lieferten, sowie der *Bloody Sunday* im Januar 1972, bei der die britische Armee wahllos auf Demonstranten schoß und dabei 14 Menschen tötete – beides traumatische und den Bürgerkrieg entscheidende Vorkommnisse, die Derry auch für die Katholiken zum Symbol gemacht haben.

Der Wiederaufbau und vor allem die Wiederbelebung in den letzten Jahren sind in der Hauptsache dem Engagement zweier Männer aus Derry zu verdanken: John Hume, der ehemalige Vorsitzende der gemäßigt republikanischen SDLP und Friedensnobelpreisträger, und Paddy Doherty, ein hemdsärmliger Unternehmer, der im katholischen Viertel Bogside aufwuchs. Hume setzte sich nicht nur auf politischem Wege für seine Stadt ein, sondern vor allem im wirtschaftlichen Bereich. Gern wird kolportiert, daß er in irischen Pubs in den USA so manchen amerikanischen Investor mit reichlich Whiskey davon überzeugt habe, daß Derry ein lohnender Standort sei. Ob Legendenbildung oder nicht, der Erfolg ist ersichtlich. Mehrere ausländische Hightech-Firmen haben sich in der Umgebung angesiedelt. Auch die Textilindustrie, für die Derry immer schon berühmt war – jeder Gentleman legte dereinst Wert darauf, Leinenhemden aus Derry zu tragen –, erfuhr eine Wiederbelebung. Das Unternehmen *Fruit of the Loom* kaufte eine alte, einheimische Firma auf und versorgt die Modewelt mit T-Shirts.

Die beeindruckendste Kraftanstrengung zum Wiederaufbau Derrys lieferte jedoch der Bauunternehmer Paddy Doherty, der mit weiteren unternehmungslustigen Mitstreitern, einschließlich des katholischen und des protestantischen Bischofs, 1981 den *Inner City Trust* gründete, dessen Ziel die Schaffung einer lebenswerten Altstadt ist. Auf das Konto dieses Trusts geht nicht nur die Restaurierung zahlreicher alter Gebäude, sondern auch die Schaffung von kulturellen Einrichtungen. 1992 wurden das Craft Village, in dem Läden und Restaurants ein Stück idealisiertes irisches Lebensgefühl vermitteln, und das Tower Museum eröffnet, das die Geschichte Derrys unter Berücksichtigung beider Sichtweisen, der loyalistischen und der republikanischen, zeigt. Im gleichen Jahr fand auch erstmals seit Ausbruch des Bürgerkriegs wieder das traditionelle Kunstfestival statt. Der größte Erfolg dürfte jedoch die Instandsetzung

Derry *1 Guildhall 2 Tower Museum 3 Craft Village 4 Oakgrove Manor 5 Fifth Dimension 6 St. Columb's Cathedral*

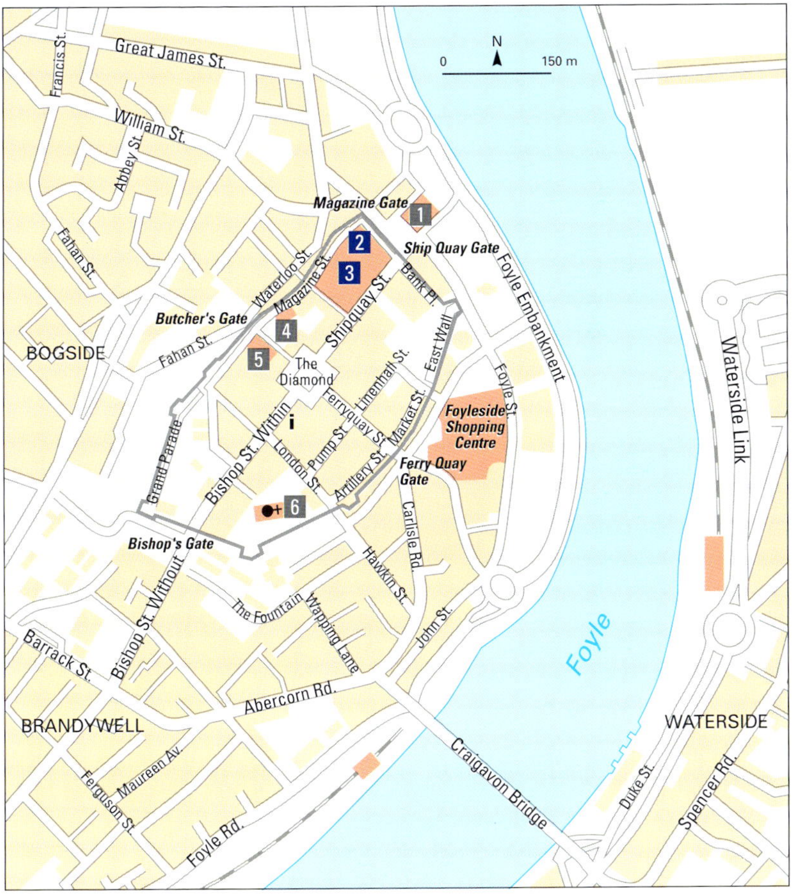

Seamus Heaney – Der Gräber im Sprachmoor

Einer von uns« jubelte die Irish Times, als Seamus Heaney nach William Butler Yeats, George Bernard Shaw und Samuel Beckett 1995 den vierten Nobelpreis für Literatur nach Irland holte. Einer von uns, das soll heißen, daß Heaney anders als seine Vorgänger aus kleinen und vor allem katholischen Verhältnissen stammt, wo – wie er selbst behauptete – bestenfalls die Todesanzeigen und die Viehauktionsberichte gelesen wurden.

Heaney gehört zu den meistgelesenen Dichtern der englischsprachigen Welt. Seine Gedichtbände verkaufen sich wie Bestseller, und wenn der Poet öffentlich liest, kann man sicher sein, daß die Veranstaltung ausverkauft ist. Sein Erfolg beruht nicht allein auf seinen Gedichten, sondern auch auf seiner Persönlichkeit, die lebhaft und stets auf Kommunikation mit dem Publikum bedacht ist. Hinzu kommt, und auch das findet man bei Lyrikern selten, daß er sich nicht allzu wichtig nimmt. Heaney hat nicht seine Kindheit, wohl aber seine Kindheitserinnerungen in seine Gedichte einfließen lassen. Die frühen Werke, und ansatzweise auch seine späteren, riechen nach Torfmoor und frisch gezogenen Kartoffeln, nach harter Arbeit und regennassen Wiesen.

Geboren wurde Heaney 1939 als ältestes von neun Kindern bei Castledawson im County Derry, später zog seine Familie ins benachbarte Bellaghy. Er ging in Derry zur Schule (»grauenhafte Jahre«) und studierte anschließend an

der alten Stadtmauer sein, die in den Jahren des Bürgerkriegs durch Wachtürme und Stacheldraht versperrt war. 1995 wurde sie mit Tafeln zu historischen Ereignissen, den alten Kanonen des 16. und 17. Jh. und Sitzbänken bestückt und als schönster Spazierweg um die Stadt herum der Öffentlichkeit übergeben.

Stadtrundgang

Die historische Stadtmauer, die die Altstadt umschließt, ist acht Meter hoch, neun Meter stark und 1,5 km lang. An dieser Länge oder eigentlich Kürze kann man bereits ermessen, wie vergleichsweise klein das alte Zentrum ist. Vier Straßen, die jeweils von einem der ursprünglichen Stadttore abgehen, münden auf den zentralen Platz, den Diamond. Weitere Stadttore wurden erst sehr viel später durch die Mauer gebrochen.

Vor dem nördlichen Stadttor, dem Ship Quay Gate wurde 1890 mit Blick auf den River Foyle die **Guildhall** 1 erbaut, ein backsteinernes Repräsentationsgebäude, das einst der Sitz der *Londonderry Corporation* war, einer

der Queen's University in Belfast. Als Sohn einer katholischen Farmerfamilie in Nordirland war ihm die Diskriminierung durch Protestanten nicht fremd. Auch das Dilemma, in das jeder katholisch-republikanische Dichter in Nordirland in jener Zeit geriet, prägte ihn: Entweder man war zu politisch oder nicht politisch genug. In der Gedichtsammlung ›North‹ von 1975 thematisierte er diesen Zwiespalt: *»I am neither internee nor informer; / An inner emigré grown longhaired / and thoughtful; a wood kerne / Escaped from the massacre.«* (Ich bin weder Gefangener noch Informant. Nur ein innerer Emigrant, zum Idealisten geworden und nachdenklich; ein Fußsoldat, der dem Massaker entrann). Dieses Gedicht schrieb er im ›Exil‹, nachdem er 1972 zunächst ins County Wicklow und dann nach Dublin gezogen war. Loyalistische Paramilitärs hatten ihn und seine Familie in Belfast nach einem Fernsehauftritt bedroht.

In die selbstbezogen nationalistische Sache, dieses »Klein-Irland-Zeugs«, ließ sich Heaney jedoch nie involvieren, auch wenn seine Gedichte, die wegen ihrer »lyrischen Schönheit und ethischen Tiefe« preisgekrönt wurden, manchmal anderes vermuten lassen. So wehrte er sich vehement, als eine britische Anthologie ihn, den Nordiren, als englischen Poeten aufnahm. Er schrieb dem Herausgeber einen offenen Brief in Versform: *»My passport's green. / No glass of ours was ever raised / To toast the Queen.«* (Mein Paß ist grün, kein Glas erhob ich je zum Wohl der Queen).

In Bellaghy, dem Wohnsitz seiner Familie nordwestlich des Lough Neagh, wo flaches Farmland den Torfmooren abgetrotzt ist und sein Bruder noch immer die elterliche Farm bewirtschaftet, gab es bis zur Nobelpreisverleihung kein Buch des Dichters in den Läden zu kaufen. Mittlerweile wurde dem ›großen Sohn‹ in einem Bauernmuseum in einem Haus aus dem 17. Jh. ein Zimmer zugestanden, in dem sein Leben und Werk gewürdigt werden. – Es heißt, daß die Entscheidung des Nobelpreiskomitees neben der literarischen Würdigung im hoffnungsvollen Friedensjahr 1995 auch eine politische war.

Vereinigung, die die Diskriminierung der Katholiken Derrys bei der Wohnungsvergabe und der Jobsuche zu verantworten hatte. 1972 ging dort zweimal eine Bombe der IRA hoch. Das Gebäude ist heute Sitz des Stadtrates, in den 1985 einer der Bombenleger nach Verbüßung seiner Haftstrafe gewählt wurde.

Eines der neuen Tore ist das **Magazine Gate,** hinter dem sich vor langer Zeit das Schloß der O'Dohertys befand, der irischen Clanchefs der Region. Paddy Doherty, dem Namen nach ein Abkömmling dieses Clans, baute dort den mittelalterlichen Turm nach, der das **Tower Museum** 2 beherbergt. Die Ausstellung ist hervorragend gestaltet, einschließlich der Vorführung eines Films mit dokumentarischen Aufnahmen über den Bürgerkrieg. Über das Museum erreicht man auch das **Craft Village** 3 mit seinen vielen Kunsthandwerksläden, Restaurants und Cafés, das trotz Neubau so authentisch alt wirkt, als hätte es bereits seit dem Mittelalter existiert.

Blickt man vom **Butcher's Gate** aus stadteinwärts, erstreckt sich zur Linken das **Oakgrove Manor** 4, ein alter Häuserkomplex, der zu einer Jugendherberge umgebaut wurde. Gegenüber befindet sich die jüngste Errungenschaft Derrys, das Museum **Fifth Dimension** 5, das sich hauptsächlich der Geschichte der Kelten widmet.

Stadtauswärts kommt wieder die aktuellere Geschichte in Sicht: *»You are now entering free Derry«* ist auf einer einsamen Giebelwand inmitten einer mehrspurigen Durchgangsstraße zu lesen – hier beginnt das freie Derry. Das katholische Viertel **Bogside**, Schauplatz der schlimmsten Schlachten während des Bürgerkriegs, beginnt zu Füßen dieses Teils der Mauer. Das einst slumartige Viertel ist in den vergangenen Jahren weitgehend neu gebaut worden, mit großzügigeren Straßen und lichteren Wohnungen. Einziges Relikt der Vergangenheit ist diese Giebelwand an der Stelle, wo die Barrikaden gegen loyalistische Marodeure und britische Soldaten standen, denen der Zugang in das ›autonome Gebiet‹ verwehrt wurde. Auch die neuen Häuserwände sind mit Wandmalereien geschmückt, die an die Schlacht in der Bogside erinnern. In dieser Gegend fand 1972 jene Demonstration statt, die als *Bloody Sunday* in die Geschichte einging. Das Denkmal für dieses Ereignis findet man vom Butcher's Gate aus schräg blickend nach rechts an der Straße.

Das Tor am südlichen Ende der Mauer, das **Bishop's Gate,** war in den Zeiten der *Troubles* geschlossen und zudem eine einzige Festung. Es bildete den Übergang von den katholischen Vierteln Brandywell, Bogside und Creggan zur damals noch hauptsächlich protestantischen Innenstadt. Heute kann man es ungehindert passieren. Ein letzter Rest an Sperrung ist auf der Mauer noch vorhanden. Dort, wo man bereits die **St. Columb's Cathedral** 6 erblickt, die 1628 erbaut wurde und zur

Church of Ireland gehört, ist die Mauer unpassierbar. Eine Beobachtungsstation mit Videokameras zeichnet jeden Spaziergänger auf. Zu Füßen dieser abgeschirmten Festung befindet sich die letzte protestantische Enklave auf der Westseite Derrys, das Fountain-Viertel, ein heruntergekommener Arbeiterbe-

zirk, in dem Ängste vor »katholischer Vereinnahmung« und somit auch einige Militanz blühen.

Das letzte der alten Stadttore ist das Ferry Quay Gate, das von den *Apprentice Boys* im 17. Jh. verschlossen wurde, eine Szene, die im Tower Museum recht lebensnah nachgestellt ist. Daß es in absehbarer Zeit nicht mehr versperrt wird, dafür werden schon die Geschäftsleute und Investoren der Stadt sorgen: Vor dem Tor lockt das neue Foyleside Shopping Centre die Menschen an, ein Gebäudekomplex voller eleganter Läden internationaler Firmen und optimistischerweise mit viel Glas errichtet.

Die Küste von Derry und Antrim

Schlösser und Riesen: Die Causeway Coast

Ein Besuch der Küste von Derry und Antrim mit dem ›Damm der Riesen‹, dramatischen Schloßruinen und lebhaften Badeorten gehört zu den Höhepunkten einer Reise durch Nordirland. Entlang der A 2 von Derry nach Belfast reiht sich eine Attraktion an die andere, von der Schönheit der Landschaft ganz zu schweigen.

Eine der skurrilsten Attraktionen ist einem protestantischen Bischof von Derry, Frederick Hervey (1730–1803), 4. Earl of Bristol, zu verdanken. Er ließ sich im Jahr 1775 ein protziges Schloß bauen, **Downhill Castle** 1, mit dem er ehrgeizige Pläne hegte. Der weitgereiste Mann, der sämtliche Berühmtheiten Eu-

Mussenden Temple

ropas besuchte – einschließlich Voltaire und Goethe – pflegte kurzzeitig ein Verhältnis mit der Gräfin Lichtenau, der lebenslangen Mätresse des preußischen Königs Friedrich Wilhelm II. Der Bischof wollte seinen Sohn Frederick mit der Tochter der Gräfin und des Königs verheiraten – er sah sich schon als Verwandter des preußischen Königshauses. Das Schloß sollte der Verbindung einen standesgemäßen Rahmen bieten. Leider wurde nichts daraus. Nachhaltiger Ruhm wurde dem ehrgeizigen Mann dennoch zuteil. Eine Hotelkette benannte sich nach dem Grafentitel des Bischofs, Bristol, und baute überall dort, wo dieser sich angeblich einmal aufhielt, ein Hotel.

Von dem bischöflichen Schloß sind nur noch die Außenmauern übrig. Nach dem Verkauf an die britische Luftwaffe RAF im Jahr 1946, die es schon während des Zweiten Weltkriegs als Unterkunft benutzte, wurde das Bauwerk sukzessive ausgeschlachtet. Nachdem auch das Dach entfernt worden war, blieb es dem Verfall überlassen. Heute liegt es pittoresk und mit Meerblick auf einer grünen Wiese, auf der Schafe erschreckt davonstieben, wenn sich Besucher nähern.

Der holden Weiblichkeit war der verheiratete Kirchenmann stets zugetan. So entstand auch das einzige vollständig erhaltene Gebäude auf dem Gelände des Schlosses von Downhill zu Ehren einer jungen Frau, seiner Cousine Mrs. Mussenden. Die unbotmäßig enge Beziehung der beiden löste einen handfesten Skandal aus. Nach ihrem frühen Tod im Jahr 1783 ließ der Bischof tief betrübt den **Mussenden Temple** bauen, ein reizendes Kleinod im Stil des Vesta-Tempels von Tivoli, das gefährlich nahe an der Klippe steht.

In dem ursprünglich als Bibliothek geplanten Tempelchen sollen sich 1798 die aufständischen *United Irishmen* zu Geheimgesprächen getroffen haben – was eher unwahrscheinlich ist, denn der Bischof hatte trotz aller Weltoffenheit für diese »verdammten Republikaner« nicht viel übrig. Seine Toleranz den Katholiken gegenüber blieb jedoch unerschütterlich. Der katholischen Gemeinde Derrys gestattete er zu Zeiten, als der Katholizismus in Irland verboten war, sonntags in der Krypta des Tempels eine Messe abzuhalten. Dem Priester ließ er sogar eine jährliche Summe zukommen und jeden Sonntag ein üppiges Frühstück servieren. Seit 1981 wird diese Tradition wieder gepflegt: An jedem Ostersonntag findet vor dem Tempel ein katholischer Gottesdienst statt. Während der Sommermonate bildet er die malerische Kulisse für klassische Konzerte und Dichterlesungen.

Portstewart 2 (S. 326), noch im County Derry gelegen und einer der beiden großen Badeorte an dieser Küste, hält sich traditionell für etwas vornehmer als das benachbarte **Portrush** 3 (S. 325) im County Antrim, was mittlerweile aber kaum noch berechtigt ist. Beide sind in erster Linie von hübschen viktorianischen Häusern geprägt, die größtenteils als Bed & Breakfast-Pensionen dienen. Beide bieten ihren Gästen ein extensives Nachtleben mit Spielhallen, Bars und Pubs. Portstewart zeichnet sich höchstens noch durch ein paar gehobene Restaurants und die lange Promenade aus. Dafür geht es in Portrush familiärer zu. Im Dunluce Centre, einem

Die Küste von Derry und Antrim

Portrush

riesigen Vergnügungskomplex, werden die Kids mit Virtual Reality-Spielchen unterhalten.

Mit dem historischen **Dunluce Castle** 4, der malerischsten Schloßruine Irlands, hat dieses Vergnügungszentrum nur den Namen gemein. Die erste Festung aus dem 13. Jh. errichtete der Normanne Richard de Burgh auf einem steilen Basaltfelsen. Für den weiteren Ausbau sorgte Sorley Boy MacDonnell (anglisiert aus *Somhairle Buidhe,* der blondhaarige Sommerkrieger) aus dem schottischen Clan der MacDonalds, der im 16. Jh. durch Eroberungszüge und Einheirat in den irischen Clan der O'Neills in den Besitz der Burg und des umliegenden Landes gelangte. 1639 kam es zu der großen Katastrophe, die dem Schloß heute sein gefährlich romantisches Aussehen verlieh: Ein heftiger Sturm brachte den gesamten Küchentrakt, der zum Meer hin lag, zum Einsturz. Zahllose Bedienstete stürzten mit in die Tiefe, und mit ihnen das gerade zubereitete aufwendige Abendessen der Herrschaften. Die MacDonnells verließen daraufhin die Burg und zogen sich auf ihr Schloß nach Glenarm zurück, wo ihre Nachfahren als Earls of Antrim noch heute leben.

Für Freunde hochprozentiger Genüsse liegt das wahre Mekka in **Bushmills** 5 (S. 288f.), das tatsächlich ein Ort ist und nicht nur eine Whiskeymarke. Dort verbreitet die älteste Whiskeydestillerie der Welt ihren Malzduft, die seit 1608 legal (ohne Lizenz wurde dort schon seit Jahrhunderten Whiskey gebrannt) das flüssige Gold herstellt. Es gibt für Besucher Touren durch die Fabrik, was allerdings mit reichlich Lärm, Hitze und Gestank verbunden ist. Dafür kann man sich zum Schluß der Tour in der hauseigenen Bar kostenlos mit dem Getränk erfrischen, wobei alle drei Marken der Destillerie zur Auswahl stehen: der scharfe Single Malt, der klassische Bushmills und der süffige Blackbush.

Wenige Kilometer nach Verlassen des Whiskeyparadieses zweigt eine kleine Straße zur Hauptattraktion der Cause-

Whiskey – ein goldenes Labsal

In Maßen genossen, beschreibt ein Chronist im 16. Jh. den irischen Whiskey, »vertreibt er den Schnupfen, klärt den Geist und beflügelt die Sinne, heilt Wassersucht, löst Nierensteine, beseitigt Harngrieß und läßt Verdauungsstörungen verpuffen, bewahrt und schützt die Augen vorm Brennen, die Zunge vorm Lispeln, die Zähne vorm Klappern, die Kehle vorm Kratzen, die Luftröhre vor Verhärtung, den Magen vor Krämpfen, das Herz vor Schwellung, den Bauch vor Blähung, die Därme vorm Rumpeln, die Hände vorm Zittern, die Sehnen vor Schrumpfung, die Venen vor Verkalkung, die Knochen vor Schmerzen, das Mark vor Schwund.«

Whiskey ist ein Lebenselixier, dessen Erfindung eine gottgefällige Tat gewesen sein muß. Schließlich waren es fromme irische Mönche, die bereits im 6. Jh. dieses heilsame Wunderwerk brannten, vermutlich zunächst zur äußeren Anwendung, aber die inneren Wohltaten dürften nicht lange verborgen geblieben sein. *Uisce Beatha* nannten sie das belebende Gebräu, Lebenswasser, was erst sehr viel später verkürzt und anglisiert zu Whiskey wurde. Die Schotten mögen mittlerweile vielleicht profitabler produzieren, aber der bessere Whiskey, da läßt kein Ire mit sich diskutieren, stammt aus Irland. »Die Schotten üben noch«, heißt es lapidar.

Nur drei Grundbestandteile sind notwendig, um das samtig goldene Getränk herzustellen: Gerste, Hefe und Wasser. Anders als der schottische oder auch amerikanische Whisky – ohne *e* geschrieben – wird in Irland die gemalzte Gerste nicht über Torfrauch ge-

trocknet, sondern über geschlossenen Feuern. Zudem wird die Maische auf traditionelle Weise dreimal gebrannt und das Destillat mindestens fünf Jahre, meist aber zehn bis zwölf Jahre, in alten Eichenfässern gelagert, was dem irischen Whiskey seine besondere Milde verleiht.

Von den Hunderten von Whiskeysorten, die es bis Anfang des 20. Jh. gab, sind nur noch wenige übriggeblieben. 1966 schlossen sich die übriggebliebenen Brennereien zur *Irish Distillers Group* zusammen, um sich mit geeinten Kräften wieder einen Anteil am Weltmarkt zu sichern. Seit 1989 gehört die Firma dem französischen Unternehmen Pernod-Ricard.

In Irland gibt es traditionell, aber illegal, auch Marken, die nur Eingeweihte kosten können, nämlich *Poitín*, schwarzgebrannten Whiskey. Die Tradition des Schwarzbrennens ist so alt wie die Steuerpolitik der früheren englischen und heute der irischen Regierung. Als Tourist kommt man naturgemäß kaum in den Genuß von *Poitín*, und Geheimtips verbieten sich in diesem Fall von selbst.

Whiskey trinkt man handwarm und pur oder bestenfalls mit einem winzigen Schuß Wasser. Das berühmteste und außerhalb Irlands beliebteste Whiskeymixgetränk ist der *Irish Coffee*, brühend heißer Kaffee mit einem Schuß Whiskey, etwas braunem Zucker und einer Decke aus halbgeschlagener Sahne, die man auf keinen Fall verrühren darf. An kalten und feuchten Tagen ist der *Hot Whiskey* ein wahrer Segen, der ganz im Sinne der Gesundheit getrunken wird: Whiskey, heißes Wasser, Zucker, Nelken, je nach Geschmack ein Schuß Zitrone und eine Prise Zimt. Wenn das auch nichts mehr hilft, dann sorgen ein weiterer *Hot Whiskey* oder auch zwei auf jeden Fall für das seelische Wohlbefinden – ein frommer Wunsch tut es manchmal auch: »Auf Gesundheit und ein langes Leben, pachtfreies Land, die Frau/den Mann deiner Träume, ein Kind in jedem Jahr – und mögest du eine halbe Stunde, bevor der Teufel merkt, daß du tot bist, im Himmel sein!«

Für besondere Kunden wird der Whiskey auf Bestellung in eigenen Fässern gelagert

way Coast ab, zum **Giant's Causeway** 6 (S. 308), dem ›Damm des Riesen‹. Die einzigartige geologische Formation wurde zum Weltkulturerbe erklärt. Vor etwa 60 Mio. Jahren gab es von Grönland über Island und Irland bis nach Westschottland gewaltige vulkanische Aktivitäten. Im Gebiet der Antrim-Hochebene fanden jedoch keine heftigen Eruptionen statt, sondern die Lava drang durch Spalten und Schlote an die Erdoberfläche, wo sie zu hartem Basalt erstarrte. Durch das Zusammenziehen der Lava bei der Abkühlung entstanden polygone Gebilde, mehreckige Säulen, die wie Pflastersteine aneinandergefügt sind. Am Giant's Causeway wurden rund 37 000 dieser Säulen gezählt. Die vulkanische Basaltküste besteht jedoch nicht nur aus dem Giant's Causeway, der sich von den Hügeln bis ins Meer ergießt, sondern erstreckt sich mit den unterschiedlichsten Formationen über mehrere Kilometer bis zum Dunseverick Castle, eine Wanderung, die etwa drei Stunden dauert, manchmal recht abenteuerlich und hart am Abgrund nicht ungefährlich ist.

Geologie mag eine interessante Wissenschaft sein, irische Legenden hören sich jedoch sehr viel lebendiger an. Danach nämlich war es einer der hehren Helden Irlands, der den ›Damm‹ erbaut hat. Finn MacCumhal (Finn oder auch Fionn heißt ›der Strahlende‹), war ein stattlicher Krieger, dessen *bigger-than-life*-Geschichte ihn zum Riesen gemacht hatte. Er soll zur Zeit des Königs Cormac MacArt im 3. Jh. gelebt haben und Anführer der legendären *Fianna* gewesen sein, einer Kriegerkaste, die einen strengen Ehrenkodex hatte (nett zu Frauen und Kindern sein, niemals lügen, fluchen, trinken und außer todesmutig kämpfen auch Schachspielen und Gedichte reimen können – gewissermaßen der irische Idealmann). Finn hatte einen Rivalen in Schottland, Benandonner, mit dem er sich messen wollte. Da er kein Boot fand, das stabil genug für die Reise war, baute er einen Damm Richtung Schottland. Als er hörte, daß Benandonner bereits auf dem Weg nach Irland war, verkleidete er sich als Säugling und legte sich in eine Wiege. Seine Frau erklärte dem Schotten, daß dies der Sohn von Finn sei, und er solle bei dieser Größe erstmal den Vater sehen! Benandonner gab erwartungsgemäß Fersengeld, zerschmetterte aber aus Wut den Damm. Deswegen reicht er auch nicht mehr bis nach Schottland.

Der Wanderweg entlang der Küste endet am **Dunseverick Castle** 7, das allerdings nur schwer zu erkennen ist. Diese Schloßruine, die ähnlich wie Dunluce Castle auf einem Felsvorsprung gelegen ist, besteht nur noch aus rudimentären Mauern. Dabei reicht die Geschichte dieser Anlage bis weit in die Frühzeit irischer Historie hinein. In keltischen Zeiten war Dunseverick die Hauptstadt des Königsreichs Dalriada und Endpunkt einer der Königswege von Tara, dem Sitz der Hochkönige. An diesem unscheinbaren Ort fand eine der tragischen Liebesgeschichten der irischen Mythologie statt: Deirdre, die dem König Conor versprochen war, verliebte sich in dessen Leibwächter Noisi. Gemeinsam flohen sie nach Schottland. Ein treuer Gefolgsmann des betrogenen Königs, Fergus, der fest an dessen Zusage glaubte, daß den beiden verziehen sei, holte die Liebenden zurück nach Dunseverick. Der König jedoch ließ Noisi töten. Deirdre schlug vor Kummer ihren Kopf auf einen Stein und starb, woraufhin Fergus, erbost über den Verrat seines Herrn, das Schloß zerstörte.

Die kleinen Orte, die diesen Küstenabschnitt säumen, sind behaglicher als die

Giant's Causeway

beliebten Badeorte weiter westlich. **Port Ballintrae** beispielsweise hat neben seiner Felsenküste die gemütlichsten Bed & Breakfast-Pensionen zu bieten. **Ballintoy** sollte man allein schon wegen der kurvenreichen Anfahrt zu dem winzigen, aber ungemein malerischen Hafen besuchen. Und **Whitepark Bay** mit seinem traumhaften Sandstrand ist wegen der Dünen und der Jugendherberge ein beliebtes Ziel von Rucksacktouristen.

Rope Bridge in Carrick-a-rede

Am Ende der Tour an der Causeway Coast steht das große Abenteuer für alle, die einmal im Leben Indiana Jones spielen wollen. **Carrick-a-rede** 8 ist eine steile, karge Felseninsel und an ihrer Südwestseite weiß vom Kot der Seevögel, die dort ihre Nester gebaut haben. Über die 20 m breite Schlucht zwischen Insel und Festland wurde in ca. 25 m Höhe eine Hängebrücke gezogen, die tollkühne und schwindelfreie Touristen zu einer Mutprobe herausfordert. Es gibt nämlich an den Seiten nur schlappe Seile, an denen man sich festhalten kann. Nicht mehr als zwei Leute gleichzeitig dürfen die Brücke passieren, die bei jedem Schritt bedenklich schwankt. Auf jeden Fall sollte man die Brücke *vor* einem Besuch in der Destillerie von Bushmills beschreiten.

Die Glens of Antrim

Östlich des Flusses Bann, der von Coleraine bis zum Lough Neagh die Grenze zwischen den Counties Derry und Antrim bildet, befindet sich – neben dem

County Down – das puritanisch-protestantische Kernland des Nordens. Bis auf eine Ausnahme: In den neun abgelegenen Tälern von Antrim, den *Glens,* die tief in das Bergland an der Ostküste eingebettet sind, hat sich die gälisch-irische Kultur länger halten können als andernorts in Nordirland. Auch der Dialekt hat sich eigenständig entwickelt, mit zuweilen recht eigenwilliger Wortwahl, die vom Irischen beeinflußt ist.

Bis ins 19. Jh. waren die Täler derart isoliert und unzugänglich, daß sich eine erfolgreiche *Plantation,* die Inbesitznahme durch protestantische Siedler, nur unzureichend umsetzen ließ. Erst als um 1840 die Küstenstraße von Cushendall nach Larne gebaut wurde, konnten die Täler erschlossen werden. Überwiegend katholisch sind sie jedoch bis heute geblieben.

Den protestantischen Kontrast dazu bildet das westlich gelegene Geschäftszentrum der Glens, **Ballymena** 9. Das propere Städtchen bietet gute Einkaufsmöglichkeiten, es ist aber auch die Hochburg von Ian Paisley, dem sektiererischen Einpeitscher der militanten Protestanten. Seine ›anti-papistische‹ *Democratic Unionist Party* errang dort ihre ersten und größten Erfolge. Als Treppenwitz betrachten manche den Umstand, daß in Ballymena auch der Hollywoodschauspieler Liam Neeson geboren wurde, der in einem seiner Filme den IRA-Mitbegründer Michael Collins darstellte.

Als Standort für die Erkundung der Naturschönheiten der Glens bietet sich **Ballycastle** *(Baile Caislein)* 10 (S. 280) an, ein gemütlicher Ort, von dem aus die spektakuläre Causeway Coast wie auch die stillen, romantischen Täler von Antrim gleichermaßen leicht erreichbar sind. Nur zweimal im Jahr erwacht die Provinzstadt zu prallem Leben: im Juni während des Folkmusik-Festivals und im August während der *Oul' Lammas Fair,* einem der ältesten Feste in Irland – zumindest wurde es im Jahr 1606 mit englischem Brief und Siegel genehmigt. Rund um den Diamond, den Mittelpunkt des Ortes mit der Kirche aus dem 18. Jh., werden dann zwei Tage lang Pferde und Schafe verkauft, während in den Straßen rundum Hunderte von Marktständen ihre Waren anbieten.

Für zwei Spezialitäten ist der Markt von Ballycastle berühmt, für *Yellowman,* ein steinhartes, quittengelbes und zahnplombenziehendes Karamel, und für *Dulse,* getrockneter Seetang, dessen Geschmack gewöhnungsbedürftig ist. Traditionelle Live-Musik kann man abgesehen von den Festen jedes Wochenende in MacDonnell's Pub genießen, das seine irischen Traditionen seit 1744 wahrt. Vom Hafen, wo es ein paar nette Restaurants mit passablen Fischspezialitäten gibt, legt bei gutem Wetter einmal täglich die Fähre nach **Rathlin Island** 11 ab, einem Naturparadies voller frühirischer Relikte.

Die beiden nördlichsten Täler der Glens erstrecken sich von Ballycastle aus ins Hinterland. **Glentaisie** ist am wenigsten interessant, da es flach und von einer vielbefahrenen Straße durchzogen ist. Den Namen erhielt das Tal von Taisie, der schönen Tochter des Königs der Danaan, der auf Rathlin Island residierte. Der König von Norwegen begehrte sie zur Frau, jedoch war Taisie bereits dem Iren Congal O'Niall versprochen. Da Taisie gar nicht erst gefragt wurde, fochten die Männer eine Schlacht um sie aus, die Congal gewann. Er ließ sich mit seiner Angetrauten in diesem Tal nieder.

Glenshesk 12 verfügt über eine Anmut, die an mitteleuropäische Almen erinnert, mit Mischwäldern und saftigen

Wiesen, auf denen Kühe ungestört wiederkäuen. Die einstmals abgeschiedenen Täler jedoch, deren Schönheit weitaus rauher und unberührter ist, beginnen erst bei Cushendun: **Glendun** präsentiert sich zunächst grün und fruchtbar, dann aber immer kahler und mooriger, je tiefer es in die Berge geht.

Wie alle Orte entlang dieser Küste besteht **Cushendun** *(Cois abhann Duine)* 13 (S. 295f.), das der schottischen Küste am nächsten liegt, aus einer langgestreckten Häuserreihe am Meeressaum. Seine Besonderheit sind die sogenannten schottischen oder auch cornischen Häuser, weißgetünchte Cottages mit einem grauen Satteldach aus Schiefer. Sie wurden von einem Schotten namens McNeill zu Ehren seiner Frau Maud aus Cornwall von einem walisischen Architekten 1925 errichtet. Heute stehen sie unter Denkmalschutz.

Das Tal Glencorp, durch das die A 2 nach Cushendall führt, bildet eine Querverbindung zwischen Glendun und Glenaan. Im **Glenaan** trifft man auf die Fortsetzung der Legende, die am Giant's Causeway begann. Weit oben im Tal, durch einen etwa halbstündigen, steilen Feldweg zwischen gelbleuchtenden und nach Kokos duftenden Büschen zu erreichen, soll das Grab des Oisin liegen, Sohn des Finn, des Erbauers des Damms der Riesen. Der Weg ist mit **Ossian's Grave** 14 ausgeschildert.

Oisin war nicht nur einer der tapfersten Kämpfer in der Armee seines Vaters, sondern auch der begabteste Poet der Fianna. Nach ihm wurden die ›Ossianischen Gesänge‹ benannt, angeblich eine der ältesten überlieferten Legenden Irlands. Oisins Lebensweg erinnert sehr an die Artussagen. Ebenso wie der König der Tafelrunde verschwand auch

Glenariff

er nach einem blutigen Kampf mit einer feenhaften Frau, der schönen Niamh mit dem goldenen Haar, zu Pferde über das Meer auf eine Insel der ewigen Jugend. Nach vielen hundert Jahren ließ Niamh den heimwehkranken Oisin zurück nach Irland reisen, unter der Bedingung, er dürfe nie vom Pferd steigen. Unglücklicherweise berührte er dennoch den Boden und alterte auf der Stelle. Der heilige Patrick – zufällig anwesend – wollte ihn noch kurz vor dem Ableben bekehren. Doch Oisin verweigerte die Taufe, da die Gesänge der Christen nicht so süß und heldenhaft klängen wie die seiner Fianna.

Hoch oben auf dem Hügel gibt es zwar auf einer Weide einen rudimentären Steinkreis und einen einzelnen Grabstein, ob er jedoch die Gebeine Oisins birgt, ist zu bezweifeln. Die traurigschöne Legende wird jedoch jede Realität überleben.

Cushendall 15 (S. 294), der Küstenort, von dem das eher unscheinbare und weitgehend baumlose Tal **Glenballyeamon** abzweigt, wird gemeinhin als Hauptort der Glens bezeichnet, ein Titel, den auch Carnlough für sich in Anspruch nimmt. Einheimische nennen Cushendall immerhin ein ›Zentrum des Klatsches‹, wo im größten, genaugenommen einzigen Supermarkt der Glens und in den Pubs sich die Leute, na sagen wir mal, austauschen.

Das schönste Tal, zu Recht ›Königin der Glens‹ genannt, ist **Glenariff,** das von steilen Hängen mit donnernden Wasserfällen gesäumt ist und sich breit und ausladend zum Strand hin öffnet. Schaustück des Tals ist der Glenariff Forest Park, eine kultivierte, ca. 1200 ha umfassende Naturlandschaft, die der englische Schriftsteller Thackeray einst als irische Schweiz bezeichnet hatte. Vom Parkzentrum aus, wo eine Teestube mit angrenzendem Souvenirladen auf Gäste wartet, hat man einen umwerfenden Blick auf das gesamte Tal mit seinen bewaldeten Bergrücken, dem größten Wasserfall, der fast senkrecht die Felsen hinabstürzt, und auf das Meer, das sich meist in Dunst hüllt und dadurch Perspektiven schafft, die jeden Maler inspirieren müßten. Ausgeschilderte und thematisch gegliederte Naturlehrpfade bieten ideale Wanderwege durch das Parkgelände. Die Glenroad, die von der Küste aus parallel zur Straße Richtung Park in das Tal hineinführt, endet bei einem einsam gelegenen Restaurant, das unter rauschenden Bäumen wie geschaffen für romantische Dinnerabende ist. Der gleichnamige Ort **Glenariff** 16 (S. 308), auch Waterfoot genannt, ist ein Zentrum irischer Kultur. Im Sommer findet das *Feis na nGleann* statt, ein Festival mit Musik, Tanz und Wettkämpfen im irischen Nationalsport *Hurling.*

Carnlough 17 (S. 289f.), der nächste Ort an der Strecke mit dem landwirtschaftlich genutzten Tal **Glencloy** im Hinterland, hat seine Bedeutung als Hafen verloren, seit in den 1960er Jahren der Kalksteinabbau eingestellt wurde. Dafür blüht die Lachszucht, deren Produkte man im Restaurant des Londonderry Arms Hotel, einer romantischen, ehemaligen Poststation aus dem 19. Jh., kosten kann.

Das letzte Tal von Antrim, **Glenarm** 18, ist mit seinen sanften Ausformungen und den Laubwäldern das lieblichste der neun Täler. Nur im gleichnamigen Dorf spürt man ein wenig das Industriezeitalter, da dort bis heute Kalk abgebaut wird: Straßen und Häuser sind mit weißem Staub bedeckt. In diesem Tal ließ Randal MacDonnell im Jahr 1603 ein Jagdhaus errichten, das nach dem Zusammenbruch von Dunluce Castle zum Schloß ausgebaut und Stammsitz der

MacDonnells, der späteren Earl of Antrim, wurde. Das Schloß mit Umbauten aus jüngerer Zeit ist nicht zu besichtigen, da es als Privatresidenz des 14. Earl of Antrim dient.

Wer von Schottland/England auf dem schnellsten Fährweg nach Irland reist, wird seinen ersten und nicht gerade erfreulichsten Eindruck von Nordirland in der industrialisierten Stadt Larne erhalten. **Carrickfergus** *(Carraig Fhearghais)* 19 (S. 290) hingegen, wo im Jahr 1690 Wilhelm von Oranien mit seinen Truppen landete, liegt derart günstig an der Einfahrt zum Belfast Lough, daß der normannische Eroberer John de Courcy um 1180 dort eine wehrhafte Burg errichten ließ. Die Burganlage, die auf hartem Felsgestein direkt an der Klippe errichtet wurde, ist so uneinnehmbar, daß sie im Lauf der Jahrhunderte zwar Ziel vieler Angriffe war, aber dennoch seit Jahrhunderten nahezu unversehrt blieb.

Die Burg von Carrickfergus ist Zeuge der gesamten Eroberungsgeschichte Ulsters und mithin Irlands, von den Normannen bis zu den englischen Puritanern, einschließlich einer kurzfristigen Besetzung durch die Franzosen im 18. Jh. Die Historie des Schlosses, in dem auch mittelalterliche Bankette stattfinden, wird durch ein Museum im Turm, aber eindrucksvoller noch durch lebensgroße Figuren aus den verschiedensten Epochen dargestellt, die im Hof oder auf den Zinnen ihren Bogen spannen, ihr Pferd besteigen, aus dem Fenster träumen, den Soldatentod sterben oder die Kriegskasse zählen.

Die Stadt selbst mit ihrem beschaulichen Zentrum und Resten einer mittelalterlichen Mauer bietet inmitten ansprechend restaurierter Häuser aus dem 18. Jh. eine architektonisch aus dem Rahmen fallende Attraktion. In einem monströsen Glasgebilde führt die museale Show *Knight Ride* tief in die Geschichte der Region. Mittels einer ferngesteuerten Gondel geht es auf eine geruchs-, bild- und geräuschintensive Zeitreise durch eine hollywoodgleiche Aufarbeitung der Geschichte – die Dokumentation der blutigen Eroberung Irlands als Freizeitvergnügen für Kids.

BUS EIREANN
BUS
DG

Information

Unterkunft

Restaurant

Sehenswert

Einkauf

Nachtleben

Unterhaltung

Feste

Aktivitäten

Verkehr

Tips & Adressen

Tips & Adressen

▼ Das erste Kapitel, **Adressen und Tips von Ort zu Ort**, listet die im Reiseteil beschriebenen Orte in alphabetischer Reihenfolge auf. Zu jedem Ort finden Sie hier Empfehlungen für Unterkünfte und Restaurants, Hinweise zu den Öffnungszeiten von Museen und anderen Sehenswürdigkeiten, Tips zu Einkaufsadressen, Festen, Unterhaltungsangeboten und Aktivitäten sowie Verkehrsverbindungen. Piktogramme helfen Ihnen bei der raschen Orientierung.

▼ Die **Reiseinformationen von A bis Z** bieten von A wie Anreise über N wie Notfälle bis Z wie Zeitungen – eine Fülle an nützlichen Hinweisen, Tips und Antworten auf Fragen, die sich vor oder während der Reise stellen. Ein Ratgeber für die verschiedensten Reisesituationen.

Bitte schreiben Sie uns, wenn sich etwas geändert hat!

Alle in diesem Buch enthaltenen Angaben wurden von der Autorin nach bestem Wissen erstellt und von ihr und dem Verlag mit größtmöglicher Sorgfalt überprüft. Gleichwohl sind – wie wir im Sinne des Produkthaftungsrechts betonen müssen – inhaltliche Fehler nicht vollständig auszuschließen. Daher erfolgen die Angaben ohne jegliche Verpflichtung oder Garantie des Verlages oder der Autorin. Beide übernehmen keinerlei Verantwortung und Haftung für etwaige inhaltliche Unstimmigkeiten. Wir bitten dafür um Verständnis und werden Korrekturhinweise gerne aufgreifen:

DuMont Reiseverlag, Postfach 10 10 45, 50450 Köln
E-Mail: info@dumontreise.de

Richtig Reisen
Service

Inhalt

Adressen und Tips von Ort zu Ort

Reiseinformationen von A bis Z

Richtig Reisen *Service*

Adressen und Tips von Ort zu Ort

Preiskategorien Unterkunft
sehr preiswert: bis 25 €
günstig: bis 38 €
moderat: bis 75 €
teuer: bis 130 €
sehr teuer: über 130 €
jeweils Übernachtung mit Frühstück p. P.

Preiskategorien Restaurants
günstig: bis 12 €
moderat: bis 25 €
teuer: über 25 €
jeweils für ein Abendessen ohne Getränke pro Person

Achill Island

Lage: Vordere Umschlagkarte C6
County Mayo, Vorwahl 098

Achill Sound
Tel. 45384
Juni–Sept. Mo–Sa 10–17 Uhr

Grays Guest House
Dugort
Tel. 43244
günstig
Sehr gemütliches und ruhiges Gasthaus mit Torffeuer im Kamin und einem Restaurant.

Realt na Mara
Dooagh
Tel. 43005, Fax 43006
mglavell@gofree.indigo.ie
günstig
März–Nov.
Neues und modernes B & B mit Billardzimmer, Sauna und Fitness.

Finncorry House
Atlantic Drive, Bleanskill Bay
Tel./Fax 45755
achill-island@hotmail.com
sehr preiswert
März–Okt. Das moderne Haus mit Blick über die Bucht bietet großzügigen Komfort.

The Wayfarer Hostel
Keel
Tel. 43266, Fax 47304
März–Okt. geöffnet

Camping:
Seal Caves Caravan and Camping Park
The Strand, Dugort
Tel. 4 32 62
1. Apr.–30. Sept. geöffnet
40 Stellplätze; Duschen und Waschmaschinen sowie Einkaufsmöglichkeiten sind vorhanden.

Achill Adventure & Leisure Holidays
Slievemore Road, Dugort
Tel. 4 31 48, Fax 9 48 01
Aktivitäten wie Windsurfen, Kanufahren, Surfen, Rudern, Wandern.

Busverbindungen von und nach Ballina via Westport und Mulrany

Adare

Lage: Vordere Umschlagkarte D3
County Limerick, Vorwahl 061

Adare Heritage Centre
Main Street

Tel. 39 66 66, Fax 39 69 32
März–Nov. tgl. 9–19 Uhr

Adare Manor
Tel. 39 66 66, Fax 39 69 32
sehr teuer
Neogotisches Schloßhotel der Luxusklasse samt Golf-Club.
Carrabawn House
Killarney Road
Tel. 39 60 67, Fax 39 69 25
moderat
Nette, kleine Pension mit acht fast luxuriös eingerichteten Zimmern.

Camping:
Adare Camping and Caravan Park
Tel. 39 53 76, Fax 39 53 77
1. April–30. Sept. geöffnet
28 Stellplätze; etwa 3 km außerhalb des Ortes gelegen. Duschen und Waschmaschinen vorhanden, Sportangebote im Ort.

The Wild Geese
Rose Cottage
Tel. 39 64 51
teuer
Di–Sa 12–15.30 und 18.30–22 Uhr
Romantisches Haus mit Wild- und Fischspezialitäten.

Adare Heritage Centre
Main Street
Tel. 39 66 66
Sept.–Mai tgl. 9–18, Juni–Aug. tgl. 9–22 Uhr
Kleines Heimatmuseum zur Geschichte des Ortes.

Golf: Adare Manor Hotel & Golf Club (siehe unter Hotels)
Reiten: The Clonshire Equestrian Centre
Tel. 39 63 73

Busverbindung mit Limerick
Auskunft: Tel. 31 33 33

Aran Islands

Lage: Vordere Umschlagkarte C4
County Galway, Vorwahl 0 99

Kilronan, Inishmore,
Tel. 6 12 63
März–Okt. tgl. 10–19 Uhr
Victoria Place, Eyre Square, Galway
Tel. 0 91/6 30 81, Fax 6 52 01
tgl. 9–18.45 Uhr

Ard Einne Guesthouse
Inishmore
Tel. 6 11 26, Fax 6 13 88
sehr preiswert
Eine der reizendsten Pensionen auf der größten Insel der Arans.
Man of Aran Cottages
Kilmurvey, Inishmore
Tel. 6 13 01, Fax 6 13 24
manofaran@eircom.net
günstig
Das traditionelle Reetdach-Cottage wurde für den Film ›Man of Aran‹ gebaut und bietet heute zwei hübsche Zimmer. Auch Dinner wird auf Wunsch serviert.
Beach View House
Oatquarter, Kilronan, Inishmore
Tel. 6 11 41, Fax 6 11 41
beachviewhouse@eircom.net
sehr preiswert
April–Sept.
Inmitten der Insel nahe Dun Aengus gelegenes, einfaches Haus.
Cregmount House
Creig-An-Cheirin, Kilronan, Inishmore
Tel. 6 11 39
sehr preiswert
Kleines Haus mit spektakulärem Seeblick. Für ca. 20 € wird auch ein wunderbares Dinner angeboten.
Bru Radharc Na Mara Hostel
Inisheer
Tel. 7 50 87/24

Dun Aonghusa Restaurant
Kilronan, Inishmore
Tel. 6 11 04
moderat
April–Sept. tgl. 18–22 Uhr

Frischer Fisch und Meeresfrüchte werden serviert.

Fisherman's Cottage
Inisheer
Tel. 75073
moderat
Mai–Sept. tgl. 12–17, 19–21.30 Uhr
Winziges, idyllisches Restaurant mit Meeresfrüchten, Aran-Lamm und frischem Gemüse aus organischem Anbau.

Aran Island Heritage Centre
Inishmore
Tel. 61355
April–Okt. tgl. 10–19 Uhr
Kleines Museum zur Geschichte der Inseln.

Snámara Arainn Teo, Kilronan
Aran-Pullover und Kunsthandwerk.

Tígh Ned, Inisheer
traditionelle Live-Musik;
Ebenso in der **American Bar**, der **Joe Watty's Bar und im Tígh Fitz** in Kilronan auf Inishmore.

Aran Ferries ab Galway tgl. 9.30, 10.30 und 13.30 Uhr,
ab Aran (Inishmore) 12 und 16.30 Uhr;
ab Rossaveal 10.30, 13.30 und 18 Uhr,
ab Aran (Inishmore) 12.30, 17 und 19 Uhr;
Reservierungen: Tourist Office Galway, Eyre Square, Tel. 091/568903
Von Doolin nach Inishmore Juni–Aug. tgl. 7.30–19 Uhr ca. 7mal, April–Sept. ab 7.30 Uhr mehrmals tgl.; letzte Rückfahrt 19 Uhr.
Flüge ab Galway Airport
Auskunft: Tel. 091/55437 u. 55480, Fax 52273; ab Connemara Airport, Caisleán, Auskunft: Tel. 091/593054 u. 593034, Fax 593238.

Ardara

Lage: Vordere Umschlagkarte F7
County Donegal, Vorwahl 075

Woodhill House
Tel. 4 11 12, Fax 4 15 16
moderat
Ein wunderschönes altes Landhaus mit allem Komfort etwas außerhalb von Ardara.

Greenhaven B & B
Portnoo Road
Tel./Fax 41129
sehr preiswert
März–Okt.
Ein ruhiges und modernes Haus mit 5 Zimmern, nur drei Minuten vom Ortszentrum.

Heritage Centre
Tel. 4 12 62
Ostern–Okt. Mo–Sa 10–18, So 14–18 Uhr
Geschichte der Webkunst und der Region mit Schauweberei.

John Molloy Factory Shop
Killybegs Road
Tel. 4 11 33
Strickwaren (Arana-Pullover).
Kennedy of Ardara
Front Street
Tel. 41106, Fax 4381
Tweedmode und Strickwaren.

Busverbindung mit Donegal-Stadt

Ards Peninsula

Lage: Vordere Umschlagkarte J6
N.I. County Down, Vorwahl 028

31 Regent Street
Newtownards
Tel. 91 82 6846, Fax 91826681

Narrows
8 Shore Road, Portaferry
Tel. 42728148, Fax 42728105
reservations@narrows.co.uk
moderat
Ein kleines Hotel am Strangford Lough, doch mit hervorragendem Komfort und einem exzellenten Restaurant.
Ballynester House
1a Cardy Road, Newtownards
Tel./Fax 42788386
geraldine.bailie@virgin.net

günstig
Knapp 6 km außerhalb von Newtownards Richtung Mountstewart gelegener Bungalow mit Blick auf den Lough.

Grace Neill's
33 High Street, Donaghadee,
Tel. 91 88 25 53
Mo–Sa 11.30–23 Uhr
günstig
Ein Pub aus dem 17. Jh., es gibt leckeren Pub Grub (sättigende Hausmannskost) und einen Biergarten.

Mount Stewart Gardens
Newtownards
Tel. 42 78 83 87 u. 42 78 84 87
Mai–Sept. Mi–Mo 13–18 Uhr,
April u. Okt. Sa/So 13–18 Uhr
Farbenprächtige Gartenanlage.
Greyabbey
Tel. 42 54 30 33
April–Sept. Di–Sa 10–19, So 14–19 Uhr
Klosterruine

In der Main Street in **Greyabbey** befinden sich Kunst- und Antiquitätenläden, die von viktorianischem oder modernem Schmuck (Old Priory Antiques, Courtyard Antiques and Gallery) bis zu Gemälden (The Higgins Gallery) alles zu bieten haben, was ein Sammlerherz erfreut.
Hoops Courtyard
Main Street, Greyabbey
Tel. 42 7/8 85 41
Do–Sa 11–17 Uhr
Ein exklusives Einkaufszentrum, das hauptsächlich Kunsthandwerk, Kunst und Antiquitäten bietet.
Sotheby's Grey Abbey House
Greyabbey
Tel. 42 78 86 88
geöffnet nur nach Absprache
Die einzige Dependance des hochklassigen Kunstauktionshauses in Irland.

Bus: Regelmäßige Verbindungen mit dem Bus ab Belfast via Newtownards, Greyabbey bis Portaferry, Auskunft: Tel. 42 81 23 91

Armagh

Lage: Vordere Umschlagkarte H6
N.I. County Armagh, Vorwahl 028

Old Bank Building
40 English Street
Tel. 37 52 18 00, Fax 37 52 83 29
April–Sept. Mo–Sa 9–18, So 12–18 Uhr,
März–Okt. Mo–Sa 9–17.30, So 14–17 Uhr.

Charlemont Arms Hotel
63–65 Lower English Street
Tel. 37 52 20 28, Fax 37 52 69 79
teuer–moderat
Kleines Komfort-Hotel im Stadtzentrum.
Ballinahinch House
47 Ballygroobany Road, Richhill
Tel./Fax 39 87 00 81
ballinahinchhouse@bigfoot.com
günstig
Viktorianischer Landsitz im Stadtgebiet, aber dennoch mit ländlichem Umfeld.
Hillview Lodge
33 Newtownhamilton Road
Tel. 37 52 20 00, Fax 37 52 82 76
alice@hillviewlodge.com
moderat–günstig
Ca. 1 km von Armagh Richtung Newtownhamilton; neben allem Komfort gibt es einen eigenen kleinen Golfübungsplatz.
Armagh City Hostel
39 Abbey Street
Tel. 37 51 18 00

De Averell House
47 Upper English Street
Tel. 37 51 12 13
tgl. 12–14.30, 18–22 Uhr
moderat
Lokale und internationale Gerichte im Untergeschoß eines georgianischen Hauses.
Stonebridge Restaurant
74 Legacorry Road, Richhill
Tel. 38 87 00 24
tgl. 12.30–14, 17–21.30 Uhr
moderat
Ein hübsches Restaurant in einem der alten Gebäude mit gutbürgerlicher Küche.

Navan Fort
Tel. 37 52 55 50

April–Sept. Mo–Fr 10–18, Sa und So 11–18 Uhr, Okt.–März Mo–Fr 10–17, Sa und So 11–17 Uhr
Historische Ausgrabungsstätte aus vorchristlicher Zeit.
Planetarium
College Hill
Tel. 37 52 36 89
St. Patrick's Anglican Cathedral, Vicar's Hill
Tel. 37 52 31 42
April–Okt. tgl. 10–17 Uhr,
Nov.–März tgl. 10–16 Uhr
St. Patrick's Catholic Cathedral, Cathedral Road
Tel. 37 52 32 62
tgl. 8.15–20 Uhr.
St. Patrick's Trian
40 English Street
Tel.37 52 18 01
Juli–Aug. Mo–Sa 10–17.30, So 13–18 Uhr, Sept.–Juni, Mo–Sa 10–17, So 14–17 Uhr
Ein Museum zum Anfassen und Mitmachen zur Geschichte der Region.

Anfang Mai: **Apfelblütenfest**
Auskunft über Tourist Information.

Der **Busterminal** befindet sich in der Mall West mit Verbindungen von und nach Belfast, Enniskillen, Dublin und Galway,
Auskunft: Tel. 37 52 22 66

Athlone

Lage: Vordere Umschlagkarte E4
County Westmeath, Vorwahl 09 02

Athlone Castle
St. Peter's Square
Tel. 9 46 30
April–Okt. Mo–Sa 9–18, So 9–17 Uhr.

Hodson Bay Hotel
Roscommon Road
Tel. 8 05 00, Fax 8 05 20
teuer
Komfortables Hotel unmittelbar am Lough Ree gelegen mit Marina und Golfplatz.

Shamrock Lodge Hotel
Clonown Road
Tel. 9 26 01, Fax 9 27 37
moderat
Von einem eigenen Park umgebenes Hotel, in dem schon die Königin von Tonga und das monegassische Fürstenpaar nächtigten.
Dun Mhuire House
Bonavalley, Dublin Road
Tel. 7 53 60
sehr preiswert
Eine hübsche Villa nahe dem Stadtzentrum.

Camping:
Lough Ree East Caravan and Camping Park
Ballykeeren
Tel. 7 70 17
1. Apr.–30. Sept. geöffnet
40 Stellplätze; etwa 3 km von Athlone via N55 gelegen; Bootsanlegestelle und sanitäre Anlagen.

Le Chateau
St. Peter's Port
Tel. 9 45 17
Mo–Sa 17.30–22 Uhr
teuer
Reizvolles Lokal in einem Haus aus dem 17. Jh., mit exquisiter Küche.

Athlone Castle
Tel. 9 29 12,
Ostern–Sept. Mo–Sa 10–16.30 Uhr, So 11–16.30 Uhr
Normannenschloß mit kleinem Regionalmuseum.

Golf: Glasson Golf & Country Club
Glasson
Tel. 8 51 20, Fax 8 54 44
Kabinenkreuzer Erne/Shannon
Athlone Cruisers
Jolly Mariner Marina
Tel. 90 27 28 92, Fax 90 27 43 86

Regelmäßige **Busverbindung** von und nach Dublin, Galway, Westport und Mullingar.

Züge von und nach Westport, Galway und Dublin,
Auskunft: Tel. 7 33 00

Ballina

Lage: Vordere Umschlagkarte D6
County Mayo, Vorwahl 0 96

Cathedral Street
Tel. 7 08 48
März–Sept. 10–17.30 Uhr

Belleek Castle,
Tel. 2 24 00, Fax 7 17 50
belleekcastlehotel@eircom.net
teuer–moderat
Romantisches Schloßhotel im stillen Wald außerhalb von Ballina gelegen, mit Golfplatz und Reitstall.
Rocks
Foxford Road
Tel. 2 21 40
therocks@eircom.net
günstig
Komfortables und schön gestaltetes Haus.
Whitestream House
Foxford Road
Tel. 2 15 82
whitestreamhse@iol.ie
günstig
Großzügiges Haus mit Garten am Fluß, nur 10 Min. zu Fuß vom Stadtzentrum.
Salmon Weir Hostel
Barrett Street,
Tel. 7 19 03

Camping:
Belleek Caravan and Camping Park
Tel. 7 15 33
Mitte März–Mitte Okt. geöffnet
58 Stellplätze; knapp 3 km außerhalb Ballinas gelegen, Richtung Killala; zahlreiche Angebote, u. a. Kinderspielplatz, Tennisplatz, sehr gute sanitäre Anlagen.

Busverbindungen von und nach Achill Island, Sligo, Limerick, Shannon und Cork.
Züge nach Dublin und Westport,
Auskunft: Tel. 7 18 00

Ballycastle

Lage: Vordere Umschlagkarte J7
N.I. County Antrim, Vorwahl 028

Sheskburn House
7 Mary Street
Tel. 20 76 20 24
Mo–Fr 9.30–17 Uhr,
Juli/Aug. auch Sa 10–16, So 14–16 Uhr.

Crockatinney Guest House
80 Whitepark Road
Tel. 20 76 88 01, Fax 20 76 95 23
crockatinneyguesthouse@hotmail.com
moderat
Etwas außerhalb gelegenes Hotel in schönster Landschaft, mit Blick auf Rathlin Island und bis nach Schottland. Jedes Zimmer hat einen Balkon.
Marine Hotel
1–3 North Street
Tel. 20 76 22 22, Fax 6 95 07
moderat
Modernes Hotel mit Swimmingpool und Sauna, an der Bucht mit Blick auf Rathlin Island. Mehrere Selbstversorger-Apartments.
Castle Hostel
62 Quay Road,
Tel. 20 76 23 37

Camping:
Fair Head Caravan Park
13 Whitepark Road
Tel. 20 76 20 77
17. März–31. Okt. geöffnet
20 Stellplätze; herrlich gelegener Platz mit Blick (manchmal) bis nach Schottland.

Number 10
9 North Street
Tel. 20 76 25 86
Di–So 18–22 Uhr
moderat
Feine und gesunde Küche, da es etliche vegetarische Gerichte gibt oder Meeresfrüchte, aber auch Fleichgerichte.

Ballycastle Museum
59 Castle Street
Tel. 20 76 29 42

Juli–Aug. tgl. 12–18 Uhr
Heimatmuseum in altem Gerichtsgebäude.

Fleadh Amhrán agus Rince, Mitte Juni: ein großes Folk-Festival mit irischem Tanz und Gesang.
Oul' Lammas Fair
Ende August: ein riesiger Pferde- und Schafmarkt, mit entsprechendem Unterhaltungsprogramm.

Busverbindung von und nach Belfast und Coleraine, jedoch nicht sonntags,
Auskunft: Tel. 20 74 33 34

Ballycastle

Lage: Vordere Umschlagkarte D7
County Mayo, Vorwahl 096

Main Street
Tel. 43256
Juli/Aug. tgl. 10–13, 14–17 Uhr

Céide Fields
zwischen Ballycastle und Belderrig an der R314 gelegen
Tel. 43325, Fax 53261
Mitte März–Mai, Okt. tgl. 10–17 Uhr,
Juni–Sept. tgl. 9.30–18.30 Uhr,
Nov. tgl. 10–16.30 Uhr
Größte prähistorische Ausgrabungsstätte Irlands mit einem hervorragenden Museum.

Busverbindung von und nach Ballina, nicht jedoch zu den Céide Fields,
Auskunft: Tel. 7 18 00

Ballydehob

Lage: Vordere Umschlagkarte B1
County Cork, Vorwahl 028

Gurtnagrough Farmhouse B & B
Tel. 37274
sehr preiswert
Idyllisch gelegenes Landhaus mit Blick auf die Bucht.
Dun an oir
The Parade
Tel. 37272
günstig
Ein reizvolles georgianisch angehauchtes Haus, das zusätzlich auch einen Babysitter-Service anbietet.
12 Arch Hostel
Palm Grove
Church Road
Tel./Fax 3 72 32

The Ewe Arte Centre
Goleen, Mizen Head
Tel. 3 54 92, Fax 3 54 92
Keramikkurse

Zweimal tgl. verkehrt ein **Bus** zwischen Clonakilty und Schull, der auch in Ballydehob hält,
Auskunft: Tel. 021/50 81 88

Baltimore

Lage: Vordere Umschlagkarte B1
County Cork, Vorwahl 028

Harbour
Tel. 20441
Mo–Sa 9.30–12.30, 13.30–17.30 Uhr

Baltimore Bay Guesthouse
The Square
Tel. 20600, Fax 2 04 95
baltimorebay@youenjacob.com
günstig
Neue Pension mit großzügigen Zimmern und direkt neben den beiden Restaurants gelegen.
Rolf's Hostel
Baltimore Hill
Tel. 20289

Chez Youen
The Pier
Tel. 20136
tgl. 12.30–16 und 18–23 Uhr,
im Nov. und Feb. geschlossen
teuer

Das Nobelrestaurant von Baltimore, in dem es nur frisch gefangenen Fisch der Region und frischen Hummer sowie biologisch angebautes Gemüse nach Saison gibt.

The Custom House
Tel. 2 02 00
Mo–Sa 19–22 Uhr
moderat
Die australische Köchin zaubert hinreißende Gerichte, die die Neue mit der Alten Welt verbinden.

Baltimore Annual Regatta (Anfang August)
Tel. 20125
Zweitägige Regatta mit abendlichem *Après-Sailing*. Höhepunkt ist ein paar Tage später das
Baltimore Regatta Weekend mit dem großen Preis für die nicht ungefährliche Cape Clear-Umrundung, Info: Tel. 39119.

Segeln:
Baltimore Sailing School
The Pier
Tel. 2 01 41

Busverbindungen von und nach Skibbereen,
Auskunft: Tel. 021/50 81 88
Im Sommer auch **Fährverbindungen** zwischen Baltimore und Schull

Bangor

Lage: Vordere Umschlagkarte J6
County Down, Vorwahl 028

34 Quay Street
Tel. 91 27 00 69
Ostern–Juni, Sept. Mo–Fr 8.45–17.15 Uhr, Sa 9–13, 13.30–17 Uhr
Juli/Aug. Mo–Fr 9–19, Sa 10–13, 14–19 Uhr, So 14–18 Uhr,
Okt.–Ostern Mo–Fr 9–17 Uhr

Cairn Bay Lodge
278 Seacliff Road
Tel. 91 46 76 36, Fax 91 45 77 28
info@cairnbaylodge.com
moderat
Ca. 10. Min. zu Fuß vom Ortszentrum entfernt, mit wunderbarem Blick und vor allem gutem Komfort sowie einem exzellenten Restaurant.

Tara Guesthouse
51 Princetown Road
Tel. 91 46 89 24, Fax 91 46 98 70
günstig
Ein moderates viktorianisches Gasthaus, das etwas abseits des lärmenden Ortszentrums liegt.

Shanks
Crawfordsburn Road (im Golfclub)
Tel. 91 85 33 13
Di–Sa 12–14, 19–21.30 Uhr,
So 12–14, Mo 12.30–16 Uhr
teuer
Eines der edelsten Restaurants Nordirlands, das sich auf Meeresfrüchte spezialisiert hat.

Alle halbe Stunde fährt ein **Zug** von Belfast nach Bangor mit Stopp am Folk and Transport Museum,
Auskunft: Tel. 91 27 01 41

Bantry

Lage: Vordere Umschlagkarte B1
County Cork, Vorwahl 027

Wolfe Tone Square
Tel. 50229
Juni–Sept. Mo–Sa 10–18 Uhr

Bantry House,
Tel. 500 47, Fax 507 95
teuer (s. S. 122).

Westlodge Hotel
Tel. 503 60, Fax 504 38
moderat
Weitläufige, moderne Hotelanlage mit Swimmingpool und Tennisplatz.

Vickery's Inn
New Street
Tel. 500 06, Fax 2 00 02
günstig
Gemütliche Pension in einer alten Poststation aus dem 19. Jh.

Elmwood House
6 Slip Lawn
Tel. 50087
sehr preiswert
Freundliches B & B mit Torffeuer, nur 5 Min. vom Ortszentrum.
Bantry Independent Hostel
Bishop Lucy Place
Tel. 51050
März–Okt. geöffnet

Camping:
Dunbeacon Caravan and Camping Park
Durrus
Tel. 6 12 46
20 Stellplätze; 1. März–30. Okt. geöffnet
Einfacher, aber herrlich gelegener Platz mit Blick auf die Dunmanus Bay.

Blairs Cove Restaurant
Durrus
Tel. 61041
Juli–Aug. Mo–Sa 19.30–21.30,
Rest des Jahres Di–Sa 19.30–21.30 Uhr;
Nov.–Feb. geschlossen
teuer
Edles Restaurant in einem alten georgianischen Haus, sehr stilvoll eingerichtet mit offenem Kamin.

Bantry House,
Tel. 50047
tgl. 10–18 Uhr
Ein herrschaftliches Schlößchen, in der auch die **›1796 Bantry French Armada Exhibition‹** zur Erinnerung an die gescheiterte französische Armada zu sehen ist.

Bantry Mussel Fair
Anfang Mai, ähnlich wie beim Austernfest in Galway gibt es Muscheln satt und viel Vergnügen,
Auskunft: Westlodge Hotel,
Tel. 50360

Dreimal tgl. **Busverbindung** von und nach Cork, im Sommer auch von und nach Killarney,
Auskunft: Tel. 0 64/3 47 77

Belfast

Lage: Vordere Umschlagkarte J6
Stadtplan S. 218
N.I., County Antrim, Vorwahl 0 12 32

Belfast Welcome Centre
35 Donegall Place
Tel. 90 246609, Fax 90 312424
Mo–Sa 9–17.15 Uhr, Juli u. August bis 18.30, Sa 9–17.15 Uhr, So 12–16 Uhr
Belfast International Airport
Tel. 94 422888
März–Okt. 24 Std.,
Nov.–Feb. tgl. 6.30–23 Uhr

Europa Hotel
Great Victoria Street
Tel. 90 327000, Fax 90 32 78 00
sehr teuer
Belfasts legendäre Luxusherberge in der City.
Madison's
59–63 Botanic Avenue
Tel. 90 330040, Fax 90 32 80 07
teuer
Zentral gelegenes Hotel im Art-déco-Stil mit Disko, Bar und Restaurant inmitten der ›Golden Mile‹.
Malone Lodge Hotel
60 Eglantine Avenue
Tel. 90 382409, Fax 90 38 27 06
teuer
Klassisch-elegantes Hotel im Uni-Viertel mit hervorragendem Restaurant.
Keef Halla
20 Tully Road
Nutts Corner, Crumlin
Tel. 90 825491, Fax 90825940
moderat
Ausgesprochen schöne und komfortable Pension in unmittelbarer Flughafennähe.
Malone Guest House B & B
79 Malone Road
Tel. 90 669565
moderat
Eine komfortable Pension in der noblen Malone Area.
Arnie's Backpackers Hostel
63 Fitzwilliam St.
Tel. 90 242867

Belfast Youth Hostel
22–32 Donegall Road (Ecke Sandy Row)
Tel. 90 32 47 33

Camping:
Jordanstown Lough Shore Camping Park
Shore Road
Jordanstown
Tel. 90 86 87 51
Im Norden Belfasts gelegener Platz mit Blick über den Belfast Lough.

Cayenne
Shaftesbury Square
Tel. 90 33 15 32
Mo–Sa 12–14.30, 18–23 Uhr
teuer
Nobelstes Restaurant Belfasts in kühler Eleganz. Die Küche ist exquisit, manche behaupten gar, es sei die beste in ganz Irland.

Deane's
Howart Street
Tel. 90 56 00 00
Brasserie Di–Sa 12–14.30, 17–23 Uhr,
Restaurant Di–Sa 12.15–14, 19–21.30 Uhr
teuer
In-Restaurant in Belfast, das nicht nur wegen seiner extravaganten Küche (der Chef liebt ost-westliche Kombinationen), sondern auch wegen des ungewöhnlichen Dekors besuchenswert ist.

Café Society
3 Donegall Square East
Tel. 90 43 95 25
tgl. 11.30–22 Uhr
moderat
Ein lässiges Restaurant mit kreativen Speisen. Empfehlenswert die Salate und vegetarischen Gerichte.

Shu
253 Lisburn Road
Tel. 90 38 16 55
Di–Fr 12.30–14.30, 19–22, Sa 19–22 Uhr
moderat
Eines der neuen In-Lokale Belfasts, cooles Ambiente, schicke Gäste und dennoch hervorragende Küche mit irischen Spezialitäten.

Il Primo
Unit 6, Anderson & McAuley Building (nahe der City Hall)
Tel. 90 32 30 67
moderat–günstig
Di–Sa 18–22 Uhr
Ein recht gutes italienisches Restaurant mit modernen Anklängen.

Bishops Restaurant
34 Bradbury Place
Tel. 90 31 18 27
tgl. 11–3 Uhr
günstig
Ein klassisches Fish & Chips-Restaurant, das regen Zulauf findet, wenn die Pubs schließen. Man bekommt dort zwar keine alkoholischen Getränke, dafür aber deftiges Essen, das den zuvor genossenen Alkohol absorbiert.

Café Poirot
51 Fountain Street
Tel. 90 32 31 30
Mo–Sa 7.45–17.15 Uhr
günstig
Eines der schönen Cafés Belfasts, in dem man wunderbar frühstücken kann und das zur Mittagszeit warme Küche bietet.

Café Roscoff
27 Fountain Street
Mo–Mi, Sa 7.30–21 Uhr,
Do bis 20.30, Fr bis 17.30 Uhr
günstig
Lunch sowie Gebäck und hervorragender Kaffee.

Belfast Castle
Antrim Road
Tel. 90 77 69 25
Mo–Sa 9–22.30, So 9–18 Uhr
Prachtvolles Baronialschlößchen auf dem Cave Hill, mit Museum, Restaurant und Café.

Botanischer Garten
University Road
tgl. ab 8 Uhr bis Einbruch der Dunkelheit geöffnet.

City Hall
Donegall Square
Tel. 90 32 02 02
Führungen Juli–Sept. Mo–Fr 10.30, 11.30, 14.30, Okt.–Juni Mi 11.30 Uhr, Mo, Di, Do–Sa 14.30 Uhr
Das spätviktorianische Rathaus von Belfast.

Lagan Weir Lookout
Donegall Quay
Tel. 90 31 54 44
April–Sept. Mo–Fr 11–17 Uhr,
Sa 12–17, So 14–17 Uhr,
Okt.–März Di–Fr 11–15.30 Uhr,
Sa 13–16.30, So 14–16.30 Uhr
Interaktive Ausstellung zum Bau des Wehrs und zum Hafen.

Linen Heritage Centre
Lisburn, Market Square
Tel. 92 66 33 77
Mo–Sa 9.30–17.30, So 14–17.30 Uhr
Museum zur Leinenherstellung in Nordirland mit Schauweberei.

Linenhall Library
17 Donegall Square North
Tel. 90 32 17 07
Mo–Fr 9.30–17.30, Sa 9.30–16 Uhr
Historische Bibliothek Nordirlands.

Queen's University
University Road
Tel. 90 33 52 52
Mo–Sa 10–16 Uhr
Besucherzentrum mit Informationen über die Geschichte der Universität und Andenkenladen.

Ulster Folk & Transport Museum
Cultra
Tel. 90 42 84 28
Juli/Aug. Mo–Sa 10.30–18, So 12–18 Uhr,
April–Juni, Sept. Mo–Fr 9.30–17,
Sa 10.30–18, So 12–18 Uhr,
Okt.–März Mo–Fr 9.30–16 Uhr,
Sa u. So 12.30–16.30 Uhr
Großes Freilichtmuseum zum Thema historische Bauwerke und Transportwesen, u. a. eine Ausstellung über die ›Titanic‹

Ulster Museum
Botanic Gardens,
Tel. 90 38 30 00,
Mo–Fr 10–17, Sa 13–17, So 14–17 Uhr
Landesmuseum zur Geschichte und Kunst, zur Archäologie und Naturwissenschaften.

Botanic Inn
23 Malone Road
Tel. 90 66 04 60
Eine Belfaster Institution: Das ›Bot‹, wie es genannt wird, gehört zu den beliebtesten Kneipen im Uni-Viertel, geräumig, gemütlich und am Wochenende stets überfüllt.

Crown Liquor Saloon
44 Great Victoria Street
Tel. 90 24 94 76
Denkmalgeschütztes Pub in viktorianischer Prächtigkeit.

Kelly's Cellar
30 Bank Street
Tel. 90 32 48 35
Eine der ältesten Kneipen Belfasts schenkt seit 1720 ununterbrochen Bier aus. Am Wochenende wird traditionelle, meist republikanische Live-Musik geboten.

Morrison's Spirit Grocer
21 Bedford Street
Tel. 90 24 84 58
Eine der Schicki-Treffpunkte in Belfasts vielfältiger Kneipenszene, gekonnt auf altviktorianisch gemacht und äußerst beliebt bei Medienschaffenden – das BBC-Studio ist gleich gegenüber.

Robinson's
38 Great Victoria Street
Tel. 90 24 74 47
Während der *Troubles* ausgebrannt, wurde es mit verschiedenen ›Themen‹ wieder aufgebaut: vorne das eigentliche klassisch-elegante Robinson's, im hinterem Raum ›Fibber Magee's‹, mit künstlichem Torffeuer und echtem Schinken dekoriert und mit Live-Musik.

Shenanagan's
Howard Street
Ein Pub im City Centre, das sich ganz dem *Irish Theme* verpflichtet hat, mit nachgemachter rustikaler Dekoration. Auf verschiedenen Ebenen und Abteilungen gibt es für jeden Geschmack etwas, u. a. mittwochs traditionelle Musik und mittags herzhaften Lunch.

Grand Opera House
Great Victoria Street
Karten: Tel. 90 24 19 19

Group Theatre und **Ulster Hall,**
Bedford Street
Tel. 90 32 39 00

Lyric Theatre
Ridgeway Street, Stranmillis
Tel. 90 38 10 81

Waterfront Hall
Lanyon Place
Tel. 90 33 44 55

Alle Informationen über das Touristenbüro.

Ulster Senior Hurling Championship, Mitte Juli: Endspiel des schnellsten Sports der Welt im West-Belfaster Casement Park.

Féile An Phobal
erste Augustwoche: großes Gemeindefest in West-Belfast mit allerlei Veranstaltungen, Musik und Dichterlesungen.

Belfast Festival at Queen's
November; ein breitgefächertes Kunstfestival in und um die Queen's University, mit Theater, Ballett, Film und Musik aller Stilrichtungen.

Mit dem **Bus** *(Citybus)* kommt man überall in der Stadt herum. Die meisten Busse fahren ab Donegall Square. Ein Fahrplan und ein guter Übersichtsplan sind im Touristenbüro unentgeltlich erhältlich. Der zentrale Busbahnhof für **Überlandbusse** *(Ulster Bus)* befindet sich hinter dem Europa Hotel (Europa Station), ein weiterer am Donegall Quay, Busauskunft: Tel. 90 32 00 11

Taxis kann man im Citybereich an der Straße heranwinken. Taxifahren ist in Belfast billiger als in anderen Städten Irlands, allerdings muß man darauf gefaßt sein, daß nicht alle Taxifahrer in alle Stadtteile fahren – je nach politisch-konfessioneller Zugehörigkeit. Die Black Taxis, ausgemusterte Londoner Traditionsfahrzeuge, wurden während der *Troubles* als Busersatz in West-Belfast eingesetzt und, zum ermäßigten Preis, bis heute beibehalten. Sie halten an allen Bushaltestellen oder nach Bedarf. Sie fahren in die katholische Falls Road ab Castle Street hinter dem Parkhaus des Castle Court Centres und in die protestantische Shankill Road ab North Street. An der Ostseite der City Hall befindet sich ein Halteplatz der Black Taxis in alle anderen Richtungen. Sie verlangen den üblichen Taxipreis.

Zentraler **Bahnhof** ist die Central Station
Bahnauskunft: Tel. 90 89 94 00

Auskunft für **Rundfahrten:**
Tel. 90 45 84 84

Living History Tour
Abfahrt am Castle Place vor dem Postamt. Abfahrtszeiten Do und So um 13 Uhr, jedenfalls vorher erfragen, Tel. 45 84 84, oder über die Touristeninformation buchen.

Belleek

Lage: Vordere Umschlagkarte F7
N.I., County Fermanagh, Vorwahl 028

Belleek Pottery
Tel. 68 65 85 01, Fax 68 65 86 25,
März–Juni und Sept. Mo–Fr 9–18 Uhr,
Sa 10–18, So 14–18 Uhr,
Juli/Aug. Mo–Fr 9–20, Sa 10–18 Uhr,
So 14–20 Uhr,
Okt.–Feb. Mo–Fr 9–17.30 Uhr
Fabrikbesichtigung und Verkauf der traditionellen Porzellanwaren.

Kabinenkreuzer Erne/Shannon
Belleek Charter Cruising Corry
Tel. 68 65 80 27, Fax 68 65 87 93

Busse fahren von und nach Enniskillen mehrmals tgl.,
Auskunft: Tel. 66 32 26 33

Blarney

Lage: Vordere Umschlagkarte C1
CountyCork, Vorwahl 021

Blarney Castle
Tel. 438 16 24
(Büro vor dem Schloß)

Christy's Hotel & Restaurant
Tel. 438 50 11, Fax 438 53 50
moderat
Schönes, backsteinernes Bauwerk mit komfortablen Zimmern, unmittelbar neben der alten Weberei gelegen und mit großem Restaurant.

Blarney Castle Hotel
Tel. 438 51 16, Fax 438 55 42

moderat–günstig
Kleines Komforthotel, nur ein paar Schritte von Blarney Castle entfernt.

Camping:
Blarney Caravan and Camping Park
Stone View
Tel. 438 51 67, Fax 438 51 67
40 Stellplätze; ganzjährig geöffnet
Der gepflegte Platz bietet neben einer Küche für Camper auch einen Golfplatz.

Blarney Castle
Tel. 4385252
Juni–Aug. Mo–Sa 9–19, So 9.30–17.30 Uhr, Sept., Mai 9–18.30 Uhr, Okt.–Apr. 9–18 Uhr.
Historische Burg, auf deren Zinnen man den Blarney Stone küssen kann.
Blarney House
Tel. 4385252
Juni–Mitte Sept. Mo–Sa 12–18 Uhr
Schloß aus dem 19. Jh.

Reguläre **Busverbindung** von und nach Cork,
Auskunft: Tel. 450 81 88

Blessington

Lage: Vordere Umschlagkarte G3
CountyWicklow, Vorwahl 045

Blessington Business Centre
Tel. 65850
Juni–Aug. geöffnet.

Tulfarris Country House Hotel, Blessington Lakes
Tel. 867555, Fax 867561
moderat–teuer
Außerhalb des Ortes gelegenes Landhaus aus dem 18. Jh., das einschließlich Swimmingpool und Golfplatz jeglichen Komfort bietet.

Russborough House
Tel. 65239
Ostern–31. Okt. So 10.30–17.30 Uhr, Juni–Aug. tgl. 10.30–17.30 Uhr
Schloß mit einer Gemäldeausstellung alter Meister.

Tgl. Verbindung mit **Bus** Nr. 65 ab Eden Quay in Dublin, außerdem Bedarfshaltestelle der Dublin–Waterford-Linie,
Auskunft: Tel. 01/8 36 61 11

Bundoran

Lage: Vordere Umschlagkarte F7
County Donegal, Vorwahl 072

Main Street,
Tel. 41350
Juni–Sept. tgl. 10–13, 14–18 Uhr.

Great Northern Hotel
Tel. 4 12 04, Fax 41114
teuer
Sandstrand in erreichbarer Nähe, ein eigener 18-Loch-Golfplatz und sehr komfortable Zimmer.
Gillaroo Lodge
West End
Tel. 42357, Fax 42172
gillaroo@iol.ie
günstig
An der Hauptstraße gelegenes Haus, nahe dem Ortszentrum und dem Strand.
Homefield Hostel
Bayview Avenue
Tel. 412 88, Fax 4 10 49

Le Chateaubrianne
Sligo Road
Tel. 42160
Mo–Sa 18.30–21.30, So auch 12.30–15 Uhr
teuer
Klassische Küche in einem anheimelnden Restaurant

Busverbindung mit Sligo und Donegal-Stadt,
Auskunft: Tel. 071/6 00 66

Bushmills

Lage: Vordere Umschlagkarte H7
N.I., County Antrim, Vorwahl 028

Bushmills Inn
9 Dunluce Road
Tel. 20 73 23 39, Fax 20 73 20 48
teuer
Ein altehrwürdiges Haus mit irischem Charme, Torffeuer und einer Einrichtung im Cottage-Stil.

Bayview Hotel
2 Bayhead Road
Portballintrae
Tel. 20 73 41 00, Fax 70 82 61 60
moderat
Zwischen Portrush und Bushmills im gepflegten und ruhigen Ort Portballintrae gelegenes neues, erst 2001 eröffnetes Hotel.

Valley View B & B
6A Ballyclough Road
Tel. 20 74 16 08, Fax 20 74 27 39
günstig
Großzügiger Bungalow etwas außerhalb von Bushmills

Bushmills Inn
25 Main Street
Tel. 20 73 23 39
tgl. bis 22 Uhr
teuer
Eines der zehn besten Restaurants in Nordirland, das den Whiskey auch beim Kochen verwendet (Filet in Sahne-Whiskey-Sauce).

Old Bushmills Distillery
2 Distillery Road
Tel. 20 7 315 21
Führungen Mo–Sa 9–17.30,
So 12–17.30 Uhr
Dies ist die alteste Whiskey-Brennerei in Irland.

Senior British Open Tournament, Ende Juli: Auf dem Royal Portrush Golfplatz mit seinen spektakulären Aussichten findet jedes Jahr eines der wichtigsten Turniere der Profigolfer statt.

Busverbindung mit Coleraine,
Auskunft: 20 74 33 34

Caherdaniel

Lage: Vordere Umschlagkarte A2
County Kerry, Vorwahl 066

Scarriff Inn Guesthouse
Tel. 9 47 51 32, Fax 9 47 54 25
März–Okt.
günstig
Kleine Pension außerhalb des Ortes mit sehr komfortablen Zimmern und Meerblick.

Village Hostel
Tel./Fax 9 47 52 77
nur März–Okt. geöffnet

Camping:
Glenbeg Caravan & Camping Park
Tel. 9 47 51 82
Ostern–7. Okt. geöffnet
71 Stellplätze; etwa 2 km vom Ort entfernt. Der Platz liegt an einer Bucht mit Sandstrand und bietet allen notwendigen Komfort.

Derrynane House
Tel. 06 67/7 51 13
März–Sept. Mo–Sa 9–18, So 11–19 Uhr
Geburtshaus des Volkshelden Daniel O'Connell.

Busverbindung mit Tralee und Killarney,
Auskunft: Tel. 7 12 35 66

Cahir

Lage: Vordere Umschlagkarte E2
County Tipperary, Vorwahl 052

Castle Street,
Tel. 4 14 53
Mai–Sept. Mo–Sa 9–18 Uhr,
Juli/Aug. auch So 13–17 Uhr

Cahir House Hotel
The Square
Tel./Fax 4 27 27
moderat
Georgianisches Haus mit 41 Zimmern im Herzen der Stadt.
Lisakyle Hostel
Lisakyle
Tel. 4 19 63

Camping:
The Apple Caravan and Camping Park
Moorstown
Tel. 4 14 59, Fax 4 27 74
1. Mai-30. Sept. geöffnet
32 Stellplätze; zwischen Cahir und Clonmel gelegener Platz auf dem Gelände einer Obstplantage (Äpfel und Erdbeeren), wo man zur Erntezeit auch kräftig zugreifen darf. Jeglicher Komfort ist vorhanden.

Cahir Castle
Tel. 4 10 11
Juni–Sept. 9–19.30 , Okt.–März So 10–16.30, April-Mai Di–So 9.30–17.30 Uhr
Historische Burganlage.
Swiss Cottage
Tel. 4 11 44
Führungen Mai–Sept. tgl. 10–18 Uhr,
Okt.–Nov.So 10–16.30 Uhr,
April Di–So 10–13, 14–17 Uhr
Zur Burg gehörendes Zierlandhaus.

Busstation an der Strecke Dublin–Cork, Limerick–Waterford, Kilkenny–Cork, Cork–Athlone,
Auskunft: Tel. 061/31 33 33
Mit dem **Zug** zweimal tgl. von und nach Cork und Rosslare und Limerick,
Auskunft: Tel. 061/31 55 55

Carnlough

Lage: Vordere Umschlagkarte J7
N.I., County Antrim, Vorwahl 028

Post Office
Harbour Road
Tel. 28 88 52 10

Ballygally Castle Hotel
274 Coast Road
Ballygally,
Tel. 28 58 32 12, Fax 28 58 36 81
teuer
Unmittelbar an der Küste zwischen Carnlough und Larne gelegene Burg, die zum Komforthotel ausgebaut wurde.
Londonderry Arms Hotel
20 Harbour Road
Tel. 28 88 52 55, Fax 28 88 52 63
moderat
Eines der beliebtesten Hotels in Nordirland, romantisch und efeubewachsen und einstmals im Besitz derer von Churchill.

Camping:
Ruby Hill Caravan Park
46 Largy Road
Tel. 28 88 56 92
1. April-31. Okt geöffnet
8 Stellplätze; notwendiger Komfort (Duschen, Strom) sind vorhanden.

Londonderry Arms Hotel
20 Harbour Road
Tel. 28 88 52 55
Mo–Do bis 21, Fr u. Sa bis 21.30,
So bis 20.15 Uhr
moderat
Vielgerühmte Küche mit Schwerpunkt auf Meeresfrüchten in einem romantischen Ambiente.

Busverbindung tgl. außer So von und nach Ballymena und Belfast sowie nach Cushendun und Larne,
Auskunft: Tel. 25 65 22 14

Carrickfergus

Lage: Vordere Umschlagkarte J6
N. I. County Antrim, Vorwahl 028

Heritage Plaza
Antrim Street
Tel. 93 36 64 55, Fax 35 03 50
Mo–Fr 9–17 Uhr, Juni–Sept. bis 18 Uhr, Sa 10–18, So 12–18 Uhr.

Dobbins Inn Hotel
6/8 High Street
Tel. Fax 93 35 10 05
info@dobbinsinnhotel.co.uk
teuer
Ein kleines Hotel mit großer Geschichte: Gebaut im 15. Jh., gleichwohl modernen Ansprüchen angeglichen (jüngst modernisiert), soll dort ein hauseigener Geist namens Maud umgehen.

Wind-Rose
Rodgers Quay
Tel. 93 36 41 92,
Mo–Sa 12–14.30, 17.30–21, So 18–20 Uhr
teuer
Eines der wenigen Bistro-Restaurants der Stadt, das gehobene Küche anbietet.

Carrickfergus Castle
Marine Highway
Tel. 93 35 12 73
April–Sept. Mo–Sa 10–18, So 14–18 Uhr, Okt.–März Mo–Sa 10–16, So 14–16 Uhr
Historische Burganlage
Knight Ride
Antrim Street
Tel. 93 36 64 55
April–Sept. Mo–Sa 10–19, So 12–18 Uhr, Okt.–März Mo–Sa 10–17, So 12–17 Uhr
Eine Mischung aus historischem Museum und Disney-Park.

Regelmäßige **Busverbindung** von und nach Belfast, sowie **Züge** von und nach Belfast Central Station und Botanic Station.
Busauskunft: Tel. 90 32 00 11
Bahnauskunft: Tel. 93 35 12 86

Carrick-on-Shannon

Lage: Vordere Umschlagkarte E5
County Leitrim, Vorwahl 078

The Quay
Tel. 20170
ganzjährig Mo–Sa 9–20, So 10–14 Uhr

Aisleigh Guest House
Dublin Road
Tel./Fax 203 13
günstig
Ein modernes, mit allem Komfort ausgestattetes Gasthaus mit Sauna.
Canal View House
Keshcarrigan
Tel. 4 20 56, Fax 4 22 61
canalviewcountryhome@eircom.net
günstig
Außerhalb des Ortes gelegenes Haus mit Blick auf die Boote auf dem Kanal. Restaurant im Haus.
Town Clock Hostel
Main St.
Tel. 200 68
Juni–Sept. geöffnet

The Pyramids
Tel. 203 33
tgl. 17–23 Uhr
moderat
Eine Abwechslung in Irland: Ein ägyptisches Restaurant, das durchaus exquisite Speisen bietet.

Kabinenkreuzer Erne/Shannon
Crown Blue Line
Rosebank Marina
Tel. 2 11 96, Fax 2 10 36
Emerald Star
The Marina
Tel. 2 02 34, Fax 2 14 33

Dreimal tgl. **Expreßbus** nach Dublin und Sligo sowie Verbindungen nach Limerick, Cork, Waterford, Galway, Belfast und Derry,
Auskunft: Tel. 071/6 00 66
Mit dem **Zug** tgl. Verbindungen von und nach Dublin und Sligo,
Auskunft: Tel. 071/6 98 88

Carrick-on-Suir

Lage: Vordere Umschlagkarte E2
County Tipperary, Vorwahl 051

Carraig Hotel
Main Street
Tel. 64 14 55, Fax 64 16 04
moderat
Kleines, aber gut ausgestattetes Hotel mit Restaurant und Bar.

Camping:
Carrick-on-Suir Caravan and Camping Park
Bally Richard, Kilkenny Road
Tel. 64 04 61
1. März-1. Nov. geöffnet
41 Stellplätze; nur 5 Min. zu Fuß vom Stadtzentrum, aber dennoch mitten in der Landschaft.

Ormond Castle
Tel. 64 07 87
Mitte Juni–Mitte Sept. tgl. 9.30–18.30 Uhr
Historische Burganlage.

Busverbindungen von und nach Limerick, Waterford, Dublin, Clonmel, Galway, Rosslare, Tralee, Cork und Kilkenny, Auskunft: Tel. 87 90 00
Zug zweimal tgl. von und nach Cork und Rosslare, sowie nach Waterford, Limerick, Dublin und Tralee,
Auskunft: Tel. 87 34 01

Cashel

Lage: Vordere Umschlagkarte E2
County Tipperary, Vorwahl 062

Town Hall,
Tel. 6 13 33,
Juli/Aug. Mo–Sa 9–18, So 11–17 Uhr

Baileys of Cashel Guesthouse,
Main Street
Tel. 6 19 37, Fax 6 20 38
günstig
Ein kleines, sehr nettes Gasthaus in einem mit modernem Komfort ausgestatteten georgianischen Stadthaus aus dem Jahr 1709.

Cashel Holiday Hostel
6 John Street
Tel. 6 23 30, Fax 6 24 45

Chez Hans
Wesleyan Chapel
Tel. 6 11 77
Mo–Sa 18.30–22 Uhr
teuer
Das Restaurant ist in einer ehemaligen, geschmackvoll umgestalteten Kirche untergebracht. Speisen und Service gehören zum besten der Region.

Cashel Folk Village
Dominic Street
Tel. 6 25 25
März–April tgl. 10–18,
Mai–Okt. tgl. 10–19.30 Uhr
Folkloristisches Dorf mit Kunsthandwerk und Pubs.
Rock of Cashel
Tel. 6 14 37
Mitte Juni–Mitte Sept. tgl. 9–19.30 Uhr,
Mitte März–Mitte Juni tgl. 9.30–17.30 Uhr,
Mitte Sept.–Mitte März tgl. 9.30–16.30 Uhr
Historische Kirchenburg.

Busverbindungen von und nach Dublin, Limerick und Cork,
Auskunft: Tel. 061 / 31 33 33

Clifden

Lage: Vordere Umschlagkarte C5
County Galway, Vorwahl 095

Market Street
Tel. 2 11 63
März–Sept. Mo–Sa 9–17.45 Uhr,
So 12–16 Uhr

Abbeyglen Castle
Sky Road
Tel. 2 12 01, Fax 2 17 97
teuer
Traumhaft gelegenes Schloßhotel aus dem 19. Jh. mit zahlreichen Freizeitangeboten und schönem Blick auf Clifden.

Foyles Hotel
The Square
Tel. 21801, Fax 21458
moderat
Am zentralen Platz von Clifden gelegen, ist das komfortable Haus mit dem gemütlichen Patio eine Institution in Connemara.
Mallmore House
Ballyconneely Road
Tel. 21460
günstig
Wunderschönes georgianisches Haus mit großzügigen Gasträumen.
Clifden Town Hostel
Market Street
Tel. 2 10 76

O'Grady's Seafood Restaurant
Market Street
Tel. 21450
Mo–Sa 12–14.30, 18.30–22 Uhr
moderat
Eigentlich ein hervorragendes Fischlokal, doch werden dort auch interessante Gerichte aus aller Welt angeboten.

Clifden Community Arts Week, Ende September: Von Straßentheater über Dichterlesungen, Harfenkonzerten und Kunstausstellungen reicht das Spektrum dieses Festivals, Auskunft: Tel. 21295.
Connemara Pony Show
Mitte August: Weltweit berühmter Pferdemarkt, daneben werden auch Schafe und Hunde preisgekrönt und gehandelt, und es gibt reichlich irische Folklore, Auskunft: Tel. 21863.

Busverbindung von und nach Galway nur werktags, im Sommer auch einmal tgl. von und nach Westport, Auskunft: Tel. 091 / 56 20 00

Clonmacnoise

Lage: Vordere Umschlagkarte E4
County Offaly, Vorwahl 0905

Klosteranlage
Tel. 74134
April–Sept. Mo–Do 9–18, Fr–So 10–18 Uhr.

Die Besucher kommen meist in Athlone unter, siehe dort.

Klosteranlage
Tel. 74195
Juni–Sept. tgl. 9–19 Uhr,
Okt.–Mai tgl. 10–18 Uhr

Cobh

Lage: Vordere Umschlagkarte D1
County Cork, Vorwahl 021

The Old Yacht Club
Tel. 4813301
Mo–Fr 9.30–17.30, Sa/So 11–17.30 Uhr

Commodore Hotel
Tel. 4811277, Fax 4811672
moderat
Mitten in Cobh gelegenes Hotel mit Swimmingpool und Dachgarten und Blick auf den Hafen.
Robin Hill Guesthouse & Restaurant, Lake Road
Rushbrooke
Tel. 4811395
moderat
Pension mit Restaurant in einem gepflegten Landsitz aus dem 19. Jh., etwas außerhalb der Stadt.
Highland
Ballywilliam
Tel./Fax 4813873
highlandcobh@eircom.net
günstig
Großzügiges, modernes Haus, etwa 1 km außerhalb von Cobh.

The Queenstown Story
Railway Station
Tel. 4813595

tgl. 10–18 Uhr
Museale Aufbereitung des alten Auswandererhafens, einschließlich einer beeindruckenden Darstellung der ›Titanic‹.

Segeln: International Sailing
East Beach
Tel. 481 12 37, Fax 481 15 27

Regelmäßige **Bus- und Zugverbindungen** von und nach Cork.

Cork

Lage: Vordere Umschlagkarte D1
County Cork, Vorwahl 021

Grand Parade
Tel. 4273251, Fax 4273504
ganzjährig Mo–Sa 9–17, So 14–17 Uhr

Imperial Hotel
South Mall
Tel. 4274040, Fax 4275375
teuer
Ein in der Innenstadt gelegenes Nobelhotel.

Hotel Isaacs
48 MacCurtain Street
Tel. 450 00 11, Fax 4506355
moderat
Ein Hotel im Stadtzentrum, dessen Zimmer jeweils unterschiedlichen irischen Literaten gewidmet sind.

Number Forty Eight
48 Lr. Glanmire Road
Tel./Fax 4505790
günstig
Ein viktorianisches Stadthaus im Stadtzentrum beherbergt diese Pension.

Kinlay House Shandon Hostel
Shandon, Roman Street
Tel. 4508966, Fax 4506927

Jacques
Phoenix Street
Tel. 4277387
Mo–Sa 12–15, 18–22.30 Uhr
teuer
Lifestyle-Restaurant für die jungen Erfolgreichen, mit guter, französisch angehauchter Küche.

Café Paradiso
16 Lancaster Quay, Western Road
Tel. 427 79 39
Di–Sa 10.30–22.30 Uhr
moderat
Ein vegetarisches Restaurant, das kreative und leichte Küche bietet.

No 5 Fenn's Quay
Fenn's Quay
Tel. 427 95 27
Mo–Sa 10–22 Uhr
moderat
Französisch angehauchtes Speisenangebot, sorgfältig zubereitet

Crawford Municipal Gallery
Emmett Place
Tel. 4273377
Mo–Fr 9–17, Sa 9–13 Uhr
Renommierte Kunstgalerie.

An Spaillpin Fanac
28 South Main Street
Tel. 4277949
Traditionelles Pub mit Live-Musik.

Old Oak
113 Oliver Plunkett Street
Tel. 427 61 65
Modernes Pub im traditionellen Gewand mit Live-Musik.

Cork International Choral Festival, Ende April: Internationale Chöre präsentieren sich seit dem Jahr 1954,
Auskunft: Tel. 4308308.

Cork Film Festival
Anfang Oktober: das älteste und interessanteste Filmfestival in Irland mit überwiegend einheimischen Produktionen,
Auskunft: Tel. 427 17 11

Guinness Jazz Festival
Ende Oktober: über 100 Jazzkonzerte mit den Größen der internationalen Szene,
Auskunft: Tel. 4273946.

Golf: Fota Island Golf Club
Carrigtwohill
Tel. 488 37 00, Fax 488 37 13

Die zentrale **Busstation** befindet sich am Parnell Place mit Verbindungen in alle Städte und ins Umland. Vom Bahnhof in der Glanmire Road verkehren **Züge** von und nach Dublin, Killarney und Waterford.
Der **Flughafen** liegt ca. 8 km südlich von Cork und bietet Linienflüge nach Dublin, London, Paris und Amsterdam.
Busauskunft: Tel. 4 50 81 88
Bahnauskunft: Tel. 4 50 48 88
Flugauskunft: Tel. 4 31 31 31

Crossmaglen

Lage: Vordere Umschlagkarte G5
N.I., County Armagh, Vorwahl 028

The Tourist Office
Ó'Fiaich Square 25
Tel. 30 86 89 00, Fax 30 86 00 01

Murtagh's Bar & Guest House
13–14 North Street
Tel. 30 86 13 78
günstig
Ein sehr hübsches Pub mit B & B und einem netten, aber eigenwilligen Wirt.

Ashfield Golf Club
Freeduff, Cullyhanna
Tel. 30 86 81 80
Di–So 12–21, Mo ab 14 Uhr
moderat
Da in Crossmaglen die Fish & Chips-Kultur vorherrscht, ist der außerhalb gelegene Golfclub die einzige Wahl. Es gibt Gegrilltes und Salate.

Hearty's Folk Cottage
Glassdrummond
Tel. 30 86 81 88
So 14–19 Uhr
Café, Antiquitäten und Kunsthandwerk sowie traditionelle Live-Musik am Wochenende.

Crossmaglen Drama Festival
April: kleines Theaterfest.
Horse Fair, September: Pferdemarkt auf dem großen Marktplatz.

Viermal tgl. **Busverbindung** von und nach Newry (außer So), Auskunft: Tel. 30 26 35 31

Cushendall

Lage: Vordere Umschlagkarte J7
N. I. County Antrim, Vorwahl 028

Mill Street
Tel. 21 77 11 80
Mo–Fr 10–13, 15–17, Sa 10–13 Uhr

Thornlea Hotel
6 Coast Road
Tel. 21 77 12 23, Fax 21 77 13 62
moderat
Einziges, nicht gerade luxuriöses Hotel im Ort.
Cushendall Hostel
Moneyvart House, 42 Layde Road
Tel. 21 77 13 44

Camping:
Cushendall Caravan Park
62 Coast Road
Tel. 21 77 16 99
2. April–30. Sept. geöffnet
26 Stellplätze; nahe dem Meer gelegener Platz mit Restaurant. Einkaufsmöglichkeiten und Bootsverleih.

Harry's
10 Mill Street
Tel. 21 77 20 22
Mo–Sa 12.30–16, 18.30–21.15 Uhr,
So 12.30–15, 19–21.30 Uhr
moderat
Nettes Restaurant mit Fischspezialitäten.

Busverbindungen von und nach Ballymena, Larne, Belfast und Portrush, Auskunft: Tel. 25 65 22 14

Cushendun

Lage: Vordere Umschlagkarte J7
N. I. County Antrim, Vorwahl 028

National Trust Office
Tel. 21 76 15 06
Ostern–Juni, Sept. Sa, So 12.30–18 Uhr,
Juli/Aug. tgl. 12.30–18 Uhr

Bay Hotel
20 Strandview Park
Tel. 21 76 12 67
günstig
Größeres, wenn auch nicht großartiges Hotel mit spektakulärer Lage am Meer.

Camping:
Cushendun Caravan Park
14 Glendun Road
Tel. 21 76 12 54
2. April–30. Sept. geöffnet
24 Stellplätze; gut ausgestatteter Platz im Gelndun-Tal.

siehe Cushendall

Derry

Lage: Vordere Umschlagkarte G7
N. I. County Derry, Vorwahl 028

44 Foyle Street,
Tel. 71 26 72 84, Fax 71 37 79 92
Okt.–Ostern Mo–Fr 9–17 Uhr,
Ostern–Juni auch Sa 10–18 Uhr,
Juli–Sept. Mo–Sa 9–20, So 10–18 Uhr

Beech Hill Country House Hotel
32 Ardmore Road
Tel. 71 34 92 79, Fax 71 34 53 66
teuer
Elegantes Landhaus, etwa 3 km außerhalb des Stadtzentrums.
Da Vincis
15 Culmore Road
Tel. 71 27 91 11, Fax 71 27 92 22
teuer–moderat
Neues Hotel, dessen Zimmer mit je zwei Doppelbetten nach Einheitspreis vermietet werden, gleichgültig, wieviele Leute dort übernachten.
Brae Head House
22 Brae Head Road
Tel./Fax 71 26 31 95
günstig
Ein georgianisches Farmhaus mit allem Komfort, etwa 3 km vom Stadtzentrum entfernt.
Clarence House
15 Northland Road
Tel. 71 26 53 42
günstig
Komfortables Gasthaus, wo auch Golf-, Reit und Angelaktivitäten vermittelt werden.
Oakgrove Manor Hostel
4 Magazine Street
Tel. 71 37 22 73

Ardtara House
8 Gorteade Road, Upperlands
Tel. 79 64 44 90
Mo–Sa 12.30–14, 17–21 Uhr,
So nur mittags
teuer
Muscheln in Safranbutter-Sauce oder Sperrin-Lamm gehören zu den Spezialitäten dieses Feinschmeckerlokals.
Brown's
1 Bonds Hill
Tel. 71 34 51 80
Mo–Sa 12.30–14.30, 17.30–23.30 Uhr,
So bis 21.30 Uhr
moderat
Moderne europäische Küche, aber auch irisches Lamm, Fischgerichte und vegetarische Speisen.
Da Vinci's Restaurant
19 Culmore Road
Tel. 71 37 20 74
tgl. 17.30–22.30 Uhr
moderat
Recht gutes und stilvoll eingerichtetes italienisches Restaurant in einem geräumigen Haus, das zusätzlich noch über drei Bars verfügt. Di gibt es traditionelle Sessions, Do und Fr Disko und Sa Live-Musik.

Craft Village
Shipquay Street

Tel. 71 26 03 29, Fax 71 36 09 21
Folkloristisches Ensemble; in Bridie's Cottage gibt es im Sommer jeden Mittwoch traditionelle irische Musik- und Tanzveranstaltungen.

Fifth Province
Butcher Street
Tel. 71 37 31 77
tgl 10–20 Uhr
Museum zur keltischen Vergangenheit

Guildhall
Shipquay Place
Tel. 71 37 73 35
Mo–Fr 10–16, Juni–Sept. auch Sa 10–16 Uhr
Rathaus und Veranstaltungsort in einem geschichtsträchtigen Gebäude.

Tower Museum
Union Hall Place
Tel. 71 37 24 11
Di–Sa 10–17 Uhr, Juli/Aug. auch Mo10–17, So 14–17 Uhr
Eines der besten Museen Nordirlands, das u. a. die *Troubles* aus der Sicht beider Parteien darstellt.

Bogside Inn
21 Westland Street
Tel. 71 26 93 00
Das Pub in der Bogside kann man getrost als republikanische Festung betrachten, in der die Stammgäste aber auch offen für das touristische Interesse sind.

Castle Bar
26 Waterloo Street
Tel. 71 26 31 18
Eines der vielen Lokale in der ›Pubmeile‹ Waterloo Street; am Wochenende traditionelle Live-Musik.

Dungloe Bar
41 Waterloo Street
Tel. 71 26 77 16
Traditionelle Live-Musik in einem schlichten Pub, in dem man Aufnahmen der Bogside aus alten Zeiten an den Wänden bewundern kann.

Grand Central
27 Strand Road
Tel. 71 26 78 26
In den *Troubles* ausgebombt, aber original wieder aufgebaut mit traditionell irischer Atmosphäre.

Peadar O'Donnell
63 Waterloo Street
Tel. 71 37 23 18
Jeden Abend traditionelle Sessions in dem gemütlichen Pub, das nach einem irischen Gewerkschafter aus dem Unabhängigkeitskrieg 1921 benannt ist.

Infos über Touristenbüro.
International Jazz & Blues Festival, Ende Mai: ganz Derry im Jazzfieber, Höhepunkte sind die Konzerte auf der Stadtmauer und die Musiktouren auf dem River Foyle.

Banks of the Foyle Festival
Oktober: Theater, Tanz, Literatur und Musik, von Folk über Rock bis Klassik.

Foyle Film Festival
zweite Novemberhälfte: Schwerpunkt auf irischen, klassischen und futuristischen Produktionen.

Golf: Foyle International Golf Centre
12 Alder Road
Tel. 71 35 22 22, Fax 71 35 39 67

Der **Busterminal** befindet sich an der Foyle Street gegenüber der Guildhall; regelmäßige Verbindungen mit Belfast und Omagh sowie einmal tgl. mit Cork und dreimal tgl. mit Galway. Im Sommer fahren auch Busse nach Portstewart und Portrush sowie werktags nach Buncrana und Malin Head,
Auskunft: Tel. 71 26 22 61
Der **Bahnhof** befindet sich am Ostufer des Foyle (Duke Street) mit Zugverbindungen nach Belfast via Portrush,
Auskunft: Tel. 71 34 22 28
Der **Eglington Airport** liegt ca. 13 km östlich von Derry mit Direktflügen u. a. nach Glasgow, Manchester, Belfast, Dublin und Paris,
Auskunft: Tel. 71 81 07 84

Dingle

Lage: Vordere Umschlagkarte A3
CountyKerry, Vorwahl 0 66

Main Street
Tel. 9 15 11 88
April–Okt.

Benner's Hotel
Main Street
Tel. 9 15 16 38, Fax 9 15 14 12
teuer–moderat
Ein restauriertes Hotel mit 250jähriger Tradition, liebevoll möbliert, mit allem Komfort.
Captain's House
The Mall
Tel. 9 15 15 31, Fax 9 1 5 10 79
günstig
Gemütliches Gasthaus mit Frühstück im Wintergarten und maritimer Einrichtung.
The Lighthouse
High Road, Ballinaboula
Tel. 9 15 18 29
lighthousebandb@eircom.net
günstig
Großzügiges Haus am Rande von Dingle mit wunderbarem Blick auf den Hafen.
Mrs. Mary O'Neill
John Street
Tel. 9 15 16 39
sehr preiswert
Ruhiges, aber dennoch im Ort gelegenes Gasthaus mit allen Annehmlichkeiten.
Ballintaggart Hostel
Racehorse Road
Tel. 9 1 5 14 54, Fax 9 15 22 07

Camping:
Ballintaggart House Caravan and Camping Site
Tel. 9 15 14 54, Fax 9 15 22 07
ganzjährig geöffnet
54 Stellplätze; der Platz liegt auf dem Gelände eines Jagdhauses aus dem 18. Jh. und bietet neben all den üblichen Einrichtungen auch ein Restaurant und einen Fahrradverleih.

Beginish Restaurant
Green Street
Tel. 9 15 13 21
April–Okt. Di–So 12.30–14.15, 18–22 Uhr
teuer
Eines der schönsten Fischrestaurants der Stadt, mehrfach preisgekrönt.
The Chart House
The Mall, an der Kreuzung am Ortseingang
Tel. 9 15 22 55
Mi–Mo 18.30–22 Uhr
moderat
Traditionelle irische Küche auf moderne, d. h. leichte Art zubereitet.

Mara Beo Aquarium
Tel. 9 1 5 21 11, Fax 9 15 21 22
Ostern–Okt. tgl. 10–18, Juli/Aug. bis 20 Uhr, Nov.–Ostern 10–17 Uhr
Spektakuläres Meeresaquarium, spannend auch für Kinder.

In fast jedem Laden, vor allem in der Hafengegend, gibt es **Fungie-Devotionalien**, stilisierte oder kitschige Delphindarstellungen. Hübsch ist der **Silberschmuck** in der Ladenzeile am Kai.

Reiten: Dingle Horse Riding
Ballinaboula
Tel. 9 15 21 99, Fax 9 15 20 18

Busverbindungen zweimal tgl. außer So mit Tralee, im Sommer auch mit Killarney,
Auskunft: Tel. 2 35 66

Donegal

Lage: Vordere Umschlagkarte F7
County Donegal, Vorwahl 0 73

Quay Street
Tel. 2 11 48, Fax 2 27 62
Ostern–Sept. Mo–Sa 9–20, So 9–18 Uhr, Okt.–Ostern Mo–Sa 9–18 Uhr

Central Hotel
The Diamond
Tel. 2 10 27, Fax 2 22 95
moderat

Moderner Komfort (Swimmingpool, Fitness-Studio) und altmodischer Charme im Herzen der Stadt.

The Arches Country House
Lough Eske, Barnesmore
Tel/Fax 2 20 29
archescountryhse@eircom.net
günstig
Nahezu luxuriöses Haus mit Blick auf den Lough Eske, ca. 8 km außerhalb Donegals.

Donegal Town Independent Hostel
Doonan (etwa 2 km westlich der Stadt an der Killybegs Road)
Tel. 2 28 05

O'Donnell Castle
Mitte Juni–Sept. tgl. 10–18 Uhr
Historische Burgruine.

Magee of Donegal
The Diamond
Tel. 2 26 60, Fax 2 12 83
Teuerster und edelster Hersteller sehr eleganter Tweedmode.

Busverbindung mit Derry, Enniskillen, Belfast, Sligo, Galway, Limerick und Cork, Auskunft: Tel. 071/6 00 66

Doolin

Lage: Vordere Umschlagkarte C4
County Clare, Vorwahl 065

Aran View House Hotel
Coast Road
Tel. 7 07 40 61, Fax 7 07 45 40
moderat
Großzügiges Hotel in einem georgianischen Herrensitz mit Blick auf die Cliffs of Moher und die Aran Islands.

Sea View House
Fisher Street
Tel. 7 07 48 26, Fax 7 07 48 49
seaviewhouse@netscape.net
günstig
Sehr komfortables Haus mit Meeresblick und einer großen Frühstücksauswahl.

Westwinds B & B
Roadford
Tel. 7 07 42 27
sehr preiswert
Kleines und ausgesprochen freundliches B & B mit großartigem Frühstück.

Paddy Moloney's Doolin Hostel
Fisher Street
Tel. 7 07 40 06

Rainbow Hostel
Roadford
Tel. 7 07 44 15

Camping:
O'Connor's Riverside Camping and Caravan Park
Tel. 7 07 43 14, Fax 7 07 44 98
1. April–30. Sept. geöffnet
50 Stellplätze; zwischen den beiden Ortsteilen gelegener Platz mit sehr guten sanitären Anlagen.

Bruach na Haille
Roadford
Tel.7 07 41 20
tgl. 18–21.30 Uhr, Nov.–März geschlossen
moderat
Frische, einheimische Produkte werden in Doolins ältestem und anheimelndsten Restaurant zubereitet.

McDermott's
Roadford
Tel. 7 07 47 00
Live-Music und *Craic*

McGann's
Roadford
Tel. 7 07 41 33
Zweitwichtigstes und schönstes Pub

O'Connor's
Fisher Street
Tel. 7 07 41 68
Das Pub für Sessions irischer traditioneller Musik.

Reiten: Burren Riding Centre
Fanore
Tel. 7 07 61 40, Fax 7 07 62 33

Busverbindungen mit Ennis, Galway und Limerick,
Auskunft: Tel. 6 82 41 77

Downpatrick

Lage: Vordere Umschlagkarte J5
N. I. County Down, Vorwahl 028

74 Market Street
Tel. 44 61 22 33, Fax 44 61 23 50
Mo–Sa 9.30–17 Uhr,
Juni–Aug. auch So 14–17 Uhr

Tyrella House B & B
Clanmaghery Road
Tyrella
Tel. 44 85 14 22
moderat
Romantisches Landhaus außerhalb der Stadt mit irischer Küche (Lamm, Lachs) und einem Reitstall.

Down County Museum
The Mall
Tel. 44 61 52 18
Juli–Mitte Sept. Mo–Fr 11–17 Uhr,
Sa/So 14–17 Uhr,
Sept.–Juni Di–Fr 11–17, Sa 14–17 Uhr
Gefängnismuseum und Ausstellung zu St. Patrick
Kathedrale
Tel. 44 61 49 22
Mo–Fr 10–13, 14–17,
Sa u. So 14–17 Uhr
St Patrick Centre
Tel. 44 61 90 00, Fax 44 61 91 11
www.saintpatrickcentre.com
Mo–Sa 9.30–17.30, So 10–17.30 Uhr
Modernes Museum rund um den heiligen Patrick.

Reiten: Drumgooland House
29 Dunnanew Road, Seaforde
Tel. 44 81 19 56, Fax 44 81 12 65

Regelmäßige **Busverbindung** mit Belfast,
Auskunft: Tel. 44 61 23 84

Drogheda und Boyne Valley

Lage: Vordere Umschlagkarte G/H 4/5
Counties Louth und Meath, Vorwahl 0 41

West Street, Drogheda
Tel. 9 83 70 70
Newgrange
Tel. 9 82 42 74
April–Sept. tgl. 10–19 Uhr

Boyne Valley Hotel
Drogheda
Tel. 9 83 77 37, Fax 9 83 91 88
moderat
Sehr hübsches Landhaus mit Tennis- und Golfplatz etwas außerhalb der Stadt an der N1 Richtung Dublin.
Conyngham Arms Hotel
Slane
Tel. 9 88 44 44, Fax 9 82 42 05
moderat
Ein Landhaus aus dem 19. Jh. mit allem Komfort samt Restaurant.
Tullyesker Country House
Dundalk Road, Monasterboice
Tel. 9 83 04 30, Fax 9 83 26 24
mcdonnellfamily@ireland.com
günstig
Feb.–Nov.
Sehr komfortables Haus mit wunderbarem Blick, ca. 4 km von Drogheda.
Kells Hostel
Cavan Road, Kells
Tel. 0 46/4 01 00, Fax 4 06 80

Buttergate Restaurant
Millmount, Drogheda
Tel. 9 83 47 59
Di–So 12.30–14.30, 18–22 Uhr
moderat
Am offenen Kamin werden Meeresfrüchte angeboten, etwas außerhalb von Drogheda gelegen.

Mellifont Abbey
Tel. 2 64 59
Mai–Mitte Juni, tgl. 10–17 Uhr,
Mitte Juni–Mitte Sept. 9.30–18.30,
Mitte Sept.–Ende Okt. 10–17 Uhr
Historische Ruine: ›Kloster zur Honigquelle‹.

Monasterboice
Mai–Mitte Juni, tgl. 10–17 Uhr,
Mitte Juni–Mitte Sept. 9.30–18.30 Uhr,
Mitte Sept.–Ende Okt. 10–17 Uhr
Historische Klosterruine.
Newgrange, **Knowth**, **Dowth**
Tel. 2 48 24
Mai–Mitte Juni, tgl. 10–17 Uhr,
Mitte Juni–Mitte Sept. 9.30–18.30 Uhr,
Mitte Sept.–Ende Okt. 10–17 Uhr
Prähistorische Ganggräber.
Tara
Tel. 0 46/2 59 03,
Mai–Mitte Juni, tgl. 9.30–17 Uhr,
Mitte Juni–Mitte Sept. 9.30–18.30 Uhr,
Mitte Sept.–Ende Okt. 10–17 Uhr
Keltische Ausgrabungsstätte mit Museum.
Trim Castle
Tel. 0 46/3 71 11
Historische Burganlage.

Neptune Adventure Centre
Green Door Hostel
47 John Street, Drogheda
Tel. 9 83 44 22, Fax 9 84 56 24
Aktivitäten wie Segeln, Kanu auf dem Fluß, Surfen, Windsurfen, Schnorcheln, Wandern.

Regelmäßige **Busverbindung** nach Drogheda bestehen von und nach Dublin, Dundalk und Belfast, einmal tgl. auch von und nach Galway,
Auskunft: Tel. 9 83 50 23
Zu den Klöstern und Gräbern fahren täglich mehrere Busse ab Dublin via Drogheda.
Das Tourist Office bietet in der Saison einmal tgl. eine Bustour nach Newgrange, Boyne Valley und Tara an,
Auskunft: Tel. 9 83 50 23
Der **Bahnhof** liegt östlich des Stadtzentrums an der Dublin Road mit tgl. Zugverbindungen nach Dublin und Belfast,
Auskunft: Tel. 9 83 87 49

Dublin

Lage: Vordere Umschlagkarte G3
County Dublin, Vorwahl 01

Dublin Tourism Centre,
Suffolk Street, Dublin 2
Tel. 6 05 77 99, Fax 6 05 77 87

Shelbourne Hotel
27 Stephen's Green, Dublin 2
Tel. 6 63 45 00, Fax 6 61 60 06
sehr teuer
Dublins geschichtsträchtige Luxusherberge.
George Frederic Handel Hotel
16–18 Fishamble Street, Dublin 8,
Tel. 6 70 94 00, Fax 6 70 94 10
teuer
Komforthotel, etwa dort, wo Händels ›Messias‹ uraufgeführt wurde.
Longfield's Hotel
Fitzwilliam Street Lower, Dublin 2
Tel. 6 76 13 67, Fax 6 76 15 42
teuer
Sehr gemütliches und gepflegtes Hotel in einem alten georgianischen Haus.
Iona Guesthouse
5 Iona Park, Glasnevin, Dublin 9
Tel. 8 30 62 17, Fax 8 30 67 32
moderat
Gemütliche Pension im viktorianischen Stil, aber mit allem modernen Komfort.
The Anchor Guest House B & B
49 Lower Gardiner Street, Dublin 1
Tel. 8 78 69 13, Fax 8 78 80 38
günstig
Georgianisches gepflegtes Haus im Stadtzentrum.
Globetrotters Tourist Hostel,
46–48 Lower Gardiner St., Dublin 1,
Tel. 8 73 58 93, Fax 8 78 87 87
Barnacles Temple Bar House Hostel
19 Temple Lane, Dublin 2
Tel. 6 71 62 77

Abbey Tavern Restaurant
Abbey Street, Howth
Tel. 8 39 03 07
tgl. 10.30–23.30 Uhr
teuer
Auf der Halbinsel Howth gelegenes, stilvolles Restaurant, mit Gaslicht und offe-

nem Kamin. Meeresfrüchte sind eine Spezialität.

Dish
2 Crow Street, Temple Bar, Dublin 2
Tel. 671 12 48
tgl. 12.30–23.30 Uhr
teuer
Sorgfältig bereitete urbane Küche, die internationale Ingredienzien gekonnt kombiniert.

L'Écrivain
112 Lower Baggot Street, Dublin 2
Tel. 661 19 19
Mo–Fr 12.30–14, 19–23 Uhr, Sa nur abends
teuer
Sehr verfeinerte irische Küche, die sich hauptsächlich auf Meeresfrüchte spezialisiert hat

The Mermaid Café
69/70 Dame Street, Temple Bar, Dublin 2
Tel. 670 82 36
Di–Sa 12.30–14.30, 18.30–22.30 Uhr
teuer–moderat
Kühl-elegantes Restaurant mit feiner klassischer Küche.

101 Talbot
100-102 Talbot Street, Dublin 1
Tel. 874 50 11
Di–Sa 17–23 Uhr
moderat
Ein lockeres Restaurant mit junger Atmosphäre, aber mit exzellenter klassisch-irischer Küche.

Christ Church Cathedral
Christchurch Place, Dublin 8
tgl. 10–17 Uhr
Ältester Kirche Dublins.

Dublin Castle
Dame Street, Dublin 2
Tel. 6777129
Mo–Fr 10–17, Sa/So 14–17 Uhr
Dubliner Schloß, Besuch nur mit Führung.

Dublin Experience
Trinity College, Dublin 2
Tel. 6082320
Mai–Okt. tgl. zwischen 10 und 17 Uhr stündliche Vorführung
Animierte Ton-Dia-Show zur Geschichte Dublins.

Dublinia
St. Michael's Hill, Christ Church, Dublin 8
Tel. 6794611
Okt.–März Mo–Sa 11–16, So 10–16.30 Uhr,
April–Sept. tgl. 10–17 Uhr
Szenisch dargestellte Ausstellung zur Geschichte Dublins.

Guinness Museum
Crane Street, Dublin 8
Tel. 4536700
Mo–Sa 9.30–17, So 10.30–16.30 Uhr
Geschichte der berühmten Brauerei.

Irish Whiskey Corner
Bow Street, Dublin 7
Tel. 8072355
tgl. Führungen 9.30–17 Uhr
Ehemalige Whiskey-Brennerei.

James Joyce Centre
35 North Great George's Street, Dublin 1,
Tel. 8788547
Mo–Sa 9.30–17, So 12.30–17 Uhr
Andenken an den Schriftsteller, samt Buchladen und Café.

Kilmainham Goal
Inchicore Road, Dublin 8
Tel. 4535984
April–Sept. tgl. Führungen 9.30–16.45,
Okt.–März Mo–Fr 9.30–16, So 10–16.45 Uhr
Ehemaliges Staatsgefängnis, in dem zahlreiche Rebellen einsaßen und zu Tode kamen.

Municipal Art Gallery
Parnell Square, Dublin 1
Tel. 8741903
Di–Do 9.30–18, Fr/Sa bis 17, So 11–17 Uhr
Städtische Kunstausstellung.

National Gallery
Merrion Square West, Dublin 2
Tel. 6615133, Mo–Sa 14–17.30,
Do 10–20.30, So 14–17 Uhr
Größte Gemäldesammlung Irlands.

National Museum
Kildare Street, Dublin 2, und
Collins Barracks, Benburb Street, Dublin 7
Tel. 6777444,
Di–Sa 10–17, So 14–17 Uhr
Irisches Nationalmuseum mit Exponaten aus keltischer Zeit bis zur Gegenwart.

St. Michan's Church
Church Street, Dublin 7
Tel. 8724154
Mo–Fr 10–12.45, 14–16.45,
Sa 10–12.45 Uhr,
Nov.–März nur vormittags

Kleine Kirche, in der sich die Orgel befindet, auf der Händel übte, und mit den berühmten Mumien im Gewölbe.

St. Patrick's Cathedral
Patrick Street, Dublin 8,
Tel. 8722207, Mai–Okt. Mo–Sa 10–17, So 11–17 Uhr
Größte Kirche Dublins, in der sich u. a. das Grab von Jonathan Swift befindet.

Old Library
Trinity College, Dublin 2,
Tel. 6082320,
Okt.–Mai Mo–Sa 9.30–17, So 12–16.30 Uhr, Juni–Sept. Mo–Sa 9.30–17, So 9.30–16.30 Uhr
Großartige Bibliothek, u. a. auch mit dem ›Book of Kells‹.

Writers Museum
18 Parnell Square, Dublin 1
Tel. 8722077
Juni–Aug. Mo–Fr 10–18, So 11–17 Uhr, Sept.–Mai Mo–Sa 10–17, So 11–17 Uhr
Museum zu Ehren der großen irischen Schriftsteller mit jeweiligen Memorabilia.

Der *Literary Pub Crawl* führt durch mindestens fünf Pubs in der Innenstadt, u. a. The Bailey (Duke Street), The Palace (Fleet Street), Mulligans (Poolbeg Street), The Long Hall (South Great Georges Street), Neary's (Chatham Street), McDaid's (Harry Street), O'Neill's (Pearse Street) und Toner's (Lower Baggot Street). Alle haben einen Bezug zu den Ikonen der Dubliner Kultur.
Die Tour startet Juni–Aug. Mo–Sa 15 und 19.30, So 12 und 19.30 Uhr, Mai und Sept. Mo–Sa 19.30 Uhr und Okt.–April Fr und Sa 19.30, So 12 Uhr im Duke.
Anmeldung über das Tourist Office.

Brazen Head
Bridge Street
Dublin 8
Urgemütliches und ältestes Pub Dublins, seit dem 13. Jh. aktiv. Robert Emmet soll dort 1803 seine Rebellion geplant haben.

Davy Byrne's
Duke Street, Dublin 2
Das Pub, in dem der Joyce'sche Leopold Bloom seine mehrhundertseitige literarische Reise begann. Mittlerweile heftig modernisiert, aber dennoch interessant, da die Wanddekorationen von Brendan Behans Schwiegervater stammen.

The Gravedigger, (Kavanagh's)
am Glasnevin Cemetery, Prospect Square, Dublin 9
Ein urgemütliches, spelunkenhaftes Pub, wo einst die Totengräber ihr Bier durch eine Luke zugeschoben bekamen.

Abbey Theatre
Lower Abbey Street, Dublin 1
Tel. 8787222
Uraufführungsstätte der irischen Klassiker.

Gate Theatre
Cavendish Row, Parnell Sq., Dublin 1
Tel. 8744045
Europäische Klassiker und junge irische Autoren.

Dublin Film Festival
Anfang März: zeitgenössisches Kino aus aller Welt, Auskunft: Tel. 6792937.

Bloomsday
am 16. Juni, der Tag, an dem James Joyce seinen ›Ulysses‹ spielen läßt. Man folgt den Spuren des Romans mit den wenigen originären Schauplätzen, die aus dem Joyce'schen Dublin noch übrig geblieben sind, Auskunft: Tel. 2809625.

Dublin Horse Show
August: Royal Dublin Society, Ballsbridge, Dublin 4
Auskunft: Tel. 6680866

All Ireland Hurling Festival
1. Sonntag im September: Croke Park, Auskunft: Tel. 8362222

All Ireland Gaelic Football Final,
3. Sonntag im September: Croke Park, Auskunft: Tel. 8363222

Dublin Theatre Festival
Oktober: großartiges Theaterfest mit Einblick in die irische und internationale Theaterszene,
Auskunft: 47 Nassau Street, Dublin 2,
Tel. 6778439
Aktuelle Veranstaltungen sind im monatlich erscheinenden Stadtmagazin ›*In Dublin*‹ nachzulesen.

Golf: Edmonstown Golf Club
Rathfarnham, Dublin 16
Tel. 4931082, Fax 4933152

In Dublin verkehren zahlreiche **Busse**, eine Straßenbahn ist geplant. Auskünfte und Fahrpläne erhält man im Service Center von Dublin Bus *(Bus Átha Cliath)*,
Auskunft: 59 Upper O'Connell Street,
Tel. 8734222.
Am **Busbahnhof** (Bus Áras) fahren Busse in alle größeren Städte der Insel. Für Touristen empfiehlt sich das 3-Tage-Ticket *Dublin Rambler* für 9 Ir£, das freie Fahrt im Stadtgebiet von Dublin einschließlich des Fluhafenbusses garantiert,
Auskunft: Tel. 8 36 61 11
Hauptbahnhöfe sind Heuston Station, Kingsbridge (Richtung Waterford, Cork, Limerick, Kerry, Galway, Mayo) und Connolly Station, Amiens Street (Richtung Wexford, Rosslare, Sligo, Nordirland),
Auskunft: Tel. 8 36 62 22

Dungannon

Lage: Vordere Umschlagkarte G6
N.I. County Tyrone, Vorwahl 028

Killymaddy Tourist Amenity Centre
Ballygawley Road
Tel. 87 767259 und 87 725311
Mo–Fr 9–13, 14–17 Uhr

Oaklin House Hotel
Parkmount, Moy Road
Tel. 87 725151, Fax 87 724953
moderat
Überaus gemütliches Hotel inmitten eines ausgedehnten Landschaftsgartens.

Camping:
Dungannon Park Camping
Moy Road
Tel. 87 72 73 27, Fax 87 72 91 69
ganzjährig geöffnet
20 Stellplätze; ein gepflegter Landschaftspark, in dem man zwischen Bäumen sein Zelt aufschlagen kann. Sanitäre Anlagen und Freizeitangebote sind vorhanden.

No. 15
Murrays Richardson's Bookshop
15 Church Street
Tel. 87 753048
Mo–Sa 8.30–17.30 Uhr
günstig
Café in einem Buchladen mit warmen Snacks, u. a. auch vegetarische Speisen.
Viscount's Great Food Hall
10 Northland Row
Tel. 87 75 38 00
Mo–Sa 11-21.30, So ab 12 Uhr
günstig
In einer umgebauten Kirche werden irische und arabische Spezialitäten angeboten.

Tyrone Crystal Factory
Killybracky, Coalisland Road
Tel. 87 725335, Fax 87 726260
April–Okt. Mo–Sa 9.30–15.30,
Nov.–März Mo–Fr 9.30–15.30 Uhr
Edle Glaswarenfabrik, mit Führung durch die Produktion.

Der **Busterminal** befindet sich in der Scotch Street mit Verbindungen nach Belfast und allen größeren Städten Nordirlands,
Auskunft: Tel. 87 72 22 51

Dungloe

Lage: Vordere Umschlagkarte F8
County Donegal, Vorwahl 075

Main Street,
Tel. 21297
Juni–Aug. Mo–Sa 10–17.30,
So 10–13.30 Uhr

Ostan na Rosann
Mill Road
Tel. 2 24 44, Fax 2 24 00
moderat
Modernes Hotel mit Swimmingpool und Fitness-Studio
Greene's Hostel
Carnmore Road
Tel. 21021

Mary from Dungloe
Ende Juli/Anfang August: Die

schönste und ›irischste‹ Frau aus Irland und seiner Diaspora wird gewählt, mit viel Musik, Tanz und irischer Folklore, Auskunft: Tel. 2 12 54.

Im Juli und Aug. tgl. **Busverbindungen** mit Larne via Letterkenny, Auskunft: Tel. 074/2 13 09

Dunquin

Lage: Vordere Umschlagkarte A3
County Kerry, Vorwahl 066

Kruger's Guesthouse
Tel. 5 61 27
günstig
Kurz vor der Fähre nach Blasket Island gelegen, ist diese Pension mit Pub die westlichste Unterkunft Irlands. Das Pub war Schauplatz in den Filmen ›Ryans Tochter‹ und ›In einem fernen Land‹.

The Blasket Centre,
Tel. 5 63 71
Ostern–Juni, Sept. tgl. 10–18 Uhr, Juli–Aug. tgl. 10–19 Uhr
Ausstellung zu den Blasket-Inseln.

Einmal tgl. **Busverbindung** mit Dingle,
Auskunft: Tel. 27 12 35 66

Ennis

Lage: Vordere Umschlagkarte D3
County Clare, Vorwahl 065

Ennis Tourist Office
Arthur's Row
Tel. 6 82 83 66, Fax 6 82 83 50

Old Ground Hotel
O'Connell Street
Tel. 6 82 81 27, Fax 6 82 81 12
oghotel@iol.ie
teuer–moderat
Im Zentrum der Stadt gelegenes, historisches Hotel mit Restaurant, jüngst renoviert und mit allem Komfort.

Temple Gate Hotel
The Square
Tel 6 82 33 00, Fax 6 82 33 22
teuer–moderat
Auf dem Gelände eines ehemaligen Konvents errichtet, bietet das moderne Hotel noch einige architektonische Reminiscenzen an diese Vergangenheit.

Railway View House
Tulla Road
Tel. 6 82 16 46
günstig
Nur ein paar Minuten bis zum Stadtzentrum, durch die Lage abseits der Straße aber sehr ruhig.

Massabielle
Quin Road
Tel./Fax 6 82 93 63
sehr preiswert
Mai–Sept.
Freundliches Haus, ca. 3 km außerhalb von Ennis, daher sehr ruhig.

Sicilian
Parnell Street
Tel. 6 84 38 73
moderat
Ein überraschend gutes italienisches Restaurant.

The Cloister
Club Bridge, Abbey Street
Tel. 6 82 95 21
Mo–Sa 12.30–14.45, tgl. 18–20.30 Uhr
moderat
Gutbürgerliches Restaurant mit Pub direkt neben der Abteiruine.

Ruby Tuesday's
Merchant Square
Tel. 6 84 04 74
günstig
Lokal mit einem vielfältigen Speisenangebot und sehr gutem Kaffee, junges Publikum.

Ennis Friary
Abbey Street
Tel. 6 82 91 00
Juni–Sept. tgl. 9.30–18.30 Uhr
In der malerischen Ruine der Franziskaner-Abtei aus dem 13. Jh. sind noch mehrere Skulpturen sowie Grabmäler zu bewundern.

Cruises Pub
Abbey Street
Tel. 6 84 18 00
Im Stadtzentrum befindet sich ein Pub neben dem anderen. Cruises bietet jedoch neben Torffeuer-Atmosphäre auch täglich traditionelle Live-Musik

Fleadh Nua
Ende Mai findet eines der beliebtesten Festivals Irlands statt, während dem 5 Tage lang musiziert, getanzt und Geschichten erzählt wird.

Tägliche **Busverbindung** nach Galway, Limerick , Dublin und Cork, weniger häufig an die Westküste von Clare,
Auskunft: Tel. 6 82 41 77
Zugverbindung mit Limerick und Dublin, Auskunft: Tel. 061/31 55 55

Enniskerry

Lage: Vordere Umschlagkarte G3
County Wicklow, Vorwahl 01

Enniscree Lodge Hotel
Glencree Valley,
Tel. 2 86 35 42, Fax 2 86 60 37
moderat
Spektakulär und einsam in den nördlichen Ausläufern der Wicklow Mountains gelegenes Haus im Jagdhausstil.

Powerscourt Demesne and Gardens,
Tel. 2 86 76 76
März–Okt. tgl. 9.30–17.30 Uhr,
Nov.–Feb. tgl. 10.30 bis Einbruch der Dunkelheit
Schloß mit herrlich gestaltetem Park, daneben gibt es ein Restaurant, Café und Boutiquen.

Golf: Powerscourt Golf Club
Tel. 2 04 60 33, Fax 2 76 13 03

Regelmäßige **Busverbindung** mit Dublin (Nr. 44 ab Hawkins Street),
Auskunft: Tel. 8 36 61 11

Enniskillen

Lage: Vordere Umschlagkarte F6
N.I., County Fermanagh, Vorwahl 028

Wellington Road
Tel. 66 32 31 10 u. 66 32 50 50,
Fax 66 32 55 11
Mo–Fr 9–17 Uhr, Ostern–Sept. auch Sa 10–18, So 11–17 Uhr

Killyhevlin Hotel
Dublin Road
Tel.66 32 34 81, Fax 66 32 47 26
moderat
Eines der komfortabelsten Hotels mit Restaurant am Lough Erne in idyllischer Lage.
Manor House Hotel
Killadeas,
Tel. 68 62 22 11, Fax 68 62 15 45
moderat
Ein luxuriöses Hotel in einer der winzigen Ortschaften um Enniskillen, mit georgianischem Ambiente und allem Komfort.
Mountview Guesthouse
61 Irvinestown Road
Tel. 66 32 31 47
günstig
Ein viktorianisches Haus mit allem Komfort, inmitten eines großen Gartens und mit Seeblick.
Tullyhona Guesthouse
59 Marble Arch Road
Florencecourt
Tel. 66 34 84 52
günstig
Denkmalgeschütztes Landhaus mit modernem Komfort südlich der Erne-Metropole.

Camping:
Lakeland Canoe Centre Campsite
Castle Island
Tel. 66 32 42 50
ganzjährig geöffnet
20 Stellplätze (nur Zelte); gut ausgestatteter Platz mit allem Komfort auf der idyllischen Insel. Auch Verleih von Zelten, Wassersportausrüstung und Fahrrädern.

Franco's
Queen Elizabeth Road

Tel. 66 32 44 24
Mo–Sa 12–23.30, So bis 22 Uhr
moderat
Italienische Spezialitäten, u. a. Pizza und Pasta.

Melvin House
1 Townhall Street
Tel. 66 32 20 08
tgl. 19.30–32 Uhr
moderat
Deftige irische Landküche sehr fein zubereitet.

Mulligan's
33 Darling Street
Tel. 66 32 20 59
Küche tgl. 12–15, 16–21.30 Uhr
günstig
Schönstes Pub der Stadt mit erstaunlich gutem Speisenangebot.

Castle Coole
Tel. 66 32 26 90
April u. Sept. Sa u. So 13–18,
Mai–Aug. Fr–Mi 13–18 Uhr
Klassizistisches Schloß.

Enniskillen Castle
Tel. 66 32 50 00
Mai–Sept. Di–Fr 10–17, Mo 14–17,
Sa u. So 14–17 Uhr,
Okt.–April Mo 14–17, Di–Fr 10–17 Uhr
Historische Burganlage.

Florence Court
Tel. 66 34 82 49,
April, Sept. Sa, So 13–18 Uhr,
Mai–Aug. Mi–Mo 13–18 Uhr
Schloß aus dem 18. Jh.

Marble Arch Cave
Tel. 66 34 88 55
Mitte März–Sept. tgl. ab 10 Uhr, letzte Führung um 16.30 Uhr.
Die Öffnungszeiten hängen von den Wetterverhältnissen ab. Im Zweifelsfall immer vorher anrufen.
Eine der spektakulärsten Tropfsteinhöhlen Irlands.

Craft & Design Centre
Butter Market (Kunsthandwerk).

Classic Fishing Festival
Mitte Mai: ein Anglerfest rund um die Seenplatte. Infos über Touristenbüro.

Kabinenkreuzer Erne/Shannon
Aghinver Boat Company
Lisnarick
Tel. 68 63 14 00, Fax 68 63 19 68

Erincurrach Cruising
Blaney
Tel. 68 64 17 37, Fax 68 64 17 34

Mehrmals tgl. **Busverbindung** mit Belfast via Dungannon, Derry, Cork via Omagh sowie mit Sligo, Ballina und Westport ab dem Busterminal gegenüber dem Tourist Office.
Keine öffentlichen Verkehrsmittel nach Florence Court und Marble Arch Cave, Auskunft: Tel. 66 32 26 33

Galway

Lage: Vordere Umschlagkarte D4
County Galway, Vorwahl 091

Victoria Place
Eyre Square
Tel. 56 30 81, Fax 56 52 01
tgl. 9–18.45 Uhr

Ardilaun House Hotel
Taylors Hill
Tel. 52 14 33, Fax 52 15 46
teuer
Luxuriöses Hotel mit zahlreichen Wellness- und Fitness-Einrichtungen sowie einem hochgelobten Restaurant.

Great Southern Hotel
Eyre Square
Tel. 56 40 41, Fax 56 67 04
teuer
Nobelhotel der Stadt mit dem Charme des 19. Jh.; große Ereignisse der High Society finden exklusiv in diesem Hotel statt.

Aras Mhuire
28 Mansells Road, Taylor's Hill
Tel./Fax 52 62 10
mmtobin@eircom.net
günstig
Fast mitten im Stadtzentrum, dennoch ruhig gelegenes Haus mit Blick auf die Kathedrale.

High Tide
9 Grattan Park, Coast Road

Tel./Fax 58 43 24
hightide@iol.ie
sehr preiswert
Nur 10 Min. bis zum Stadtzentrum und mit Blick auf die Galway Bay.

Great Western House Hostel
Eyre Square
Tel. 56 11 39, Fax 56 11 96

Quay Street House Hostel
10 Quay Street
Tel. 56 86 44, Fax 56 86 44

Camping:

Spiddal Caravan and Camping Park
Tel. 55 33 72, Fax 55 39 76
15. März–30. Okt. geöffnet
40 Stellplätze; außerhalb Galway in dem kleinen Ort Spiddal gelegener Campingplatz mit allen Annehmlichkeiten. Gewünschte Umgangssprache ist in diesem Gaeltacht-Gebiet Irisch, aber Englisch wird natürlich auch verstanden.

Kirwan's Lane Creative Cuisine
Kirwan's Lane
Tel. 56 82 66
Mo–Sa 12–14.30, 18–22.30 Uhr
teuer
Kreative Küche, wie der Name schon sagt, wie z. B. Muscheln in Kokosmilch und Koriander oder geräucherter Schinken mit Ananas-Risotto

Nimmo's Restaurant
Spanish Arch, Long Walk
Mo–Sa 18–22.30 Uhr
teuer
Der Schweizer Koch bietet eine raffinierte Mischung aus irischer und Schweizer Tradition.

De Burgos Restaurant
Augustine Street
Tel. 56 21 88
Mo–Sa 12–14.30, 18–22.30 Uhr
moderat
Weinrestaurant in altem Kaufmannshaus.

McDonagh's Seafood Bar
22 Quay Street
Tel. 56 50 01
tgl. 12–22 Uhr
günstig
Fischladen und Fish & Chips-Imbiß. Beliebter Anlaufpunkt der Galway-Szene.

Arts Centre
65 Dominick Street
Tel. 56 58 86
Mo–Sa 10–17.30 Uhr
Aktuelle Kunst und Aufführungen.

Nora Barnacle's House
Bowling Green
Tel. 56 47 43,
15. Mai–15. Sept. Mo–Sa 14–17 Uhr
Geburtshaus der Frau von James Joyce mit Memorabilia-Ausstellung.

Spanish Arch
Tel. 56 76 41
März–Sept. tgl. 10–13,14.15–17.15 Uhr,
Okt.–Feb. nur Di–Do
Stadtmuseum zur Geschichte Galways.

Kenny's Bookshop
High Street
Tel. 56 27 39
Großartigster Buchladen Irlands mit einer Antiquitäten- und Kunstabteilung.

King's Head
15 High Street
Tel. 56 66 30
Jeden Abend traditionelle Live-Musik, sonntags morgens Jazz-Session.

Quays Bar
Quay Street
Das Galway-Pub schlechthin, wo sich alle Welt und die Szene Galways trifft.

The Snug
William Street
Auf mittelalterlich gemachtes Pub mit Live-Musik von traditionell bis Jazz und Blues.

Tigh Neachtáin
17 Cross Street
Die traditionellen Musikabende in diesem Pub sind legendär. Es wird sogar eine eigene CD mit den Highlights verkauft.

An Taibhdhearch na Gaillimhe
Middle Street
Tel. 56 36 00 u. 56 20 24
Gälischsprachiges Theater.

Druid Theatre
Quay Street
Tel. 56 86 17
Eines der besten Theater Irlands mit zeitgenössischen irischen Autoren aber auch Klassikern.

Punchbeg Theatre Company
Quay Lane
Tel. 56 54 22
Zeitgenössisches und klassische Stücke irischer Autoren, häufig in irischer Sprache.

Galway Greyhound Track
College Road
Windhundrennen jeden Dienstag und Freitag um 20.15 Uhr.
Galway Arts Festival
zweite Julihälfte: 12 Tage lang gibt es einen Querschnitt durch Theater, Musik und Kunst mit jungen Protagonisten, Auskunft: Tel. 56 38 00.
Galway International Oyster Festival,
Ende September,
Auskunft: Tel. 52 72 82.

Golf: Galway Bay Golf & Country Club Hotel
Oranmore
Tel. 79 05 00, Fax 79 05 10

Regelmäßige **Busverbindungen** mit allen größeren Städten, sowie mehrmals tgl. **Zugverbindungen** mit Dublin. Busterminal und Bahnhof befinden sich neben dem Great Southern Hotel.
Busauskunft: Tel. 56 20 00
Bahnauskunft: Tel. 56 42 22

Giant's Causeway

Lage: Vordere Umschlagkarte H8
N.I., County Antrim, Vorwahl 028

44 Causeway Road
Bushmills
Tel. 20 73 18 55
Sommer tgl. 10–19 Uhr, Herbst/Frühjahr tgl. 10–18 Uhr, Winter Mo–Fr 10–16.30 Uhr, Sa/So 10–17 Uhr

Causeway Hotel
40 Causeway Road
Tel. 20 73 12 26, Fax 20 73 25 52
moderat
Das kleine Hotel aus dem 19. Jh. liegt unmittelbar am Giant's Causeway, neben dem Besucherzentrum.

Whitepark Bay Hostel
157 Whitepark Road
Ballintoy
Tel. 20 73 17 45

Camping:
Larrybane Campsite
121a Whitepark Road, Ballintoy
20 73 15 82 (National Trust)
Im Naturschutzgebiet gelegener kleiner Platz (6 Zeltplätze). Man darf sein Zelt nur für eine Nacht aufschlagen.

Giant's Causeway Centre
Tel. 20 73 18 55
tgl. 10 Uhr bis Einbruch der Dunkelheit, meist bis 19 Uhr
Die legendären Basaltsäulen plus ein Zentrum, in dem die Geologie erläutert wird.

Busverbindungen mit Portrush und Ballycastle. Der ›Antrim Coaster‹ verkehrt von Mai–Sept. zwischen Belfast und Coleraine, im Juli und Aug. pendelt der ›Bushmills Open Topper‹, ein Doppeldecker mit offenem Dach, zwischen Coleraine und Giant's Causeway, Auskunft: Tel. 70 34 33 34

Glenariff

Lage: Vordere Umschlagkarte J7
N.I., County Antrim, Vorwahl 028

The Meadows B & B
81 Coast Road
Tel. 21 77 20 20 und 21 77 16 41
günstig
Großzügiges und sehr komfortables Haus mit Blick auf Berge (hinten) und aufs Meer (vorne). Ausgesprochen freundliche und kommunikative Vermieterin.

Camping:
Glenariff Forest Park Caravansite
98 Glenariff Road
Tel. 21 75 82 32
ganzjährig geöffnet
70 Stellplätze; mitten im malerischen Tal gelegen, bietet der Platz alle notwenigen Einrichtungen samt Café.

Glenariff Forest Park
Tel. 21 75 82 32
tgl. 8–22 Uhr
Naturschutzgebiet

Feis na nGleann
Ende Juni: ein Festival mit irischem Tanz, Musik, Dichtung, Kunsthandwerk und vor allem Sport: alle gälischen Spiele wie Hurling und Camogie werden gespielt.

siehe Cushendall

Glenbeigh

Lage: Vordere Umschlagkarte B2
County Kerry, Vorwahl 066

Towers Hotel
Tel. 9 76 82 12, Fax 9 76 82 60
moderat
Idyllisches Hotel mit einem Pub, in dem in der Sommersaison jeden Abend Live-Musik geboten wird.
Ocean Wave
Tel. 9 76 82 49, Fax 9 76 84 12
oceanwave@iol.ie
günstig
Ein elegantes und sehr komfortables Haus etwa 1 km außerhalb von Glenbeigh mit Blick über die Dingle Bay.

Camping:
Glenross Caravan and Camping Park
Tel. 9 76 84 51, Fax 0 64/3 74 74
5. Mai–9. Sept. geöffnet
40 Stellplätze; der Platz liegt unmittelbar am Dorfrand; gute Ausstattung.

Kerry Bog Village Museum
Tel. 9 76 91 84
März–Nov. tgl. 8.30–19 Uhr
Folkloristisches Dorfensemble.

Golf: Dooks Golf Club
Tel. 9 76 82 05, Fax 9 76 84 76

Glencolmkille

Lage: Vordere Umschlagkarte E7
County Donegal, Vorwahl 073

The Lace House Centre,
Tel. 301 16
ganzjährig zu Ladenöffnungszeiten

Corner House
Cashel
Tel. 300 21
sehr preiswert
April–Sept.
Das Haus liegt nicht weit vom Strand im stillen Tal von Glencolmkille.
Dooey Hostel
ca. 1,5 km außerhalb des Ortes
Tel. 301 30

Folk Village,
Tel. 300 17
Ostern–Okt. tgl. 10–18, So ab 12 Uhr
Folklorisitsches Dorfensemble.

Tgl. **Busverbindung** mit Donegal, Letterkenny und Dublin,
Auskunft: Tel. 071/6 00 66

Glendalough

Lage: Vordere Umschlagkarte G3
County Wicklow, Vorwahl 04 04

Glendalough Hotel
Tel. 451 35, Fax 451 42
moderat
Einziges Hotel mit Restaurant direkt im Ort in einem Haus aus dem 19. Jh.
Glendalough River House
Derrybawn
Tel./Fax 454 10
glendaloughriverhouse@hotmail.com
moderat
Wunderschönes, 200 Jahre altes Haus direkt am Fluß, mit viel Komfort und großer Frühstücksauswahl.

The Roundwood Inn
Roundwood
Tel. 01/281 81 07

Mi–Sa 19.30–21.30, So ab 13 Uhr,
Bar tgl. 12–22 Uhr
moderat
Urgemütliches Restaurant in einem Haus aus dem 17. Jh. mit exzellenten Speisen und großartiger Weinkarte.

Mitchells of Laragh
Laragh
Tel. 4 53 02
tgl. 9–21 Uhr
günstig
Rustikales Restaurant in einem 200 Jahre alten Haus, ebenso rustikale Küche mit riesigen Portionen.

Glendalough Klostersiedlung
Tel. 4 53 25
tgl. Mitte Okt.–Mitte März 9.30–17.30,
Mitte März–Ende Mai und Sept.–Mitte Okt. 9.30–18,
Juni–Aug. 9.30–18.30 Uhr

Zweimal tgl. **Busverbindung** mit dem St. Kevin´s Bus Service ab Dublin (St. Stephen´s Green, vor dem College of Surgeons),
Auskunft: Tel. 01/8 36 61 11

Glengarriff

Lage: Vordere Umschlagkarte B1
County Cork, Vorwahl 0 27

Main Street
Tel. 6 30 84
Juli/Aug., Mo–Sa 10–18 Uhr

Eccles Hotel
Tel. 6 30 03, Fax 6 33 19
teuer–moderat
Seit dem 19. Jh. eines der beliebtesten Hotels in Irlands Südwesten.

Maureen's
Tel. 6 32 01
sehr preiswert
Das Haus liegt direkt gegenüber dem Hafen, wo die Boote nach Garinish Island abfahren.

Murphy's Village Hostel
The Village
Tel. 6 35 55

Camping:
Dowling's Caravan and Camping Park
Castltownbere Road
Tel. 6 31 54
Ostern–31. Okt. geöffnet
90 Stellplätze; ein kleines Dorf für sich, einschließlich Restaurant und Pub mit traditioneller Musik.

Garinish Island
Tel. 6 30 40
Juli–Aug. Mo–Sa 9.30–18.30, So 11–19 Uhr,
April–Juni u. Sept. Mo–Sa 10–18.30,
So 13–19 Uhr,
Okt.–März Mo–Sa 10–16.30,
So 13–17 Uhr
Prachtvolle Gartenanlage auf einer Insel.

Segeln: West Cork Sailing Centre
Adrigole, Beara Peninsula
Tel. 6 01 32, Fax 6 02 47

Expreßbus tgl. von und nach Cork,
Auskunft: Tel. 021 / 50 81 88

Glenveagh

Lage: Vordere Umschlagkarte F8
County Donegal, Vorwahl 0 74

Colmcille Heritage Centre
Colmkille
Tel. 3 73 06
Mitte Mai–Ende Sept. Mo–Sa 10.30–18.30,
So 13–18.30 Uhr
Ausstellung zum hl. Columbus.

Glebe Gallery
Church Hill
Tel. 3 70 71
Mitte Mai–Sept. Sa–Do 11–18.30 Uhr, Öffnungszeiten unbedingt vorher erfragen.
Haus des Malers Derek Hill mit eigenen und Werken moderner Meister.

Glenveagh Castle
Tel. 3 70 90
Juni–Sept. tgl. 10–19.30, Ostern–Mai, Okt.–Anfang Nov. tgl. 10–18.30 Uhr
Historisches Schloß

National Park
Tel. 37088
tgl. 10–18.30 Uhr

Inishbofin

Lage: Vordere Umschlagkarte C5
County Galway, Vorwahl 095

Day's Hotel
Middle Quarter
Tel. 45809, Fax 4 58 03
moderat
Haus mit Blick über das Meer und Torffeuer im Frühstückssaal.
Doonmore Hotel
Tel./Fax 45804
günstig
Ein unprätentiöses Hotel mit allen Annehmlichkeiten; Fahrradverleih.
Inishbofin Island Hostel
Tel. 45855
April–Nov. geöffnet

Tgl. **Fährverbindung** ab Cleggan Pier 11.30 und 18.45 Juni–Aug. auch 14 Uhr, Tickets im Copynes Spar Supermarket, Cleggan, Tel. 44750.

Inishowen Peninsula

Lage: Vordere Umschlagkarte G8
County Donegal, Vorwahl 077

Carndonagh
Bridge Street
Tel. 74933
Mo–Fr 9.30–17.30 Uhr, Mitte Juni–Sept. auch Sa/So
Buncrana
Swilly Terrace
Tel. 626 00
wenn überhaupt, dann Juni–Aug. geöffnet.

Lake of Shadows Hotel
Grianan Park
Buncrana
Tel. 61902, Fax 62131
günstig
Komforatbles Haus nahe der Küste.

Malin Hotel
Malin
Tel. 70645, Fax 70770
moderat
Kleines, schmuckes Hotel mit allem Komfort.
Malin Head Hostel
Malin Head
Tel. 7 03 09
Moville Holiday Hostel
Malin Road
Moville
Tel. 82378

McNamara's
Foyle Street, Moville
Tel. 82010
tgl. 10.30–23 Uhr
günstig
Hübsches, altmodisches Restaurant, vornehmlich Fischgerichte.
St. John's
Fahan
Tel. 60289
Di–Sa 19–21.30, So ab 13 Uhr
teuer–moderat
Das hübsche Restaurant am Ufer des Lough Swilly bietet delikate einheimische Küche.

Fort Dunree
Tel. 61817
Juni–Sept. Mo–Fr 10–18,
Sa u. So 12–18 Uhr
Fort aus dem 18. Jh. mit Militärmuseum.
Grianán of Aileach
Museum: Burt,
Tel. 68512, Fax 68530,
Sommer tgl. 10–18,
Winter tgl. 12–18 Uhr
Eines der schönsten Ringforts in ganz Irland.
Tullyarvon Mill
Tel. 61613
Mo–Fr 10–18, Sa, So 14–18 Uhr
Kleines Heimatmuseum.

Tgl. außer So **Busverbindungen** zwischen Derry, Carndonagh und Buncrana sowie zwischen Letterkenny und Moville via Buncrana,
Auskunft: Tel. 074/2 13 09

Kenmare

Lage: Vordere Umschlagkarte B2
County Kerry, Vorwahl 064

Main Street
Tel. 41233
April–Okt. Mo–Sa 9.30–19, So 11–17 Uhr

Sheen Falls Lodge
am alten Friedhof gelegen
Tel. 41600, Fax 41386
sehr teuer
Luxuriöses Country-Hotel mit 18-Loch-Golfkurs, Swimmingpool, Fitness-Studio, Reitstall und Tennisplatz.
Kenmare Bay Hotel
Tel. 41300, Fax 41541
moderat
Ruhiges modernes Großhotel, am Ortsrand gelegen.
Foleys Shamrock Guesthouse
Henry Street
Tel. 42162, Fax 41799
günstig
Sehr hübsche Pension im Zentrum von Kenmare, mit Restaurant und Pub.
Muxnaw Lodge
Castletownbere Road
Tel. 41252
muxnawlodge@eircom.net
günstig
200 Jahre altes, traumhaftes Haus, mit Antiquitäten eingerichtet, einem Tennisplatz und Blick über die Kenmare Bay. Ca. 1 km außerhalb Kenmares.
Rose Cottage B & B
The Square
Tel. 41330
sehr preiswert
Haus mit schönem Garten und im Ortszentrum gelegen.
Fáilte Hostel
Shelbourne St.
Tel. 42333

Boathouse Restaurant
auf dem Gelände des Dromquinna Manor Hotel, Blackwater Bridge
Tel. 4 16 57
tgl. 19–21.30 Uhr
teuer
Altes viktorianisches Bootshaus direkt an der Bucht; hier serviert man vor allem Fischgerichte.
D'Arcy's
Main Street
Tel. 41589
tgl. 18–22 Uhr,
Okt.–Mai Mo u. Di geschlossen
teuer
Anheimelndes Lokal mit klassisch-irischen Spezialitäten und einer extensiven Weinkarte.
Packies
Henry Street
Tel. 41508
Mo–Sa 17.30–22 Uhr
teuer–moderat
Winziges Bistro mit delikat zubereiteter irischer Küche.

The Kenmare Heritage Centre
The Square
Tel. 41233,
Mai–Sept. Mo–Sa 9.30–18, So 11–13, 14.15–17 Uhr
Heimatmuseum.

Golf: Ring of Kerry Golf & Country Club
Templenoe
Tel. 4 20 00, Fax 4 25 33

Busstation der Ring of Kerry-Route ab Killarney, nur im Sommer zweimal täglich,
Auskunft: Tel. 3 47 77

Kilcar

Lage: Vordere Umschlagkarte E7
County Donegal, Vorwahl 073

Craft Shop
gegenüber Dún Ulún House,
Tel. 38002,
im Sommer tgl. geöffnet.

Room with a View
Coast Road
Tel. 38018, Fax 31976
grainne@donegalrefrigeration.ie

günstig
Juni–Okt.
200 Jahre altes, restauriertes Haus mit Blick auf die Donegal Bay.
Derrylahan Independant Hostel
Derrylahan
Tel. 3 80 79

Studio Donegal
The Glebe Mill
Tel. 38194, Fax 38298
Die interessanteste Tweedweberei Donegals, die auf alten Webstühlen klassische Stoffe herstellt und zu einzigartiger Landhausmode verarbeitet.

Zweimal tgl. **Busverbindung** mit Donegal,
Auskunft: Tel. 074/2 13 09

Kilfenora

Lage: Vordere Umschlagkarte C4
County Clare, Vorwahl 065

Burren Display Centre
Tel. 7 088030
17. März–Okt. tgl. 10–18,
Nov.–Feb. bis 17 Uhr
Liebevoll geführtes Museum zur Landschaft des Burren.
Aillwee Cave
Tel. 7 077036
März–Okt. 10–18.30 Uhr
Gut erschlossene Troipfsteinhöhle.

Kilkenny

Lage: Vordere Umschlagkarte F2
County Kilkenny, Vorwahl 056

Rose Inn Street
Tel. 51500, Fax 63955
Mo–Sa 9–18, So 11–17 Uhr

Butler House
Patrick Street
Tel. 65707, Fax 65626
teuer
Eigenwillig-trutziges Gemäuer, ehemaliger Witwensitz der Fürsten von Ormonde von 1770, inmitten der City, aber separat vom Stadtgetriebe; moderner Komfort.
Metropole Hotel
High Street
Tel./Fax 63778
moderat–günstig
In der City gelegenes, schlichtes Hotel mit allem notwendigen Komfort.
Knockavon House
Dublin/Carlow Road
Tel. 64294
sehr preiswert
Am Rande des Stadtzentrums gelegenes, komfortables Stadthaus.
Kilkenny Tourist Hostel
35 Parliament Street
Tel. 63541

Camping:
Tree Grove Caravan & Camping Park
Danville House
Tel. 7 03 02, Fax 2 15 12
geöffnet 1. März–15. Nov.
30 Stellplätze; außerhalb Kilkenny Richtung New Ross gelegen und mit allem notwendigen Komfort.

Lacken House
Dublin Road
Tel. 6 10 85
Di–Sa 19–22.30 Uhr
teuer
Irische Küche mit äußerster Sorgfalt zubereitet.
Kyteler's Inn
Kieran Street
Tel. 21064

tgl. 12–15, 18–22 Uhr
moderat
›Hexenhaus‹, das bürgerlich-irische Küche bietet.

Café Sol
William Street
Tel. 6 49 87
Mo–Sa 10–18, Mi–Sa 19–22, So 12–16 Uhr
moderat
Ein wunderschön ruhiger Raum mit interessanter Kunst an den Wänden. Bistroküche aus feinsten Zutaten.

Jerpoint Abbey
Tel. 2 46 23
Juni–Sept., tgl. 9.30–18.30 Uhr,
Apr.–Juni Di–So 10–13, 14–17 Uhr
Historische Klosteranlage außerhalb Kilkennys.

Kilkenny Castle,
Tel. 2 15 50
Juni–Sept. tgl. 10–19 Uhr,
April–Mai 10.30–17 Uhr,
Okt.–März Di–Sa 10.30–12.45, 14–17,
So ab 11 Uhr
Historische, aber gut erhaltene Burganlage mit Ausstellungen.

Rothe House
Parliament Street
Tel. 2 28 93,
März–Okt. Mo–Sa. 10.30–17, So 15–17 Uhr,
Nov.–Feb. Mo–Sa 13–17, So 15–17 Uhr
Spätmittelalterliches Häuserensemble mit historischer Ausstellung.

Smithwick Brewery
Parliament Street
im Juli und August gibt es Mo–Fr jeweils um 15 Uhr eine audiovisuelle Vorführung über die Brauerei mit anschließender Bierverkostung.

Kilkenny Design Centre
gegenüber dem Schloß
Modernes Design (Schmuck, Kleidung, Kunsthandwerk) mit traditionellen Anklängen.

The Cat Laughs' Comedy Festival,
Anfang Juni geht es hier rund mit Shows und Kleinkunst der beliebtesten Komödianten der englischsprachigen Welt, mit dem speziellen tiefschwarzen Humor, der Iren und Irischstämmigen nachgesagt wird. Manchmal treten auch Stars aus amerikanischen TV-Sitcoms auf,
Auskunft: Tel. 5 12 54.

Kilkenny Arts Festival
Ende August: Höhepunkt des Kulturlebens in Kilkenny mit Ausstellungen, Musik, Theater und Literatur.

Mehrmals tgl. **Busverbindungen** mit Dublin und Cork sowie auch einmal tgl. mit Galway und Rosslare.
Auskunft: Tel. 051/87 90 00
Züge fahren mehrmals tgl. nach Dublin und Waterford. Der Bahnhof befindet sich in der Dublin Road,
Auskunft: Tel. 2 20 24

Killaloe

Lage: Vordere Umschlagkarte D3
County Clare, Vorwahl 061

Bridge Street
Tel. 37 68 66
Mai–Sept.

Tinarana
Ogonnelloe
Tel. 37 69 66, Fax 37 53 69
teuer
Prachtvolles, viktorianisches Landhaus, das alle Wellness–Angebote zur Verfügung hat: Hydro- und Aromatherapie, Algenbäder, Massage etc.

Kincora Hall
Church Street
Tel. 37 60 00, Fax 37 66 65
moderat
Elegantes Haus mit Herrensitzcharakter und Blick über den Shannon.

Lakeside Hotel & Leisure Centre
Tel. 37 61 22, Fax 37 64 31
moderat
Am Ufer des Lough Derg gelegenes, nahezu luxuriöses Hotel mit Swimmingpool.

Camping:
Lough Derg Holiday Park
Tel. 37 63 29, Fax 37 67 77

20. Mai–24. Okt. geöffnet
59 Stellplätze; nahezu luxuriöser Campingplatz mit vielfältigen Freizeitangeboten, einschließlich Bootsverleih.

Kabinenkreuzer auf dem Shannon:
Cabin Cruiser Hire
Tel. 37 63 64, Fax 37 62 05.
Ireland Line Cruisers
Tel. 37 50 11, Fax 37 53 31
Reiten: Carrowbaun Farm
Shannonside Trekking Centre
Tel. 37 67 54

Regelmäßige **Busverbindungen** mit Limerick,
Auskunft: Tel. 31 33 33

Killarney

Lage: Vordere Umschlagkarte B2
County Kerry, Vorwahl 064

Town Hall,
Tel. 3 16 33, Fax 3 45 06
Juli/Aug. Mo–Sa 9–20, So 10–13, 14–18 Uhr,
Juni, Sept. Mo–Sa 9–19 Uhr,
Okt.–Mai Mo–Sa 9.30–18.30 Uhr

Aghadoe Heights Hotel
Aghadoe
Tel. 3 17 66, Fax 3 13 45
sehr teuer
Killarney ist voller Hotels, aber dieses ist das luxuriöseste, nicht nur von der Ausstattung her, sondern auch von der Lage her, die einen umwerfenden Blick über den Nationalpark bietet.
Fáilte Hotel
College Street
Tel. 3 34 04, Fax 3 65 99
moderat–günstig
Kleines Hotel mit familiärer Atmosphäre im Zentrum; angeschlossen ist ein gutes Restaurant und eine Bar.
Friary View
Dennehy's Bohereen
Tel. 3 29 96
sehr preiswert
Mai–Sept.
Fast im Stadtzentrum gelegenes, durch die abgeschiedene Lage allerdings sehr ruhiges Haus.
Neptune's Killarney Town Hostel
New St.
Tel. 3 52 55, Fax 3 23 10
Park Hostel
Park Road
Tel. 3 21 19

Camping:
Beech Grove Caravan & Camping Park
Fossa
Tel. 3 17 27
8. April–7. Okt. geöffnet
50 Stellplätze; knapp 5 km von Killarney entfernt, bietet der hervorragend ausgestattete Platz einen wunderbaren Blick über den Untersee im Nationalpark.

Courtney's Restaurant
24 Plunkett Street
Tel. 3 26 89
Mo–Sa 18.30–22 Uhr
moderat
Das Restaurant rühmt sich, daß fast alle Zutaten aus organischem Anbau stammen. Die Küche selbst bietet kreativ Irisches wie Blutwurstsalat in Guinness oder feine Wildgerichte.
The Cooperage
Old Market Lane
Tel. 3 77 16
tgl. 12.30–15, 18–22 Uhr
moderat
Ein modern gestyltes Restaurant mit exzellenter Küche, die leicht mediterran angehaucht ist, aber durchaus eigene Kreationen bietet.

Muckross House
Tel. 3 14 40
Juli/Aug. tgl. 9–18.30 Uhr,
Mai–Sept. 9–18 Uhr, Okt. 9–17 Uhr
Viktorianisches Schloß mit vollständiger Einrichtung. Besonders interessant der Küchentrakt.

Reiten: Killarney Riding Stables
Ballydowney
Tel. 3 16 86, Fax 3 41 19

Busverbindungen mit Tralee, Galway, Limerick, Shannon, Westport, Waterford und Rosslare
Auskunft: Tel. 3 47 77
Zugverbindungen mit Dublin via Limerick.
Busterminal und Bahnhof befinden sich stadtauswärts Richtung Cork,
Auskunft: Tel. 3 10 67
Der **Kerry Airport** in Farranfore liegt 15 km nördlich von Killarney. Linienflüge nach Dublin und Manchester sowie seit kurzem auch Urlaubscharter vom Kontinent.

Killorglin

Lage: Vordere Umschlagkarte B2
County Kerry, Vorwahl 066

Bianconi Guesthouse
Lower Bridge Street
(Richtung Glencar)
Tel. 9 76 11 46, Fax 9 76 19 50
moderat
Kleines Gasthaus, das neben einem 18-Loch-Golfplatz auch ein hervorragendes Restaurant einschließt.
O'Regan's Country Home & Gardens
Bansha
Tel./Fax 9 76 12 00
jeromeoregan@eircom.net
Feb.–Nov.
günstig
Komfortabel ausgestattete Zimmer in einem Haus mit herrlichem Garten.
Westfield House
Glenbeigh Road
Tel. 9 76 19 09, Fax 9 76 19 96
günstig
Etwa 5 Minuten vom Ortszentrum entfernt, großzügige Zimmer.
Laune Valley Farm Hostel
ca 2 km außerhalb Richtung Tralee,
Tel. 9 76 14 88

Camping:
West's Caravan Park
Killarney Road
Tel. 9 76 12 40, Fax 9 76 18 33
Ostern-31. Okt. geöffnet
60 Stellplätze; 1,6 km von der Stadt entfernt mit allen Annehmlichkeiten, einschließlich einem beheizten Kinderschwimmbad

Nick's Restaurant
Lower Bridge Street
Tel. 9 76 12 19
tgl. 12–22 Uhr
moderat
Beschauliches Restaurant mit Pianomusik.

Puck Fair
Anfang August: drei Tage folkloristischer Frohsinn, wobei Guinness noch einige Akzente an Festivitäten (Pub-Wettbewerb) hinzugefügt hat,
Auskunft: Tel. 9 76 23 66

Busstation der Ring of Kerry Tour ab Killarney und Tralee,
Auskunft: Tel. 7 12 35 66

Killybegs

Lage: Vordere Umschlagkarte E7
County Donegal, Vorwahl 073

Bay View Hotel
Main Street
Tel. 3 19 50, Fax 3 18 56
moderat
Direkt am Hafen gelegenes Hotel mit Swimmingpool und vielfältigen Freizeitangeboten.
Credo House
Benroe
Tel./Fax 3 13 64
credohouse@eircom.net
günstig
April–Okt.
Ca. 3 km von Killybegs gelegenes luxuriöses Haus mit herrlichem Blick auf Atlantik und Berge, auf Wunsch wird auch Dinner serviert.

Busverbindung mit Strabane via Donegal sowie einmal tgl. mit Dublin,
Auskunft: Tel. 074/2 13 09

Kinsale

Lage: Vordere Umschlagkarte C1
County Cork, Vorwahl 021

Emmet Place,
Tel. 4774026 u. 4772234,
Fax 4774438,
März–Nov. Mo–Sa 9.30–18, So 11–17 Uhr.

Harbour Lodge
Scilly
Te. 4772376, Fax 4772675
relax@harbourlodge.com
teuer
Luxuriös ausgestattetes, kleines Hotel mit Blick auf die Kinsale Bay.

Kieran's Folkhouse Inn
Guardwell
Tel. 4772382, Fax 7474085
moderat
Ein Haus aus dem 18. Jh. mit komfortablen Zimmern, einem Restaurant im idyllischen Innenhof, Nachtclub und Live-Musik.

Golden Garten
Cappagh
Tel. 4772490
moderat–günstig
März–Okt.
Komfortables B & B mit hübschem Garten und Blick auf den Hafen. Die Zimmer sind teilweise mit Antiquitäten eingerichtet.

Cottage Loft Restaurant & Guesthouse
6 Main Street
Tel./Fax 4772803
günstig
Pension in einem der alten, bunten Häuser mit einem der besten Restaurants von Kinsale.

Dempsey's Hostel
Eastern Road,
Tel. 4772124

Camping:
Garretstown House Holiday Park
Tel. 477 81 56, Fax 477 81 56
29. April–30. Sept. geöffnet
140 Stellplätze; der Campingplatz liegt auf dem Gelände eines Landsitzes aus dem 18. Jh. knapp 10 km auf der R600 von Kinsale entfernt. Die Angebote und Ausstattungen sind erstklassig, einschl. Tennis, Kinderspielplatz, Laden Video Shows.

Blue Haven,
Pearse Street
Tel. 4772209
tgl. 12.30–15, 19–22.30 Uhr
teuer
Eines der preisgekrönten Restaurants Kinsales mit Schwerpunkt auf Meeresfrüchten.

Max's
Main Street
Tel. 4772443
tgl. 12.30–15, 18.30–22.30 Uhr
moderat
Eines der ältesten Restaurants von Kinsale mit irischer Küche.

The Gourmet Store & Fishy Fishy Café
Guardwell
Tel. 4774453
tgl. 12–15.30 Uhr
moderat
Ein Fischladen, der auch hervorragende Gerichte zur Lunchtime anbietet, überwiegend Meeresfrüchte, aber auch andere Leckereien.

Charles Fort
Tel. 4772684
Mitte April–Mitte Juni Mo–So 10–17 Uhr, Mitte Juni–Mitte Sept. tgl. 10–18 Uhr, Mitte Sept.–Okt. Mo–Sa 9–17, So 9.30–17.30 Uhr
Ruine eines Forts aus dem 17. Jh.

Desmond Castle
Tel. 4774855
gleiche Öffnungszeiten wie Charles Fort
Ein Kastell aus dem 16. Jh., in dem heute das Weinmuseum untergebracht ist.

Keane on Ceramics
Pier Road
Tel. 477 45 53, Fax 477 33 19
Etwa 35 der führenden irischen Keramikkünstler verkaufen hier hier ihre Werke.

Kinsale International Gourmet Festival
Anfang Oktober
Auskunft: Tel. 4774026

Ca. dreimal tgl. **Busverbindung** mit Cork,
Auskunft: Tel. 50 81 88

Knock

Lage: Vordere Umschlagkarte D6
County Mayo, Vorwahl 094

Market Square
Tel 88193
Mai–Sept. 10–18 Uhr

Belmont Hotel
Tel. 88122, Fax 88532
moderat
Freundliches und ruhiges Hotel mit Restaurant.
Knock House Hotel
Ballyhaunis Road
Tel. 88088, Fax 88044
hotel@knock-shrine.ie
moderat
1999 eröffnetes Hotel, nur ein paar Minuten von der Basilika entfernt. 6 der Zimmer sind speziell für Rollstuhlfahrer ausgestattet.

Camping:
Knock Caravan & Camping Park
Claremorris Road
Tel. 8 81 00, Fax 8 82 95
1. März–31. Okt. geöffnet
73 Stellplätze; alle Annehmlichkeiten vorhanden und nur 5 Min. zu Fuß zum Schrein.

Folk Museum
Mai–Okt. tgl. 10–19 Uhr
Kleines, religiöses Heimatmuseum.
Our Lady's Shrine
Tel. 88100
Mai–Okt. tgl. 10–19 Uhr
Erscheinungskapelle und Hauptpilgerziel.

Pilgerbusse verkehren ab Dublin, Westport, Sligo, Galway, Shannon und Cork,
Auskunft: 01/8 36 61 11
Der **Knock Airport** befindet sich 15 km nördlich von Knock an der N 17.

Leenane

Lage: Vordere Umschlagkarte C5
County Galway, Vorwahl 095

Leenane Hotel
Tel. 4 22 49, Fax 4 23 76
moderat–günstig
Schönes und komfortables Hotel in einer alten Poststation am Ufer des Killary Harbour.
Portfinn Lodge Guesthouse
Tel. 42265, Fax 42315
günstig
Gemütliches und gut ausgestattetes Gasthaus.
Delphi Hostel
Delphi
Tel. 42208, Fax 42303
nur Juli/August

Portfinn Lodge
Tel. 42265
Tgl. 18.30–21 Uhr
moderat
Hauptsächlich Meeresfrüchte werden hier angeboten, besonders empfehlenswert ist der Hummer.

Delphi Adventure Holidays
Tel. 18 50/27 52 75, Fax 4 23 03
Verschiedene Aktivitäten wie Tennis, Surfen, Segeln, Bergsteigen, Bogenschießen, Wandern, Reiten und Wasserski.

Busverbindung mit Galway,
Auskunft: Tel. 091/56 20 00

Letterfrack

Lage: Vordere Umschlagkarte C5
County Galway, Vorwahl 095

Credit Union Office
Tully Cross
Tel. 43950

Rosleague Manor Hotel
Tel. 41101, Fax 41168
teuer
Luxuriöses georgianisches Landhaus mit

hervorragendem Restaurant, in einem großen Landschaftsgarten gelegen.
Old Monastery Hostel
Tel./Fax 4 11 32

Connemara National Park
Renville House (Naturhistorisches Museum)
Tel. 4 19 54
Juli/Aug. 9.30–18.30, Juni 10–18.30,
Mai u. Sept. 10–17.30 Uhr
Kylemore Abbey
Tel. 4 11 46, Fax 4 11 23,
März–Nov. tgl. 9–18 Uhr
Benediktinerinnenkloster und Schule, mit Besucherzentrum und Besichtigung.

Busverbindung mit Galway und Westport,
Auskunft: Tel. 091/56 20 00

Letterkenny

Lage: Vordere Umschlagkarte G7
County Donegal, Vorwahl 0 74

Derry Road
Tel. 2 11 60, Fax 2 51 80
Juni–Aug. Mo–Sa 9–20, So 10–18 Uhr,
Sept.–Mai Mo–Fr 9–17 Uhr

Gallagher's Hotel
100 Main Street
Tel. 2 20 66, Fax 2 10 16
günstig
Komfortables und freundliches Hotel im Stadtzentrum.
Town View
Leck Road
Tel. 2 51 38
townview@eircom.net
günstig–sehr preiswert
Etwa 1 km vom Stadtzentrum gelegenes Haus mit gut ausgestatteten Zimmern.
The Manse Hostel
Mansion Apt., High Road
Tel. 2 52 38

Busverbindung mit Dublin, Galway, Sligo,
Auskunft: Tel. 2 13 09

Limerick

Lage: Vordere Umschlagkarte B3
County Limerick, Vorwahl 0 61

Arthur's Quay
Tel. 31 75 22, Fax 31 79 39
Juli/Aug. tgl. 9–19 Uhr,
Sept.–Juni Mo–Sa 9.30–17.30 Uhr

Jurys Hotel
Ennis Road
Tel. 32 77 77, Fax 32 64 00
teuer–moderat
Am Ufer des Shannon nicht weit vom Stadtzentrum gelegenes, neues Luxushotel mit Swimmingpool.
Alexandra Guest House
O'Connell Avenue
Tel. 31 84 72, Fax 40 04 33
günstig
Kleine Pension in einem viktorianischen Haus nicht weit vom Stadtzentrum.
Ashgrove House B & B
Lowroad
Tel. 065/68 36 93 32
günstig
Komfortables Haus in unmittelbarer Nähe zum Bunratty Folk Park.
Glen Eagles
12 Vereker Gardens, Ennis Road
Tel./Fax 45 55 21
günstig
März-Nov. Fast im Stadtzentrum, aber in ruhiger Seitenstraße gelegenes B & B, daher gut für Stadterkundungen geeignet.
Hanratty's Hotel
5 Glentworth Street
Tel. 41 09 99, Fax 41 10 77
günstig
Gemütliches, kleines Hotel, untergebracht in einem georgianischen Haus aus dem 18. Jh., im Stadtzentrum gelegen.
Barringtons Lodge & Hostel
Georges Quay, Dublin Road
Tel. 41 52 22

Chez O'Shea
74 O'Connell Street
Tel. 31 63 11
Di–Sa 18–23 Uhr
teuer

Elegantes, georgianisches Restaurant mit Schwerpunkt auf Meeresfrüchten und exotischen Kompositionen.

Durty Nelly's Oyster Restaurant
Bunratty
Tel. 36 48 61
Mo–Sa 10.30–22.30, So 12–22 Uhr
teuer–moderat
Zu Füßen von Bunratty Castle gelegenes stimmungsvolles, aber auch von Touristengruppen bevölkertes Restaurant.

Green Onion Café
Rutland Street (gegenüber dem Hunt Museum)
Tel. 40 07 10
Mo–Sa 9–22 Uhr
moderat
Multikulturelle Küche mit frischen Zutaten und hervorragend zubereitet.

Bunratty Folk Park
Tel. 36 15 11
Schloß: April–Okt. tgl. 9.30–18.30 Uhr,
Park: Juni–Aug. 9.30–19 Uhr,
Sept.–Mai 9.30–17.30 Uhr – Reservierung für mittelalterliche Bankette Tel. 36 07 88
Historische Burg und eine folkloristische Dorfanlage.

Craggaunowen Project
Quin, Co, Clare
Tel. 36 71 78
Ostern–Sept. tgl. 9–18 Uhr
Wiedebelebung einer keltischen Dorfanlage.

Glin Castle
Tel. 0 68/3 41 73,
Führungen Mai u. Juni 10–12, 14–16 Uhr oder nach Vereinbarung. Auf jeden Fall vorher anrufen, da das Schloß noch immer bewohnt ist.

Hunt Museum im Custom House
Rutland Street,
Tel. 31 28 33,
Di–Sa 10–17, So 14–17 Uhr
Eine Sammlung einzigartiger historischer Exponate.

King John's Castle
Tel. 41 12 01
Mai–Okt. 9.30–16.30 Uhr,
Nov.–April So 11–16 Uhr
Historische Burganlage mit interkativem Museum.

Knappogue Castle
Quin, Co. Clare
Tel. 36 81 03
Mai–Sept. tgl. 9.30–16.30 Uhr
Historische Burg mit mittelalterlichen Banketten.

St. Mary's Cathedral
Bridge Street
Tel. 33 86 97
tgl. 8.45–13, 14.15–17 Uhr
Älteste Kirche Limericks.

Castle Lane Tavern
Nicholas Street
(neben King John's Castle)
Tel. 36 07 88 für Buchungen
Ein gemütliches Pub mit preiswertem Mittagessen und Live-Musik am Wochenende im Erdgeschoß, im ersten Stock Restaurant mit irischer Musik und Tanzvorführung

Golf: Limerick Golf & Country Club
Ballyneety
Tel. 35 18 81, Fax 35 13 84

Vom **Busterminal** in der Parnell Street fahren Busse in alle größeren Städte. Im Tourist Office gibt es einen Info- und Ticketschalter,
Auskunft: Tel. 31 33 33
Der **Bahnhof** liegt unmittelbar neben dem Busterminal. Von dort gibt es regelmäßige Zugverbindungen mit Dublin,
Auskunft: Tel. 31 55 55
Vom **Flughafen Shannon** verkehrt ein regelmäßiger Shuttle zum Bahnhof,
Auskunft: Tel. 47 16 64

Lisdoonvarna

Lage: Vordere Umschlagkarte C4
County Clare, Vorwahl 065

Ballinalacken Castle Hotel
an der Küstenstraße R 477 gelegen,
Tel./Fax 7 07 40 25
teuer–moderat
Das an der Küste gelegene Schloßhotel von 1840 war einst der Sitz von Lord O'Brian.

Sheedy's Country House Hotel
Tel.7 07 40 26, Fax 7 07 45 55
moderat
Komfortables Hotel in einem ehemaligen Gutshaus aus dem 17. Jh.
Burren Breeze
The Wood Cross
Tel. 7 07 42 63, Fax 7 07 48 20
burrenbb@iol.ie
günstig
Das Haus liegt etwa 1 km außerhalb Lisdoonvarnas. Alle Zimmer haben neben Dusche auch eine Badewanne, und es gibt einen Internetzugang.
Kincora House &
The Burren Hostel
Tel. 7 07 43 00, Fax 7 07 44 90

Orchid Restaurant
Sheedy's Spa View Hotel
Tel.7 0 7 40 26
tgl. 18.30–21.30 Uhr
moderat
Hochgelobtes Restaurant mit internationaler Küche, auch vegetarische Speisen. werden serviert

The Burren Smokehouse
Tel. 7 07 44 32, Fax 7 07 43 03
Frisch geräucherter Lachs, Forelle, Makrele und Aal sowie Kunsthandwerk

Matchmaking Festival
September
Auskunft: J. D. White, Tel. 7 07 40 05.

Im Sommer **Busverbindungen** mit Galway, Ennis und Tralee, ganzjährig mit Limerick werktags zweimal tgl.,
Auskunft: Tel. 6 82 41 77

Louisburgh

Lage: Vordere Umschlagkarte C6
County Mayo, Vorwahl 0 98

Springfield House
Bunowewn Road
Tel. 6 60 62
günstig
April–Sept.
5 Min. zu Fuß vom Ortszentrum, in schönster Landschaft gelegener Bungalow.

Camping:
Old Head Forest Caravan and Camping Park
Tel./Fax 6 60 21
29. Mai-1. Sept. geöffnet
47 Stellplätze; sehr schön gelegener und gut ausgestatteter Platz an der Clew Bay.

Granuaile Heritage Centre
Tel. 6 61 95
Ostern–Okt. Mo–Sa 10–18, So 11–18 Uhr, Nov.–Ostern Mo–Fr 10–18 Uhr
Museum u. a. zur ›Piratenkönigin‹ Grace O'Malley.

Croagh Patrick Pilgerfahrt
letzter Sonntag im Juli,
Auskunft: Fr. Padraig O'Connor
Tel./Fax 2 69 00.

Tgl. **Busverbindung** mit Westport.
Auskunft: Tel. 091/56 20 00

Malahide

Lage: Vordere Umschlagkarte H4
County Dublin, Vorwahl 01

Grand Hotel
Tel. 8 45 00 00, Fax 8 16 80 25
sehr teuer
Großartiges Luxushotel mit Swimmingpool, Fitness-Studio und Meeresblick.
Island View Hotel
Coast Road
Tel. 8 45 00 99, Fax 8 45 14 98
info@islandviewhotel.ie
moderat
Kleines, komfortables Hotel mit gutem Restaurant und nur ca. 10 Automin. vom Flughafen Dublin entfernt.

Bon Appetit,
9 James Terrace,
Tel. 8 45 03 14
Mo–Fr 12.30–14, 19–22 Uhr,
Sa nur abends

teuer–moderat
Hauptsächlich Meeresfrüchte, große Weinauswahl.

Malahide Castle,
Tel. 8462184
Mo–Fr 10–18 Uhr,
April–Okt. auch Sa 11–18, So 14–18 Uhr
Historische Burg mit Gemäldeausstellung aus dem National Museum.

Ab Dublin (Talbot Street) mit dem **Bus** 42 oder mit dem DART,
Auskunft: Tel. 8 36 61 11

Midleton

Lage: Vordere Umschlagkarte D1
County Cork, Vorwahl 021

Heritage Centre
Tel. 4613702
April–Okt. tgl. 9.30–18 Uhr

Midleton Park Hotel
Tel. 4635100, Fax 4635101
moderat
Geschmackvolles, jüngst renoviertes Hotel, allerdings an der sehr lauten N 25 gelegen.
An Stor Midleton Tourist Hostel
Drury's Avenue
Tel. 63 31 06

Jameson Heritage Centre
Tel. 613594, Fax 613642,
März–Okt. tgl. 10–18 Uhr
Museum in der alten Whiskey-Destillerie, einschließlich Verkostung.

Busverbindung mit Cork,
Auskunft: Tel. 50 81 88

Moycullen

Lage: Vordere Umschlagkarte B5
County Galway, Vorwahl 091

Cloonnabinna House Hotel
Ross Lake
Tel. 555555, Fax 555640
moderat
Traumhaft am Ross Lake gelegenes modernes Hotel mit eigenem Bootsverleih, ideal für Angler.
Ard Iosef
Tel. 555149
ardiosef@oceanfree.net
günstig
April–Okt.
Komfortables Haus an der N 59 mit großer Frühstücksauswahl.

Drimcong House
Tel. 85115
Di–Sa 19–22.30 Uhr
teuer
Traumhaft in einem 300 Jahre alten Landhaus am See gelegen und mit einer klaren, nicht weniger kunstvollen Küche.

Connemara Marble Factory
Tel. 85102
Marmorfabrik mit Führung und Verkauf.

Busverbindung mit Galway und Westport,
Auskunft: Tel. 56 20 00

Newcastle

Lage: Vordere Umschlagkarte J5
N. I. County Down, Vorwahl 028

Newcastle Centre
10–14 Central Promenade
Tel. 43 722222
Mo–Sa 10–17 Uhr, So 14–18 Uhr

Burrendale Hotel & Country Club
51 Castlewellan Road
Tel. 43 722599, Fax 43 722328
moderat
Recht komfortables Hotel mit allem, was man sich unter einem exklusiven Country Club vorstellt: Schönheitssalon, Swimmingpool etc.
Enniskeen House Hotel
98 Bryansford Road
Tel. 43 722392, Fax 43 724084

moderat
Ein wunderschön in einem Park gelegenes Landhaus mit entsprechend großzügigen Zimmern.
The Briers B & B
39 Middle Tollymore Road
Tel./Fax 43 72 43 47
moderat
Ein viel gelobtes Cottage aus dem 18. Jh., das auch gute Küche bietet.
Newcastle Hostel
30 Downs Road
Tel. 43 72 21 33

Camping:
Boulevard Caravan Park
114 Dundrum Road
Tel. 43 72 21 30
26. März-31. Okt. geöffnet
8 Stellplätze; einer von 9 Campingplätzen in und um Newcastle. Hervorragend ausgestattet mit zahlreichen Freizeitangeboten.

Percy French
Downs Road
Tel. 43 72 31 75
tgl. 12.30–14.30, 17.30–21.30 Uhr
moderat
Handfeste, aber modern zubereitete Landküche.

Busverbindung mit Belfast und Newry,
Auskunft: Tel. 43 72 22 96

New Ross

Lage: Vordere Umschlagkarte F2
County Wexford, Vorwahl 051

The Quay
Tel. 42 18 57
Juni–Sept. tgl. 9–13, 14–18 Uhr

Clarion Brandon House Hotel
Tel. 42 17 03, Fax 42 15 67
moderat
Komfortables Hotel im Landhausstil mit Swimmingpool und Fitness-Studio sowie Blick über den River Barrow.

Creacon Lodge Hotel
Creacon
Tel. 42 18 97, Fax 42 25 60
info@creaconlodge.com
moderat
Etwas außerhalb des Ortes gelegenes kleines und komfortables Haus.
MacMurrough Farm Hostel
MacMurrough, 3 km nordöstlich der Stadt
Tel. 42 13 83

John F. Kennedy Memorial Park
Tel. 88171
Mai–Aug. tgl. 10–20 Uhr,
April/Sept. 10–18.30 Uhr,
Okt.–März 10–17 Uhr
Große Parkanlage mit exotischen Bäumen und Gehölzen.

Zweimal tgl. **Busverbindung** mit Dublin, sowie Station auf der Busstrecke Wexford–Waterford,
Auskunft: Tel. 87 90 00

Newry

Lage: Vordere Umschlagkarte H5
N. I. County Down, Vorwahl 028

Town Hall,
Tel. 30 26 88 77, Fax 30 26 88 33
Mo–Fr 9–17, Juni–Sept. auch
Sa 10–16 Uhr.

Canal Court Hotel
Merchants Quay
Tel. 30 25 12 34, Fax 30 25 11 77
teuer
Feinstes Hotel von Newry mit allem Komfort samt Fitness-Studio, Swimmingpool und Sauna.
Marymount B & B
Windsor Avenue
Tel. 30 26 10 99
moderat
Nicht weit vom Stadtzentrum, daher ruhig gelegenes Haus mit Garten.
Lakeview B & B
34 Church Road
Forkhill
Tel. 30 88 83 82

sehr preiswert
Außerhalb von Newry, eigentlich schon im Einflußbereich der ›Provisional Republic of Crossmaglen‹ gelegener Familienbungalow, freundlich und komfortabel.

Newry Museum
Arts Centre, Bank Parade
Tel. 30 26 62 32
Di, Do, Fr 9–17 Uhr
Kleines Heimatmuseum.

Regelmäßige **Bus- und Bahnverbindungen** mit Belfast und Dublin,
Busauskunft: Tel. 30 26 35 31
Bahnauskunft: Tel. 30 76 92 71

Omagh

Lage: Vordere Umschlagkarte G7
N.I., County Tyrone, Vorwahl 028

1 Market Street
Tel. 82 24 78 31 u. 82 24 07 74
Mo–Fr 9–17 Uhr, Ostern–Sept. auch Sa 9–17 Uhr, geschlossen 13–14 Uhr

Silverbirch Hotel
5 Gortin Road
Tel. 82 24 25 20, Fax 82 24 90 61
moderat
Großzügiges und sehr komfortables Hotel am Stadtrand Richtung der beiden Freilichtmuseen.
Clanabogan House B & B
85 Clanabogan Road
Tel./Fax 82 24 11 71
günstig
Ein liebevoll restauriertes Haus aus dem 17. Jh. etwa 5 km außerhalb von Omagh an der A 32 gelegen.
Omagh Independant Hostel
9a Waterworks Road
Tel. 82 24 19 73

Mellon Country Inn
134 Beltany Road
Tel.82 66 12 24
Mo–Sa 10.30–21.30, Di 12–20.30 Uhr
moderat
Ausgezeichnetes Restaurant mit internationaler und irischer Küche.

Ulster American Folk Park
Tel. 82 24 32 92
Ostern–Sept. Mo–Sa 11–18.30, So 11.30–19 Uhr, Okt.–Ostern Mo–Fr 10.30–17 Uhr
Freilichtmuseum zur Geschichte irischer Auswanderer.
Ulster History Park,
Tel. 81 64 81 88
April–Sept. Mo–Sa 11–18.30,
So 11.30–19 Uhr,
Okt.–März Mo–Fr 10.30–17 Uhr
Freilichtmuseum zur Besiedlungsgeschichte Irlands.

Regelmäßige **Busverbindung** mit Belfast, Derry, Enniskillen, Donegal, Cork, Athlone, Galway, Limerick, Waterford und mit Dublin via Monaghan vom Busterminal in der Mountjoy Road. Am Ulster American Folk Park hält der Bus Derry–Strabane sowie im Juli und Aug. einmal tgl. Di und Do ein Bus von Omagh. Am Ulster History Park hält der Bus Omagh–Gortin,
Auskunft: Tel. 90 32 00 11

Oughterard

Lage: Vordere Umschlagkarte D5
County Galway, Vorwahl 091

Main Street,
Tel. 55 28 08, Fax 55 28 11

Connemara Gateway Hotel
Tel. 55 23 28, Fax 55 23 32
teuer–moderat
Großzügiger Luxus mit torfbefeuerten Kaminen und Swimmingpool.
Currarevagh House
Tel. 55 23 12, Fax 55 27 31
currarevagh@ireland.com
teuer–moderat
Wunderschönes und stilvolles Landhaus aus dem 19. Jh. in traumhafter Lage am Lough Corrib.
Lake Hotel
Tel. 55 22 75, Fax 55 27 94
günstig
Komfortable Gemütlichkeit im ältesten Hotel des Ortes, in dem schon Nora

Barnacle, die Frau von James Joyce, nächtigte.
The Western Way
Camp Street
Tel./Fax 79 41 96
mnoone@iol.ie
günstig
März–Okt.
Gemütliches B & B inmitten des Ortes.
Oughterards Canrawer House Hostel
Station Road
Tel. 55 23 88

Nur werktags eine unregelmäßige **Busverbindung** mit Galway, Auskunft: Tel. 56 20 00

Portaferry

Lage: Vordere Umschlagkarte J5
N.I., County Down, Vorwahl 028

The Stables
Castle Street
Tel. 42 72 98 82
Ostern–Sept. geöffnet

Portaferry Hotel
10 The Strand
Tel. 42 72 82 31, Fax 42 72 89 99
moderat
Direkt an der Meerenge gelegenes luxuriöses Hotel.
Barholm Hostel
11 The Strand
Tel. 42 72 95 98

Camping:
Tara Caravan Park
4 Ballyquintin Road, Tara
Tel. 42 72 84 59
1. April-31. Okt. geöffnet
12 Stellplätze; etwa 5 km südlich von Portaferry wunderschön gelegen mit Sandstrand und vielen Freizeitangeboten (Golf, Tennis), aber leider keine Duschen.

Castle Ward
Strangford
Tel. 44 88 12 04
Mai–Aug. Fr–Mi 13–18 Uhr, April, Sept., Okt. nur Sa/So 13–18 Uhr
Klassizistisches Schloß.
Exploris
The Rope Walk,
Tel. 42 72 80 62,
Mo–Fr 10–18, Sa 11–18, So 13–18 Uhr
Nordirlands einziges Meeresaquarium

Regelmäßige **Busverbindung** mit Belfast. Die **Fähre** über den Isthmus verkehrt tgl. ab ca. 8 Uhr bis ca. 23 Uhr alle 30 Min,
Auskunft: Tel. 90 32 00 11

Portmagee

Lage: Vordere Umschlagkarte A2
County Kerry, Vorwahl 0 66

Moorings Guesthouse
Tel. 9 47 71 08, Fax 9 47 72 20
günstig
Gemütliches Hotel mit liebevoll eingerichteten Zimmern direkt am Hafen.

The Skellig Experience
Tel. 9 47 63 06
April–Sept. tgl. 9.30–17,
Juli/Aug. bis 19 Uhr
Museum zur Geschichte der Skellig-Inseln.

Portrush

Lage: Vordere Umschlagkarte H7
N.I.,County Antrim, Vorwahl 0 28

Dunluce Centre
Sandhill Drive,
Tel. 70 82 33 33,
April–Okt. Mo–Sa 9–17 Uhr,
Mitte Juni–Sept. auch So 9–17 Uhr.

Comfort Hotel Portrush
73 Main Street
Tel. 70 82 61 00, Fax 70 82 61 60
info@comforthotelportrush.com
moderat
Das im Jahr 2001 eröffnete Hotel mit allem modernen Komfort liegt mitten im Ort und bietet einen weiten Blick übers Meer.

Magheraboy House Hotel
41 Magheraboy Road
Tel. 70 82 35 07, Fax 70 82 46 87
moderat
Ein elegantes, viktorianisch angehauchtes Haus mit Blick über Portrush.

Avarest House B & B
64 Mark Street
Tel. 70 82 31 21
günstig
In einer ruhigen Seitenstraße des Ortszentrums gelegene viktorianische Pension.

Macool's Youth Hostel
5 Causeway View Terrace
Tel. 70 82 48 45

Camping:
Ballymacrea Touring Caravan Park
220 Ballybogy Road
Tel. 70 82 45 07
ganzjährig geöffnet
43 Stellplätze; etwa 3 km von Portrush entfernter Campingplatz, abseits der Küstenstraße gelegen, mit allem Komfort samt Tennisplatz.

Ramore
The Harbour
Tel. 70 82 43 13
Weinbar Mo–Sa 12–14, 17.30–21 Uhr,
Restaurant Di–Sa 18.30–22.30 Uhr
teuer
Eines der besten Restaurants mit asiatisch angehauchten Speisen und vor allem frischen Meeresfrüchten.

Dunluce Castle
Tel. 21 73 19 38
April–30. Sept. Mo–Sa 10–19,
So 14–19 Uhr (Juli und Aug. ab 11 Uhr),
1. Okt.–31. März Mo–Sa 10–16,
So 14–16 Uhr
Dramatische Schloßruine an der Causeway Coast.

Busverbindungen siehe Giant's Causeway,
Auskunft: Tel. 70 26 22 61
Mehrmals tgl. **Zugverbindungen** mit Coleraine und von dort mit Belfast und Derry,
Auskunft: Tel. 70 82 23 95

Portstewart

Lage: Vordere Umschlagkarte H7
N.I., County Derry, Vorwahl 028

Town Hall
The Crescent
Tel. 70 83 22 86
Juni–Sept. Mo–Sa 10.30–16 Uhr

Ashleigh Guesthouse
164 Station Road,
Tel. 70 83 44 52
günstig
Komfortables und modernes B & B.

Lis-na-Rhin
6 Victoria Terrace
Tel. 70 83 35 22
günstig
Kleine Reihenhauspension mit Meeresblick.

Causeway Coast Hostel
4 Victoria Terrace, Atlantic Circle
Tel. 70 83 37 89

Camping:
Downhill Campsite
Downhill Castle
Tel. 70 84 87 28 (National Trust)
ganzjährig geöffnet
40 Stellplätze; auf dem Gelände des malerischen Downhill Castle befindet sich dieser Platz. Die Ausstattung ist minimal (keine Duschen). Zwei weitere Campingplätze befinden sich in der Nähe von Portstewart.

Smyth's Restaurant
2 Lever Road
Tel. 70 83 35 64
tgl. 12–14.30, 18–22 Uhr
moderat
Ein neues Restaurant, das gutbürgerliche Küche mit lokalen und frischen Produkten sowie auch Vegetarisches bietet.

Shenanigans
78 The Promenade,
Tel. 70 83 60 00
tgl. 12.30–14.30, 17.30–21, So ab 19 Uhr
sehr preiswert
Bunte Mischung aus italienischer, indischer und irischer Küche.

Busverbindung s. Giant's Causeway. Darüber hinaus mehrmals tgl. Busverbindungen nach Derry, Belfast via Coleraine, Ballymoney und Antrim,
Auskunft: Tel. 70 26 22 61

Portumna

Lage: Vordere Umschlagkarte E4
County Galway, Vorwahl 09 05

Shannon Oaks Hotel & Country Club
Tel. 4 17 77, Fax 4 13 57
moderat
Das Hotel gleich neben Portumna Castle bietet neben komfortablen Zimmern auch einen Swimmingpool sowie ein Fitneß-Studio.
Auvergne Lodge
Dominic Street
Tel./Fax 4 11 38
auvergnelodge@eircom.net
sehr preiswert
Nicht weit vom Shannon und in ruhiger Lage.
Galway Shannonside Schoolhouse Hostel
St. Brigid's Road
Tel. 4 10 32

Portumna Castle
Tel. 4 16 58
Juni–Mitte Sept. tgl. 9.30–18.30 Uhr
Historische Schloßruine inmitten eines großen Parks.

Tägliche **Busverbindung** mit Dublin und Galway,
Auskunft: Tel. 01/8 36 61 11

Rathdrum

Lage: Vordere Umschlagkarte G3
County Wicklow, Vorwahl 04 04

Tourist Office
Tel. 4 62 62
nur im Sommer geöffnet

Avonbrae Guesthouse
Tel./Fax 4 61 98
günstig
Gemütliche Pension in einem efeubewachsenen alten Haus mit Swimmingpool, im Angebot sind auch organisierten Wanderungen.
The Old Presbytery Hostel
The Fairgreen
Tel. 4 69 30, Fax 4 66 04

Camping:
Avonmore Riverside Caravan and Camping Park
Tel. 4 60 80
Ostern–Ende Sept. geöffnet
30 Stellplätze; 5 Minuten zu Fuß vom Ort enfernt bietet der einfach ausgestattete Campingplatz dennoch eine ruhige Lage am Fluß.

Avondale House
(ca. 3 km südlich von Rathdrum)
Tel. 4 61 11
tgl. 11–18 Uhr
Haus des irischen Nationalhelden Charles Stewart Parnell, mit Memorabilia.

Holly Farm
Tel. 4 69 12, Fax 4 69 12
Malkurse unter professioneller Anleitung.

Tägliche **Busverbindung** mit Dublin,
Auskunft: Tel. 01/8 36 61 11

Rosmuck

Lage: Vordere Umschlagkarte C5
County Galway, Vorwahl 091

Patrick Pearse House
(Teach an Phiarsaigh)
Tel. 7 42 92
15. Juni–15. Sept. tgl. 9.30–18.30 Uhr
Kleines Museum, in dem der Dichter und Freiheitskämpfer Patrick Pearse lebte.

Tägliche **Busverbindung** mit Galway,
Auskunft: Tel. 56 20 00

Rostrevor

Lage: Vordere Umschlagkarte H5
N.I., County Down, Vorwahl 028

Forestbrook House B & B
11 Forestbrook Road
Tel. 41 73 81 05
günstig
Eine wunderschön altmodische Pension in einem Haus aus dem Jahr 1700 zu Füßen des Slieve Martin.
Knockbarragh Hostel
Knockbarragh Road
Tel. 41 73 97 16

Camping:
Kilbroney Caravan Park
Kilbroney Park, Shore Road
Tel. 41 73 81 34
1. April–31. Okt. geöffnet
76 Stellplätze; gut ausgestatter Platz in idyllischer Lage mit Blich auf den Carlinggford Lough

Fiddler's Green Folk Festival
Ende Juli/Anfang August: eine Woche lang gibt es irische Traditionsmusik satt.

Busverbindung mit Newry via Kilkeel bis Warrenpoint,
Auskunft: Tel. 30 26 35 31

Roundstone

Lage: Vordere Umschlagkarte C5
County Galway, Vorwahl 0 95

Eldons Hotel
Tel. 3 59 33, Fax 3 57 22
moderat
Relativ neues, gepflegtes Hotel in der Nähe eines 18-Loch-Golfplatzes und einer Windsurfer-Schule.
St. Joseph's
Tel./Fax 3 58 65
christinalowry@eircom.net
günstig
Geräumiges Stadthaus aus dem 19. Jh. mit Blick auf den Hafen.

Camping:
Gurteen Bay Caravan and Camping Park
Tel. 3 58 82 und 3 57 87, Fax 3 58 82
Ostern–30. Sept. geöffnet
80 Stellplätze; der hervorragend ausgestattete Platz liegt etwa 2 km von Roundstone direkt am Strand. Zu den Angeboten gehören Pony-Trekking, Golf, Wandern und Angeln.

O'Dowd's Seafood Bar & Restaurant
Tel. 3 58 09
April–Okt. tgl. 12.30–22 Uhr,
Nov.–März nur Sa /So
moderat–günstig
Vor allem Meeresfrüchte, aber auch Vegetarisches.

Malachy und Anne Kearns
I.D.A. Craft Centre,
Tel./Fax 3 58 08
Handgearbeitete Bodhráns, die irischen Ziegenfelltrommeln.

Busstation auf der Strecke Galway–Clifden,
Auskunft: Tel. 091/56 20 00

Scariff

Lage: Vordere Umschlagklappe D 3
County Clare, Vorwahl 0 61

Mountshannon Hotel
Mountshannon
Tel. 92 71 62, Fax 92 72 72
moderat–günstig
Klein und cosy ist dies Hotel mit gutem Restaurant, nur ein paar Minuten vom Hafen entfernt.
Feakle Cottage
Bauroe, Feakle
Tel. 92 49 63
petradub@eircom.net
sehr preiswert
Ca. 15 Automin. von Scariff und vom Shannon entfernt. In ihrem traditionellen Reetdach-Cottage mit grandiosem Blick über das Hügelland von East Clare vermie-

tet die Autorin dieses Buchs Zimmer an nette Gäste, die Ursprünglichkeit und persönliche Atmosphäre standardisiertem Luxus vorziehen.

Camping:
Lakeside Holiday Park
Mountshannon
Tel. 927225, Fax 927336
lakesidecamping@eircom.net
1. Mai–1. Okt. geöffnet
40 Stellplätze; schön gelegener Platz am Lough Derg, mit Caravan- und Hüttenvermietung sowie Bootsverleih.

Während der Sommermonate fahren ab Scariff täglich **Ausflugsboote nach Iniscealtra.**

Feakle Traditional Music Festival
Mitte August; das kleine Dorf Feakle, unweit des Shannon, erwacht während eines langen Wochenendes zum Leben: Musik ertönt aus allen vier Pubs und aus dem Festzelt.

(Seltene) **Busverbindung** zwischen Scariff und Limerick.

Skibbereen

Lage: Vordere Umschlagkarte B1
County Cork, Vorwahl 028

North Street
Tel. 21766, Fax 21353

Eldon Hotel
Bridge Street
Tel. 22000, Fax 22191
teuer–moderat
Kleines Stadthotel mit Restaurant und Bar, in dem schon Michael Collins abgestiegen ist.
Sunnyside
42 Mardyke Street
Tel./Fax 21365
sunnysideskibb@eircom.net
günstig
Sehr komfortabel ausgestattetes und ruhig gelegenes Stadthaus.

Russagh Mill Hostel
Russagh
Tel. 22451

Camping:
The Hideaway Camping & Caravan Park
Tel. 22254 u. 33280
27. April–15. Sept. geöffnet
60 Stellplätze; der Platz ist etwa 1 km von Skibbereen Richtung Castletownsend entfernt gelegen und bietet alle Annehmlichkeiten.

Liss Ard
Tel. 40186, Fax 40186
Durch den wunderschönen Naturpark werden auf Voranmeldung auch geführte Touren angeboten.
Michael Collins Memorial Centre
Clonakilty, zwischen Skibbereen und Kinsale gelegen
Auskunft: Tel. 023/33226
Wieder aufgebautes Geburtshaus des Rebellenhelden Michael Collins.

Pferdemarkt
Ende August: eine Freude für Pferdefreunde und solche, die den Pferdehandel erst kennenlernen wollen,
Auskunft: Tel. 21522.

Busverbindungen mit Cork sowie Baltimore und Schull,
Auskunft Tel. 021/508188

Sligo

Lage: Vordere Umschlagkarte E6
County Sligo, Vorwahl 071

Aras Reddan
Temple Street
Tel. 61201, Fax 60360
Juli/Aug. Mo–Sa 9–20, So 10–18 Uhr,
Okt.–Juni Mo–Fr 9–17 Uhr

Markree Castle
Collooney
Tel. 67800, Fax 67840
teuer

Außerhalb der Stadt Sligo in der Nähe des Lough Gill gelegen, ist dieses trutzige Schloß (samt Reitstall), das die Familie der Coopers seit 1640 bewohnt, die pracht- und stilvollste Unterkunft des County.

Clarence Hotel
Wine Street,
Tel. 42211, Fax 45823
moderat
Kleines Hotel in einem denkmalgeschützten Haus im Stadtzentrum mit komfortablen Räumen.

Tree Tops
Cleveragh Road
Tel. 60160, Fax 62301
treetops@iol.ie
sehr preiswert
5 Min. vom Stadtzentrum entferntes, gemütliches Haus mit allem Komfort.

Eden Hill Holiday Hostel
Pearse Road
Tel. 44113, Fax 43204

Camping:
Strandhill Caravan and Camping Park
Tel. 6 81 11
Ostern–Mitte Sept. geöffnet
100 Stellplätze; am Strand von Strandhill, dem Badeort Sligosund nahe dem Strand gelegen, ein Golfplatz befindet sich in unmittelbarer Nähe.

Carrowmore
Tel. 61534
Mai–Sept. 9.30–18.30 Uhr
Prähistorisches Gräberfeld.

Lissadell House
Tel. 63150
Juni–Sept. Mo–Sa 10.30–12.30, 14–16.30 Uhr
Ehemaliges Wohnhaus der Rebellenheldin Constance Markiewicz.

Municipal Art Gallery & County Museum (Yeats Memorial Museum)
Douglas Hyde Bridge
Tel. 42212
Mo–Sa 10.30–17.30 Uhr
Museumskomplex mit zeitgenössischen Ausstellungen, Heimatmuseum und eine Abteilung für den Dichter Yeats.

Parke's Castle
Lough Gill, Co. Leitrim
Tel. 64149
5. April–Ende Mai tgl. 10–17 Uhr,
Juni–Sept. tgl. 9.30–18.30 Uhr,
Okt. tgl. 10–17 Uhr
Schloß aus dem 17. Jh mit Museum zur Regionalgeschichte.

Sligo Abbey
Mitte Juni–Mitte Sept. tgl. 9.30–18.30 Uhr
Historische Klosteranlage.

The Cat & The Moon
4 Castle Street
Tel. 4 36 86, Fax 4 36 86
Eine der führenden Schmuckläden Irlands, mit modernen Designerstücken.

Yeats International Summer School
erste Augusthälfte: Veranstaltungen und Seminare rund um den Dichter und sein Leben und Werk,
Auskunft: Yeats Memorial Building, s.o.
Tel. 42693.

Dreimal tgl. **Busverbindung** mit Dublin, Galway, Derry, Donegal.
Züge nach Dublin via Mullingar.
Busterminal und Bahnhof befinden sich westlich des Stadtzentrums am Union Place.
Busauskunft: Tel. 6 00 66
Bahnauskunft: Tel. 6 98 88

Sneem

Lage: Vordere Umschlagkarte B2
County Kerry, Vorwahl 064

Parknasilla Great Southern Hotel
Tel. 45122, Fax 45323
sehr teuer
Großartiges, viktorianisches Luxushotel mit subtropischem Park, samt Swimmingpool, Sauna, Reitstall, Wasserski und Golfplatz.

Tahilla Cove Country Guesthouse
Tahilla

Tel. 45204, Fax 45104
moderat
Etwas außerhalb von Sneem an einem See gelegen, aber so schön und vor allem abgeschieden, daß selbst irische Premierminister und britische Diplomaten dort gern ein paar Tage verbringen.

Bank House
North Square
Tel. 45226
günstig
März–Nov.
Georgianisches, mit Antiquitäten ausgestattetes Haus inmitten des Ortes.

Camping:
Goosey Island Campsite
Tel. 4 55 77, Fax 4 51 81
1. April–15. Okt. geöffnet
32 Stellplätze; nur 100 m von Sneem entfernt und idyllisch am Fluß gelegen, bietet dieser neue Platz jeden notwendigen Komfort.

Blue Bull Bar & Restaurant
South Square
Tel. 45382
April–Okt. tgl. 18–22 Uhr
moderat
Anheimelndes Lokal, das auf frische Meeresfrüchte spezialisiert ist, aber auch traditionelle irische Küche und Vegetarisches serviert.

Busstation auf der Ring of Kerry Tour ab Killarney und Tralee. Nur im Sommer und werktags,
Auskunft: Tel. 3 47 77

Sperrin Mountains

Lage: Vordere Umschlagkarte G7
N.I., County Derry, Vorwahl 028

Sperrin Heritage Centre
274 Glenelly Road
Cranagh, Tel. 81 64 81 42

Drumcovitt House
704 Feeny Road, Feeny
Tel./Fax 77 78 12 24
günstig
Ein efeubewachsenes Haus aus dem 18. Jh., das altmodischen, aber komfortablen Charme bietet.

Sperrin Heritage Centre
274 Glenelly Road, Cranagh
Tel. 81 64 81 42
Ostern–Okt. Mo–Fr 11–18, Sa 11.30–18, So 14–19 Uhr
Eine beeindruckende und sehr lebhafte Darstellung durch Geschichte und Legenden der Region.

Busse fahren nur zwischen Omagh und Plumbridge,
Auskunft: Tel. 90 32 00 11

Strokestown

Lage: Vordere Umschlagkarte E5
County Roscommon, Vorwahl 078

Famine Museum
Tel. 33013
Herrenhaus: Juni–Sept. Di–So 11.30–17.30, Museum: März–Nov. tgl. 11–17.30 Uhr
Museum zur Großen Hungersnot in einem alten Herrenhaus.

Der **Expreßbus** Sligo–Athlone hält auch in Strokestown,
Auskunft: Tel. 09 02/7 33 00

Tralee

Lage: Vordere Umschlagkarte B3
County Kerry, Vorwahl: 066

Ashe Memorial Hall
Tel. 7 12 12 88

Ballyseede Castle Hotel
Ballyseede
Tel. 7 12 57 99, Fax 7 12 52 87
teuer
An der Straße Richtung Killarney gelegenes Schloß aus dem 15. Jh., nicht ganz so nobel wie andere Schloßhotels, aber urgemütlich.

Grand Hotel
Denny Street
Tel. 7 12 14 99, Fax 7 12 28 77
moderat
Familiengeführtes Hotel im Stadtzentrum.
Glenduff House
Kielduff,
Tel. 7 13 71 05, Fax 7 13 70 99
moderat–günstig
Etwa 8 km außerhalb von Tralee gelegenes hübsches Landgasthaus aus dem 19. Jh.
Rosedale Lodge
Oakpark Road
Tel. 7 12 53 20
günstig
März–Nov.
Komfortables Haus mit großen Zimmern, an der N 69 Richtung Listowel gelegen.
Finnegan's Holiday Hostel
17 Denny Street
Tel./Fax 7 12 76 10

Camping:
Bayview Mobile Home & Caravan Park, Killeen
Tel./Fax 7 12 61 40
ganzjährig geöffnet
53 Stellplätze; etwa 1,5 km Richtung Ballybunion von Tralee entfernt. Der gepflegte Platz verfügt über alle erforderlichen Einrichtungen.

Restaurant Uno
14 Princes Street
Mo–Sa 12.30–14, 18–22 Uhr
moderat
Ein Restaurant in einem georgianischen Stadthaus mit stilvollem Speiseraum. Die Küche bietet eine Mischung aus asiatisch und irisch.
Val O'Shea's Bar & Bistro
4 Bridge Street
Tel. 2 15 59
tgl. 12.30–14.30, 18.30–21 Uhr
günstig
Bildhübsches Pub und Restaurant mit handfesten Gerichten, wie Fisch, Steaks und Vegetarisches.

Kerry the Kingdom
Ashe Memorial Hall,
Tel. 7 12 77 77
März–Okt. Mo–Sa 10–18 Uhr,
Aug. 10–19, Nov.–Dez. 14–17 Uhr
Eine Zeitreise durch das mittelalterliche Tralee.

Siamsa Tíre
Town Park
Tel. 7 12 30 55 u. 7 12 99 34,
Folklore-Theater in gälischer Sprache, Vorstellungen Mai–Sept. tgl. 20.30 Uhr.

Rose of Tralee International Festival
letzte Augustwoche: internationaler Wettbewerb zwischen Irinnen aus aller Welt,
Auskunft: Tel. 7 12 13 22.
International Bachelor Festival
Ende Juni: In Ballybunion wird der beliebteste Junggeselle aus Irland und der irischen Diaspora gewählt,
Auskunft: Tel. 0 68/3 61 06.

The Aqua Dome
Ballyard
Tel. 7 12 88 99
tgl. 10–22 Uhr
Irlands größter Wasserfreizeitpark.
Reiten: Dingle Peninsula Trail Rides
El Rancho Farmhouse
Ballyard
Tel. 7 12 18 40, Fax 7 12 18 40

Tgl. **Busverbindung** von und nach Dublin via Limerick und Listowel sowie Busse nach Rosslare via Killarney, Cork und Waterford,
Auskunft: Tel. 7 12 35 66
Zugverbindungen mit Dublin,
Auskunft: Tel. 7 12 35 22

Tramore

Lage: Vordere Umschlagkarte E1
County Waterford, Vorwahl 051

Railway Square
Tel. 38 15 72 und 18 50/51 27 00
Juni–Aug. Mo–Sa 10–18 Uhr

Grand Hotel
Tel. 38 14 14, Fax 38 64 28
moderat
Seit dem Jahr 1790 gibt es dieses komfortable Hotel mit schönem Blick auf den berühmten Strand von Tramore.

Belair Guesthouse
Racecourse Road
Tel. 38 16 05, Fax 38 66 88
moderat–günstig
Auf den Hügeln oberhalb von Tramore gelegenes, efeubewachsenes georgianisches Gasthaus.

Killerig House
Lower Branch Road
Tel. 38 10 75
günstig
200 Jahre altes Stadthaus, fast direkt am Strand und nicht weit vom Rummelplatz gelegen.

The Monkey Puzzle Hostel
Upper Branch Road
Tel. 38 67 54

Camping:
Newtown Cove Caravan and Camping Park
Tel. 38 11 21, Fax 38 19 79
21. April–29. Sept. geöffnet
40 Stellplätze; ein hervorragend ausgestatteter Platz, der etwa 1 km von Tramore entfernt liegt.

Regelmäßige **Busverbindung** mit Waterford,
Auskunft: Tel. 87 90 00

Waterford

Lage: Vordere Umschlagkarte F1
County Waterford, Vorwahl 051

41 The Quay
Tel. 87 57 88, Fax 87 73 88
Juli/Aug. Mo–Sa 9–18, So 10–17,
Sept.–Juni Mo–Sa 9–18 Uhr

Granville Hotel
Meagher Quay
Tel. 30 55 55, Fax Tel. 30 55 66
teuer
Das elegante Hotel mit Restaurants ist in einem georgianischem Haus untergebracht und liegt im Stadtzentrum.

Blenheim House
Blenheim Heights
Tel. 87 41 15
blenheim@eircom.net
günstig
Gut 3 km von Waterford entfernt liegt dieses mit Antiquitäten und Kunstwerken eingerichtete georgianische Herrenhaus aus der Mitte des 18. Jh. Das Anwesen ist umgeben von einem Park.

Viking House Hostel
Coffee House Lane, The Quay
Tel. 85 38 27, Fax 87 17 30

McCluskey's Bistro
18 High Street
Tel. 85 77 66
Di–Sa 12–14.30, 18–22 Uhr
teuer
Eine einfache Küche, aber mit viel Feingefühl zubereitet. Französische Einflüsse mit etwas asiatischen und mediterranen Ideen.

The Wine Vault
High Street
Tel. 85 34 44
Mo–Sa 10.30–23 Uhr
teuer
Gemütliches Weinrestaurant mit französischer Bistroküche.

Reginald's Tower Museum
Parade Quay
Tel. 87 35 01
April–Juni, Sept.–Okt. tgl. 10–17 Uhr,
Juli/Aug. Mo–Fr 10–20, Sa/So 10–17 Uhr,
Nov.–März Mo–Sa 10–17 Uhr
Stadtgeschichte und Ausstellungen im mittelalterlichen Turm.

Waterford Crystal
Cork Road, ca. 2 km außerhalb des Stadtzentrums Richtung Cork (N25)
Tel. 37 33 11
April–Okt. tgl. 8.30–18 Uhr,
Nov.–März Mo–Fr 9–17 Uhr
Die berühmte Glasfabrik präsentiert eine Ausstellung und bietet Führungen durch die Produktion an.

Festival of Light Opera
Musical und Operette in den letzten zwei Septemberwochen,
Auskunft: Tel. 87 44 02.

Busterminal und **Bahnhof** befinden sich am Nordufer des Flusses gegenüber dem Gratton Quay. Waterford ist ein Verkehrsknotenpunkt, von dem Busse in alle größeren Städte abfahren,
Auskunft: Tel. 87 90 00
Zugverbindungen mit Dublin, Limerick und Rosslare.
Waterford Airport befindet sich ca. 6 km südlich der Stadt Richtung Tramore, Linienflüge nach England,
Auskunft: Tel. 87 34 01

Waterville

Lage: Vordere Umschlagkarte A2
County Kerry, Vorwahl 066

Butler Arms Hotel
Tel. 9 47 41 44, Fax 9 47 45 20
teuer
Wunderschönes Hotel mit Blick über den Atlantik, Charlie Chaplin residierte seinerzeit dort.
Smugglers Inn Guesthouse
Cliff Road
Tel. 9 47 43 30, Fax 9 47 44 22
moderat
Außerhalb von Waterville gelegenes, ruhiges Gasthaus direkt am Sandstrand.
Golf Link View B & B
Murreigh,
Tel./Fax 9 47 46 23
sehr preiswert
Moderner, sehr komfortabler Bungalow etwas außerhalb des Ortes, aber mit 18-Loch-Golfplatz nahebei.

Camping:
Waterville Caravan and Camping Park
Tel. 9 47 41 91, Fax 9 47 45 38
15. April–16. Sept. geöffnet
81 Stellplätze; ca. 1 km nördlich von Waterville. Luxuriös ausgestatteter Campingplatz einschließlich eines kleinen, für Kinder geeigneten Swimmingpools.

Station am Ring of Kerry **Bus** (siehe Killarney).

Westport

Lage: Vordere Umschlagkarte D6
County Mayo, Vorwahl 098

The Mall
Tel. 257 11, Fax 267 09
Juli/Aug. tgl. 9–18.45 Uhr,
Sept.–Juni Mo–Fr 9–17.15 Uhr

Olde Railway Hotel
The Mall
Tel. 251 66, Fax 250 90
teuer–moderat
Stimmungsvolles Luxushotel in einem Haus aus dem 18. Jh.
Central Hotel
The Octagon
Tel. 250 27, Fax 263 16
moderat
Hübsches Hotel, im Herzen von Westport gelegen.
Aislings Townhouse
Castlebar Street
Tel. 292 30
günstig
März–Okt.
Neu erbautes Stadthaus mit allem Komfort.
St Anthony's
Distillery Road
Tel. 288 87, Fax 251 72
robert@st-anthonys.com
günstig
Reizvolles und komfortables Haus aus dem Jahr 1820 mit großem Garten am Fluß.
Old Mill Holiday Hostel
Barrack Yard, James Street
Tel. 270 45, Fax 286 40

Camping:
Parkland Caravan and Camping Park
Westport House Country Estate
Tel. 2 77 66, Fax 2 52 06

20. Mai-10. Sept. geöffnet
155 Stellplätze; auf dem Gelände von Westport Gouse gelegen, bietet dieser riesige Platz eine Fülle an Möglichkeiten: Tennis, Golf, einen Kinderzoo, Miniatur-Eisenbahn, Bootsfahrten und vieles andere mehr.

Quay Cottage Restaurant
The Harbour
Tel. 26412
tgl. 18–22 Uhr
moderat–günstig
Hübsch dekoriertes Restaurant, das neben deftiger Kost auch vegetarische Speisen serviert.

Westport House
ca. 1,5 km westlich der Stadt gelegen
Tel. 25430
Juli/Aug. tgl. 14–18 Uhr
Schloßanlage mit Park und Unterhaltung.

Golf: Westport Golf Club
Carraholly
Tel. 2 82 62, Fax 2 72 17
Reiten: Drummindo Stud & Equation Centre
Knockranny
Tel. 2 56 16, Fax 2 89 40

Busverbindungen (ab Octagon) mit Achill Island, Ballina, Belfast, Cork, Galway, Limerick, Sligo und Waterford,
Auskunft: Tel. 091 / 56 20 00
Vom Bahnhof in der Altamont Street verkehren dreimal tgl. **Züge** von und nach Dublin via Athlone,
Auskunft: Tel. 2 52 53

Wexford

Lage: Vordere Umschlagkarte F1
County Wexford, Vorwahl 053

Crescent Quay
Tel. 23111, Fax 417143
Juni–Sept. Mo–Sa 9–18, So 9–17 Uhr,
Okt.–Mai Mo–Fr 9–12.45, 14–17.15 Uhr

Ferrycarrig Hotel
Ferrycarrig Bridge
Tel. 20999, Fax 20982
teuer
Am Fluß gelegenes Hotel mit Swimmingpool und Fitness-Studio.
The Blue Door B & B
18 Lower George Street
Tel. 21047
bluedoor@indigo.ie
günstig
Sehr komfortables Stadthaus inmitten des geschäftigen Stadtzentrums.
The Bromley
Collcott's Lane
Tel./Fax 46222
thebromley@eircom.net
günstig
Ein B & B im Landhausstil mit großen Zimmern und nur ein paar Minuten vom Stadtzentrum entfernt.
Kirwan House Hostel
3 Mary Street
Tel. 2 12 08

Camping:
Morriscastle Strand Family Caravan and Camping Park
Kilmuckridge
Tel. 3 01 24 u. 3 02 12, Fax 3 03 65
28. April–30. Sept. geöffnet
250 Stellplätze; etwa 4 km nördlich von Wexford an einem wunderbaren Sandstrand gelegen. Der Platz ist ausschließlich für Familien gedacht, weswegen alle Angebote auf Familienaktivitäten zugeschnitten sind.

La Dolce Vita
Westgate
Tel. 23935
tgl. 18.30–21.30 Uhr
moderat
Eines der besten italienischen Restaurants in der Region.
Restaurant Mirabeau
6 Anne Street
Tel. 21777
tgl. 17–22 Uhr
moderat
Ein kleines und feines Restaurant mit einem deutschen Küchenchef, der seinen

Schwerpunkt auf Wild und Meeresfrüchte gelegt hat.

Irish National Heritage Park
Tel. 20733
April–Okt. tgl. 9.30–18.30 Uhr
Freilichtmuseum zur irischen Frühgeschichte, ca. 4 km nördlich von Wexford an der N11 Richtung Dublin.

Wexford Opernfestival
Ende Okt.–Anfang Nov.,
Auskunft: Theatre Royal, High Street
Kartenvorbestellung:
Tel. 22144 und 22400
Fax 24289

Busverbindungen mit Dublin, Rosslare, Killarney sowie Waterford. Der Busterminal befindet sich am Bahnhof am Redmond Place, von wo aus auch **Züge** dreimal tgl. nach Dublin sowie Rosslare abfahren.
Busauskunft: Tel. 01/8 36 61 11
Bahnauskunft: Tel. 252 53

Youghal

Lage: Vordere Umschlagkarte D1
County Cork, Vorwahl 024

Heritage Centre
Market Square
Tel. 92390
Juni–Sept. Mo–Sa 10–18 Uhr

Ahernes Guesthouse
163 North Main Street
Tel. 92424, Fax 93633
teuer–moderat
Großzügig mit Antiquitäten eingerichtetes Hotel mit Restaurant.

Devonshire Arms Hotel
Pearse Square
Tel. 928 27, Fax 92900
moderat
Alteingesessenes, komfortables Hotel im Stadtzentrum.

Roseville
New Catherine Street
Tel. 92571
rosevillebandb@eircom.net
günstig
Inmitten der Altstadt gelegenes, sehr hübsches B & B mit einem breiten Frühstücksangebot.

Ahernes Seafood Restaurant
163 North Main Street
Tel. 92424
tgl. 18.30–21.30 Uhr
teuer
Liebevoll geführtes Restaurant, das vorwiegend frische Meeresfrüchte serviert.

Myrtle Grove
Church Street
Das Tourist Office bietet in der Saison Führungen durch das Haus aus dem 16. Jh. an, in dem einst Sir Walter Raleigh lebte.

Tynte's Castle
North Main Street
Der Turm aus dem 15. Jh. ist nur von außen zu besichtigen.

Youghal Heritage Centre
Market Square
Tel. 923290
Juni–Mitte Sept. tgl. 9.30–19 Uhr,
Mitte Sept.–Mai Mo–Sa 9.30–17.30 Uhr
Regionalmuseum.

Busstation der Strecken Tralee–Rosslare und Cork–Waterford,
Auskunft: Tel. 021/50 81 88

Reiseinformationen von A bis Z

Ein Nachschlagewerk – von A wie Anreise über N wie Notfälle bis Z wie Zeitungen – mit vielen nützlichen Hinweisen, Tips und Antworten auf Fragen, die sich vor oder während der Reise stellen. Ein Ratgeber für die verschiedensten Reisesituationen.

Anreise

... mit dem Flugzeug

Linienmaschinen der irischen Fluggesellschaft Aer Lingus fliegen regelmäßig von einigen deutschen und schweizerischen Flughäfen nach Dublin und Shannon. Crossair bietet tägliche Linienverbindungen von Zürich nach Dublin.

Im Sommer fliegen auch andere Fluggesellschaften, insbesondere Charterflüge, direkt nach Irland. Direktflüge gibt es dann von Berlin, Düsseldorf, Frankfurt/M., Hamburg, München und Stuttgart nach Dublin und nach Shannon. Von Düsseldorf, Frankfurt/M., Hannover und München wird auch der Flughafen Knock angeflogen.

Preiswerteste und häufigste Verbindung von Deutschland nach Irland ist von Frankfurt/Hahn nach Shannon mit Ryan Air (nur über Internet zu buchen: www.ryanair.ie).

Weitere Flüge sind mit Umsteigen in London verbunden, so von Basel und Genf über London City nach Dublin mit Crossair, oder etwas umständlicher von Berlin, Düsseldorf, Frankfurt/M. nach London-Stanstead mit Buzz (nur über Internet: www.buzzaway.com) und von dort umsteigen auf Ryan Air nach Dublin.

Von Dublin aus gibt es innerirische Anschlußflüge nach Cork, Donegal, Galway, Kerry, Shannon und Sligo.

Belfast verfügt über zwei Flughäfen, Belfast City und Belfast International, der weiter außerhalb liegt. Ein weiterer Flughafen befindet sich in Derry, der von British Airways und Ryan Air von London aus angeflogen wird.

Direktflüge vom Kontinent nach Nordirland bietet nur EasyJet (www.easyjet.com) mit der Verbindung zwischen Amsterdam und Belfast. Alle anderen Flüge vom europäischen Kontinent nach Belfast gehen über London.

... mit der Fähre

Zwei Möglichkeiten bestehen für eine Fährverbindung: Direktfähren vom Kontinent nach Irland oder die ›Landbridge‹, die über Großbritannien führt.

Direktfähren gehen von Roscoff (Bretagne) nach Cork oder nach Rosslare sowie von Cherbourg (Normandie) nach Rosslare.

Landbridge-Verbindungen nach England gehen ab Hamburg und Hoek van Holland nach Harwich, von Rotterdam und Zeebrügge nach Hull, von Oostende und Calais nach Dover, von Calais und Boulogne nach Folkstone, von Dieppe nach Newhaven, und von Le Havre und Cherbourg nach Portsmouth.

Fährverbindungen zwischen England und Irland gehen von Liverpool und Holyhead nach Dublin, von Swansea nach Cork, von Pembroke und Fishguard nach Rosslare. Nach Nordirland von Stranraer (Schottland) nach Larne und Belfast sowie von Liverpool nach Belfast und von Cairnryan (Schottland) nach Larne.

Die preiswerteste und von der Fährzeit her auch kürzeste Verbindung ist die Landbridge Calais – Dover und dann Fishguard – Rosslare. Alternativ zur Fähre Calais – Dover bietet sich auch noch der Eurotunnel an.

Ärztliche Versorgung/ Apotheken

Vor Antritt der Reise sollte man sich von seiner Krankenkasse das Formblatt E 111 besorgen, das EU-Bürger zur kostenlosen Behandlung bei praktischen Ärzten und in Krankenhäusern berechtigt. Gästen aus der Schweiz wird empfohlen, eine Zusatz-Krankenversicherung abzuschließen.

Das Gesundheitssystem funktioniert in Irland überwiegend auf privater Basis. Für jede Behandlung oder Beratung muß bezahlt werden. Inhaber einer *medical card,* die in der Regel nur bis zu einer bestimmten Einkommensgrenze ausgestellt wird, müssen oft mit langen Wartezeiten für notwendige Behandlungen oder mit schlechteren medizinischen Bedingungen rechnen. Ausreichend Ärzte und Krankenhäuser konzentrieren sich in den größeren Städten; auf dem Land ist die ärztliche Versorgung nicht immer ausreichend. Besucher sollten sich im Notfall darauf gefaßt machen, erst einmal die Kosten bezahlen zu müssen, bevor sie mit Hilfe von E 111 diese Kosten von der eigenen Kasse ersetzt bekommen. Nur in Notfällen geht es natürlich ohne Vorauszahlung. Die meisten Ärzte scheuen den Papierkram mit dem europäischen Formblatt und bestehen auf Bargeld.

Die Qualität der medizinischen Versorgung ist deswegen jedoch nicht schlechter, doch sollte man sich davor hüten, die gerne und großzügig verschriebenen Antibiotika gutgläubig zu akzeptieren.

Rettungsdienste und Unfallärzte arbeiten stets effizient und schnell. Dennoch empfiehlt es sich, eine Transportversicherung für Notfälle abzuschließen, um in das eigene Land zurückgeführt werden zu können.

Notwendige Medikamente sollten unbedingt in ausreichender Menge von zu Hause mitgebracht werden. Apotheken *(pharmacy* oder *chemist)* gibt es zwar in allen größeren Orten, doch werden ausländische Rezepte nicht akzeptiert. Obwohl fast alle Medikamente ebenso in Irland zu bekommen sind, haben sie oft einen anderem Namen.

Aspirin oder andere leichte Medikamente gibt es in allen Supermärkten in der Drogerie-Abteilung.

Auskunft/ Informationsstellen

… in Deutschland

Irische Fremdenverkehrszentrale
Untermainanlage 7
60329 Frankfurt/Main
Tel. 0 69/9 23 18 550, Fax 9 231 85 88

Nordirische Fremdenverkehrszentrale
Westendstr. 16–22
60325 Frankfurt/Main
Tel. 0 69/23 45 04, Fax 23 34 80

… in Österreich

Irische Fremdenverkehrszentrale
Libellenweg 1
1040 Wien
Tel. 01/9 14 18 54, Fax 9 11 37 65

… in der Schweiz

Irische Fremdenverkehrszentrale
Ireland Mailing House
5634 Merenschwand
Tel. 01/2 10 41 53
Fax 0 56/6 75 75 80

…in Irland

Board Fáilte, Irish Tourist Board
Baggot Street Bridge
Dublin 2
Tel. 01/6 02 40 00, Fax 6 02 41 00

… in Nordirland

Northern Ireland Tourist Board
59 North Street
Belfast BT1 1NB
Tel. 0 28/90 23 12 21, Fax 9024 09 60

Autofahren

Wer Irland erkunden will, ist mit dem Auto am besten dran, denn die öffentlichen Verkehrsverbindungen – vor allem in den ländlichen Gebieten – sind schlecht. Da die

Straßen meist recht schmal sind, ist auf unübersichtlichen Strecken unbedingt auf überraschenden Gegenverkehr zu achten. Viel Vorsicht erfordern dort auch Schlaglöcher, die manchmal kraterartige Dimensionen haben können. Vorsicht ist auch am frühen Abend geboten, wenn die Kühe von der Weide in den Stall getrieben werden. Vorsicht ist vor allem an Freitag- und Samstagabenden geboten. Dann passieren – nachdem die Pubs geschlossen werden – die meisten Unfälle wegen Trunkenheit am Steuer. Vor allem junge Leute fahren dann mehr als unvorsichtig. Entsprechend scharf und häufig sind die Polizeikontrollen, die auch vor Touristen keine Gnade zeigen.

In Nordirland sind die Straßen außerordentlich gut ausgebaut und weitgehend schlaglochfrei. Allerdings herrscht dort auch weitaus mehr Verkehr.

Großstädte wie Dublin und Belfast haben ein hervorragendes öffentliches Verkehrsnetz, dort kann man auf ein Auto getrost verzichten, zumal dort auch der Verkehr genauso hektisch ist wie in vergleichbaren europäischen Städten.

Vor vermeintlichen Abkürzungen auf dem Land sollte man sich hüten. Es ist ein beliebter irischer Scherz, Straßenschilder so umzubiegen, daß man an einer Weggabelung schon mal haareraufend in die Büsche fahren müßte oder auf einem Feldweg landet.

Bei Nachtfahrten mit dem eigenen Auto vom europäischen Kontinent ist darauf zu achten, daß die Scheinwerfer auf Rechtsverkehr ausgerichtet sind und deshalb beim irischen Linksverkehr den linken Straßenrand nicht erfassen.

Die Mitführung des nationalen Führerscheins genügt bei der Anreise mit dem eigenen Wagen und/oder Wohnwagen. Zwar ist die grüne Versicherungskarte keine Pflicht, aber sinnvoll.

Verkehrsregeln

In beiden Teilen Irlands gilt der Linksverkehr, an den man sich als Autofahrer schneller gewöhnt als als Fußgänger. Überholt wird rechts. Straßenkreuzungen sind als *roundabouts* (Kreisverkehr) gekennzeichnet. Die Regel ist, daß diejenigen, die sich im Kreis befinden, Vorfahrt haben – es gilt rechts vor links.

Entfernungsangaben auf Hinweisschildern sind in Nordirland in Meilen (1 m = 1,6 km) angegeben. In der Republik rechnet man weitgehend in Kilometern. Da die Ortsnamen in der Republik meist zweisprachig (irisch und englisch) und in Gaeltacht-Gebieten einsprachig (irisch) sind, wurden im Reiseteil beide Versionen angegeben.

Die durchgängige gelbe Linie am Straßenrand bedeutet eingeschränktes, eine doppelte gelbe Linie absolutes Halteverbot. Gelbe Farbgitter auf der Straße bedeuten, daß man dort keinesfalls halten darf. Die Geschwindigkeitsbegrenzung beträgt in Ortschaften 30 Meilen (48 kmh), auf Landstraßen 60 Meilen (97 kmh) und auf Autobahnen 70 Meilen (113 kmh).

Die Promillegrenze liegt bei 0,8, worauf man sich aber gerade Samstag abends auf dem Land bei (natürlich den anderen) Autofahrern nicht unbedingt verlassen sollte.

Benzin

Das Tankstellennetz ist durchaus zufriedenstellend. In sehr abgelegenen Regionen in den Midlands oder im Westen sollte man sich jedoch darauf vorbereiten, daß nicht in jedem Ort eine Tankstelle vorhanden ist.

Es gibt folgende Benzinarten: *super plus unleaded* (Super plus bleifrei, 98 Oktan), *super leaded* (Super verbleit, 97 Oktan), *unleaded* (bleifreies Benzin, 95 Oktan) und Diesel.

Die Tankwarte sind stets hilfsbereit, wenn man nicht so genau weiß, was man für den Mietwagen braucht.

Pannenhilfe

Tankwarte sind in Irland nicht einfach nur für den Zapfservice zuständig, sondern auch pfiffige Mechaniker. Im Notfall findet man dort stets Hilfe, und sei es, daß der Tankwart jemanden kennt, der weiterhilft.

Die **Automobile Assossiation** (AA, vergleichbar mit dem ADAC) ist im Notfall in der Republik über Tel. 1800-

667788 und in Nordirland über Tel. 0800-667788 zu erreichen. Nach einem Unfall müssen (ggf.) Mietwagenfirma und Polizei (Tel. 999) angerufen werden.

Mietwagen

Die internationalen und regionalen Mietwagenfirmen verfügen an jedem Flughafen, in jedem Fährhafen und in den großen Städten über Dependancen.

Preiswerter ist es jedoch, bereits im heimischen Reisebüro einen Mietwagen zu buchen, wobei bei den Preisangeboten darauf zu achten ist, ob die Vollkaskoversicherung inklusive ist. Sie ist zwar freiwillig, zumindest in der Republik aber unbedingt ratsam, auch wenn sie vor Ort gebucht recht teuer ist (ca. 75 € pro Woche). Lokale Autovermietungen sind nicht unbedingt günstiger als internationale.

Mindestalter für Automieter ist je nach Unternehmen 21–25 Jahre, Höchstalter 75 Jahre.

Motorräder werden in Irland nicht vermietet.

Behinderte

Irland ist zwar per Gesetz und im alltäglichen Umgang sehr behindertenfreundlich, in der Praxis gibt es aber gerade für gehbehinderte Touristen einige Probleme. Nur wenige Hotels und Restaurants sind behindertengerecht, B & Bs in ländlichen Gebieten so gut wie nie. Hilfe wird aber stets und gerne angeboten.

Rundfahrten – auch in komfortablen Bussen – sind äußerst beschwerlich, da die Straßen schlecht sind und viele der Natursehenswürdigkeiten nur nach Fußmärschen zu bewundern sind. Besucher mit körperlichen Behinderungen oder Beschwerden sollten sich vorher in ihrem Reisebüro darüber informieren, welche Strecken und Entfernungen zu bewältigen sind.
Die Irische Fremdenverkehrszentrale hat eine Broschüre mit Tips zur Reiseplanung herausgegeben. Der ›Behindertenführer für Irland‹ kann über die FVZ bezogen werden.

Diplomatische Vertretungen

... in der Republik Irland

Deutsche Botschaft
31 Trimleston Avenue
Booterstown, Blackrock, Co. Dublin
Tel. 01/2693011, Fax 2693946

Österreichische Botschaft
93 Ailesbury Court
Ballsbridge, Dublin 4
Tel. 01/2694577, Fax 2830860

Schweizer Botschaft
6 Ailesbury Road
Ballsbridge, Dublin 4
Tel. 01/2186382, Fax 2186383

... in Deutschland

Botschaft der Republik Irland
Friedrichstraße 200
10117 Berlin,
Tel. 0 30/22 07 20, Fax 22 07 22 99

Botschaft des Vereinigten Königreichs Großbritannien und Nordirland
Unter den Linden 32/34
10117 Berlin
Tel. 0 30/20 18 40, Fax 20 18 41 59

... in Österreich

Botschaft der Republik Irland
Hilton Center, Landstraßer Hauptstr. 2
1030 Wien
Tel.01/7154246, Fax 7136004

... in der Schweiz

Botschaft der Republik Irland
Kirchenfeldstr. 68
3005 Bern
Tel. 031/3521442, Fax 3521455

Einkaufen

Irland ist ein recht teures Reiseland, in dem man kaum preiswerte Schnäppchen machen kann. Die Preise sind in vielen Bereichen weitaus höher als auf dem Kontinent. Hochklassige Mitbringsel, wie

Tweed, Strickwaren, Kristall und Porzellan sind zwar teuer, im Vergleich mit beispielsweisen deutschen Angeboten dieser Qualität dennoch günstiger und auf jeden Fall schöner.

Bier, Wein, Spirituosen und Zigaretten sind in beiden Teilen Irlands hoch besteuert. Eine Flasche Wein im *Off License*, den lizenzierten Spirituosenhändlern, kostet ab ca. 8 €, eine Packung Zigaretten um 5 €. Wer sich z. B. mit irischem Whiskey preiswert eindecken will, zahlt im Heimatland fast den gleichen Preis.

Für Besucher aus der Schweiz und weiteren Nicht-EU-Ländern: Die Mehrwertsteuer, in Irland eine der höchsten Europas, wird zurückerstattet, sofern man in einem der rund 2000 Tax Free-Läden einkauft. Man erhält dort einen Gutschein, der bei der Heimreise auf den irischen Flughäfen zur Rückerstattung der Mehrwertsteuer berechtigt.

Einreise- und Zollbestimmungen

Der Personalausweis genügt, ein Reisepaß ist für EU-Mitglieder nicht notwendig. Beide Teile Irlands sind jedoch nicht in das Schengener Abkommen einbezogen, das ausweisfreie Ein- und Durchreise garantiert.

Da die Republik Irland und Nordirland der EU angehören, gelten die gängigen Ein- und Ausfuhrbestimmungen. Von der Ein- und Ausfuhr sind auf jeden Fall tierische Produkte (Fleisch- und Milcherzeugnisse) ausgeschlossen. Ausnahmen sind jene Frühstückswürstchen oder der Räucherlachs, die in den Läden in den Flughäfen erhältlich sind und extra für den Export freigegeben wurden.

In beiden Teilen Irlands gilt, daß Tiere eine sechsmonatige Quarantäne hinter sich zu bringen haben. Da jedoch Großbritannien mittlerweile von dieser Praxis abgekommen ist und nunmehr einen Impfpaß für das Haustier und einen entsprechend implantierten Chip verlangt, wird dieses Verfahren auch für Irland in Erwägung gezogen.

Eintrittsgeld

Die Eintrittsgelder in Heritage Centres oder andere Sehenswürdigkeiten sind oft recht gepfeffert, ca. 6–8 € pro Person. Das OPW *(Office of Public Work)*, dem die meisten Sehenswürdigkeiten in der Republik Irland unterstehen, bietet eine *Heritage Card* an, die für 20 € pro Person (Kinder und Studenten 8 €, Senioren 12 €) ein Jahr lang zu freiem Eintritt in alle ihm unterstehenden Institutionen berechtigt.

Essen und Trinken

Restaurants

Es gibt auf der ganzen Insel, vor allem in den Städten, hervorragende Restaurants, die einheimische Spezialitäten schmackhaft und gekonnt zubereiten und manchmal sogar internationale Auszeichnungen gewinnen – Lokale, die dann allerdings auch nicht ganz billig sind. Für ein Dinner-Menü muß man mit 20–40 € rechnen – ohne Getränke. Nicht alle Restaurants bieten jedoch Wein oder Bier zum Essen. Man achte auf den Hinweis *licensed* (Bier und Wein) oder *fully licensed* (zusätzlich Spirituosen). In den übrigen Gaststätten kann man sich seine eigene Flasche Wein oder Bier mitbringen, was aber selten praktiziert wird.

Die Qualitätsunterschiede zwischen den einzelnen Gaststätten sind gewaltig. Neben den wirklich großartigen Restaurants gibt es noch die schlichteren Lokale, wo auf kräftige Sättigung geachtet wird und die Portionen entsprechend voluminös ausfallen. Fleisch dominiert, Schweine- oder Lammkoteletts kommen nicht als Single auf den Teller, sondern mindestens paarweise. Lamm mit Minzsauce kann eine Köstlichkeit sein, wenn in gehobenen Restaurants oder von kundigen Hausfrauen zubereitet. Ansonsten sollte man sich vor dieser Sauce hüten, da sie oft aus Dose oder Tüte kommt und schlichtweg scheußlich chemisch schmeckt. Pommes *(chips)* zu jedem Gericht sind nahezu obligatorisch. *Minced* oder *mashed potatoes* bezeichnet Kartoffelpüree, das in Nordirland mit eingerührten frischen Frühlingszwiebeln als *champ* bekannt ist. Salat wird zwar angeboten, er scheint aber eher als Mundraub an den Rindern angesehen zu werden. Oft muß man ihn als Beilage extra bestellen, und dann besteht er in der Regel aus Weißkohl in Mayonnaise. Reisgerichte sind ebenfalls eine Seltenheit und bestenfalls in den vor allem in Nordirland weit verbreiteten chinesischen Imbißläden, den *Chinese take aways*, zu erhalten. Die Kunst, Salate mit raffinierten Saucen zu servieren, scheint noch nicht bis in die einfachen Restaurants Irlands vorgedrungen zu sein.

Ob die Würstchen *(sausages)*, die zum irischen Frühstück gehören, aus Rind- oder Schweinefleisch oder was auch immer bestehen, wissen nur die Hersteller. Frische Bauernwürstchen, nicht die plastikverpackte Massenware, können aber dennoch eine Köstlichkeit sein, wenn sie gegrillt werden.

Für eine Atlantikinsel mit Fischertradition und dem beliebten Freizeitsport des Angelns gibt es im irischen Alltag erstaunlich wenig Fisch auf dem Tisch. In dem katholischen Land gilt Fisch wahrscheinlich noch als Fastenspeise, die man sich jeden Freitag anstatt des beliebten Fleischstücks antun muß. Fisch findet man vorzugsweise an Imbißbuden, *fish & chips*, wo es zu der üppigen Portion Pommes ein fritiertes Stück Fisch gibt, meist *cod*, Kabeljau. Allerdings macht der Hamburger dem Fisch heftig Konkurrenz. Statt Mayonnaise oder Ketchup schütten sich die Iren ebenso wie die Engländer Essig *(vinegar)* über die Pommes, was zwar etwas befremdlich schmeckt, der Verdaulichkeit der fetttriefenden Nahrung aber zugute kommt.

Gleichwohl haben sich die touristischen Ansprüche auch auf den Speisezettel der einfachen Restaurants ausgewirkt. Krustentiere, Muscheln und Fischgerichte stehen immer häufiger auf den Karten der Restaurants. Eine absolute Köstlichkeit ist frischer Lachs *(salmon)*, der vergleichsweise preiswert und in voluminösem Umfang auf den Teller kommt.

Vegetarisches Essen in Irland ist ein Kapitel für sich. Es gibt zwar einen irischen Vegetarierverein, der alljährlich auf einer Art Kongreß versucht, seinen Landsleuten klarzumachen, daß es durchaus schmackhafte fleischlose Speisen gibt. Aber selbst die ansonsten sich intellektuell gebärdende *Irish Times* kann sich in ihrer Berichterstattung nicht verkneifen, Vegetarier als weltfremde Zeitgenossen zu bezeichnen, obgleich deren Zahl immer mehr ansteigt. Dennoch werden in den größeren Städten und auch in Touristenzentren vegetarische Speisen angeboten, man kann zumindest aus dem Menü die Fleischzulagen abbestellen.

Nachspeisen und Süßigkeiten sind in Irland eine einzige Verlockung. Die *scones*, süße Brötchen meist mit Rosinen *(fruit)*, gehören zu jedem Tee. *Muffins* und *donuts* bekommt man in den Cafés und Bäckereien. Eine Spezialität ist *apple tart*, ein gedeckter Apfelkuchen, der meist warm und mit Schlagsahne serviert wird. In guten Restaurants gehört zum Nachtisch die *chocolate tart*, ein saftig-herber Schokoladenkuchen, der nach Meinung der Autorin zu den Highlights der irischen Dessertküche gehört.

Frühstück

In jeder Unterkunft (außer in Jugendherbergen) ist das Frühstück im Preis inbegriffen. In der Republik heißt das touristenfreundlich *Full Irish Breakfast*, im irischen Alltag nur einfach *Fry*, Gebratenes: Dazu gehören im besten Fall ein Spiegelei (*fried egg*, wahlweise Rührei – *scrambled egg*), zwei daumengroße Bratwürstchen, zwei bis drei Scheiben gebratener Speck, eine halbe gegrillte Tomate, eine Auswahl von Zerealien aus der Tüte (meist Cornflakes, aber auch *muesli*, Müsli), Toast und *soda* oder *brown bread* (traditionelles, relativ ballaststoffreiches Brot, das weniger labbrig ist als Toast, aber einen leicht süßlichen Geschmack hat), *marmelade* (Orangenmarmelade) oder *jam* (jegliche andere Fruchtkonfitüre), Butter, Tee oder Kaffee und Orangensaft, manchmal auch noch ein Scheibchen *black pudding* (Blutwurst) und *white pudding* (Weißwurst).

In Nordirland heißt das Ganze mit Variationen *Ulster Fry*, das gebratene Frühstück nach Ulster-Art, wozu meistens noch weiße Bohnen in Tomatensoße (aus der Dose), Pfannkuchen und angebratenes Kartoffelbrot hinzukommen.

Pubs

In die Pubs geht man in der Regel nicht vor 22 Uhr – angesichts der frühen Sperrstunde eine befremdliche Gewohnheit. Dafür wird in der kurzen Zeit umso schneller getrunken. Zur Sperrstunde wird die *last order* ausgerufen, die letzte Bestellung. Danach hat man noch ungefähr eine halbe Stunde Zeit, um auszutrinken (in Nordirland strenger gehandhabt als in der Republik). Der Rausschmiß ist dann allerdings recht unmißverständlich und rigide.

Das Bier wird in den Pubs in *pints* ausgeschenkt, etwa 0,56 Liter. Man bestellt am Tresen (!) nicht einfach nur ein Glas Bier, sondern *a pint of Guinness* oder andere Marken – je nachdem, was man bevorzugt und was an den Zapfhähnen angezeigt ist. Und man bezahlt sofort. Ein *glass of Guinness* zu ordern meint ein halbes *pint* – in konservativen Dorfkneipen wird Frauen zumeist nur ein Glas ausgeschenkt, weswegen sie gern auf Gin Tonic ausweichen: klein, aber doppelt gehaltvoll – einer der Widersprüche im offiziell sittenstrengen Irland. Whiskey bestellt man ebenso wie Bier als Marke (Paddy, Jameson, Bushmills etc.), nicht als Whiskey. Ein Krug Wasser wird immer dazugestellt.

Ist man mit irischen Freunden unterwegs, wird stets in Runden bestellt *(a round)*. Getrennte Rechnungen stoßen auf Unverständnis. Wird man von Einheimischen eingeladen, wird erwartet, daß man ebensoviele Runden bestellt wie Trinkende in der Runde anwesend sind, selbst wenn man selbst immer noch am ersten Bier nippt. Ein Hinweis auf die eigenen Trinkgewohnheiten bzw. freundliche Ablehnung einer Einladung ist daher hilfreich.

Das irische Prost heißt *sláinte*, »slantsche« gesprochen. Verkehrt man in protestantischen Kneipen in Nordirland, kann dieser Trinkspruch aber unter Umständen auf Unverständnis stoßen. Im Zweifelsfall rostet man sich dort besser mit *cheers* zu.

In den Pubs wird oft der sogenannte *Pub Grub* angeboten, in Städten oftmals ein üppiges Büffet, ansonsten ein Imbiß zur Mittagszeit mit derb-deftigen Speisen wie *Irish Stew*, ein Lamm-Kartoffeln-Möhren-Kohl-Eintopf, manchmal auch nur Sandwiches, mit verschiedenen Zutaten üppig belegte Labberbrote.

Feiertage

In der Republik Irland

Neujahrstag, 17. März *(St. Patrick's Day)*, Karfreitag, Ostermontag, 25. und 26. Dezember (Weihnachten). *Bank Holidays:* jeweils erster Montag im Mai, Juni, Juli und August sowie letzter Montag im Oktober.

In Nordirland

Neujahrstag, 17. März *(St. Patrick's Day)*, Ostermontag, zweiter Montag im Mai (Maifeiertag), 12. Juli *(Orangemen's Day)*, 25. und 26. Dezember (Weihnachten). *Bank Holidays:* letzter Montag im Mai und August.

Geld und Banken

Die Währung in der Republik ist der Euro. In Nordirland ist das englische *pound sterling* (£) gültig. Derzeitiger Wechselkurs etwa: 1 £ = 1,62 € oder 2,42 CHF (1 € = 0,61 £ oder 1,48 CHF). Einige Banken in Nordirland, wie die Bank of Ulster, geben eigene Pfundnoten aus, die in England nicht akzeptiert werden.

Das englische Pfund wird in der Republik nicht akzeptiert. In Nordirland wird nur in Ausnahmefällen der Euro als Zahlungsmittel akzeptiert.

Weitaus häufiger als auf dem Kontinent wird in beiden Teilen Irlands die Kreditkarte akzeptiert, oftmals selbst in kleinen Bed & Breakfast-Pensionen auf dem Land. Visa, MasterCard und American Express haben die weiteste Verbreitung.

Auch an Geldautomaten werden vorzugsweise eher die genannten Kreditkarten als EC-Karten akzeptiert. Geldautomaten findet man in allen größeren Ortschaften, wo es auch eine Bank gibt.

Internet-Adressen in Irland

www.irlgov.ie
Alles Wissenswerte aus der irischen Regierung
www.localalmanac.ie
Almanach über Irland, mit Statistiken, Zahlen, Daten, Fakten
www.local.ie
Gesammelte Homepages aller Countys
www.visitdublin.com
Dubliner Homepage
www.gotobelfast.com
Homepage aus Belfast
www.ireland.com
Homepage der Tageszeitung Irish Times (Republik Irland)
www.irishnews.com
Homepage der Tageszeitung Irish News (Nordirland)
www.belfasttelegraph.co.uk/
Homepage der nordirischen Abendzeitung
www.ireland.travel.ie
Homepage des Irish Tourist Board
www.discovernorthernireland.com
Northern Ireland Tourist Board
www.irlandhotels.com
Irisches Hotel- und Pensionsverzeichnis
www.townandcountry.ie
Bed & Breakfast-Pensionen in Irland
www.irishfarmholidays.com
Ferien auf dem Bauernhof
www.irishrail.ie
Bahnlinien in Irland
www.buseireann.ie
Homepage der irischen Busgesellschaft
www.irishferries.ie
Fährverbindungen und Buchungen der Fährgesellschaft Irish Ferries
www.aaireland.ie
Homepage der AA, des irischen ADAC
www.heritageireland.ie
Alle Sehenswürdigkeiten, die der staatlichen Verwaltung unterliegen
www.guinness.com
Alles über das schwarze Gebräu

Karten

Irische Straßenkarten sind für Individualtouristen trotz oftmals vorhandener Mängel unbedingt erforderlich. Es fehlen manchmal Ortschaften oder kleinere Straßen auf den Karten.

Wer nur eine bestimmte Region bersucht, ist mit den *Tourist Maps,* topographischen Regionalkarten der Ordnance Survey, am besten bedient, die auch in Deutschland im Fachhandel erhältlich sind. Diese Karten gibt es für den Norden, den Westen, den Süden und den Osten. Am besten sind jedoch die *Ordnance Survey Discovery* Karten, die es für jeweils kleine Planquadrate zu kaufen gibt. Auf ihnen ist dann auch jeder Feldweg und jede Ruine verzeichnet.

Die Touristeninformationen geben auch Gesamtkarten heraus, auf denen sämtliche kulturhistorischen Sehenswürdigkeiten verzeichnet und besonders malerische Strecken gekennzeichnet sind, leider aber nicht alle Ortschaften und Straßen.

Kinder

Irland ist für Kinder ein wahres Paradies: viel Natur und Tiere und an jeder Ecke eine Pommesbude sowie überwältigende Süßigkeitenstände. Darüber hinaus wird in den Vergnügungszentren vor allem der Küstenorte an Regentagen Abwechslung für die Kleinen geboten. Spielhallen sind auch Kindern und Jugendlichen zugänglich.

Restaurants bieten oft Kinderportionen an, und in den Bed & Breakfast-Pensionen gibt es in den Doppelzimmern *(family rooms)* ein Zusatzbett oder auch mehrere für die Sprößlinge. Darüber hinaus gibt es in fast allen Unterkünften Kinderermäßigungen.

Maße und Gewichte

In der Regel werden in Irland metrische Maße angegeben, nur in Nordirland kommen noch die englischen Maße vor.

Einzig das *pint* dürfte auch in Zukunft auf der ganzen Insel beibehalten werden: Ein *pint of Guinness* ist nun mal kein halber Liter!

Längenmaße
1 inch = 2,54 cm; 1 foot = 30,48 cm; 1 yard = 91,44 cm; 1 mile = 1,60935 km

Hohlmaße
1 pint = 0,5694 l; 1 quart = 1,1364 l; 1 gallon = 4,5459 l

Gewichte
1 pound = 453,6 g; 1 stone = 6,350 kg

Notfälle

Die Notrufnummer für alle Eventualitäten (Unfall, Krankheit, Feuer, Überfall etc.) lautet in beiden Teilen Irlands **999.**

Öffnungszeiten

Die Öffnungszeiten der Geschäfte sind zwar im Prinzip geregelt, aber je nach Region recht unterschiedlich. Im Allgemeinen sind die Läden in der Republik und in Nordirland Mo–Sa ab 9 oder 9.30 Uhr geöffnet und schließen um 17.30 oder 18 Uhr. Große *Shopping Centres* schließen um 20, gelegentlich auch um 22 Uhr. Vor allem auf dem Land haben die kleineren Läden auch samstags bis 20 oder 21 Uhr geöffnet, manchmal auch länger. Supermärkte der großen Ketten sind auch sonntags, meist nachmittags geöffnet. In kleinen Dörfern wird nach Bedarf und – so scheint es Außenstehenden – nach Lust und Laune geöffnet. Selbstversorger sollten sich für das Wochenende auf jeden Fall vorher eindecken.

Die Öffnungszeiten für Restaurants sind außer in den Großstädten äußerst eingeschränkt. Meistens (außer in den Städten) kann man nur zwischen 19 und 21.30 Uhr speisen. Mittagessen gibt es nur von ca. 12–14 Uhr.

Falls keine Ausnahmen bestehen, die in abgelegenen Regionen vor allem in der Republik von den Wirten gern selbst und somit inoffiziell bestimmt werden, sind die offiziellen Pub-Öffnungszeiten Mo–Sa 10.30–23.30 Uhr und So ca. 11–23 Uhr. In Nordirland ist es noch rigider: Mo–Sa 12–23 Uhr und So 19–22 Uhr. In Belfast und eingeschränkter auch in Dublin gibt es auch die *Late Bars,* die bis 1 oder 2 Uhr nachts (gelegentlich auch länger) geöffnet haben und entsprechend teurer sind. In Nordirland werden die Sperrzeiten im Rahmen einer britischen Reform vermutlich aufgehoben.

Die Banken haben in der Republik Mo–Fr von ca. 10–12.30 und 13.30–15 Uhr geöffnet, in Dublin donnerstags bis 17 Uhr. In Nordirland sind die Banken Mo–Fr 10–15.30 Uhr geöffnet.

Postämter sind in beiden Teilen Irlands von Mo–Fr 9–17.30 und Sa 9–12.30 Uhr geöffnet. Mittwoch nachmittag sind sie auf dem Land meist geschlossen.

In der Republik Irland ist an zwei Tagen des Jahres grundsätzlich alles geschlossen, einschließlich der Pubs und Restaurants:
Karfreitag und am ersten Weihnachtstag.

Polizei

Die Polizei heißt in der Republik *Garda* (pl. *Gardai*) und nimmt die traditionellen Polizeiaufgaben wahr. Da Irlands Kriminalitätsrate im europäischen Durchschnitt (noch) nicht sehr hoch ist, trifft man als Besucher meist auf freundliche *cops,* die sich zuvorkommend kümmern, aber auch gnadenlos Verstöße verfolgen.

In den Städten Nordirland patrouilliert (oft noch) mit schußsicherer Weste die nordirische Polizei, die aus Tradition militärischen Charakter hat. Offensichtlichen Touristen gegenüber stehen selbst die schwerbewaffneten Polizisten Nordirlands recht freundlich für Fragen zur Verfügung – manchmal sogar geradezu erleichtert und gelegentlich mit sarkastischem Humor, wenn man sie um harmlose Auskünfte bittet oder sie im Fall einer Notlage benötigt.

Post

Zum Postamt gehören meist kleine Läden, in denen man Souvenirs, Schreibwaren, Süßigkeiten, Zigaretten und Zeitungen kaufen kann.

Die Briefkästen in der Republik sind grün, in Nordirland rot.

Reisezeit und Kleidung

Die Touristensaison beginnt Ostern und erstreckt sich weit bis in den Oktober hinein. Viele Sehenswürdigkeiten und Einrichtungen, wie die meisten Freilichtmuseen, einige Touristenbüros und auch private Unterkünfte, sind nur in dieser Zeit geöffnet. Hauptreisezeit sind die Monate Juli und August. Da dann auch die Iren Ferien machen, ist es für Individualtouristen oft schwieriger, aber bei einiger Geduld nicht unmöglich, ohne vorherige Anmeldung eine Unterkunft zu finden.

Da das Klima das ganze Jahr über recht mild ist – im Winter ohne beißende Kälte und Schnee, im Sommer jedoch auch ohne heiße Tage – empfiehlt sich bei der Bekleidung der ›Zwiebellook‹, Kleidungsstücke, die in mehreren Schichten übereinander getragen und nach Bedarf abgelegt werden. Selbst im Herbst und Winter sollte man sich leichtere T-Shirts mitnehmen, ebenso wie im Sommer manchmal warme Pullover vonnöten sind. Unbedingt erforderlich sind bequeme und feste Schuhe sowie windfeste Regenkleidung oder ein sehr stabiler Regenschirm.

In Irland wird die Kleiderordnung im Prinzip recht locker gehandhabt, man trägt Jeans und Pullover oder T-Shirt. Es gibt jedoch auch kulturelle Veranstaltungen und Restaurants, die auf adäquate Kleidung Wert legen. Zudem wird man gerade in den Städten, aber auch zu formalen Anlässen auf dem Land, feststellen, daß sich die Menschen zum Ausgehen ausgesprochen elegant oder zumindest formell anziehen, und selbst die jungen Leute verabschieden sich für den samstäglichen Kneipen- oder Diskobesuch von Alltagsjeans und Schlabberpullis und hüllen sich in dünne Modefähnchen selbst bei Winterwetter.

Sicherheit

Irland ist ein ausgesprochen sicheres Reiseland. Straßenkriminalität ist dort (noch) im europäischen Vergleich niedrig. In den letzten Jahren hat jedoch vor allem in Dublin und anderen Ballungsgebieten die Drogenkriminalität erheblich zugenommen. Es wird deswegen davor gewarnt, in dieser Stadt allzu offensichtlich mit Wertgegenständen herumzulaufen. Überfälle auf leichtsinnige Touristen sind kaum noch Ausnahmeerscheinungen. Aber auch in touristischen Einrichtungen wie Hotelbars oder dicht gedrängten städtischen Pubs sollte man keine Wertgegenstände oder gar wichtigen Papiere mit sich führen. In ländlichen Pubs hingegen, wo noch jeder jeden kennt, kann man die Handtasche auch ruhig mal irgendwo sorglos ablegen. Riskieren würde die Autorin das allerdings auch nicht mehr, da es manchmal auch andere Touristen sind, die gerne etwas mitgehen lassen. Hotels und selbst Jugendherbergen bieten eine Sicherheitsaufbewahrung an. Auf Handtaschen, Fototaschen und abgelegte Jacken ist unbedingt zu achten.

Auf dem Land ist die alltägliche Kriminalität im Prinzip gleich null. Dennoch empfiehlt es sich, auf Parkplätzen Wertgegenstände nicht sichtbar im Auto zu lassen. Vorsicht ist vor allem geboten, wenn man von einer Horde Traveller-Kindern (s. S. 17ff.) umringt wird, die in manchen touristischen Zentren besonders eindringlich auf offensichtlich ortsfremde Besucher mit ihren Bettelwünschen zugehen und diese manchmal dank raffinierter Ablenkungsmanöver um eine unfreiwillige Spende erleichtern. Das mag politisch nicht ganz korrekt sein, betrifft auch nicht die gesamte Traveller-Gemeinde, entspricht aber der Realität.

In Nordirland, in Belfast vor allem, ist die Gefahr des *joy riding* groß: Autos, die auf unbewachten Parkplätzen stehen, werden gern und von Jugendlichen geklaut und aus Spaß zu Schrott gefahren. Sein Auto auf einem der zahlreichen bewachten Parkplätze oder in Parkhäusern zu deponieren ist daher sinnvoll und in manchen städtischen Regionen sogar obligatorisch.

Gleichwohl kann man sich auch nachts in den Großstädten Irlands und Nordirlands weitgehend ungefährdet bewegen. Gewalttätige Überfälle sind in beiden Teilen der Insel bislang noch ausgesprochen selten – sofern man sich zumindest in den Großstädten von finsteren Ecken und Parks, und vor allem des nachts, fernhält.

Souvenirs

Die typischen irischen Souvenirs – Aran-Pullover, Tweedmode, Kristall etc. – erhält man am günstigsten und in exklusiver Auswahl bei den jeweiligen Herstellungsfirmen, den *Factory Shops*. Hervorragend ausgestattet sind zumeist die *Museum Shops*, die eine breite Palette an lokalem oder irischem Kunsthandwerk, gängigen Souvenirartikeln und Büchern anbieten.

In den ehemaligen Duty Free-Läden in den Flug- und Fährhäfen Irlands erhält man als Andenken zwar alles Irische, von Kitsch bis Kunsthandwerk. Doch billiger ist es dort nicht, zumal sich das Angebot meist auf Massenware beschränkt. Schöne Andenken erhält man vor Ort in den kleinen Läden oder in den Fabrikverkäufen des jeweiligen Urlaubsortes.

Wer einen Kamin zu Hause hat und mit dem Auto nach Irland gereist ist, kann sich auch einen Sack Torf mit nach Hause nehmen. Ein Sack Torf kostet etwa 2,50 € und reicht für etwa vier romantische Kaminabende.

Sport

Angeln

Fischefangen gehört zu den beliebtesten Sportarten in Irland. Kein Wunder, da die Gewässer zu den saubersten Europas gehören – mit einigen Einschränkungen auf dem Shannon in der Nähe von Kraftwerken und an der Ostküste der Insel – und man zudem die einsamsten Seen und Flüsse zum entspannenden Angeln nutzen kann.

An den Binnengewässern konzentriert man sich hauptsächlich auf Forellen und Lachse *(game fishing)*, weniger auf andere Fischarten *(coarse fishing)*. Das Angeln mit Lebendködern *(live bait)* ist grundsätzlich verboten. Es gibt zahlreiche Hotels, die Angelferien anbieten. Jedes Hotel oder auch ländliche B & Bs können zumindest Angelgelegenheiten vermitteln oder manchmal sogar die Ausstattung anbieten. Wirkliche Enthusiasten bevorzugen jedoch eine individuelle Buchung inklusive Mietwagen, die es ihnen erlaubt, ihren ganz speziellen See oder Fluß zu suchen.

Wer sich auf Lachsfang spezialisiert hat, kann sich seinen ›überschüssigen‹ Fang räuchern lassen und zollfrei mit nach Hause nehmen. Für jedwedes Angeln benötigt man eine Lizenz, die man problemlos in Anglergeschäften, einschlägigen Hotels und in Touristenbüros erhält. Sie kostet für drei Wochen ca. 8 €. Der ›Anglers' Guide to Ireland‹, erhältlich vom Tourist Board, beinhaltet neben Anglertips auch Bootsverleihe und Anglerhotels.

Hochseeangeln wird in den Küstenorten angeboten. Fischerboote fahren mit maximal acht Gästen aufs Meer hinaus. Die notwendige Ausrüstung kann man mieten. Etliche Anbieter für *deep sea angling* legen jedoch Wert darauf, daß der Fang wieder ins Meer entlassen wird. Was soll man auch mit einem gefangenen Hai?! Info: www.angling.travel.ie

Golf

Rund 330 Golfplätze in ganz Irland können bespielt werden, ohne daß eine kostspielige Club-Mitgliedschaft verlangt wird. Die sogenannten *Green Fees* kosten ca. 20–50 € (je nach Platz und Spieltag), Golflehrer unterrichten auch unerfahrene Tagestouristen für relativ wenig Geld (ab 15 € pro halbe Stunde). Teure Golfplätze sind meist mit ebenso teuren Hotels verbunden. Die schönsten Golfplätze sind jedoch nicht unbedingt die teuersten. Gerade in den entlegensten Regionen (vor allem im Westen und Nordwesten) gibt es hervorragende Plätze mit dramatischen Aussichten, die von der internationalen Golfschickeria noch nicht entdeckt sind.

Die Fremdenverkehrszentralen Irlands und Nordirlands verschicken auf Wunsch den jährlich aktualisierten ›Golfers Guide‹, in dem alle Golfplätze der Insel mit Beschreibung und Preisen verzeichnet sind. Info: www.golf.travel.ie

Hurling und Gaelic Football

Höhepunkt dieser irischen Sportarten ist der September, wenn die Meisterschaften im Dubliner Croke Park stattfinden: die *All Ireland Football Finals* am dritten Septembersonntag und die *All Ireland Hurling Finals* am ersten Septembersonntag. Das ganze Jahr über finden lokale und regionale Wettkämpfe statt, die in den Lokalzeitungen angekündigt und in den Pubs mit ihren allgegenwärtigen Fernsehern übertragen werden. In Belfast wird jeden Sonntag nachmittag im Casement Park, im republikanischen Westen, Hurling gespielt.

Reiten

Iren sind Pferdenarren, und so sind die Pferdemärkte und Rennen, die überall auf der Insel stattfinden, sehr beliebt. Die großen Galopprennen sind gesellschaftliche Ereignisse, wie Ende Juni das *Irish Derby* auf dem Curragh in Kildare, die ganzjährigen Rennen in Leopardstown (Dublin) oder die *Galway Races.*

Das normale irische Reitpferd wird *hunter* genannt, ein Halbblüter, der vor allem zum Springen, für die Dressur und für die Fuchsjagd gezüchtet wurde, aber auch zu normalen Ausritten genutzt wird. Kleiner und robuster ist das Connemara-Pony.

Wer selbst reiten will, kann Reiturlaub als Pauschalreise buchen, inklusive Reitunterricht und täglich mehrstündigen Ausritten. Beliebt ist vor allem das Pony-Trekking, eine einwöchige Reittour mit täglich mindestens vier Stunden im Sattel, wobei der Vermieter das Gepäck zur jeweils nächsten Etappe bringt. Daneben bieten viele Hotels auf dem Land stundenweise Reitausflüge an.

Die lokalen Touristenbüros geben dazu ausführliche Auskünfte.
Info: www.equestrian.travel.ie

Wandern

Wandern ist in Irland kein einfacher Spaziergang, sondern eine anstrengende Tour, die durch unwegsames Gelände, über Berge und einsame Moore führen kann. Entsprechende Ausrüstung (regenfeste Kleidung und gutes Schuhwerk) und vor allem gute Karten, die man allerdings nur vor Ort in Touristenbüros oder einschlägigen Buchhandlungen erhält, sind absolut notwendig (siehe Stichwort Karten).

Es gibt mehrere Streckenwanderwege, die durch die schönsten Landschaften Irlands führen und hervorragend ausgeschildert sind. Die jeweiligen Touristeninformationen bieten Streckenkarten, Wanderführer und auch organisierte Wanderungen an.

Mit Abstand der längste Wanderweg ist der *Ulster Way* mit rund 900 km Gesamtlänge, der durch die schönsten Landschaften Nordirlands und Donegals führt. Der *Kerry Way* (215 km) beginnt und endet in Killarney und führt über die Halbinsel Iveragh. Der *Beara Way* (197 km) verläuft über die Beara-Halbinsel und der *Dingle Way* (153 km) über die Dingle-Halbinsel, der *Wicklow Way* (132 km) quer durch die Bergwelt der Wicklows. Kürzer sind der *Burren Way* (45 km) über die Karstlandschaft des Burren und der *Lough Derg Way* (52 km), der in Limerick beginnt und den Shannon entlang führt.
Info: www.walking.travel.ie

Wassersport

In nahezu allen Küstenorten, vor allem im Süden, gibt es Segelzentren und -schulen. Auch auf Binnengewässern, wie den Shannon-Seen und den Erne-Seen, findet man Segelmöglichkeiten. Ein Segelkurs in Irland wird vom Deutschen Seglerverband anerkannt. Eigene Boote können zollfrei mitgebracht werden. Die Irische Fremdenverkehrszentrale (s. S. 338) verschickt auf Wunsch die Broschüre ›Segeln in Irland‹.

Auch Tauchen, Wasserski, Kanufahren, Rudern, Surfen und Windsurfen gehören zum Angebot. In fast allen touristischen Zentren am Meer oder an den Binnengewässern gibt es Verleihstationen.

Wer mit dem Kabinenkreuzer den Shannon oder die Erne-Seenplatte entlangschippern will, sollte möglichst schon im heimischen Reisebüro ein Boot buchen. Das ist meistens preiswerter, und zudem kann man während der Sommersaison (Juli/August) sicher sein, daß man tatsächlich auch noch eines der beliebten Boote ergattert. Viele Reiseveranstalter haben Bootstouren im Pauschalangebot. Billig ist dieses Vergnügen allerdings nicht.

Strom

Die Stromspannung in Irland beträgt wie auf dem europäischen Kontinent 220 Volt. Wer seine eigenen elektrischen Geräte mitbringt – ob Fön, Rasierapparat oder Laptop – sollte sich jedoch einen Adapter beschaffen: In Irland gibt es, wie in Großbritannien, keine zweipoligen Stecker, sondern nur dreipolige. Diese Adapter findet man auf dem Kontinent meist nicht unter ›irisch‹, sondern unter ›britisch‹. In Irland selbst gibt es solche Adapter in fast jedem Elektrogeschäft.

Telefonieren

Mit Telefonzellen ist Irland reichlich gesegnet, selbst in den winzigsten Dörfern gibt es Zellen, aus denen man problemlos Ferngespräche führen oder sich zurückrufen lassen kann. Die meisten Zellen sind mittlerweile *card phones,* Kartentelefone. Die entsprechenden Karten *(phonecards)* erhält man in jedem Postamt oder in Supermärkten. Sofern eine Nummer auf dem Apparat in der Zelle angegeben ist, was meistens der Fall ist, kann man sich auch anrufen lassen.

Billigste Zeit ist vor 8 und nach 18 Uhr sowie an den Wochenenden.

Vorwahl Republik Irland: 00353, Nordirland: 0044028

Vorwahl von der Republik nach Nordirland: 048.

Durchwahl von Irland und Nordirland nach Deutschland: 0049, nach Österreich: 0043, in die Schweiz: 0041.

Achtung: In Cork und Umgebung beginnen neuerlich die Telefonnummern mit einer ›4‹. Sollte man keinen Anschluß erhalten, versuche man es erneut, indem man die ›4‹ wegläßt.

Trinkgeld

Der Bedienungszuschlag wird in Hotels und den meisten Restaurants in der Regel bereits auf die Rechnung gesetzt, zusätzliches Trinkgeld *(tipping)* gibt man dann je nach Gusto. Üblich sind zwischen 5 und 15% des Rechnungsbetrages. In kleineren Restaurants, in denen der Bedienungszuschlag nicht berechnet ist (auf der Karte oder der Rechnung vermerkt), sollte man etwas Kleingeld, ebenfalls um die 10%, in einer Schale neben der Tresenkasse oder auf dem Tisch hinterlassen.

Taxifahrer erwarten zumindest eine Aufrundung des Fahrpreises, jedenfalls in den Städten. In Dublin sollte man das mit Vorsicht genießen, da viele Taxifahrer, in Dublin eine elitäre Gesellschaft, ohnehin überhöhte Preise verlangen. In kleineren Städten gibt es Festpreise, die sich um 5 € bewegen.

In Hotels wird Trinkgeld (ca. 10%) je nach Service erwartet, aber nicht eingefordert. Bei Reisegruppen wird dem *tour guide,* dem Reiseführer, ein Trinkgeld überreicht, das er sich mit dem Busfahrer teilen sollte. Bei organisierten Stadtrundfahrten ohne Reiseführer hinterläßt man beiläufig ein paar Münzen am Busschalter.

Unterkunft

Die Adressen in der Rubrik von Ort zu Ort sind nur eine kleine Auswahl der vielfältigen Unterkunftsmöglichkeiten und bieten einen relativen und repräsentativen Querschnitt durch alle Preiskategorien. Wer sich über weitere Unterkunftsmöglichkeiten informieren lassen will, kann sich im Internet umschauen oder gegen eine Gebühr von den jeweiligen Fremdenverkehrsämtern die Broschüren ›Bed & Breakfast Ireland‹, ›Be Our Guest‹ und ›Where to stay in Northern Ireland‹ zuschicken lassen. Die in diesem Buch angegebenen Preise beziehen sich auf die Angaben von 2002 (pro Person und Nacht, inkl. Frühstück). Individuelle Änderungen oder Änderungen aufgrund des Wechselkurses in Nordirland (zu Großbritannien gehörig und daher nicht dem Euro unterworfen) können nicht ausgeschlossen werden.

Als Individualtourist sollte man sich unbedingt vor dem Einchecken nach den Preisen erkundigen. Handeln ist manchmal (jedenfalls außerhalb der Saison) sinnvoll. Bleibt man mehrere Nächte, wird oft eine Ermäßigung gewährt. Vor allem in den Hotels gibt es Wochenendermäßigungen.

Obgleich das Unterkunftsangebot in Irland recht groß ist, gestaltet es sich während der Hauptreisezeit im Juli und August in manchen Regionen und Städten (Dublin und Belfast) jedoch mitunter schwierig, noch ein Zimmer zu bekommen, so daß sich für Individualtouristen in diesem Zeitraum eine rechtzeitige Reservierung empfiehlt. Das gilt auch für Pensionen und Jugendherbergen.

Hotelreservierungen kann man in lokalen Reisebüros über das **Buchungssystem Gulliver** tätigen.

Wer mit dem Auto unterwegs ist und keinen eng gefaßten Zeitrahmen hat, kann aber immer noch ein Plätzchen finden. In der Regel kümmern sich die lokalen Touristenbüros um die Zimmervermittlung. Außerhalb der Hauptsaison ist es kein Problem, eine preiswerte und komfortable Unterkunft zu finden.

Die von den Fremdenverkehrsämtern geprüften und empfohlenen Unterkünfte sind durch ein Schild mit einem grünen Kleeblatt ausgewiesen *(approved)*, was jedoch nicht immer eine Garantie für preiswerten Komfort ist. Vor allem in den größeren Städten können geprüfte Pensionen und Gästehäuser – manchmal auch Hotels – eine gewisse Nachlässigkeit in Komfort und Service aufweisen.

Die Preise entsprechen europäischem Standard. Bed & Breakfast-Pensionen sind jedoch häufig im Leistungsverhältnis preiswerter, sie kosten im Schnitt ca. 25–35 € pro Person und Nacht (inkl. Frühstück). Wer nur ein leichtes Frühstück bevorzugt, erhält eine Ermäßigung von ca. 2–3 €.

Die luxuriöseste Art, in Irland seinen Urlaub zu verbringen, sind die prachtvollen **Schloßhotels** mit ihrem romantischen Ambiente, vielfältigen Freizeitangeboten und gesalzenen Preisen. Alle anderen **Hotels** der gehobenen Kategorie verfügen normalerweise über den international anerkannten Standard.

Guest Houses, ›Gasthäuser‹, unterscheiden sich nicht wesentlich von den Bed & Breakfast-Pensionen, sind unter Umständen eher etwas teurer, aber bieten dafür auch gelegentlich weitere Aktivitäten oder Abendessen.

Bed & Breakfast (B & B) – in Deutschland heißt das »Zimmer frei« – ist nicht nur eine preiswerte, sondern auch die kommunikativste Art, in Irland unterzukommen. Oftmals bieten diese Privatunterkünfte geradezu Hotelkomfort – mit Ausnahme von Zimmerservice und Telefon. Zumindest sind die Häuser für anspruchsvolle Gäste ausgebaut; viele Zimmer haben neben einem Farbfernseher auch ein eigenes Bad, was durch den Hinweis *en suite* gekennzeichnet ist. Aber auch Unterkünfte ohne eigenes Bad braucht man nicht zu scheuen. Bei oftmals nicht mehr als fünf Gästen kann man sich auch mal das Badezimmer teilen.

Einzelzimmer sind selten. Dennoch werden die regulären Doppelzimmer, gelegentlich noch mit einem familienfreundlichen Kinderbett bestückt, auch an Einzelreisende vermietet. Allerdings wird dann meist noch ein *single supplement,* ein Einzelzimmerzuschlag von 3–6 € verlangt. Auf jeden Fall muß man den Zimmerpreis, auch wenn er in den offiziellen B & B-Listen der Fremdenverkehrsämter veröffentlicht ist, vorher erfragen. Manche Vermieter, vor allem in den gängigen Urlaubsregionen im Westen Irlands, aber auch an Nordirlands Nordküste, haben einen Riecher für verzweifelte Unterkunftssuchende und verlangen mehr, als sie zu bieten haben.

Die Bezeichnung **Country House Accommodation,** die man mit Landhaus-, aber auch Bauernhausunterkunft übersetzen könnte, umfaßt eine breite Palette. Man kann an Pensionen geraten, die geradezu Luxus in historischen Herrenhäusern anbieten, aber auch an schlichte Bauernhofzimmer. Eine Besichtigung lohnt immer. Oftmals entdeckt man regelrechte Schmuckstückchen, die in kleinerem Rahmen soviel Service und Komfort bieten, wie man sie nicht einmal im Schloßhotel findet – und für einen Bruchteil des Preises.

Ferienhäuser (*Self-Catering Accommodation*) findet man in ganz Irland. Da sie jedoch nicht ganz preiswert sind (ca. 250–700 € pro Woche), lohnen sie sich nur für größere Familien oder Gruppen. Es gibt eine Broschüre der Irischen FVZ, die alle geprüften Ferienhäuser ausführlich darstellt.

Hostels – Jugendherbergen – bieten Unterkünfte nicht nur für Jugendliche. Manche dieser Hostels verfügen außer über traumhafte Lagen (in Städten im Zentrum, auf dem Land oftmals mit dem schönsten Ausblick des Ortes) auch über einen erstaunlichen Komfort und oft sogar über Einzelzimmer. Allerdings wird dann auch dort ein Single-Zuschlag verlangt. Der Bettenpreis beträgt je nach Lage und Ausstattung etwa zwischen 8–15 €. Daß man für sein Frühstück dann selbst sorgen muß, ist zu verschmerzen. Entweder gibt es in der Herberge eine Gemeinschaftsküche, oder man kann (zumindest in größeren Städten) für 3–5 € frühstücken gehen.

Jedenfalls muß man zum Übernachten in den *Independant Hostels*, die im Ortsverzeichnis aufgelistet sind, kein Jugendlicher sein, um dort eine Unterkunft zu finden.

Campingplätze gibt es in fast allen Ferienregionen, die meisten an der Küste. Sie sind in der Regel gut ausgestattet, also mit sanitären Anlagen, Café oder sogar Restaurants. Zeltcamper sind, wegen des Wetters vermutlich, seltener zu finden, häufiger sind Campingwagen oder -busse. Campingwagen, oder *mobile homes*, werden häufig auch auf dem Platz vermietet.

Verhalten als Tourist

Die Iren sind mit Touristen außerordentlich geduldig. Sie wissen aus Erfahrung, daß nicht alle Welt ihre einheimischen Sitten und Gebräuche kennt. Außerdem sind sie in der Regel sehr neugierig.

Ausnahmen gibt es freilich in einer überraschenden Weise, seit Irland auch als Zielland für außer- oder osteuropäische Flüchtlinge gilt: Traditionell freundliche Iren haben Schwierigkeiten, mit Menschen völlig fremder, also außereuropäischer, Kulturen umzugehen – Die Iren waren nie Gastgeber verzweifelter Flüchtlinge, sondern in ihrer Geschichte selbst Flüchtlinge.

Für Touristen zumindest gibt es ein paar Verhaltensweisen, die den Kontakt erleichtern. Wie im Kapitel Essen und Trinken (s. S. 340) erläutert, gibt es im Pub das Prinzip des Rundenbestellens und -zahlens, sofern man mit einer Gruppe von Menschen zusammenhockt und -trinkt. Ausländische Drückeberger werden zwar noch höflich behandelt, verlieren aber an Achtung.

Fragen ist immer gut, jeder weiß eine Antwort und freut sich, daß seine Kompetenz verlangt wird – auch wenn sich diese manchmal im weitschweifigen Erzählen erschöpft. Wer aber wirklich an den Menschen interessiert ist, läßt sich auf diese Plaudereien ein. Auch das Teilen von Freude gehört zum irischen Lebensgefühl. Gibt es etwas zu feiern und man gerät, wo auch immer, in eine solche Feier hinein, ist die Einladung nicht nur obligatorisch, sondern auch herzlich. Ein Ausnutzen dieser Gastfreundschaft wird jedoch recht schnell bemerkt und entsprechend, wenn auch höflich, mißbilligt. Ebenso werden Taktlosigkeiten in religiösen Angelegenheiten, wie Fotografieren bei den sehr ernst genommenen Beerdigungen, mit Mißbilligung bedacht. Eine Hochzeitsgesellschaft hingegen freut sich über jegliche Aufmerksamkeit. Allzu kirchenkritische Diskussionen sollte man ebenfalls vermeiden. Es ist das Gebot des Gastes, den Glauben des Gastgebers zu respektieren.

Generell ist das Fotografieren von Menschen, sofern mit einem netten Lächeln oder einem freundlich fragenden Blick begleitet, kein Problem. Im Gegenteil: Iren sind sehr offen, wenn es darum geht, den Gast zu erfreuen.

Anders sieht es in Nordirland aus, wenn man in kritischen Situationen oder Gebieten zu fotografieren versucht. Britische Soldaten leiden genauso unter Paranoia wie Einwohner von einschlägigen Regionen oder Stadtteilen.

Man braucht sich nicht zu genieren, eine Einladung anzunehmen. Die soziale Regel verlangt jedoch, sich zunächst etwas oder auch heftig zu zieren. Wird die Einladung wiederholt (ein *cuppa,* ein Täßchen Tee im Haus, oder die Einladung im Pub, sich einer lustigen Truppe anzuschließen – *»join us!«*), dann ist sie wirklich ernst gemeint, und man kann sie getrost annehmen. Es wird zumindest verlangt, daß man zur Kommunikation etwas beiträgt, aber auch zur Getränkeversorgung. Im übrigen finden Iren nichts großartiger, als daß man Irland, die Iren, Bier und Whiskey großartig findet.

In Nordirland gestaltet sich die Kommunikation etwas schwieriger, wenn man auf die politische Situation zu sprechen kommt, da viele Besucher zu Unrecht verunsichert sind, was man in diesem Zusammenhang fragen kann und was nicht. Wenn man sich jedoch als freundlich interessierter Tourist zu erkennen gibt (aufgrund des Akzents unvermeidlich), der die Kunst des einleitenden Wortgeplänkels beherrscht (Wetter, Bier, Kultur), erhält man auf offene Fragen auch relativ offene Antworten.

Ansichten über die *Troubles* auszutauschen gehört im Norden zur allgemeinen Kommunikation. Unhöflich ist es jedoch, jemanden zu fragen, ob er Katholik oder Protestant ist. Für Kenner der Materie ist es jedoch einfach, diese Frage durch Andeutungen im Gespräch zu klären, was jedoch einiges Wissen voraussetzt. Manchmal weiß man bereits bei der Erfragung des Vornamens, zu welcher Gruppierung jemand gehört. Eine Siobhan oder eine Mairead, ein Ciaran oder ein Fionn, typisch irische Namen, gehören mit Sicherheit nicht zum protestantischen Flügel. Damit hört aber für Außenstehende die Möglichkeit zur Identifikation auf. Es gibt Loyalisten, die z. B. O'Neill heißen (irisch) und Republikaner, die Jenkins (englisch) heißen.

Verkehrsmittel

Die öffentlichen Verkehrsmittel sind in und zwischen den größeren Städten ausreichend organisiert. Auf dem Land jedoch sieht es düster aus. Wer nur auf Bus und Bahn angewiesen ist, muß bei einer Rundreise schon sehr viel Zeit aufbringen und auf manche Sehenswürdigkeit verzichten. Auch Trampen ist in abgelegenen Regionen nicht einfach. Man wird zwar meist mitgenommen, aber bis ein Auto vorbeikommt, können Stunden vergehen. Wenn aber eines vorbeikommt, hat man in der Regel eine Menge Spaß und lernt stets interessante Menschen kennen. Als junge Frau sollte man jedoch nicht unbedingt in einsamen Gegenden allein trampen.

■ Bus

Reguläre Verbindungen in komfortablen Reisebussen gibt es zwischen allen größeren Städten, während der Sommermonate auch in kleinere Dörfer. Im Winter allerdings wird der Fahrplan drastisch reduziert.

In der Republik bedient die staatliche Buslinie *Bus Éireann* das Streckennetz.
Informationen: Busáras
Store Street, Dublin 1
Tel. 01/8 36 61 11, Fax 873 45 34

Der zentrale Busbahnhof in Dublin (Busáras) befindet sich zwischen Custom House und Connolly Station (siehe Internet-Adressen).

Die Buslinie, die die Ortschaften in Nordirland verbindet, heißt *Ulsterbus.*
Informationen: Ulsterbus,
Oxford Street, Belfast BT1
Tel. 0 28/90 33 30 00.
Der zentrale Busbahnhof in Belfast befindet sich hinter dem Europa Hotel in der Great Victoria Street (Europa Station).

Bustickets sind in der Republik preiswerter als Bahntickets. Zudem gibt es Ermäßigungen für Touristen, die sehr viel herumfahren wollen. Das *Irish Rambler Ticket* z. B. berechtigt zur Benutzung des gesamten Streckennetzes.

Wer für zwei Wochen sämtliche öffentlichen Verkehrsmittel Irlands benutzen möchte, kann sich die *Emerald Card* besorgen, mit der man die Bahn- und Buslinien der Republik und Nordirlands sowie *Dublinbus* (Stadtbus in Dublin) und *Citybus* (Stadtbus in Belfast) benutzen kann.

Für Touristen, die ausschließlich in Jugendherbergen *(Hostels)* übernachten, gibt es das Spezialticket *Slow Coach,* das für einen Bustransfer von Hostel zu Hostel in beiden Teilen Irlands auf unbegrenzte Zeit berechtigt. Informationen in allen Jugendherbergen und bei:
Slow Coach, 1–2 Aston Place
Temple Bar, Dublin 1
Tel. 01/6 79 26 84.

Bahn
Das Bahnnetz ist in Irland bei weitem nicht so gut ausgebaut wie das Busnetz und verbindet nur die größeren Städte miteinander. Da Bahnfahren zudem teurer ist als Busfahren, wird die Bahn mehr von Geschäftsreisenden genutzt als von Touristen.

In Nordirland ist das Bahnnetz noch dünner als in der Republik. Eine der meist genutzten Strecken ist die Linie Belfast–Dublin, die 1997 modernisiert wurde und somit die schnellste und komfortabelste Bahnverbindung ist, aber fast doppelt soviel kostet wie die Busverbindung.

Flugzeug
Die Entfernungen in Irland sind nach kontinentalen Maßstäben so gering, daß die Existenz regionaler Flugstrecken verwunderlich erscheint. Für Geschäftsleute mögen sie notwendig sein, manchmal auch für Touristen, die für einen Tagesausflug nicht mehr als ein paar Stunden Zeit opfern wollen. Die meisten regionalen Flüge dauern nicht mehr als 30 bis 40 Minuten.

Es gibt neben den internationalen Flughäfen Dublin, Belfast, Shannon, Cork und Knock noch weitere sechs nationale und 25 kleine oder private Flughäfen.

Fahrrad
Fahrradreisen sind zumindest unter deutschen Touristen in Irland sehr beliebt. Man kann sein eigenes Fahrrad mitbringen, aber überall im Land auch Räder mieten. Die Fremdenverkehrsämter bieten Prospekte mit Routen an. In den Pauschalangeboten ist die Buchung der gewünschten Unterkünfte (meist B & B's oder Hostels) oftmals inbegriffen und der Transfer des Gepäcks zur jeweiligen Tagesetappe garantiert. Fahrradvermietung vor Ort ist jedoch nicht immer preiswert. Pro Tag muß man mit 10 € rechnen, pro Woche mit 45 €. Einige Reiseveranstalter in Deutschland haben weitaus günstigere Angebote.

Außerdem muß man beim Fahrradfahren darauf gefaßt sein, daß manche Strecken ausgesprochen schlecht sind. Wenn man sich schon zu einer solch strapaziösen Tour entschließt, dann sollte man ein geländegängiges Fahrrad wählen und die eigene Kondition richtig einschätzen.

Pferdewagen
Wer mit dem romantischen Pferdewagen der Zigeuner durch Irland reisen will, wird nicht mehr viele Anbieter in Irland selbst finden. Es gibt sie noch in den Countys Laois, Donegal, Galway und Wicklow. Infos:
www.horsecaravanholidays.travel.ie.

Zeit

In Irland ist es eine Stunde früher als in Mitteleuropa. Es gilt die Greenwich-Zeit im Gegensatz zur MEZ, unserer mitteleuropäischen Zeit. Von Ende März bis Ende Oktober gilt wie im übrigen Europa die Sommerzeit.

Zeitungen und Zeitschriften

Für ausführliche Informationen über das internationale Geschehen sind die irischen Zeitungen und Zeitschriften kaum geeignet. Internationalität bezieht sich meist auf die irische Diaspora – man erfährt viel darüber, was man in New York über irische Belange denkt, über australische Lokalnachrichten, über das Befinden des Papstes oder über die Situation in der Dritten Welt, sofern irische Missionare involviert sind. Europäisches Geschehen nimmt zumindest in der Irish Times immer größeren Raum ein.

Zu den in diesem eingeschränkten Kontext informativsten und professionellsten überregionalen Tageszeitungen gehört die liberal-konservative **Irish Times**, die im irischen Sinne mit der deutschen FAZ oder der schweizerischen NZZ vergleichbar ist. Der **Irish Independent** geht mehr in Richtung Tageszeitung mit vorzugsweise Klatsch und Boulevard. Der **Irish Examiner** hat eine gute, traditionell republikanische Reputation, neigt aber mitunter zur Nabelschau. Die Sonntagszeitungen kommen aus der konservativen Ecke und tendieren zur Unterhaltung mit dickleibigen Beilagen, wobei die **Sunday Times** gleich mehrere Hochglanzbeilagen hat. Beliebteste Sonntagszeitung ist der **Sunday Independent** und auch **Ireland on Sunday,** die allerdings eher Richtung Boulevard tendiert.

In Dublin ist die Zeitschrift **In Dublin** die Quelle für kulturelle Veranstaltungen, vom Konzert über Lesung bis zum Kinoprogramm. Das Parteiblatt der *Sinn Féin,* **An Phoblacht/Republican News**, nicht überall erhältlich, auf jeden Fall aber in der Redaktionszentrale in Dublin am Parnell Square 58 und im *Sinn Féin*-Büro in der Falls Road Nr. 51 in Belfast, verkündet die offizielle Meinung der *Sinn-Féin*-Partei.

In Nordirland sind die politischen Grenzen in den Publikationen schärfer gezogen. Die **Irish News** ist eindeutig nationalistisch orientiert, in der Freitagsausgabe mit einem ausführlichen Serviceteil, was an traditionell-irischen Veranstaltungen in den *Six Counties* läuft. Wer aber aus dem republikanischen Innenleben etwas erfahren will, sollte sich die wöchentlich am Donnerstag erscheinende **Andersonstown News** besorgen, die in einer Mischung aus Boulevard und Arbeiterparteizeitung interessante Reportagen, Berichte und aktuelle Veranstaltungshinweise aus dem republikanischen West-Belfast liefert. Größte Tageszeitung Nordirlands ist der **Belfast Telegraph**, der sich bemüht, unparteiisch zu berichten. Der ›Tele‹ ist die beste Informationsquelle in Sachen Kleinanzeigen für alle Gelegenheiten. Den rechten Rand der Meinungsbildung bildet der protestantisch-unionistische **News Letter**.

Das »Stadtmagazin« für Belfast, **that's entertainment**, besteht aus nur ein paar Seiten und wird 14tägig in fast allen öffentlichen Einrichtungen, wie Hotels, Theatern, Cafés, Pubs und den meisten Zeitungsläden umsonst ausgelegt. Darin sind die wichtigsten aktuellen politisch und konfessionell unabhängigen Veranstaltungen aufgelistet, einschließlich Restaurantbesprechungen und Musikveranstaltungen in den Pubs.

Zudem hat jedes County sein Lokalblatt, das man in den einheimischen Zeitungsläden bekommt. Der Hinweis in manchen Zeitungsläden auf internationale Presse bezieht sich auf englischsprachige und britische Publikationen. Deutschsprachige Zeitungen sind äußerst selten erhältlich, meist nur in den Großstädten und dort hauptsächlich in den Universitätsvierteln.

Literatur

Literatur zum Schmökern

Adams, Gerry: The Street, Dingle 1992 (engl.). Gerry Adams, *Sinn Féin*-Chef, ist nicht nur Politiker, sondern auch Autor von Kurzgeschichten, die naturgemäß republikanisch, aber nicht immer offensichtlich politisch ausgerichtet sind.

Baker, Keith: Inheritance, London 1996 (engl.). Ein Reißer, der 20 Jahre nach Beendigung der *Troubles* spielt, als alle IRA-Leute nach Amerika abgeschoben wurden, aber die Machenschaften der RUC *(Royal Ulster Constabulary)* noch furchtbare Folgen haben.

Binchy, Maeve: Irische Freundschaften, München 1995. Maeve Binchy schreibt gefällige Geschichten über alltägliche Sorgen und Widrigkeiten in Irland. Dieser Roman handelt von der lebenslangen Freundschaft einer Engländerin und einer Irin.

Bolger, Dermot: Journey Home, Hamburg 1996. Eine Geschichte über zwei Jugendliche aus dem modernen Dublin, die vor der sozialen Kälte der wachsenden Metropole durch ganz Irland fliehen.

Breasted, Mary: Das Wunder von Dublin, Zürich 1996. Eine wandelnde Marienerscheinung in Dublin verstört Leute verschiedener politischer, religiöser und kultureller Herkunft, was furiose Folgen hat. Urkomisch und mit liebevoll ironischem Blick auf die Dubliner Gesellschaft.

Coyle, Robert: Herbst in Dublin, München 1996. Kein literarisches Meisterwerk, aber eine fesselnde Geschichte um Michael Collins, dessen bis heute ungeklärte Ermordung hier eine verblüffende Lösung erfährt.

MacLafferty, Bernard: Cal, London 1984 (engl). Die schönste und traurigste Liebesgeschichte aus Nordirland, über die Unmöglichkeit zarter Gefühle in einer feindseligen Umgebung.

Macken, Walter: Cahal, Göttingen 1996. Der einstige Intendant des Gälischen Theaters in Galway hat etliche historische Romane geschrieben, die sich mit der wechselvollen irischen Geschichte beschäftigen. Dieses Buch spielt im 20. Jh. und beschreibt die Armut und die Bigotterie auf dem Land anhand einer konventionell erzählten Liebesgeschichte.

McCabe, Patrick: Der Schlächterbursche, Hamburg 1995. Ein beklemmendes, aber in seiner Sprache und Dramatik faszinierendes Buch über das Leben eines Mörders aus der irischen Provinz, der mit dem, was er tat, nur versuchte, Liebe zu erlangen.

McCourt, Frank: Die Asche meiner Mutter, München 1996. Eigentlich eine furchtbar traurige Autobiographie über eine furchtbar traurige Kindheit in Limerick, aber so witzig, furios und liebevoll boshaft geschrieben, daß man Tränen lachen könnte.

McLiam Wilson, Robert: Eureka Street Belfast, 1997. Belfast jenseits der *Troubles*, auch wenn die Auswirkungen manchmal drastisch geschildert werden. Sex und Geld bewegen die Helden dieses Romans – aber letztlich die Liebe. Mit manchmal schwarzem Humor, der keine Kritik an irgendeiner politischen Richtung ausläßt, beschreibt der Autor den Werdegang zweier Freunde, einer katholisch, der andere protestantisch.

McNamee, Eoin: Belfaster Auferstehung, Hamburg 1996. Belfast wird in diesem Roman als eine furchterregende Stadt, die sie in Wirklichkeit gar nicht ist, geschildert. Ein Mann wird gnadenloses Mitglied in einer protestantischen Terrororganisation – aus lauter Geltungsbedürfnis und mit fatalen Folgen.

Moore, Brian: Lies of Silence, London 1991 (engl.). Im Grunde eine Beziehungsgeschichte, die durch die unfreiwillige Konfrontation mit sektiererischer Gewalt zu einem Politikum wird.

O'Brian, Edna: Das einsame Haus, Hamburg 1996. Die Autorin gehört zu den subtilsten und besten Schriftstellerinnen Irlands. In diesem Buch inszeniert sie ein Kammerspiel zwischen einer sterbenden Frau und einem jungen Kämpfer, als Parabel für die Konflikte zwischen den beiden Teilen Irlands.

O'Brian, Flann: In Schwimmen-Zwei-Vögel, München 1993. Was macht ein Autor, der so viele Geschichten im Kopf hat, daß sie gar nicht in ein einziges Buch passen? Er läßt die Figuren selbst entscheiden. Eine Geschichte über die Eigenständigkeit erfundener Gestalten.

O'Brian, Flann: Irischer Lebenslauf, Frankfurt/Main 1992. Das arme Landleben im irischen Westen des vorigen Jahrhunderts wird durch den Kakao gezogen und gleichzeitig das Selbstverständnis eines darbenden, aber aufrechten Landes karikiert.

O'Flaherty, Liam: Zornige grüne Insel, Zürich 1987. Spannender Roman über die Große Hungersnot, so eindrucksvoll und mitreißend geschrieben, daß man danach Kartoffeln nur noch mit großer Ehrfurcht verspeisen mag.

Patterson, Glenn: Burning your own, London 1993 (engl.). Der junge East-Belfast-Protestant, wie er sich selbst nennt, beschreibt in seinem Roman die Kindheit eines protestantischen Jungen im Jahr 1969 und seine Freundschaft mit einem katholischen Mädchen.

Quigley, Patrick: Grenzland, Berlin 1996. An der inneririschen Grenze bleibt niemand unberührt von den jahrhundertealten Konflikten. Träume werden stets von der Realität eingeholt. So geschieht es auch einem Jungen aus der Republik, der nicht nur wegen seiner Liebe zu einem protestantischen Mädchen in den Sog der Auseinandersetzungen gerissen wird.

Literatur zur Information

Adams, Gerry: Bevor es Tag wird, Berlin 1996. Autobiographie des nordirischen *Sinn Féin*-Chefs, die viel Einblick in das Leben von Kindern und Jugendlichen in West-Belfast gibt, aber wenig über seine eigene Rolle in der Politik aussagt.

O'Brian, Edna: Mein Irland, Hamburg 1996. Die irische Autorin schreibt in wunderschönen Essays über ihr Land, kritisch und liebevoll zugleich.

O'Connor, Joseph: The Irish Male at Home and Abroad, Dublin 1996 (engl.). Der Bruder Sineád O'Connors, der bereits mehrere vielbeachtete Romane geschrieben hat, legt hier eine Kolumnen-Sammlung über den irischen Mann und seine Nöte schlechthin vor. Absolut komisch und sehr treffend.

Sayers, Peig: So irisch wie ich. Eine Fischersfrau erzählt ihr Leben, Berlin 1996. Der Klassiker irischer Geschichtenerzählkunst: Die Autorin erzählt ihr Leben auf den Blasket-Inseln gleichermaßen naiv und tiefgründig.

Schneider, Jürgen (Hrsg.): Irrlandt, Ireland, Irland, Berlin 1993. Eine Sammlung moderner irischer Poesie und Literatur, mit Kurzgeschichten und Gedichten, teilweise in Irisch mit englischer und deutscher Übersetzung.

Schulze-Marmeling, Dietrich (Hrsg.): Nordirland, Göttingen 1996, Geschichte und Kultur der *Six Counties* werden in dem umfänglichen Werk dargestellt, leider nicht so kompetent und persönlich wie in dem vergriffenen Vorgängerbuch »Der lange Krieg«, aber dennoch informativer als in politologischen Werken.

Sotscheck, Ralf: Gebrauchsanweisung für Irland, München 1996. Der Autor lebt seit vielen Jahren in Irland und kennt seine Pappenheimer. Witzige Geschichten aus dem Alltagsleben in Dublin und dem Kampf mit irischen Spitzfindigkeiten.

Sotscheck, Ralf: Ungekürzte Wahrheiten über Irland, Frankfurt/Main 1996. Der taz-Korrespondent schreibt seit Jahren seine wöchentliche Kolumne über irische Vorkommnisse, Kuriositäten und (religiöse) Intimitäten. Das Buch ist eine Sammlung

seiner in der taz veröffentlichten Kolumnen.
Synge, J. M.: Die Aran-Inseln, Frankfurt/M. 1972. Das Standardwerk über die Aran-Inseln und das harte Leben der Menschen in einem abgelegenen Gaeltacht-Gebiet.
Toolis, Kevin: Rebel Hearts. Journeys within the IRA's soul, London 1995 (engl.). Der aus Achill Island stammende, in Schottland aufgewachsene Journalist gibt einen Einblick in das Innenleben der IRA, mit zahlreichen Lebensläufen, Originalzitaten und Interviews. Hervorragend recherchiert und mit einer detaillierten Kenntnis der politischen und sozialen Bedingungen, die die einzelnen Lebensläufe geprägt haben und die letztlich zur Rekrutierung der vornehmlich jungen Männer führten.

Abbildungsnachweis

Fulvio Zanettini/laif, Köln erstellte folgende Aufnahmen eigens für diesen Band: Umschlagvorderseite, Umschlaginnenklappe, Umschlagrückseite, Abb. S. 8, 9, 15, 16, 19, 21, 31, 33, 36, 41, 48, 52, 53, 54, 56/57, 58, 63, 64/65, 66, 70 rechts und links, 75, 76/77, 80/81, 82, 91, 92/93, 98, 100/101, 102/103, 104/105, 109, 111, 114, 115, 118/119, 120/121, 124, 127, 128/129, 131, 132, 134, 136, 140/141, 146/147, 149, 154, 155, 158, 160, 165, 166/167, 172/173, 177, 183, 184, 188/189, 192, 193, 196/197, 200, 201, 205, 209, 212/213, 214/215, 216, 217, 220/221, 222, 224, 225, 245, 246, 254/255, 259, 260/261, 263, 264, 270

Petra Dubilski, Berlin Abb. S. 30, 95, 113, 163, 170, 181, 191, 202/203, 206/207, 226, 241, 250
Kinoarchiv Engelmeier, Hamburg Abb. S. 28, 50
Wieland Giebel, Berlin Abb. S. 161, 228, 242
Karl Johaentges/LOOK, Hamburg Abb. S. 256/257
Hans Klüche, Bielefeld Abb. S. 11, 178/179, 269
David Lyons, Loughrigg, Cumbria Abb. S. 209, 266/267
Renate von Mangold, Berlin Abb. S. 46
Rainer Martin/LOOK, Hamburg Abb. S. 144/145
Northern Ireland Tourist Board, Belfast Abb. S. 230, 234/235, 248
Hubert Stadler, Fürstenfeldbruck Abb. S. 84, 123

Kartographie: Berndtson & Berndtson, Fürstenfeldbruck

Personen- und Sachregister

Ortsregister

DUMONT

Richtig Reisen

»Den äußerst attraktiven Mittelweg zwischen kunsthistorisch orientiertem Sightseeing und touristischem Freilauf geht die inzwischen sehr umfangreich gewordene, blendend bebilderte Reihe ›Richtig Reisen‹. Die Bücher haben fast schon Bildbandqualität, sind nicht nur zum Nachschlagen, sondern auch zum Durchlesen konzipiert. Meist vorbildlich der Versuch, auch jenseits der ›Drei-Sterne-Attraktionen‹ auf versteckte Sehenswürdigkeiten hinzuweisen, die zum eigenständigen Entdecken abseits der ausgetrampelten Touristenpfade anregen.«
Abendzeitung, München

»Die Richtig Reisen-Bände gehören zur Grundausstattung für alle Entdeckungsreisenden.«
Ruhr-Nachrichten

Weitere Informationen über die Titel der Reihe DUMONT Richtig Reisen erhalten Sie bei Ihrem Buchhändler oder beim
DUMONT Reiseverlag • Postfach 10 10 45 • 50450 Köln • www.dumontreise.de

Titelbild: Der Adare Golfclub bei Limerick
Umschlaginnenklappe: Slieve League
Umschlagrückseite: Am Hafen von Bantry

Über die Autorin: Petra Dubilski lebt in Irland und Berlin und arbeitet als Autorin und Übersetzerin. Im DuMont Reiseverlag erschienen von ihr die Reise-Taschenbücher »Berlin«, »Die Ostseeküste – Mecklenburg-Vorpommern« und »Usedom«.

4., aktualisierte Auflage 2002

Satz und Druck: Rasch, Bramsche
Buchbinderische Verarbeitung: Bramscher Buchbinder Betriebe

Printed in Germany ISBN 3-7701-3552-0